积极应对人口老龄化战略研究报告◆2024

银发经济
理论、政策与实践

林 宝 主编

中国社会科学院应对人口老龄化研究中心
黄埔社会科学高等研究院

中国社会科学出版社

图书在版编目（CIP）数据

银发经济：理论、政策与实践 / 林宝主编.
北京：中国社会科学出版社，2024.12. -- ISBN 978-7-5227-4560-2

Ⅰ．F126.1

中国国家版本馆 CIP 数据核字第 2024XA0395 号

出 版 人	赵剑英
责任编辑	王　衡
责任校对	王　森
责任印制	郝美娜

出　　版	中国社会科学出版社
社　　址	北京鼓楼西大街甲 158 号
邮　　编	100720
网　　址	http：//www.csspw.cn
发 行 部	010-84083685
门 市 部	010-84029450
经　　销	新华书店及其他书店

印　　刷	北京明恒达印务有限公司
装　　订	廊坊市广阳区广增装订厂
版　　次	2024 年 12 月第 1 版
印　　次	2024 年 12 月第 1 次印刷

开　　本	710×1000　1/16
印　　张	23.25
插　　页	2
字　　数	346 千字
定　　价	119.00 元

凡购买中国社会科学出版社图书，如有质量问题请与本社营销中心联系调换
电话：010-84083683
版权所有　侵权必究

前　　言

　　发展银发经济是实施积极应对人口老龄化国家战略的重要内容。2020年党的十九届五中全会提出实施积极应对人口老龄化国家战略之时，就明确提出要"积极开发老龄人力资源，发展银发经济"。2021年发布的《中共中央　国务院关于加强新时代老龄工作的意见》特别强调要"积极培育银发经济"，并从加强规划引导、发展适老产业两个方面提出了明确要求。2024年1月，《国务院办公厅关于发展银发经济增进老年人福祉的意见》（国办发〔2024〕1号）正式发布，明确了银发经济的概念范畴，对银发经济发展从发展民生事业、扩大产品供给、培育潜力产业、强化要素保障等方面进行了具体部署，标志着银发经济发展进入新阶段。2024年7月，党的二十届三中全会再次强调"发展银发经济"。银发经济发展对实现经济社会高质量发展的重要意义与日俱增，已成为积极应对人口老龄化、构建新发展格局、发展新质生产力的重要抓手。为此，我们将2024年积极应对人口战略研究报告的主题确定为"银发经济：理论、政策与实践"。

　　本年度报告分为五个部分。第一部分是总论，总体上阐述了中国人口新常态带来的供给侧和需求侧挑战，以及发展银发经济的理论、政策和实践问题。第二部分是理论，主要是阐述银发经济的基本概念、特征和发展银发经济的重要意义。第三部分是政策，主要是梳理银发经济的政策框架、政策效果及国际经验借鉴。第四部分是实践，主要是分析养老服务市场、康养产业、老年用品、居家适老化改造、养老金融、数字银发经济等方面的发展现状及趋势。第五部分是政策

前　言

综述，主要总结了 2023 年 9 月至 2024 年 8 月出台的积极应对人口老龄化相关政策措施。五个部分各有侧重，共同对发展银发经济的重大意义、现实基础、发展方向、政策路径等进行了系统论述。各章撰稿人如下：蔡昉（第一章），林宝（第二章），杜鹏、王飞（第三章），杨舸（第四章），李超、姚梦迪（第五章），李志宏、祁莹（第六章），王永梅、张杨岚（第七章），张航空（第八章），马洪范、施文凯（第九章），郭荣荣、陆杰华（第十章），原新、于佳豪、张彩霞（第十一章），陆杰华、郁亚蔓（第十二章），王莉莉、魏彦彦（第十三章），伍小兰、王羽（第十四章），泰康长寿时代研究院（第十五章），夏翠翠、林宝（第十六章），张妍（第十七章）。感谢各位专家的大力支持！

本报告的成书和出版得到了诸多帮助。中国社会科学院学部委员、国家高端智库首席专家蔡昉研究员，中国人民大学人口与健康学院院长、老年学研究所所长杜鹏教授对报告选题和总体框架提出了宝贵建议；中国社会科学院应对人口老龄化研究中心和黄埔社会科学高等研究院的各位领导积极推动了项目实施；中国社会科学出版社高效完成了报告的编辑、出版工作。特致以诚挚的谢意！

林　宝
2024 年 10 月 18 日

目　录

第一部分　总论

第一章　银发经济的供给与需求 ……………………………（3）
　一　应对老龄化的理论和政策挑战 ………………………（4）
　二　中国经济增长必须克服的人口挑战 …………………（9）
　三　正确运用银发产业链条的外部性 ……………………（13）
　四　为银发经济发展创造必要条件 ………………………（16）
　五　结语 ……………………………………………………（21）

第二部分　理论篇：内涵及意义

第二章　发展银发经济：意义、内涵及方向 ………………（25）
　一　发展银发经济的重要意义 ……………………………（25）
　二　银发经济的基本内涵和主要特征 ……………………（28）
　三　银发经济发展的现实基础和潜力 ……………………（33）
　四　银发经济发展的政策重点和方向 ……………………（36）
　五　推动银发经济发展的政策建议 ………………………（39）

第三章　银发经济与积极应对人口老龄化 …………………（42）
　一　积极应对人口老龄化背景下银发经济的发展演进 …（43）
　二　积极应对人口老龄化背景下银发经济的价值取向 …（45）

目 录

  三 银发经济发展助力实施积极应对人口老龄化国家
    战略 ·· (46)
  四 积极应对人口老龄化背景下银发经济发展面临的
    挑战 ·· (50)
  五 积极应对人口老龄化背景下银发经济的发展路径 ······ (53)

第四章 银发经济与构建新发展格局 ································ (57)
  一 新发展格局的内涵 ··································· (57)
  二 银发经济有利于促进国内大循环的畅通 ············ (61)
  三 银发经济有利于促进国内国际双循环 ··············· (64)
  四 银发经济有利于推动经济高质量发展 ··············· (66)
  五 在新发展格局背景下增强银发经济的对策建议 ········ (68)

第五章 银发经济与发展新质生产力 ································ (72)
  一 新质生产力的内涵特征 ······························· (75)
  二 新质生产力与银发经济的关系 ······················ (78)
  三 关于新质生产力赋能银发经济发展的建议 ············ (90)

第三部分 政策篇：评估及借鉴

第六章 银发经济政策体系及其完善 ································ (97)
  一 银发经济政策体系的发展演变 ······················ (97)
  二 银发经济政策体系存在的问题 ······················ (101)
  三 银发经济政策体系的完善 ···························· (109)

第七章 养老服务政策的最新进展及其完善 ························ (117)
  一 老龄国家战略实施以来养老服务发展的新举措 ········ (117)
  二 现阶段养老服务发展中存在的问题 ················· (128)
  三 推进养老服务高质量发展的建议 ····················· (132)

第八章　长期护理保险试点政策评估 （141）
　　一　长期护理保险试点概况 （142）
　　二　长期护理保险试点存在的问题和挑战 （142）
　　三　长期护理保险试点地区典型经验 （150）
　　四　完善长期护理保险制度的对策建议 （155）

第九章　养老产业领域财税政策评估 （159）
　　一　养老产业领域财税政策的发展现状 （161）
　　二　养老产业领域财税政策的主要成效 （164）
　　三　养老产业领域财税政策存在的主要问题 （168）
　　四　完善养老产业领域财税政策的建议 （172）

第十章　发展银发经济的国际经验借鉴 （177）
　　一　世界趋同迈入老龄社会态势下的银发经济发展
　　　　机遇 （177）
　　二　日本经济银发化的演变历程及其顶层设计 （181）
　　三　欧盟创造代际包容性的消费环境及其最新动向 （186）
　　四　美国提升国民金融素养和发展养老金融的策略 （190）
　　五　先期老龄化国家和地区发展银发经济的政策
　　　　反思和经验借鉴 （196）

第四部分　实践篇：现状及趋势

第十一章　养老服务市场发展报告 （205）
　　一　养老服务业发展的几个阶段 （205）
　　二　养老服务市场发展现状 （207）
　　三　养老服务市场发展潜力展望 （216）

第十二章　健康产业发展报告 （227）
　　一　健康产业发展的宏观背景 （227）

目　录

　　二　健康产业的内涵及其鲜明特点 …………………………（230）
　　三　健康产业发展现状、主要模式及其趋势 …………………（233）
　　四　健康产业发展的主要机遇和挑战 …………………………（238）
　　五　下一步健康产业发展的主要思路及其策略 ………………（243）

第十三章　老年用品产业发展报告 …………………………（246）
　　一　老年用品产业的概念与范畴 ………………………………（248）
　　二　老年用品产业发展现状 ……………………………………（250）
　　三　老年用品产业未来发展趋势 ………………………………（256）
　　四　老年用品产业存在的主要问题 ……………………………（258）
　　五　促进老年用品产业发展的主要建议 ………………………（261）

第十四章　居家适老化改造产业发展报告 …………………（265）
　　一　相关概念内涵 ………………………………………………（265）
　　二　居家适老化改造产业发展现状 ……………………………（267）
　　三　居家适老化改造产业发展存在的问题 ……………………（270）
　　四　居家适老化改造产业发展潜力分析 ………………………（273）
　　五　推进居家适老化改造产业发展的建议 ……………………（277）

第十五章　养老金融发展报告 ………………………………（282）
　　一　养老金金融发展状况 ………………………………………（283）
　　二　养老服务金融发展状况 ……………………………………（285）
　　三　养老产业金融发展状况 ……………………………………（296）
　　四　促进养老金融发展的对策 …………………………………（302）

第十六章　数字银发经济发展趋势报告 ……………………（305）
　　一　银发经济指数体系构建 ……………………………………（305）
　　二　数字银发经济发展趋势 ……………………………………（312）
　　三　推进数字银发经济发展的对策建议 ………………………（325）

第五部分 政策综述

第十七章 积极应对人口老龄化政策综述
（2023年9月至2024年8月） ………………………（333）
 一 健全人口发展支持和服务体系 ………………（334）
 二 健全养老服务体系 ……………………………（339）
 三 推进医养结合政策 ……………………………（347）
 四 完善覆盖全民的社会保障制度 ………………（349）
 五 经济转型和促进就业政策 ……………………（352）

第一部分 ·总论·

第一章　银发经济的供给与需求[*]

习近平总书记强调："人口发展是关系中华民族伟大复兴的大事，必须着力提高人口整体素质，以人口高质量发展支撑中国式现代化。"[①] 党的二十届三中全会审议通过的《中共中央关于进一步全面深化改革　推动中国式现代化的决定》提出，要发展银发经济、优化基本养老服务供给等。[②] 积极应对人口老龄化，是促进人口高质量发展的重要任务之一，也是推进中国式现代化进程的一个重要方面，既要基于中国的国情特点，从迫切的现实需要出发，也要借鉴各国共同拥有的一般规律性。2022年以来，中国人口总量已经转入负增长，以65岁及以上人口占比超过14%为标志，中国已进入国际上公认的老龄社会。人口新常态对经济发展的最突出挑战，表现在两个方面：一是劳动年龄人口众多和持续增长的特征趋于消失，从供给侧支撑经济高速增长的传统人口红利趋于消失；二是老龄化的不断加深产生抑制居民消费的效应，从需求侧支撑经济增长的拉动力逐渐减弱。

即便在老龄化这一常态人口环境和未富先老特殊挑战下，经济增长在面对挑战的同时，仍然有潜在的机遇。毋庸置疑，抓住机遇以应对挑战，有赖于社会各群体、各类市场主体的积极性，以及政府在诸

---

[*] 本章作者为蔡昉。作者简介：蔡昉，中国社会科学院学部委员，中国社会科学院国家高端智库首席专家。

[①] 《习近平主持召开二十届中央财经委员会第二次会议强调　加快建设从实体经济为支撑的现代化产业体系　以人口高质量发展支撑中国式现代化》，《人民日报》2023年5月6日第1版。

[②] 《中共中央关于进一步全面深化改革　推进中国式现代化的决定》，人民出版社2024年版，第38页。

第一部分　总论

多领域的积极作为。党的二十大报告指出，"实施积极应对人口老龄化国家战略，发展养老事业和养老产业"，① 正是应对老龄化诸多任务中的一个重要方面。党的二十届三中全会进一步提出："完善发展养老事业和养老产业政策机制。"② 同时，国家已经将实施这一战略具体部署在促进银发经济发展之中。按照定义，银发经济是向老年人提供产品或服务，以及为老龄社会做准备等一系列经济活动的总和。促进这些经济活动的发展，目标就在于积极应对人口老龄化，培育经济发展新动能，提高包括老年人在内的人民生活品质。③

作为积极应对人口老龄化国家战略的产业方案，银发经济值得学术界和政策界高度关注，既有诸多理论问题值得探讨，更需要按照新发展理念的要求，通过政策的制定和实施，把理论和理念转化为实践。并且，随着实践的推进及其过程中的新探索，将会产生大量值得总结和借鉴的经验。本章拟采取一个类似于"总论"的篇章形式，把银发经济发展作为研究对象或产业案例，揭示在中国特有的未富先老条件下，经济社会发展面临的挑战及其相关的理论、政策和实践问题，并尝试给出初步分析的答案。希望运用相关的理论及其揭示的一般性规律，与中国现实的特殊问题相结合，使我们能够更好把握住银发经济发展的前景、产业链特点、适宜的资源配置机制、产业政策推动手段等。在理论上，希望从产业层面对中国人口老龄化研究作出贡献；在政策上，希望在此基础上提出有针对性的实施建议。

一　应对老龄化的理论和政策挑战

广义而言，认识、适应和引领人口发展新常态；狭义而言，有效推

---

① 习近平:《高举中国特色社会主义伟大旗帜　为全面建设社会主义现代化国家而团结奋斗——在中国共产党第二十次全国代表大会上的报告》，人民出版社2022年版，第49页。
② 《中共中央关于进一步全面深化改革　推进中国式现代化的决定》，人民出版社2024年版，第38页。
③ 《国务院办公厅关于发展银发经济增进老年人福祉的意见》（国办发〔2024〕1号），中国政府网，https://www.gov.cn/zhengce/content/202401/content_6926087.htm。

动银发经济发展，皆有必要先提出若干与中国未富先老国情特征相关的现象之谜，以及由此产生的政策难题。换句话说，这些谜题中所概括的事物，实际上即为未富先老所提出的挑战在某一方面的概括。相应地，若要完好应对这些挑战，或者说做到对人口发展新常态的有效引领，终究有赖于通过银发经济的成功发展，打破这些所谓的现象之谜和政策难题。

（一）破解"人口金字塔消费悖论"

人口学家通常用数据绘制一个人口金字塔，以这种图形来表达老龄化或老年人口占比提高的变化过程。也就是说，随着老龄化程度加深，这种图形所呈现的人口分布状况，均反映在这个图形的变化中，即从一个具有巨大底座并逐渐过渡到狭窄塔尖的典型金字塔，经由一系列中间过渡形状，如一个两头小、中间大的橄榄形，逐渐趋近于一个倒金字塔形。图1-1利用全国人口普查数据，分别绘制出2000年和2020年人口金字塔图形，由此可以清晰地看到这个变化趋势。例如，

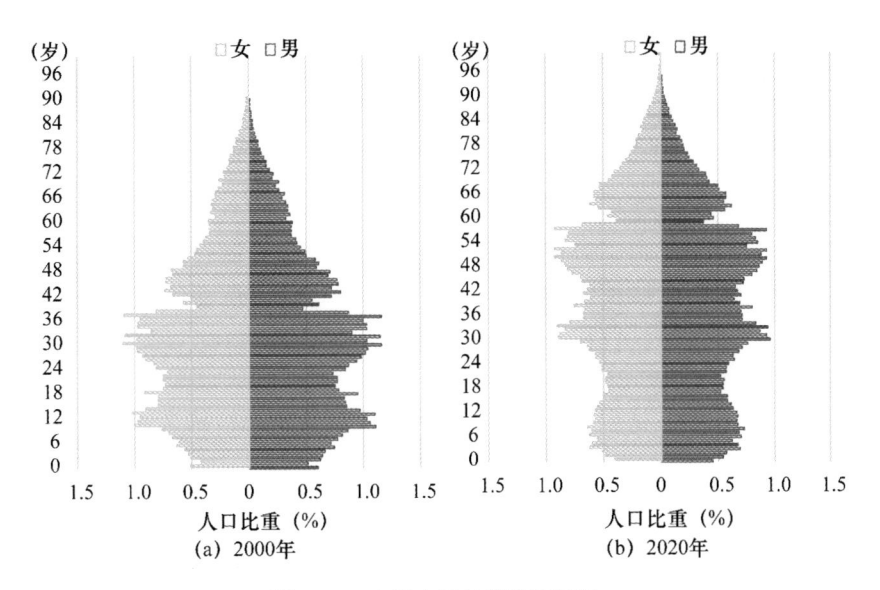

图1-1 中国人口年龄结构变化

资料来源：国家统计局"普查数据"，https://www.stats.gov.cn/sj/pcsj/。

第一部分 总论

2000—2020年，中国60岁及以上人口比重从10.5%提高到18.8%，70岁及以上人口比重从4.3%提高到8.3%，80岁及以上人口比重从1.0%提高到2.6%。

与这个趋势不尽相称的一种现实情况则是，中国的老年人口虽然在数量上增长更快，但由于劳动参与率下降，从而劳动收入减少直至完全丧失，以及基本养老保险的覆盖率和给付水平都偏低，他们的消费能力和消费意愿明显低于更年轻的人口群体。根据一项抽样调查数据，① 中国城市居民的人均消费支出，在20—25岁年龄段达到最高点，随着年龄的增长而逐渐减少。如果以峰值的平均消费支出为1的话，50—55岁人口平均为0.56，60—65岁人口平均为0.66，到80—85岁时则平均下降为0.46。②

这种趋势形成一个与中国未富先老特征密切相关的悖论，即至少在一定时期内，人口的消费能力和消费意愿，与人口金字塔演化（年龄结构变化）的趋势相背而行。当我们把这个悖论现象视为未富先老的一种表现时，似乎说明它是一种中国特有的现象，其实也并非如此。实际上，从微观研究来看，经济学家在发达国家发现，存在着一种收入和财富处于优势地位的退休群体，消费意愿却下降的所谓"退休消费之谜"。③ 从宏观的跨国数据分析，也可以看到一种随着老龄化程度的提高，居民消费率趋于逐步降低的规律性现象，尽管导致这种现象的原因在各国不尽相同。对中国来说，以银发经济为产业抓手，突破居民消费对经济增长的制约，有助于破除人口金字塔消费悖论，扭转人口年龄结构与居民消费需求的背离现象，是实现现代化目标的必要举措。

---

① 2016年，中国社会科学院人口与劳动经济研究所在上海、福州、武汉、沈阳、西安、广州6个城市进行的住户抽样调查。
② 蔡昉：《以发展银发经济拓展经济循环链条》，《中共中央党校（国家行政学院）学报》2024年第2期。
③ Erik Hurst, "The Retirement of a Consumption Puzzle", NBER Working Paper, No. 13789, 2008.

（二）人口变化中总量与结构的对立统一

人口特征通常以总量和结构之间的二元对峙表现出来，人口变化也呈现出总量和结构的对立统一运动。在这方面，我们需要在认识上把握一个规律性现象，或者说是在政策制定中，善于抓住一个颇为有用的关系——人口数量和结构之间的互为因果关系。人口年龄结构的变化，通常呈现出一种"回声效应"，即人口转变过程以"婴儿潮"这个数量特征为起点，相继经历由不同队列人口构成的高峰阶段，如婴儿和儿童、青少年和青年、中青年、低龄老年人，直到高龄老年人高潮。这既表现为每个年龄段人口的数量特点，又表现为各年龄段人口之间的结构关系。

从1990—2023年中国人口年龄结构的变化，我们可以看到这种不同人群之间具有的消长关系。首先，0—14岁儿童人口占比在1991年达到峰值（27.7%），2023年则下降到只有16.3%，充分显示出中国人口发展在生育率下降条件下出现的少子化新常态。其次，15—64岁劳动年龄人口占比在2010年达到峰值（74.5%），随后逐年下降，意味着传统人口红利的源泉趋于消失。最后，65岁及以上人口占比自始至终处于上升的过程中，2023年已达到15.4%，并将长期持续上升，预计在2032年将达到21.0%这一高度老龄社会的标志线，这无疑是中国人口老龄化新常态的明确表达。

对应这种回声效应，不同年龄段的居民群体，分别先后成为人口问题的主要矛盾或矛盾的主要方面。相应地，经济政策和社会政策，需要分别对每个阶段上占主体地位人群的特殊优势和特别需求做出反应，以便通过对作为主要矛盾的人口群体的投资，从人口结构中挖掘经济社会发展的必要源泉，以弥补人口数量方面的不足。从供给侧来说，通过实施人力资本培养政策，提高老年人的健康水平和健康寿命，培养、挖掘和利用大龄劳动者的独特技能，有助于显著提高劳动力供给、人力资本贡献率和劳动生产率，进而提高潜在增长能力。从需求侧来说，通过实施再分配力度更大的公共政策，提高老年人的收入和社会保障水平，有助于扩大居民消费，以

第一部分 总论

更充足的社会总需求支撑经济合理增长。银发经济无疑就是把人口结构因素，通过社会政策转向和产业发展环境改善，转化为经济发展优势，进而弥补总量之不足的关键领域。

（三）人口红利的重新定义

广义的人口红利，是指就人口数量、质量和结构而言，一切有利于经济增长的人口因素，并不必然与特定的人口阶段和人口特征相关联。实际上，完全是由于两个历史机缘，人口红利的定义被窄化了。一是经济学家最初观察到的人口对经济增长作出积极贡献的事实，恰好表现为劳动年龄人口相对于依赖型人口的领先增长。在这个机会窗口上，人口抚养比迅速下降，形成"生之者众、食之者寡"的人口年龄结构格局，为经济提供了一个额外的增长源泉。二是中国快速的经济增长与有利的人口转变，于1980—2010年恰好重合，即劳动年龄人口迅速增加、人口抚养比显著降低，促进了经济的高速增长。因此，我们习惯于把人口红利的内涵限定在劳动力丰富和人口负担轻上面。国外有学者曾经提出过第二次人口红利的概念，主要关注如何在老龄化条件下稳定和提高储蓄率,[①] 因而也是一个偏窄的概念。

在劳动年龄人口和总人口分别进入负增长、老龄化程度加速提高、人口抚养比持续上升的条件下，通过提高人力资本、劳动生产率、收入和消费水平，使现行人口格局有利于促进高质量发展，则意味着可以获得新人口红利。相比于传统人口红利，新人口红利体现了新的理念、具有了新的内涵。一是作为发展源泉更加可持续。立足于中国超大人口规模，改善各人口群体的综合素质，提升整体生产率和配置效率，人口红利永远不会消失。二是目标和手段更加统一。毋庸置疑，人的全面发展和全体人民共同富裕是高度一致的，人口高质量发展和经济高质量发展也是相互促进的。三是挖掘传统潜力和开启新

---

① Ronald Lee, Andrew Mason, "What is the Demographic Dividend?", *Finance and Development*, Vol. 43, No. 3, 2006.

源泉并重。一方面，促进劳动力流动和提高劳动参与率，均有助于挖掘劳动力供给潜力；另一方面，提高劳动者的技能和就业适应能力，可以获得新人口红利。四是供给侧和需求侧并重。更高质量充分就业及收入合理增长和分配，可以提高各居民群体的消费，以超大规模市场支撑国内需求，保障经济增长潜力得到发挥。

二 中国经济增长必须克服的人口挑战

在学术界和政策研究领域，关于人口与经济发展关系的认识范式，已经发生了根本性的变化。特别是得益于中国高速经济增长经验，人们认识到经济发展并不注定要受人口数量多、增长快的拖累，在体制弊端不断被消除的条件下，人口数量和结构都可以被转化为人口红利。相应地，一旦在2010年前后劳动年龄人口达峰、2021年老龄化率达到老龄社会标准、2022年人口总量开始负增长等现象发生，则意味着传统人口红利趋于消失，中国经济增长必然遭遇到新的挑战；同时也意味着只要做出正确的政策抉择，这些来自人口变化的可能，也可以得到克服，新人口红利完全可以期待。

（一）老龄化加速期与未富先老特征

从国际上习惯使用的定义来看，2000年中国65岁及以上人口比重（老龄化率）已达到7.0%，标志着整体进入老龄化社会；2021年中国的老龄化率提高到14.2%，标志着整体进入老龄社会，2023年进一步提高到15.4%。在过去的十年里，老龄化率每年提高约0.5个百分点。按照这个趋势，预计2032年前后，中国老龄化率将超过21.0%，标志着中国将成为公认的高度老龄社会。例如，中国人口与发展研究中心对2035年老龄化率的中位预测值为23.9%。为了获得更加清晰的变化图景，我们可以根据该机构的预测，与国家统计局公布的实际数据结合起来，进一步观察未来的老龄化趋势。从图1-2可见，中国老龄化率将持续提高，65岁及以上人口的年均增长率也将长期保持为正，并且从现在到2040年，可以说是老龄化加速的时期。

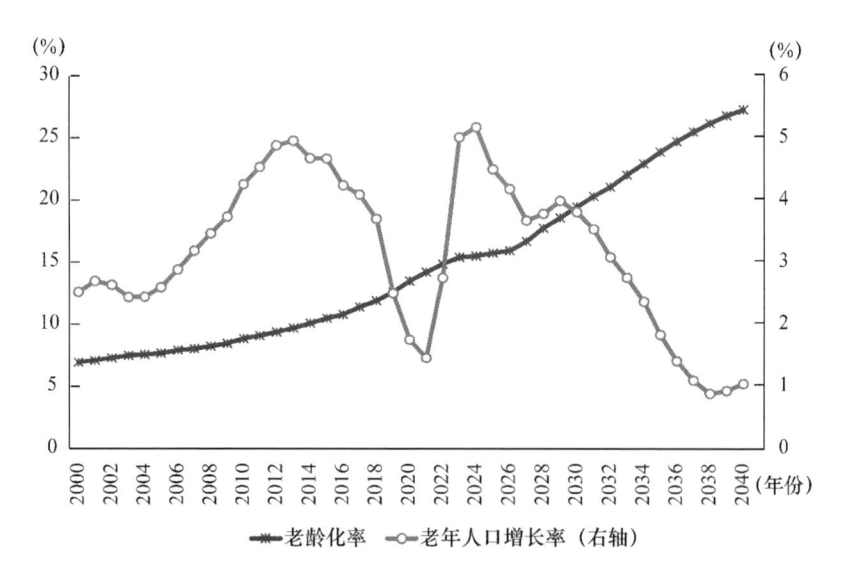

图 1-2　老龄化率和老年人口增长率预测

资料来源：国家统计局"国家数据"，https://data.stats.gov.cn/easyquery.htm?cn=C01；中国人口与发展研究中心，《附录二：中国人口中长期多情景预测结果数据集》，https://www.cpdrc.org.cn/sjzw/yjgj/202311/t20231124_17127.html。

如果按照在 2035 年成为中等发达国家的目标要求，中国的人均国内生产总值（GDP）应该从 2022 年的 12720 美元，以年均约 4.7% 的速度提高到 23000 美元左右。相应地，人均 GDP 水平的这个范围，就是中国在走向高度老龄化过程中的增长路径。观察 2022 年人均 GDP 处于相应范围内的经济体，可以得出有趣的比较结果。具体来说，从人均 GDP 达到 13031 美元的圣卢西亚到人均 GDP 达到 24515 美元的葡萄牙，以及二者中间的其他国家和地区共有 24 个。取其简单平均值的话，这些国家和地区的老龄化率平均仅为 14.7%，甚至低于中国目前的水平。这表明，直到基本实现现代化之前，未富先老的特点将始终伴随中国的经济发展过程。

（二）从供需两侧看经济增长制约

人口老龄化对经济增长的长期影响，表现在供给侧和需求侧两个方面。先从供给侧来看，人口负增长意味着劳动年龄人口的减少将加速，对劳动力供给、人力资本改善、资本报酬率、生产率提高等方面产生不利影响，进一步降低潜在增长率。在此前没有预期人口负增长的情况下，我们曾经预测 GDP 的年均潜在增长率，2021—2035 年为 4.84%，正好符合保证中国在 2035 年成为中等发达国家的增长速度要求。然而，在人口负增长条件下，利用新的人口数据重新预测，年均潜在增长率则下降为 4.53%。[①] 看上去，供给侧的这个增长率缺口（0.31 个百分点），似乎影响还不是那么重大。特别是，在加大改革力度的条件下，要素供给和配置效率都可以得到改善，挖掘传统人口红利潜力或者开启新人口红利，均意味着可以获得更高的潜在增长率。

然而，如果加上需求侧的制约因素，经济增长遇到的老龄化挑战，比潜在增长率预测显示的更为严峻。从逻辑上分析，人口负增长和老龄化都可以产生削弱居民消费能力和消费意愿的效应。国际经验也显示，居民消费率与老龄化率之间呈现一种倒"U"形关系：最初，随着老龄化率提高消费率也提高，老龄化率超过 14% 之后，居民消费率则趋于降低。[②] 这意味着，随着人口发展进入新常态，中国经济发展越来越受制于社会总需求，特别是居民消费需求的制约。如果消费需求不足，甚至已经显著降低了潜在增长率都可能难以实现。日本在 2009 年人口负增长以后，社会总需求就经常不足以支撑潜在增长率，以致造成实际增长率低于潜在增长率，形成 GDP 增长缺口的情形。

图 1-3 以人均 GDP 的顺序排列作为基准来看，在每一个收入水平上，对应国家和地区的老龄化程度和居民消费率（居民消费支出占 GDP 的百分比）水平。总体来说，在图 1-3 所涵盖的观察值范围内，随着人均 GDP 的提高，表现出老龄化率和居民消费率均下降的趋势。但是，在这样的总体趋势中，各国之间也呈现出大幅度的离差现象，即在某一特定的人均 GDP 水平上，一些国家的老龄化程度比其他国

[①] 蔡昉、李雪松、陆旸：《中国经济将回归怎样的常态》，《中共中央党校（国家行政学院）学报》2023 年第 1 期。

[②] 蔡昉：《人口负增长时代：中国经济增长的挑战与机遇》，中信出版集团 2023 年版，第 72—73 页。

家更高，或者一些国家的居民消费率比其他国家更低。很显然，同时具有更高的老龄化率和更低的居民消费率，是一种不尽理想的组合。根据图1-3显示的数据，2022年，按2015年不变价计算的中国人均GDP为11560美元，以此为基准，我们可以利用图1-3进行国际比较。根据国家统计局口径，中国的老龄化率为14.9%，在同等发达程度国家中居于较高的水平。根据世界银行数据，中国居民消费率为37%，在同等发达程度国家中居于很低的水平。由此可见，中国经济增长未来面临的消费制约是十分严峻的。

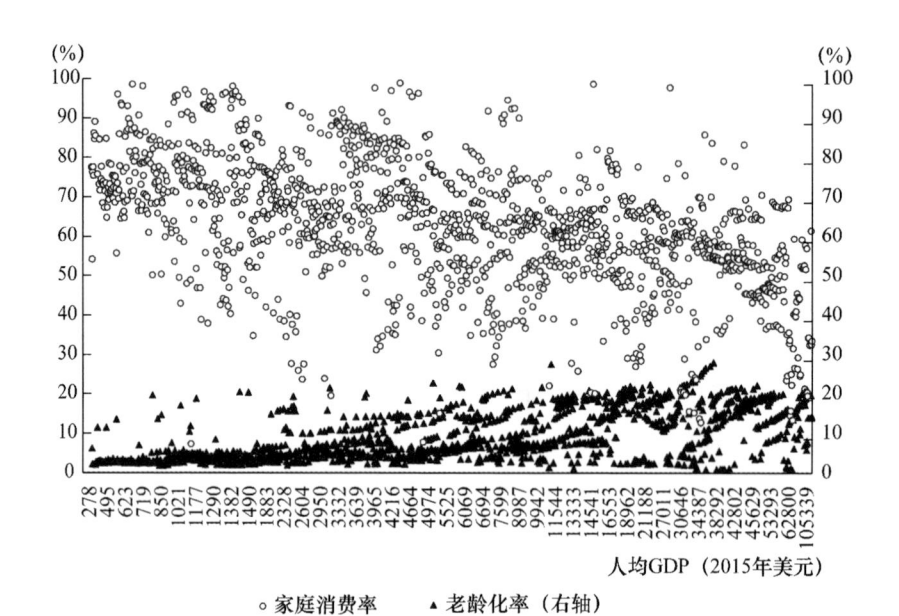

图1-3 跨国比较中的老龄化率和消费率

资料来源：世界银行数据库，https://data.worldbank.org/。

（三）当长期制约与短期冲击相遇

当长期发展阶段变化的转折点（人口负增长）与短期经济冲击（新冠疫情影响）相遇时，经济复苏的难度显著加大，进而经济复苏的实际效果可能低于预期。在更加极端的情形下，长期的下行趋势可能提前开始。2020—2022年，绝大多数月份的城镇调查失业率都高于5.1%这一自然失业水平，意味着存在明显的周期性失业。宏观经济较长期未达到充分就业、劳动者遭遇较长时间失业或就业不足，无疑放慢了城乡居民收入的增长速度，从理论上预期会产生一种需求侧的迟滞效应（hysteresis）或疤痕效应，形成对宏观经济的不利影响，主要表现在经济直到最终充分复苏之前，居民消费能力和消费意愿会一度走低。

随着疫情防控于2022年年底开始平稳转段，经济增长于2023年开始逐步复苏。然而，在潜在的迟滞效应作用之外，中国恰于2022年开始了人口的负增长，并于更早一年进入老龄社会，人口因素造成的实际影响和预期，也表现为消费能力和消费意愿的弱化。这里，长期趋势与短期冲击相遇，形成了不利于消费需求恢复，从而不利于经济复苏的相互强化表现。正因为如此，在中国经济回升向好的同时，也遇到诸多新的困难和挑战，例如，国内需求特别是消费需求不足，造成一些企业经营缺乏良好的市场预期，以致经济恢复呈现一个波浪式发展、曲折式前进的过程。

三　正确运用银发产业链条的外部性

实施积极应对人口老龄化国家战略、宏观经济政策和相应的社会政策，都是为了在老龄化的条件下，打破经济增长供需两侧的长期、短期制约，以更快更好促进宏观经济从疫情冲击中复苏，并保持长期可持续增长。同时，也需要从产业政策的角度，抓住关键的经济增长点、可持续产业链和朝阳产业领域，促进国内经济良性循环，达到应对挑战和抓住机遇统一、供给侧和需求侧契合，以及经济增长和社会发展均衡的境界。促进银发经济的发展，就是为实现这样一些目标所必需的产业政策安排。

（一）抓住并培育好银发经济产业链

银发经济活动具有涉及面广、产业链长、业态多元、潜力巨大的特征。总体来说，大体上可以被概括为以下三类。第一类，适用于所

第一部分 总论

有人群的衣食住行,但是对于老年人来说,却具有急难愁盼的紧迫性和可及性的特殊难点。第二类,以老年人为特殊需求对象的产品和服务。第三类,为银发经济发展创造基础条件的行业,以及适老化改造领域。上述三类并不是截然分开的,常常通过产业链供应链体现在一些相同的产品和服务中。从产品来看,这包括诸如功能性老年产品、适合老年人特别需求的保健食品、特殊医学用配方食品、抗衰老产品、智慧健康和养老产品、健身和康复辅助器具等。从服务来看,其有诸如扩大老年助餐、拓展居家助老、推动社区便民、老年健康服务、养老照护、老年文体等服务内容。

此外,银发经济发展还对其他行业创造出诱致性的需求,如该领域发展所提出的科技创新和应用、用地用房保障、人才培养、数据要素支撑、养老金融产品、方便老年人金融服务等诸多需求。另外,诸如居住区、公共空间、消费场所、办公场所和住宅的无障碍建设和适老化改造,也是不可不为的项目,并且可以成为大有前途的经济增长点,创造出必要的产业拓展空间。

现在我们不妨回顾一下图1-2所揭示的趋势,即老龄化率持续上升,老年人口迅速增长,并且在相当长时间内,这个大趋势不会因扰动性因素而中断。这个人口趋势的背后有什么产业含义呢?既然未来中国经济增长主要制约在于居民消费需求端,银发经济发展也主要靠老年人需求和涉老需求作为拉动力,因此,老年人口继续增长和老龄化率持续上升的自然趋势,以及老年群体收入和保障水平持续提高,进而购买力不断增长的必然趋势则表明:银发经济和涉老产业,是具有长期发展潜力的朝阳产业;发展银发经济不是仅仅着眼于解决当下消费需求不足的权宜之计,而是具有跨期和跨代效应的百年大计。

(二) 以老年人照护为抓手延伸产业链

对相应的具体产业和行业做出全面分析,并非本报告的目的。这里,我们仅以一个老年人有着特殊需求、在老龄社会可以成为重要产业的照料护理活动为例,看银发经济的产业链条是如何延展,从而成为经济增长点和国内经济循环关键环节的。在讨论国民经济核算体系或GDP这样的概念时，人们经常提到的一个现象，就是存在大量的家庭内部照料和护理活动，构成没有报酬、不计入国民经济活动和国民收入的重要部分。并且，这也是一个经典的例子，表明一旦此类照护活动不再由家人提供，而是成为一种通过市场获得的服务，便可以形成规模惊人的GDP增量。

国家统计局发布的《2018年全国时间利用调查公报》显示，城乡居民从事的包括照护在内的无酬家务劳动，所花费的时间相当于有酬劳动时间的52.7%。① 这不仅表明，GDP总量可以因家务劳动的社会化而得到显著增加，实际上，除了照护活动产业链条的这个终端部分之外，这种转变还可以派生出一系列相关联的经济活动，从而扩大产业活动链条，促进良性经济循环。例如，在国民经济行业分类中，服务业中的居民服务业和社会工作等类别，可以由此获得极大的扩张和进一步的细化，也相应地提高第三产业在国民经济中的比重。

此外，照护活动与其他服务业活动相比，有着更为明显的外部性或社会效益特征。最重要的表现在于，一旦从繁重的家务劳动中解放出来，女性的经济自主性、职业成就和社会流动性可以得到显著提高。从国际比较来看，中国女性的家务劳动负担虽然并不显著高于其他国家，但是中国妇女的劳动参与率却在世界上名列前茅，因而女性劳动者的实际负担是很重的。因此，解除这种负担不仅使她们在劳动力市场上的表现得到提升，还可以改变生育、养育、教育孩子的成本收益曲线，提高生育意愿和生育率。

跨国数据分析和国别经验研究均显示，极高的人类发展水平，如人类发展指数得分在0.85以上，加上高度的性别平等程度，是生育率从极低的"生育率陷阱水平"，向更可持续水平回升的必要条件。这种效果已经在一些欧洲高收入国家中有所显现。② 同时，把成年一代特别是作为年轻母亲的家庭成员，从照护活动中解放出来，让她们

---

① 《2018年时间利用调查公报》，国家统计局网站，http://www.stats.gov.cn/ztjc/ztsj/2008sjly/。

② 蔡昉：《打破"生育率悖论"》，《经济学动态》2022年第1期。

第一部分　总论

有更多的时间和孩子在一起，可以通过父母亲身养育过程，使孩子教育在非认知能力、人文感和同理心等方面得到更好地培养，对于形成较之人工智能更具竞争力的人力资本，如软技能、隐性知识和实践智慧大有助益，从而使下一代人力资本的竞争力得到明显提升。

老年照护活动的这种性质，意味着其中相当大的部分，完全可以成为基本公共服务供给的内容，或者按照社会福利的原则予以免费提供，或者以政府与社会合作的方式形成补贴性的供给。既然为老年人提供照料和护理服务，对于经济社会发展具有重要的意义，并且这种意义甚至超越了直接的成本收益核算，因此，政府应该实施鼓励和促进政策，改变此类行业工作强度较大，而劳动报酬却较低的状况。也就是说，积极就业政策在这方面可以大有作为，如以公共就业服务的方式，政府承担更大部分人力资本培养及其支出责任，改善照护行业劳动者技能教育和培训，并促进人力资源的充分有效利用。

目前，中国的一些大学里设置了养老服务管理专业，并且已有本科生毕业。在此基础上，应该根据需要增加与照料和护理相关的更多管理型和技术性专业，培养各类实用型人才。职业教育也是培养这个方面从业者的有效途径，特别是对于处在实际操作层面的工作者。同时，科技政策和产业政策应该共同发力，促进老年照料工作成为人工智能与人类劳动有机结合的场景，降低该项工作的体力劳动性质，提高其科技含量和人文关怀的特质，不仅引发了智慧养老产品和服务的发展，更可以使这个领域的工作成为高质量就业的一部分。

四　为银发经济发展创造必要条件

实现老有所养、老有所为、老有所乐，不仅应该成为银发经济发展的目标，也应该成为相关产业政策的指导思想，以及公共和私人投资的操作指南。政府的职能是为社会投资和经营创造必要的体制和机制环境，提高该领域的政策保障水平，鼓励企业最大限度地利用新科技手段、金融创新工具，以及促进新产业、新模式、新业态的形成，实现集创新和包容目标于一体的高质量发展。

(一) 资源配置的市场机制和产业政策

无论是供给侧的增长动能转换和创新驱动,还是需求侧的新消费增长点形成,对于银发经济发展来说,都需要借助于市场机制进行有效的资源配置、调节供求关系,以及激发微观主体活力。从这个意义上说,银发经济发展如同任何产业的发展一样,只有在行业的能进能退、市场主体的有生有死,以及产品和服务价格即时调节市场供求、要素价格充分反映资源稀缺性的竞争性市场上经风历雨,才能保持整体效率和竞争力不断提升,做到长期可持续发展。

同时,银发经济发展也需要产业政策的重点扶持。人口数量和结构变化对经济增长的影响具有明显的外部性特征。作为一种体现发展共性的一般规律,人口与发展的关系及其转换,在中国体现得尤为突出。首先,无论是以劳动者的身份还是以消费者的身份,人口作为每一个具体个人的总和,既是发展的手段更是发展的目的。因此,银发经济在创造私人收益的同时,也创造社会效益。其次,人口与发展的关系,既反映人口转变对当下经济增长的影响,也关乎资源和财务责任的代际分配,因此还表现为一个双重外部性问题。最后,中国极为快速的人口转变过程及其未富先老特征,在一定程度上也是长期实行严格计划生育政策的历史遗产。因此,人口新常态对民生特别是老年群体的影响,是一个公共政策领域的问题,应该将这些因素体现在促进银发经济发展的产业政策之中。

可见,从本质上说,银发经济应该成为市场机制和产业政策作用相交织和相结合的发展领域。银发经济发展的动力、活力和激励,归根结底应该建立在市场发挥资源配置决定性作用的基础上。同时,双重外部性的存在,无疑同样需要政府更好发挥作用,意味着产业政策的典型功能应该得到加强,虽然这也绝不意味着政策可以越俎代庖,替代市场配置资源和调节供求的机制。产业政策在这个领域的更突出作用,应该在一般性的引导和鼓励之外,更注重从人口转变的特征出发,在以下两个方面着眼和施力。

一方面,产业政策应该引领银发经济的技术创新方向,确保产业的发展符合老龄社会这个大背景，即因应相关的当下的现实需求以及未来的潜在需求。老龄化对中国来说是一个全新的经验，也具有极大的动态性特征，可能会同时遭遇"灰犀牛"事件和"黑天鹅"事件，要求产业政策更具有前瞻性，能够做到未雨绸缪。例如，在人口队列的交替转换中，今天对体面就业岗位有特别需求的大龄劳动者，很快便成为亟待填补退休生活中文化产品空缺的消费者，继而又成为需要更多日常生活辅助性服务的老年人，以及需要照料和护理的高龄老年人。老龄化相关的需求具有不断变化的特性，因应需求的技术供给也应该是日新月异的，产业政策更应该尽可能做到与时俱进，为产业和业态的发展做出预判和规划。

另一方面，产业政策中应该融入更多社会政策的元素，确保在银发经济发展中，劳动生产率提高的成果同步地获得分享，特别是惠及老年人和涉老人群。中国特有的未富先老人口国情，意味着在消费需求和消费能力上，均存在着较明显的代际差别。这对银发经济领域实施产业政策提出特殊要求，即格外注重缩小技术应用中的行业差距，消除使用技术产品和服务中各年龄群体之间的数字鸿沟，同时努力降低产品和服务成本，确保老年人消费市场尽早进入长期可持续增长的良性循环。

（二）养老保障和服务的配套性支撑

从现在起到 2035 年之前，中国的老龄化率大致从 15% 提高到 23%，并且仍然处于未富先老这一国情特征之下。也就是说，老龄化率处于相同区间的世界其他国家和地区，人均 GDP 大多显著高于中国。从这个意义上，中国可以用于改善养老保障和养老服务的资源相对拮据。然而，如果我们暂且不考虑发展阶段决定的资源丰裕程度，单从资源增量来看，中国未富先老的特征未必不是一种有利因素。根据世界银行数据库，我们汇集与中国的发展阶段具有可比性的 52 个国家和地区的数据，可以看到老龄化程度与经济增长速度的对应关系（见图 1-4）。图 1-4 分别展示这些国家和地区 2018—2022 年老龄化率的算术平均值，以及这期间人均 GDP 的增长率。由此可见，置身于老龄化率15%—23%这个区间，中国预计实现的潜在增长率显著高于大多数其他经济体的实际增长率。

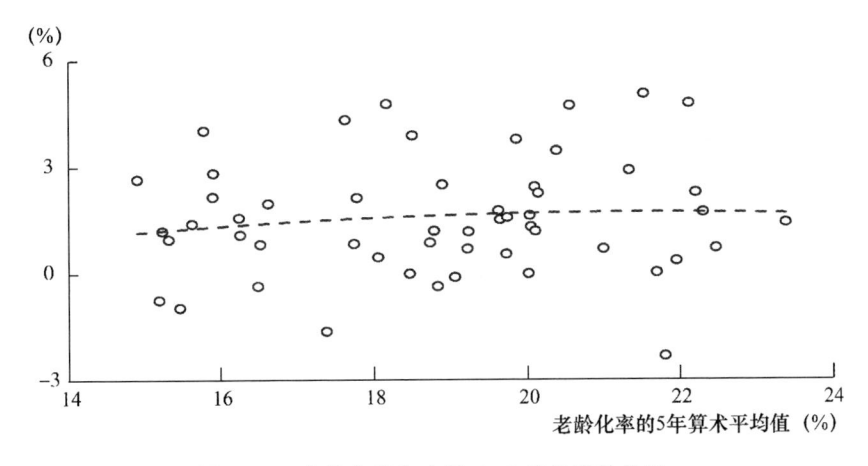

图1-4 老龄化率与人均GDP增长率的关系

资料来源：世界银行数据库，https://data.worldbank.org/。

更快的经济增长速度，不仅意味着生活水平能够更快得到改善，还意味着对公共品和私人品需求的更快提高速度。因此，在民有所呼、我有所应的原则下，这有助于加快形成必要的客观条件和主观激励，推动实现更多的制度创新和技术创新。例如，无论是基本养老保险项目、养老保险的其他支柱、各类养老和涉老产品及服务的供给领域，还是银发经济的发展过程和产业链条形成，都是科技金融、养老金融、普惠金融以及人工智能技术的应用场景，也是体现以人民生命健康为导向的科技创新领域。

养老制造和服务以及照护经济的发展，还可以通过拓展经济活动空间，产生促进经济社会发展一体化的效果。传统经济活动只有两个维度，即产业（行业）和区域，与家庭在社会意义上和空间意义上都有着较大的距离。这个特征无疑是实施积极应对人口老龄化国家战略，以及推进整个经济进行涉老改造的薄弱环节。在这方面，养老和照护经济的多种形式发展，可以成为一个重要的突破口。例如，作为居家养老的必要配套举措，社区嵌入式养老服务，就是通过在社区

(小区)的公共空间嵌入功能性设施，在合理空间距离内提供家门口的养老和照护服务。因此，社区嵌入式养老和照护服务，应该坚持公益性与市场化相结合，注重发挥市场主体作用，以政府主导、社会参与、市场协同的模式运行。

（三）劳动参与和社会保障的无缝衔接

渐进式延迟法定退休年龄是各国在应对老龄化挑战时，都不可避免要采取的一个政策选项。把增加劳动力供给、缓解养老金支付危机同扩大大龄劳动者就业、提高老年人福祉紧密结合起来，是延迟退休年龄政策能够获得成功的关键。根据中国人口的年龄特征，超过一个特定的年龄转折点之后，人口的受教育年限具有加速减少的趋势。因此，劳动者的技能及其对劳动力市场的适应能力均会逐年减弱，并使劳动参与率和就业率随之降低。根据第七次全国人口普查数据，2020年，以就业人口占劳动年龄人口比重表达的城镇就业率，在40岁左右这个高点之后迅速下降（见图1-5），因而也成为老年人收入低、消费能力弱、消费意愿低的重要原因。

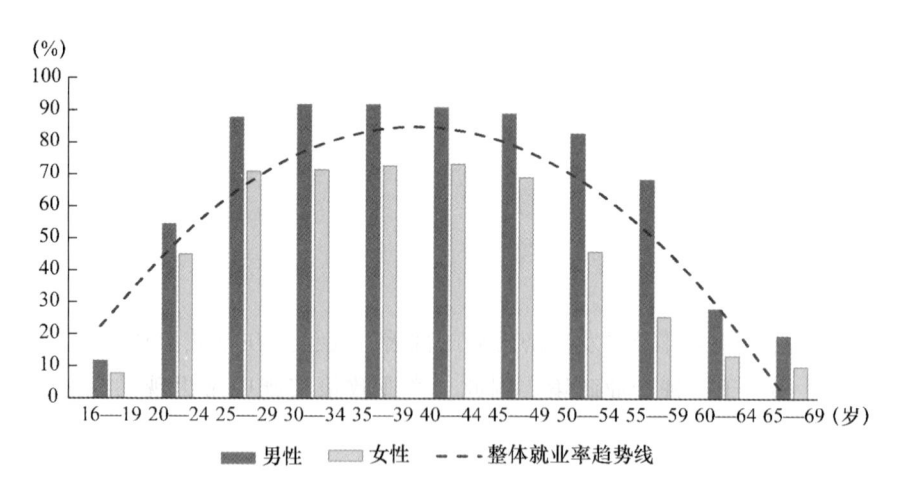

图1-5 城镇分年龄组的就业率

资料来源：国务院第七次全国人口普查领导小组办公室编：《中国人口普查年鉴2020》，中国统计出版社2022年版。

要抵消这个人口特征导致劳动参与率下降的效应，就应该创造和完善一系列必要条件，以达到两个目标为努力方向，使老年人和大龄劳动者在参与就业与获得社会保障之间，不留任何时间缝隙和空间缺口。第一，老龄化背景下的高质量就业，要求公共就业服务得到明显的加强，同时，服务重心更加倾向于在劳动力市场上处于相对脆弱地位的大龄劳动者。特别是针对大龄劳动者最经常面对的就业结构性矛盾，公共就业服务应该通过技能培训和就业适应力培养，以及清除体制机制障碍，改进劳动力市场匹配效率。第二，在遭遇就业冲击的情况下，大龄劳动者在寻职、待业、转岗期间，应该得到更加普惠、更加充足的社会保障托底。相对而言，面对社会保障项目碎片化的特点，以及受益人越来越难以准确识别的问题，大龄劳动者更容易遭受不利影响。因此，社会保障体系转型应该从针对老年人和大龄劳动者的待遇方式上率先启动。

五　结语

诚然，银发经济的发展归根结底以产业的发展和企业的经营为实践基础。但是，在理论上搞清若干有关的问题，在政策层面增强对相关产业政策实施特点的认识，有助于准确把握银发经济发展的基本原则和重要特征、充实和调整促进产业发展的政策工具箱，从而使这一重要部署得到健康和可持续的发展。在本章分析的基础上，我们从以下三个方面进行简要概括，作为银发经济发展的政策理念，同时也作为相应产业发展少走弯路的几点必要提醒。

首先，国家对于银发经济发展的部署，无论是在本质上还是在形式上，都属于一种产业政策。因此，产业政策实施中常出现的问题，在这个场景中也不会缺席，从而不可避免地会影响政策实施的效果。因此，事先对一些值得注意的特殊要点予以强调，应该于实践大有裨益。具体来说，在政策实施的过程中，应该特别注重资源和要素配置的有效组合、投资经济效益和社会效益的有机统一，以及产业发展的可持续性考量。同时，鉴于如何更好实现市场配置资源的作用，与政

第一部分 总论

府维护充分竞争和弥补市场缺陷作用的有机结合和合理分工，始终是改革的核心问题，因此，深化改革是发展银发经济的内在要求和必要条件。

其次，银发经济发展是积极应对人口老龄化国家战略下的产业方案。这也就是说，促进银发经济发展，也需要特别关注中国老龄化的经济社会性质，以及一系列固有的特征。特别是，中国特有的未富先老这一人口国情特征，不可避免会造成一系列特殊的难点和堵点，也可以带来机会和机遇。因此，旨在促进银发经济发展的这一产业政策，在实施层面上需要同其他重大战略、政策部署和具体举措紧密衔接。也就是说，在积极应对人口老龄化国家战略下，银发经济发展同时需要关注和协同人口高质量发展、社会福利体系建设、人力资本培养、创新强国建设等。

最后，正如人口老龄化在经济社会发展中具有巨大的渗透性影响一样，银发经济在中国也将长期具有朝阳产业的地位，并且始终以阳光普照的方式影响到其他产业的发展过程。根据经济发展和人口转变规律，在中国经济发展和人口发展双双进入新常态的条件下，对中国来说，银发经济以及涉老产业的发展既可以解总需求不足的燃眉之急，也可以创造长期发展动能，是解决人民群众不断增长的需要、提高老年人生活品质的关键领域，是中国式现代化的重要支撑。因此，推进这个过程，既要有时不我待的紧迫感，立足于加快收获早期成果，也要有足够的历史耐心，立足于长期培育、久久为功。

第二部分　·理论篇　内涵及意义·

第二章　发展银发经济：意义、内涵及方向[*]

中国人口老龄化快速发展，不仅对发展银发经济提出了迫切的要求，也为银发经济发展提供了巨大的机遇。当前，发展银发经济已经成为推动经济社会高质量发展的一项重要举措。2024年1月，《国务院办公厅关于发展银发经济增进老年人福祉的意见》（国办发〔2024〕1号）（以下简称《意见》）对银发经济发展进行了具体部署，标志着银发经济发展进入新阶段。推动银发经济发展，必须高度认识发展银发经济的重要意义，全面把握银发经济的科学内涵，积极采取政策行动。

一　发展银发经济的重要意义

发展银发经济是满足老年人美好生活需要的现实要求，是积极应对人口老龄化的客观需要，是实施扩大内需战略、构建新发展格局的重要环节，[①] 还是培育新质生产力的重要途径，在中国经济社会高质量发展中具有重要的战略意义。

发展银发经济是满足老年人美好生活需要的现实要求。党的十九

---

[*] 本章作者为林宝。作者简介：林宝，中国社会科学院人口与劳动经济研究所研究员、养老与社会保障研究室主任，中国社会科学院应对人口老龄化研究中心副主任兼首席专家。
[①] 林宝：《发展银发经济利当前惠长远》，《经济日报》2024年2月28日理论版。

第二部分 理论篇：内涵及意义

大报告指出，"中国特色社会主义进入新时代，我国社会主要矛盾已经转化为人民日益增长的美好生活需要和不平衡不充分的发展之间的矛盾"。[①] 当前，中国已经进入中度老龄化阶段，截至2023年年底，中国60岁及以上人口为29697万，占全国人口的21.1%，其中65岁及以上人口为21676万，占全国人口的15.4%。人口老龄化将带来养老需求的急剧增长，迫切需要解决当前养老产品和服务发展存在的不平衡不充分问题。近年来，中央及地方各级政府大力推动基本养老服务体系建设，促进养老事业与养老产业协同发展，取得了积极的进展，但是与老年人的美好生活需要相比仍然存在较大的差距，供给总量不足和结构失衡的问题还比较突出。当前，迫切需要通过发展银发经济，调动各种社会力量的积极性，充分发挥市场机制作用，丰富养老产品和服务供给，为满足老年人美好生活需要奠定良好基础。

发展银发经济是积极应对人口老龄化的客观要求。党的十九届五中全会提出实施积极应对人口老龄化国家战略；《中共中央 国务院关于加强新时代老龄工作的意见》指出，有效应对我国人口老龄化，事关国家发展全局，事关亿万百姓福祉，事关社会和谐稳定。中国人口老龄化快速发展在给经济社会发展带来挑战的同时，也将带来新的发展机遇。积极应对人口老龄化的核心要义就是要在积极应对人口老龄化带来挑战的同时，充分挖掘人口老龄化带来的发展机遇。人口老龄化带来的发展机遇主要表现在大规模的老年人口将带来巨大需求和市场，进而为产业发展产生直接的推动力量，推动银发经济快速发展。从这个意义上说，银发经济发展正是人口老龄化带来的最大经济发展机遇，是积极应对人口老龄化的关键所在。银发经济具有良好的发展前景，需求潜力大、增长快，可以成为新的经济增长点；其综合性强、涉及产业部门多，在国民经济体系中具有很强的带动性。因此，在实施积极应对人口老龄化国家战略提出之初，就要将发展银发经济作为这一战略的重要内容。

---

① 习近平：《决胜全面建成小康社会 夺取新时代中国特色社会主义伟大胜利——在中国共产党第十九次全国代表大会上的报告》，人民出版社2017年版，第11页。

发展银发经济是实施扩大内需战略、构建新发展格局的重要环节。党的二十大报告指出，"加快构建以国内大循环为主体、国内国际双循环相互促进的新发展格局"。① 为构建新发展格局，中国正在推进实施扩大内需战略。《扩大内需战略规划纲要（2022—2035 年）》指出，坚定实施扩大内需战略、培育完整内需体系，是加快构建以国内大循环为主体、国内国际双循环相互促进的新发展格局的必然选择，是促进中国长远发展和长治久安的战略决策。促进消费是扩大内需的关键环节，而银发消费在促进消费中具有越来越重要的地位。一方面是因为人口老龄化意味着银发人口在总人口中的占比越来越高；另一方面则是因为随着社会保障制度日趋完善，共享社会发展成果的机制日趋成熟，而且新一代银发人口也拥有更多资产，银发人口消费能力和水平也有了更坚强的保障。当前，制约银发消费的主要因素在于银发市场尚不发达，能够满足银发消费需求的产品和服务供给尚不充分，一旦通过发展银发经济，能够有效繁荣银发产品和服务市场，激发银发消费潜力，必将大大提高社会总需求，推动扩大内需战略顺利实施，为构建新发展格局提供有力支撑。

发展银发经济是培育新质生产力的重要途径。"新质生产力是创新起主导作用，摆脱传统经济增长方式、生产力发展路径，具有高科技、高效能、高质量特征，符合新发展理念的先进生产力质态。它由技术革命性突破、生产要素创新性配置、产业深度转型升级而催生，以劳动者、劳动资料、劳动对象及其优化组合的跃升为基本内涵，以全要素生产率大幅提升为核心标志，特点是创新，关键在质优，本质是先进生产力。"② 银发经济是一个典型的发展基础较差、发展潜力大的领域，迫切需要加强科技支撑，创新发展模式，提升生产率，实现高质量发展，可以成为培育新质生产力的主阵地、主战场。一方

---

① 习近平：《高举中国特色社会主义伟大旗帜　为全面建设社会主义现代化国家而团结奋斗——在中国共产党第二十次全国代表大会上的报告》，人民出版社 2022 年版，第 28 页。
② 习近平：《发展新质生产力是推动高质量发展的内在要求和重要着力点》，《求是》2024 年第 11 期。

面，银发经济领域具有突破摆脱传统增长方式和发展路径的现实需求，必须发展新质生产力。当前，银发经济发展仍然面临诸多困难，养老服务行业整体上仍然没有摆脱低水平均衡陷阱，围城效应十分明显；老年用品制造仍然处于起步阶段，产品种类相对较少，市场规模相对较小；为老年阶段做准备的相关的经济活动如养老金融、康养产业、教育等行业的发展也滞后于需求。但是，在传统发展模式下，银发经济发展存在的这些问题难以解决，必须彻底摆脱传统增长方式和发展路径，强化创新驱动，提高生产率和发展质量，将银发经济发展成为先进生产力聚集的领域，才有可能吸引资金、人才向该领域流动，真正进入良性发展轨道。另一方面，银发经济领域也有创新的广阔空间和前景，具有发展新质生产力的良好条件。巨大老年人口规模和多样化的需求将为创新带来强力的驱动；互联网、物联网、人工智能、生物医药、新材料等新技术的应用将为老年用品制造、老年生活场景改造升级、养老服务模式创新等提供技术支撑；中央和地方推动银发经济发展和鼓励创新的系列政策将为银发经济领域的创新提供制度保障；广阔的应用市场将为创新带来更好的预期收益。[1]

二 银发经济的基本内涵和主要特征

"银发经济"（Silver Economy）一词最早出现在20世纪70年代的日本，当时日本政府致力于努力增加可供老年人使用的设施数量。为了提倡"老人优先"理念，1973年日本国有铁道推出"银发座"服务，此后针对老年人的各类便民利民措施不断出台。随着老龄化程度的加深和老年群体消费规模的扩大，日本政府首次提出"银发经济"概念。[2] 银发经济发展之初以"银发服务"为核心，日本1991年《厚生白皮书》将银发服务定义为由民间部门为高龄者提供的服

---

[1] 林宝：《发展银发经济满足多样化养老需求》，《人民论坛》2024年第13期。
[2] Klimczuk, Andrzej, "Comparative Analysis of National and Regional Models of the Silver Economy in the European Union", *International Journal of Ageing and Later Life*, 10（2），2016, pp. 31-59.

务及商品的总称。① 学术界对银发服务进行了进一步阐释,三浦文夫将银发服务定义为市场型供给组织根据福利需求理论为满足老年人基本需求或更高质量需求提供的服务。② 总体上,日本的银发经济发展大体上与人口老龄化程度相关,在轻度老龄化阶段,是银发服务发展时期;在中度老龄化阶段,是银发产业发展的时期,并逐步与银发服务构成银发经济的主要支柱;在重度老龄化阶段,整个日本的经济和产业呈现银发化。③

国际上目前较为常用的银发经济定义来自欧盟。在 2015 年关于银发经济发展的背景报告中,欧盟将银发经济定义为因人口老龄化和满足 50 岁及以上人口的特定需求而产生的公共和私人消费支出所产生的经济机会,并操作化定义为满足 50 岁及以上人群需求的所有经济活动的总和,包括他们直接购买的产品和服务以及该支出产生的进一步经济活动。④ 在 2018 年欧盟关于银发经济的最终报告中,主要使用了上述操作化定义。⑤ 在这个意义上,银发经济是与银发人口相关的产品和服务的生产、消费和交易相联系的特有的跨部门的经济活动,既包括公共部门也包括私营部门,既包括直接效应也包括间接效应。⑥ 欧盟关于银发经济的定义被众多研究者所采用,这些研究既有对欧盟银发经济的研究,也有对其他区域银发经济的研究。还有其他一些国际组织在研究报告中对银发经济给出了定义。例如,OECD 分别从供给和需求两个角度定义银发经济:从供给角度,银发经济基本等同于银发产业,即生产和供给以老年人为目标的产品和服务;⑦ 从需求角度,银发经济是聚焦满足因人口老龄化而生的需求的

---

① 杨立雄、余舟:《养老服务产业:概念界定与理论构建》,《湖湘论坛》2019 年第 1 期。
② 川村匡由:『シルバーサービス論』,京都:ミネルヴァ書房,2005。
③ 彭希哲、陈倩:《中国银发经济刍议》,《社会保障评论》2022 年第 4 期。
④ European Commission, Growing the European Silver Economy, 2015, https://digital-strategy.ec.europa.eu/en/library/growing-silver-economy-background-paper.
⑤ European Commission, The Silver Economy, Final Report, 2018.
⑥ European Commission, The Silver Economy, Final Report, 2018.
⑦ Grażyna Krzyminiewska, "Innovative Technologies in the Process of Development of the Silver Economy", 2020.

第二部分　理论篇：内涵及意义

经济部门。① 此外，还有一些学者也从各自研究的角度给出了银发经济的定义。

国内学者对银发经济的内涵也有一些探索和讨论。罗莉认为，银发经济是以老龄群体为服务主体、以满足其市场需求为导向、为其提供相应产品和服务的产业部门及经济组织的统称。② 杨燕绥认为，银色经济指基于健康长寿的消费需求和约束条件，组织生产、分配、流通和消费的活动及其供求关系的总称。③ 胡苏云认为，银发经济是指针对50岁及以上人群的消费所进行的产品和服务供给，既涵盖市场领域，又包括公共经济领域；既包括既有产业，又包括新增产业，其中都涉及传统行业和新兴行业。④ 李军认为，银发经济是为满足老年人特有需求而提供适老化产品与服务的产业经济及相关经济活动。银发经济除了包括老龄产业，还包括零散的、不成产业规模的满足老年人需求的经济活动。⑤ 彭希哲和陈倩将中国的银发经济定义为围绕衣食住行、文教娱乐、医护康养等为老年人提供各种产品和服务的生产、供给、消费以及衍生的经济活动的总和。⑥

中国官方对银发经济的定义来自《意见》。《意见》对银发经济的内涵进行了明确的界定：银发经济是向老年人提供产品或服务，以及为老龄阶段做准备等一系列经济活动的总和。这一界定在政策文件中提出，主要目的是界定相关政策语境中银发经济的基本范畴，有着明确的政策意涵。与一般学术意义上关于银发经济内涵的讨论有显著不同，这一界定可以明确相关政策所涉及的相关范围、基本指向以及相应的政策措施。国家发改委相关司局负责人在国务院新闻办公室于2024年1月22日举行的国务院政策例行吹风会上强调银发经济包含"老年阶段的老龄经济"和"未老阶段的备老经济"两个方面，并对

---

① Mihaela Cazacu, et al., "Silver Population—The New 'Gold' for Our Society", *"Ovidius" University Annals, Economic Sciences Series*, Volume XXI, Issue 1/2021.
② 罗莉：《人口老龄化背景下的"银发经济"探析》，《学习月刊》2012年第4期。
③ 杨燕绥：《银色经济及其发展战略》，《中国老年报》2015年8月18日。
④ 胡苏云主编：《银发经济概论》，上海社会科学院出版社2020年版，第2页。
⑤ 李军：《发展银发经济促进经济增长》，《老龄科学研究》2022年第4期。
⑥ 彭希哲、陈倩：《中国银发经济刍议》，《社会保障评论》2022年第4期。

第二章　发展银发经济：意义、内涵及方向

为何如此界定进行了解释。首先，从国家的规划引领来看，发展银发经济充分呼应并落实积极应对人口老龄化国家战略。其次，从个体的生命周期来看，老年阶段和未老阶段并不是割裂开的，应作为有机整体统筹谋划。最后，从社会的代际传递来看，银发经济发展离不开各年龄人群的共同参与。① 我们可以从这些信息中进一步明确银发经济的一些基本特征。

一是银发经济涵盖全经济过程。银发经济的界定主要从需求侧特征出发，并从需求侧延伸到供给侧。这次的银发经济界定明确是以"老年人"和"老龄阶段"两个关键词来限定其满足需求的特定对象，进而指向满足这些需求的产品和服务及相关经济活动。从需求侧到供给侧实际上涵盖了全经济过程，不仅应该关注需求与供给环节，还涉及分配和交换等环节。这就使银发经济核算与其他以供给侧特征来划定范畴的经济部门相比会更为复杂，在产业政策制定中不仅要考虑产业自身发展的特点，还要考虑从供给侧到需求侧的整个过程，要特别关注供给侧与需求侧的适配性，需要优先支持现阶段需求更迫切的产品和服务发展，在政策实施中也需要特别关注需求侧状况的变化。

二是银发经济涉及全生命周期和全人群。《意见》中界定银发经济既包括老龄经济，又包括备老经济，而备老又没有强调年龄界限，显然可以包括全生命周期和全人群，与当前流行较广的欧盟定义有所不同。欧盟定义中强调了50岁及以上人口的特定需求，操作化定义为满足50岁及以上人群需求的所有经济活动的总和。显然，将银发经济涉及全生命周期和全人群有利于统筹谋划老年阶段和未老阶段、鼓励各年龄人群共同参与，但也可能带来银发经济范畴的泛化并带来核算的混乱，如哪些是为老年阶段做准备、从多大年龄开始的准备属于为老年阶段做准备——这些问题有待进一步明晰。

三是银发经济关注老年阶段的全部需求。银发经济关注的需求不

---

① 《国新办举行〈关于发展银发经济增进老年人福祉的意见〉国务院政策例行吹风会》，国务院新闻办公室官网，http://www.scio.gov.cn/live/2024/33230/index_m.html。

第二部分 理论篇：内涵及意义

仅涵盖老年阶段的特殊性需求，还涵盖一般性需求。老年人的需求可以分为一般性需求和特殊性需求，前者表示与其他年龄群体差别不明显的需求，后者是指主要在进入老年阶段以后出现的需求。《意见》将银发经济界定为是向老年人提供产品或服务，以及为老龄阶段做准备等一系列经济活动的总和，显然只是突出了对象的特殊性，没有突出产品和服务的特殊性。在为老年人提供的产品和服务中，一部分是专门以老年人为对象的，另一部分则是适合全人群或是大部分人群；为老龄阶段做准备则更是存在较多模糊空间。因此，其可以理解为银发经济满足的是老年人和为老龄阶段做准备的一般性需求，但特殊性需求是其中的重点。满足一般性需求的经济活动涉及所有国民经济部门，但银发经济只是涉及老年人口所占份额，如果进行核算，需要根据老年人口占比、消费水平等因素进行估算；满足特殊性需求的经济活动主要涉及养老产业，具体范围可参考国家统计局发布的《养老产业统计分类（2020）》。

四是银发经济涉及全部产业部门，是综合经济，"涉及面广、产业链长、业态多元"。银发经济涉及全生命周期和全人群，从需求侧出发，既关注一般性需求，也关注特殊性需求，在国民经济中涉及了所有经济部门，是典型的综合经济部门，而非独立的经济部门。例如，《意见》重点围绕老年助餐服务、居家助老服务、社区便民服务、老年健康服务、养老照护服务、老年文体服务、农村养老服务7个方面老年人急需的高频服务，老年用品制造、智慧健康养老、康复辅助器具、抗衰老产业、养老金融、旅游服务、适老化改造7个前景好、潜力大的产业提出了一系列具体的政策措施，仅从这些领域来看，就涉及多种业态，可以延伸至三大产业，而这仅仅是一些重点领域，由此可见银发经济的综合性之强、涉及面之广。

正因为银发经济涉及面如此之广，内涵如此丰富，所以就为实际操作增加了很大的难度。因此，在总体上定义了银发经济的内涵之后还需要进一步明确银发经济的可操作性定义，特别是要明确备老的内涵和时间节点。建议借鉴欧盟的做法，将50岁作为银发人群的起点，把银发经济定义成为满足50岁及以上人群需求的所有经济活动的总和。这样定义的理由有四：一是便于开展比较研究。目前欧盟的定义也是将银发经济的目标人群定义为50岁及以上，这一标准已经得到了较广泛的使用，这样便于以后的研究与这些既有研究进行借鉴和比较。二是与以老年人为对象相比，按照50岁及以上人口来计算，银发经济的体量将更大，将更有利于凸显银发经济在国民经济中的重要地位，也更有可能推动相关核算的开展，从而有利于更进一步深入分析银发经济。三是50岁及以上阶段也是人们真正出现银发特征、离开劳动岗位开始退休生活的阶段，需求会产生较大变化。特别是在中国，50岁以后劳动参与率出现明显的下降，在实施渐进式延迟退休年龄改革之前女工人的退休年龄甚至低至50岁，女干部的退休年龄也仅为55岁，如果以60岁及以上为银发人口起点，将不能反映女性在50—60岁的这些变化特征。四是将银发人口定义为50岁及以上人口，从而可以与老年人口有明确的区分，避免银发经济成为老龄产业、老龄经济、养老产业等的同义词而成为文字游戏。

三 银发经济发展的现实基础和潜力

发展银发经济必须客观认识中国银发经济发展的现状和前景，准确把握银发经济发展的阶段性特征。总体上，中国银发经济发展尚处于初级阶段。从银发经济的几个主要方面来看，均未进入良性发展的成熟阶段。在养老服务业方面，虽然自2013年以来，各级政府出台了一系列促进养老服务业发展的政策措施，但养老服务业的发展仍然呈现出供给不足、结构失衡的特征。一方面是大量老年人的养老服务需求无法得到满足，另一方面则出现大量养老机构床位空置、社区养老服务设施利用不足等问题。这些现象的存在表明养老服务市场尚未跨越"低水平均衡陷阱"，进入健康发展阶段。在老年用品方面，目前尚未有系统的政策支持体系，以老年人为特定对象的产品在种类、产业规模上与发达国家相比仍然有较大差距，特别是尚未形成一批具有鲜明特点、竞争力强的龙头企业。老年用品市场仍然处于发育阶段，大量老年用品需求尚未被开发出来，供给水平仍然相对较低。在

第二部分 理论篇：内涵及意义

备老经济方面，养老金融尚存在养老金制度尚待完善、养老金融服务发展相对滞后等问题；健康管理存在观念尚未普及、服务可及性不足等问题。备老经济的市场潜力尚未得到有效挖掘，市场仍然有待进一步培育和壮大。

但是，中国银发经济发展具有巨大的潜力。这首先得益于中国巨大的人口规模和老年人口规模。巨大的人口规模将产生巨大的备老需求，巨大的老年人口规模将带来巨大的养老需求，共同支撑起中国银发经济发展的基本盘。截至 2023 年年底，全国总人口为 140967 万，60 岁及以上人口为 29697 万，占全国人口的 21.1%，其中 65 岁及以上人口为 21676 万，占全国人口的 15.4%。即便是最悲观的预测，中国人口规模在 2050 年以前仍然将保持 12 亿以上，而 60 岁及以上老年人口规模将达到 5 亿以上，这将是中国银发经济发展最有力的支撑。随着人口老龄化程度的不断提升，银发经济在国民经济中的比重也必将随之提升。根据《世界人口展望 2024》中方案预测结果，2050 年中国总人口将为 12.6 亿，60 岁及以上人口将达到 5.04 亿，占总人口的比重为 40.0%；65 岁及以上人口将达到 30.9%。[①]

其次，不断提升的收入水平将带动消费增长和消费升级，使银发经济发展快于老年人口增长速度。2023 年，中国人均国内生产总值达到 89358 元，按照全年人民币平均汇率计算，约合 12681 万美元，即将进入高收入国家行列。老年人口收入增长是支撑银发经济发展的重要力量。《第五次中国城乡老年人生活状况抽样调查基本数据公报》（以下简称《公报》）显示，2021 年，中国城镇老年人年人均收入达 47270.8 元，约为 2010 年的 2.64 倍，扣除价格因素，年均增长率为 6.8%，较同期城镇居民人均可支配收入平均增速快约 0.5 个百分点；农村老年人年人均收入达 14105.4 元，约为 2010 年的 2.97 倍，扣除价格因素，年均增长率为 7.9%，与同期农村居民人均可支配收入平均增速基本持平。收入增长带来了消费升级，《公报》显示，2020 年中国老年人中曾外出旅游的比例为 9.0%，较 2010 年提

---

① United Nations, *World Population Prospects 2024*, https://population.un.org/wpp/.

高4.4个百分点。① 随着中国建设社会主义现代化强国的稳步推进，收入水平将进一步提高，将带动消费水平提升，并促进消费结构升级，从而使银发经济规模快速扩大。

再次，"60后"退休潮一代的老年人将拥有比过去的老年人更多的资产、更高的收入、更现代的消费观念，将会成为推动银发经济快速发展的生力军。其一，"60后"退休潮一代规模巨大。第七次全国人口普查数据显示，2020年51—58岁人口（近似对应1962—1969年出生队列）中，除了58岁人口数为1913万，其他年龄人口数均超过2000万，最高的超过2600万（52岁和57岁人口）。其二，"60后"比上一代人有更高的终身收入，因而有更多的资产积累和更高的消费能力。"60后"进入工作期刚好赶上中国实行改革开放以及经济快速发展的时期。与上一代人不同，"60后"的整个工作期都是处于收入水平快速增长时期，这使得他们比上一代人有更高的终身收入水平。特别是在个人资产的重要体现——房产上，"60后"也具有得天独厚的优势，部分人以较低成本实现了资产积累。其三，"60后"经历了中国的改革开放和信息技术的快速发展，与上一代人相比他们思想观念更为多元，对新生事物的接受能力较强，具有更现代的消费观念。②

最后，科学技术的快速发展，适老化产品和应用场景不断涌现，也将为老年消费创造新的动力和场景，进一步扩大银发经济规模。研究显示，高质量供给是引领和创造新需求的重要源泉。创新型供给和升级型供给两种高质量供给分别可激发潜在需求和扩大改善性需求，进而引致包括外向型需求在内的社会总需求的扩张。高质量供给引领和创造新需求是创新和改善供给内容和供给方式的过程：一方面，通过提供新的、多样化的供给内容以及新的供给方式，实现对原有需求的替代；另一方面，通过产品和产业的升级以及新技术应用和产业融合的供给方式，实现对现有需求的扩展。③ 当前，中国老年人大量的潜

---

① 引自《第五次中国城乡老年人生活状况抽样调查基本数据公报》解读。
② 林宝：《"60后"退休潮：特征、影响及应对》，《人民论坛》2022年第23期。
③ 扩大内需战略研究课题组：《论高质量供给引领和创造新需求》，《经济学动态》2023年第11期。

在需求有待激发，大量的改善性需求有待满足。随着大力发展新质生产力的各项措施的有力推进，科学技术的快速发展，新技术将创造更多适合老年人的产品、服务和应用场景，必将对需求侧产生重要影响，带动需求升级。同时，随着供给侧结构性改革的进一步推进，供给质量将进一步提升，也将进一步激发需求，从而推动银发经济发展。

四 银发经济发展的政策重点和方向

满足老年人需求是发展银发经济的基本出发点。《意见》明确指出，发展银发经济，满足老年群众多方面需求，妥善解决人口老龄化带来的社会问题，事关国家发展全局，事关人民福祉。这句话点明了发展银发经济的基本出发点是满足老年人需求。这一方面是由当前面临的社会主要矛盾决定的，另一方面是由银发经济的基本内涵所决定的。当前，中国社会主要矛盾是人民日益增长的美好生活需要和不平衡不充分的发展之间的矛盾。满足老年人不断增长的美好生活需要必须不断提高产品和服务供给水平，而这正好是发展银发经济的重要内容。发展银发经济必须从老年人的需求出发，根据老年人需求复杂多元、动态变化的特点，不断适应需求变化，推动供给侧结构性改革，提升市场上的供需均衡水平，推动银发经济规模扩张和结构升级，实现良性发展。因此，在发展银发经济过程中，必须始终把满足老年人需求作为政策的出发点和归宿，要把满足老年人最急迫的需求作为银发经济发展的优先事项重点予以政策支持，要及时通过前瞻性研究和政策评估把需求变化纳入政策视野之中。

充分发挥市场机制作用是发展银发经济的基本要求。中国的银发经济本质上是社会主义市场经济，要使市场机制在资源配置中起决定性作用。首先要处理好政府和市场的关系，推动有效市场和有为政府更好结合，促进事业产业协同。核心是要合理确定政府职责，通过有效的机制，动员全体社会成员参与银发经济发展。为充分发挥市场机制作用，应制定银发经济发展的权力清单、责任清单和负面清单制度，明确政府部门职责和市场行为边界。必须合理设定市场准入条件和完善市场规范，推动银发经济市场全面开放，为各类市场主体提供公平的竞争环境，保障不同经营主体平等获取生产要素，激发各类经营主体活力。要理顺银发市场产品和服务的价格形成机制，避免因政府行为造成的价格扭曲，特别要避免政府直接以低于市场价格提供产品和服务的行为。最后要通过充分发挥市场机制作用，推动产业发展，扩大市场规模和提升供给质量，最终带动老龄事业发展，实现事业与产业协同发展的新局面。

供需双侧发力是发展银发经济的必然要求。银发经济是从需求侧特征出发，并从需求侧延伸到供给侧的。发展银发经济必须从供需双侧着力。在需求侧，要重点关注老年人的购买能力。这一方面要加强老年人收入保障。要继续推进养老金制度改革，完善多层次养老保险体系，特别是要提高城乡居民的养老保障水平，建立科学的调整机制，形成更坚强的制度保障。另一方面要推动养老金融服务发展。要开发更多适老化的金融产品和金融服务。鼓励金融机构主动开展养老金融产品创新，积极参与养老金融业务，围绕居民生命周期养老金融需求特点，开发适合不同群体的养老金融产品，特别是要针对当前投资渠道相对狭窄的情况，针对老年人特点开发一些稳健型投资理财产品。继续推动金融服务适老化建设，对金融机构网点、手机 App 等加大适老化改造力度，在线下、线上保留便捷的人工服务通道。在供给侧，要深化养老服务供给侧结构性改革和建设老龄用品强国。要通过供给侧结构性改革实现养老服务高质量发展，通过老龄用品强国建设实现供给种类和质量的显著提升，共同推动银发经济市场繁荣发展。

养老服务是银发经济发展的优先事项，也是难点所在。《意见》首先强调了"发展民生事业，解决急难愁盼"，列出了老年助餐服务、居家助老服务、社区便民服务、老年健康服务、养老照护服务、老年文体服务、农村养老服务，表明养老服务是银发经济发展的优先事项，也是难点所在。把养老服务列为银发经济发展的优先事项，主要是因为养老服务需求是当前最急切最具刚性的需求，关系到老年人的生存质量。与老龄产品需求和备老需求相比，养老服务需求一旦产生具有时效性强、替代性差的特点，需要及时、精准得到满足。养老

第二部分 理论篇：内涵及意义

服务是银发经济发展的难点所在，是因为在养老服务市场存在老年人支付能力相对较低和服务成本相对较高的矛盾，导致存在规模难以扩大的"低水平均衡陷阱"，单纯依靠市场自身的力量难以获得较快发展，必须在供需两侧给予政策支持。[①] 作为优先事项和难点所在，养老服务在银发经济发展中需要得到重点支持，要从全局高度认识其重要性，营造人人参与养老服务发展的环境，鼓励新技术应用和模式创新，积极推进基本养老服务体系建设，提高养老服务资源利用效率，以更宽广的政策视野、更广泛的社会参与、更强劲的创新驱动、更坚实的基本保障、更有效的资源配置开创养老服务发展新局面。[②]

规模化、标准化、集群化、品牌化是银发经济发展的基本方向。《意见》明确要求，"加快银发经济规模化、标准化、集群化、品牌化发展，培育高精尖产品和高品质服务模式"，提出了培育经营主体、推进产业集群发展、推动品牌化发展、开展高标准领航行动等具体政策方向。银发经济总体上仍然处于起步阶段，经营主体普遍存在规模偏小、缺乏引领性的品牌和企业、产业集中度低、行业标准不健全等问题，规模化、标准化、集群化、品牌化发展是突破行业发展瓶颈的必然选择，也是产业发展壮大的必经阶段。但是，必须深刻认识到，实现规模化、标准化、集群化、品牌化发展是一个长期过程，不可一蹴而就，更不可一厢情愿，盲目推进，要充分尊重市场机制作用，让企业在市场竞争中脱颖而出；产业园区建设要充分尊重区域经济特征，现有发展基础和产业聚集规律，真正建成具有良好带动作用和示范效应的产业园区，成为银发经济发展的龙头。

培育潜力产业是满足多样性需求的关键所在，也是银发经济发展的突破点。《意见》明确要求，强化老年用品创新，打造智慧健康养老新业态，大力发展康复辅助器具产业，发展抗衰老产业，丰富发展养老金融产品，拓展旅游服务业态，推进适老化改造七大潜力产业。这七

---

① 林宝：《养老服务业"低水平均衡陷阱"与政策支持》，《新疆师范大学学报》（哲学社会科学版）2017年第1期。
② 林宝：《养老服务高质量发展：内涵、方向及路径》，《华中科技大学学报》（社会科学版）2024年第5期。

大产业涵盖了产品、服务和设施等多个领域，以改善性需求为主，是满足老年人多样性需求的关键所在。这些产业的共同特点在于，一方面有强劲的需求，另一方面具有较好的产业发展基础，有望短期内形成一个巨大的市场，具有较好的市场化发展前景，有望成为银发经济发展的突破口。培育潜力产业的关键还是要在尊重产业自身发展规律的基础上，积极采取政策措施，构筑良好产业发展生态，引导社会资本参与发展。培育潜力产业要充分发挥现有产业基础优势，实现低成本转型或扩张，迅速实现相关产业的发展壮大。例如，在老年用品、康复辅助器具等产业上要充分发挥中国制造业大国的优势，引导从事相近产品制造的企业实现扩展产品线或是生产重心转移；发展养老金融产品和拓展旅游服务业态应充分调动已经发展成熟的金融企业和旅游企业的积极性，利用现有的服务网络拓展业务或创新产品，提高服务质量和老年人口针对性；适老化改造则可利用房地产行业调整的时机，引导房地产开发和装修企业转型为适老化改造的专业公司，形成一批质量可靠、群众认可度高的龙头企业，引领行业发展。

五 推动银发经济发展的政策建议

党的十九届五中全会提出实施积极应对人口老龄化国家战略时明确要求"积极开发老龄人力资源，发展银发经济"。此后，在《中共中央 国务院关于加强新时代老龄工作的意见》和《"十四五"国家老龄事业发展和养老服务体系规划》中进行具体的部署。《意见》更是从"发展民生事业，解决急难愁盼""扩大产品供给，提升质量水平""聚焦多样化需求，培育潜力产业""强化要素保障，优化发展环境"提出了26条措施，进行了系统部署。当前的工作重点是积极推动各项政策措施落地，真正使银发经济发展进入快车道，适应积极应对人口老龄化和建设中国式现代化的形势需要。具体来看，应从以下几个方面重点推进。

一是转变思想观念，以全新视角看待银发经济发展。推动银发经济发展最根本的措施是在思想观念上真正重视，除了要从战略高度上

第二部分 理论篇：内涵及意义

认识到发展银发经济的重要意义，还需要改变当前对银发经济的一些传统认识。其中，最重要的是要真正以经济思维来看待银发经济，而不是仅仅将其看作一项民生事业。发展银发经济毫无疑问有利于改善民生，但绝不能仅仅视为民生问题。要充分认识到银发经济是新的经济增长点，是实现经济社会高质量发展的重要抓手。因此在具体措施上，必须将银发经济发展纳入国民经济和社会发展规划及政府年度重要工作事项，要把银发经济相关工作部署从民生板块挪到经济高质量发展相关板块，由主要领导去抓。要制定银发经济发展目标，并将实现情况纳入相关部门工作考核评价内容。要将银发经济相关项目纳入重点工程，予以重点保障和重点监督。

二是强化创新引领，以新质生产力驱动银发经济发展。银发经济要实现高质量发展，必须依赖创新驱动，大力发展新质生产力。为此，一方面，必须持续优化营商环境，使更多主体参与银发经济发展。多元参与、充分竞争的市场环境是创新的"温床"。要通过降低市场准入门槛、完善市场监管、完善政策激励等措施，充分调动各类主体参与银发经济发展的积极性。另一方面，要鼓励新技术、新产品、新模式、新业态的发展。《意见》提出，强化老年用品创新、打造智慧健康养老新业态、加强科技创新应用等都是重要的政策方向，下一步应进一步出台具体的政策措施，真正形成一个有利于创新的发展环境。

三是加强制度建设，以有效机制保障银发经济发展。推动银发经济发展，必须在制度建设方面进一步着力。首先，要尽快出台银发经济统计分类目录，建立银发经济常规统计制度，监测银发经济发展动态，为进一步完善政策奠定坚实的基础。其次，完善银发经济发展部门统筹协调机制。银发经济涉及面广，涉及部门多，很容易陷入各部门各自为政、缺乏协调的境地，应尽快建立起相关部门之间的协作机制，确保各部门之间信息互通、数据共享、政策相容、协同推进，形成推进银发经济发展的最大合力。再次，建立政策效果评估机制。尽快建立银发经济发展指标体系和评估体系，定期评估政策实施效果，及时推动政策进一步完善。最后，尽快总结试点经验，出台全国统一的长期护理保险制度，加强基本服务保障，推动养老服务高质量发展，并通过明确纳入保险支付范围的产品目录来带动老年用品和康复辅助器具等的发展。

四是抓住关键举措，以重点突破带动银发经济发展。《意见》具体提出的4个方面26项举措，都是当前发展银发经济的必要措施。这些措施覆盖面较宽，还必须重点突破。当前，应重点抓好几项措施。一是推进适老化改造，包括公共空间适老化、居家环境适老化、数字环境适老化等方面。可考虑开展全国性的适老化改造工程，带动银发经济发展。建议通过出台统一的适老化改造标准，对公共设施、社区进行统一改造，家庭内部改造按照家庭自愿+政府补贴的方式进行推进，对按照标准完成改造的家庭给予一定的财政补贴。同时，进一步强化公共部门和相关单位的数字环境适老化义务。二是完善养老照护服务。照护服务是当前养老服务体系中的薄弱环节，也是最急需的服务。对很多家庭而言，长期照护问题依靠自身力量难以解决，必须依赖社会支持。应大力支持照护机构发展，将养老机构床位补贴主要用于照护型床位，引导机构增加照护型床位供给，并支持社区嵌入型照护机构发展，满足失能老年人就近养老需求。三是完善养老金融服务，丰富养老金融产品。养老金融是备老经济的主要部分，有着巨大的潜力。但目前养老金融服务发展明显滞后，应强化金融机构的责任，在产品设计、风险保障、服务水平等方面有所突破。四是老年用品制造。要加大科研技术投入，加强应用基础研究，加强银发用品的研究开发，以创新引领老年用品制造业发展；实施积极的产业扶持政策，加强老年用品制造企业的孵化和品牌培育，建立银发产业发展基金，扶持相关企业发展。[①]

[①] 林宝：《发展银发经济满足多样化养老需求》，《人民论坛》2024年第13期。

第三章　银发经济与积极应对人口老龄化[*]

发展银发经济是积极应对人口老龄化、实现人民对美好生活向往的必然要求。积极应对人口老龄化本质是回应在人口老龄化快速加深的背景下，如何增进老年人福祉、如何保持经济社会健康稳定和可持续发展，其本源是经济社会问题，是发展问题。银发经济作为伴随老龄社会的新社会形态而产生的新经济形态，一方面是围绕老年人衣、食、住、行、医和其他年龄群体在老龄化过程中所涉及的备老需求，解决老年人现实困境、提升其生活品质；另一方面，人口老龄化蕴含着发展新空间，发展银发经济是培育中国经济发展新动能的重要抓手，银发经济包含多元化的产业体系，涉及面广，产业链长，几乎覆盖国民经济行业的所有类别，涵盖生产、分配、交换、消费各个环节，是未来促进经济可持续发展的重要增长点。因此，发展银发经济是积极应对人口老龄化的客观要求，既回应老年群体的需求，更与老龄社会的整个经济体系相融合。

2020年，党的十九届五中全会提出"实施积极应对人口老龄化国家战略"。这一战略的提出既着眼于经济社会发展全局，在充分应对人口老龄化的财富储备，提升劳动力有效供给，强化科技创新能力上着力，也重点关注规模庞大的老年人群体的福祉，完善养老产品和

---

[*] 本章作者为杜鹏、王飞。作者简介：杜鹏，中国人民大学人口与健康学院院长、老年学研究所教授、博士生导师，主要研究方向为人口与发展、人口老龄化与老龄问题、老龄政策；王飞，中国人民大学老年学研究所博士研究生，主要研究方向为老年社会参与、智慧养老、老龄政策。

服务供给体系，构建养老、孝老、敬老的社会环境。① 随着中国经济社会发展以及积极应对人口老龄化国家战略的深入实施，银发经济相关的政策脉络经历了怎样的发展演进；在2024年1月《国务院办公厅关于发展银发经济增进老年人福祉的意见》（国办发〔2024〕1号）（以下简称《意见》）这一专项文件推出后，银发经济将会为积极应对人口老龄化带来怎样的发展机遇；当前银发经济发展在政策体系、需求发掘、供给能力以及科技支撑方面又面临怎样的阻碍；如何破解这些阻碍，促进银发经济更好地融入实施积极应对人口老龄化国家战略之中——上述问题亟待明确。

一 积极应对人口老龄化背景下银发经济的发展演进

中国在积极应对人口老龄化的进程中，对人口老龄化与经济社会发展之间关系的认知不断深化，并呈现出"事业—产业—经济"的递进式发展脉络。过去养老更多被认为是一种福利性质的事业，强调政府的主导性和所提供服务和物品的公共性和福利性，而随着更多社会和市场主体加入养老供给，养老服务走向社会化、市场化。2006年，《中华人民共和国国民经济和社会发展第十一个五年规划纲要》在第三十八章全面做好人口工作的第三节积极应对人口老龄化中指出："积极发展老龄产业，增强全社会的养老服务功能，提高老年人生活质量，保障老年人权益。"这是"老龄产业"一词首次出现于国家文件中。2012年7月，《民政部关于鼓励和引导民间资本进入养老服务领域的实施意见》（民发〔2012〕129号）中，"养老产业"一词首次出现于政府部门文件中："鼓励民间资本参与养老产业发展。"同年11月，党的十八大报告中明确指出"积极应对人口老龄化，大力发展老龄服务事业和产业"。2013年9月，

---

① 郝福庆、王谈凌、鲍文涵：《积极应对人口老龄化的战略思考和政策取向》，《宏观经济管理》2019年第2期。

第二部分 理论篇：内涵及意义

《国务院关于加快发展养老服务业的若干意见》（国发〔2013〕35号）提出"产业规模显著扩大"的发展目标。但无论是养老产业还是老龄产业，其本质上仍是面向老年群体，重点是形成完整的产、供、销体系，鼓励更多的市场主体加入其中，为老年群体提供更加成熟丰富的技术、产品或服务，强调的是人口年龄结构转变对消费的影响。

银发经济作为伴随老龄社会的新社会形态而产生的新经济形态，并不只是具有产业属性，更是在经济领域积极应对人口老龄化的具体抓手，具有经济属性，其重点是促进经济社会的可持续发展，强调人口年龄结构转变对生产、分配、交换、消费等经济活动各环节的影响。银发经济不仅仅是向老年人提供产品和服务的各类产业集合，"为老龄阶段做准备等一系列经济活动的总和"是为了适应人口老龄化趋势和老龄社会到来而展开的覆盖所有社会生产生活层次涉及的全部经济活动的总和。2020年，《中共中央关于制定国民经济和社会发展第十四个五年规划和二〇三五年远景目标的建议》指出"实施积极应对人口老龄化国家战略"，并将"积极开发老龄人力资源，发展银发经济"作为实施国家战略的重要内容。2021年，《中华人民共和国国民经济和社会发展第十四个五年规划和2035年远景目标纲要》指出"发展银发经济，开发适老化技术和产品，培育智慧养老等新业态"。同年11月，《中共中央 国务院关于加强新时代老龄工作的意见》指出"积极培育银发经济"，并从加强规划引导等方面进行具体的部署和要求，其中还出现了"老龄产业"等提法，但都是置于"银发经济"之下。同年12月，《"十四五"国家老龄事业发展和养老服务体系规划》发布，首次在养老五年发展规划中指出"大力发展银发经济"，并从发展壮大老年用品产业、促进老年用品科技化智能化升级、有序发展老年人普惠金融服务等方面进行了具体规划。2022年，中共中央、国务院印发了《扩大内需战略规划纲要（2022—2035年）》，将发展银发经济列入"全面促进消费，加快消费提质升级"之中。2024年，《意见》发布，这是国家出台的首个支持银发经济发展的专门文件，提出4个方面26项举措，进一步廓清了银发经济的基本内涵和发展方向。发展银发经济已经成为实施积极应对人口老龄化国家战略的重要内容，日益得到重视。

二 积极应对人口老龄化背景下银发经济的价值取向

银发经济发展的根本价值取向是满足人民日益增长的美好生活需要。发展银发经济是以满足各年龄群体在当下或未来的养老需求为根本目的的，不能将其工具化。银发经济的出现是人口结构变化带来社会需求变化的必然结果，其根本动力源于满足人民日益增长的美好生活需要。将银发经济视为一种纯经济现象，认为发展银发经济就是赚老年人的钱、刺激经济的说法将陷入本末倒置的误区。①

一方面，发展银发经济是推动经济高质量发展的有力举措。通过激发出新的、更可持续的消费需求和投资需求，培育经济发展新动能，增加社会就业，推动经济结构和产业结构优化升级。银发经济涉及的产业链长、业态多元，涵盖三大产业，孕育着新机遇，也必将催生新领域和新赛道。发展壮大银发经济，就是要以需求牵引供给，通过细分银发群体的需求，布局多元化的产品供给体系，同时以供给创造需求，通过创新产品和服务供给，增加产品和服务的附加值和科技含量，刺激银发群体新型服务需求，推动实现更高水平的动态平衡。建设现代化银发经济产业体系，将为推动经济社会高质量发展注入新的动能，更好地服务构建新发展格局。另一方面，人是发展的最终目标，发展银发经济提供更高品质的产品与服务模式，实现养老服务高质量发展，根本目的是促进人民福祉的全面提升，旨在满足包括老年群体在内的多方面社会需求，妥善解决人口老龄化带来的经济社会问题。银发经济发展的根本价值追求在于积极回应老年人核心关切，从

---

① 黄石松、胡清：《发展银发经济的战略设计、焦点难点及路径优化》，《新疆师范大学学报》（哲学社会科学版）2024年第2期。

关键小事着手，满足各类养老需求，提升老年人幸福感、获得感、安全感。兼顾当前与未来、促进民生事业与养老产业协同发展的新动能，成为在中国式现代化进程中探索具有中国特色应对人口老龄化道路的新支撑。

三　银发经济发展助力实施积极应对人口老龄化国家战略

对标积极应对人口老龄化国家战略和银发经济的内涵要求，融入《国家积极应对人口老龄化中长期规划》的具体工作任务，银发经济高质量发展的内涵要素涵盖财富、劳动力、产品和服务、科技创新和老年友好环境等维度，是促进积极应对人口老龄化的重要抓手。

一是夯实应对人口老龄化的社会财富储备。银发经济的发展为中国经济发展增添新动能，推动经济发展与人口老龄化相适应。随着经济转型，消费成为驱动中国经济发展的第一推动力，中国经济正在构建以国内大循环为主、国内国际双循环相互促进的新发展格局，由制造大国向消费大国转型，国内消费将成为经济的最大驱动力，而银发消费市场规模巨大，庞大的老年群体是中国发展银发经济的重要基础。养老消费在中国应对老龄化、老龄事业产业、老龄经济中的作用不言而喻。受 1963 年人口出生高峰的影响，2023 年已经成为中国老年人口净增长最多的一年。伴随 1962—1973 年出生的"婴儿潮"一代逐步迈入老年，未来十年间中国人口老龄化将呈现增长更为迅速的态势。根据人口预测数据，到 2035 年，中国 60 岁及以上老年人口的占比将超过 30%，老年人口总数也将突破 4 亿。[1] 随着物质生活水平及医疗保健水平的提高，人口平均寿命将会继续延长，中国将进入长寿时代，"60 后""70 后"将成为老年群体"主力军"，他们有更强的消费能力，有更高的消费意愿，追求时尚品质，有掌握信息化的能

---

[1] 乔晓春：《中国人口老龄化的过去、现在和未来》，《社会政策研究》2024 年第 1 期。

力，这将会为经济的发展带来强大的需求。特别是，未来十年每年均有2000多万人进入老年阶段，这批群体的受教育程度更高、自评健康状况更好，同时能够熟练使用互联网，对外界康养资源需求高，将成为中国银发经济发展的巨大潜力来源。

上述特点为中国银发经济发展繁荣奠定了强大的市场基础和人口优势。当老年人的消费支出上升时，国家的消费经济模式也会发生根本性转变。当前需要重点关注如何提振养老需求、提升需求层次，带动老年人消费升级、激活壮大养老消费市场，进而扩大内需总量、优化产业和经济结构。

二是改善人口老龄化背景下的劳动力有效供给。银发经济的发展将强化老龄社会中老年群体的劳动供给。老年人兼备生产和消费双重属性，发展银发经济不仅满足老年人的消费需求，老年人也可以作为生产者参与其发展。[①] 这一观念在政策层面也得到了有力支持。2024年《意见》以及党的二十届三中全会审议通过的《中共中央关于进一步全面深化改革 推进中国式现代化的决定》，均明确将老年人力资源开发纳入广义的银发经济范畴中，促进老年人口就业是银发经济发展的重要维度。随着少子化趋势和老龄化进程的加速，中国年长劳动力数量及其占比均呈现出稳步上升的趋势。截至2020年，中国劳动力老化水平（45岁以上劳动人口数量）已达到42.47%，标志着劳动力结构发生了显著变化。[②] 面对劳动力老化与结构性短缺的双重挑战，充分释放老年人口红利是确保老龄社会可持续发展的必然选择。近年来，中国也陆续出台了多项政策措施，旨在鼓励并促进老年人力资源的有效开发与利用，这将为银发经济发展注入新的动力。从老年群体的视角出发，参与经济活动是提升其晚年生活物质与精神双重福祉的客观需求。近年来，中国城镇退休职工基本养老金替代率的逐年下降（2021年约为40.7%），较低的养老金替代

[①] 原新：《银发经济：人口老龄化的新机遇》，http://www.chinatoday.com.cn/zw2018/bktg/202401/t20240102_800353417.html。

[②] 陆杰华、韦晓丹：《劳动力老化对经济发展的影响机理及其战略应对》，《中国特色社会主义研究》2022年第3期。

第二部分　理论篇：内涵及意义

率水平可能使得老年人在退休前后的生活品质出现较大差距。[①] 因此，继续就业成为许多老年人保障晚年生活品质的重要手段之一。同时，参与社会经济活动也是老年人实现自我价值、满足自我发展需求的重要方式。随着老年人的受教育程度不断提高，越来越多的老年人愿意在退休后继续参与社会发展、发挥价值。可见，推动老年人高质量就业，既是发展银发经济的手段，也是银发经济发展的目标。

　　三是打造高质量的养老服务和产品供给体系。银发经济的高质量发展旨在培育高精尖产品和高品质养老服务模式。银发经济兼具民生内涵和产业属性，《意见》坚持事业产业两手抓，一手抓民生急难愁盼，一手抓银发潜力产业。一方面，银发经济的事业内涵涉及扩大老年助餐服务、拓展居家助老服务、发展社区便民服务、优化老年健康服务、完善养老照护服务、丰富老年文体服务、提升农村养老服务等7项内容，这完整涵盖了居家社区机构相协调、医养康养相结合的养老服务体系规划。另一方面，银发经济的产业内涵聚焦多样化需求，培育潜力产业，开拓与积极应对人口老龄化相匹配的多样化产品与服务。具体而言，银发经济的产业内涵涉及强化老年用品创新、打造智慧健康养老新业态、大力发展康复辅助器具产业、发展抗衰老产业、丰富发展养老金融产品、拓展旅游服务业态、推进适老化改造7项内容，涵盖文化产业、健康产业、制造产业、宜居产业、服务产业和金融产业6大领域。随着银发经济规模化、标准化、集群化、品牌化发展，经营主体不断扩大，产业集群持续发展，行业组织效能不断提升，品牌化发展不断成熟、高标准领航行动持续推进、消费供给渠道不断拓宽，养老产品和服务体系将不断完善和丰富。

　　四是强化应对人口老龄化的科技创新能力。《国家积极应对人口老龄化中长期规划》中特别强调，要深入实施创新驱动发展战略，把技术创新作为积极应对人口老龄化的第一动力和战略支撑，全面提升国民经济产业体系智能化水平。提高老年服务科技化、信息化水平，

---

① 李志明：《积极开发老龄人力资源：何以可能与何以可为》，《甘肃社会科学》2023年第6期。

加大老年健康科技支撑力度,加强老年辅助技术研发和应用。新质生产力与银发经济的发展融合将极大地增强积极应对人口老龄化的科技支撑力度。2024年1月,习近平总书记在中共中央政治局第十一次集体学习时强调,"加快发展新质生产力,扎实推进高质量发展"。[①]一方面,银发经济涉及民生急难愁盼的养老事业,包括"衣、食、住、行、用"等实物需要和"康、养、文、旅、服"等服务需求。随着人口老龄化程度不断加深,老年群体对养老产品和服务的品质、效率、便利性、均等化等方面的要求和预期也将不断提高,利用技术创新和传统产业的转型升级提升老年群体的基本养老产品与服务的品质与效能将成为新质生产力在银发经济发展中的重要着力点。另一方面,老年人多元化、差异化、个性化的需求蕴含着发展机遇,银发经济亟须培育壮大新兴产业,布局建设未来产业。《意见》指出,要大力培育老年用品、智慧健康养老、康复辅助器具、抗衰老、养老金融、老年旅游服务、适老化改造等"潜力产业",整体推动银发经济高质量发展。这意味着优质健康医疗、智慧养老等高科技产品和服务领域将迎来发展机遇,未来机器人技术、ICT、远程医疗、智能产品、新材料等新技术研发都将成为银发经济的发展重地。其中突出银发经济领域的前瞻谋划,强调布局未来产业,培育发展新技术、新业态、新模式,面向国际市场全面提升产业能级和核心竞争力。

五是构建养老、孝老、敬老的社会环境。一方面,银发经济的发展促进包容性增长。银发经济发展离不开各年龄人群的共同参与。家家都有老人,人人都会变老,老年人的当下需求,将是年轻人的未来需要。将"预备于老"的相关产业纳入银发经济范畴,是在积极应对人口老龄化国家战略框架下的总体考虑。从个体的生命周期看,老年阶段和未老阶段并不是割裂开的,而是作为有机整体统筹谋划,在未老阶段进行物质和财富储备、健康管理,在老年阶段才能更好实现

[①] 习近平:《发展新质生产力是推动高质量发展的内在要求和重要着力点》,《求是》2024年第11期。

老有所养、老有所为、老有所乐。银发经济的发展是基于社会公平和年龄包容原则的,确保处于备老和老年阶段的人群能够从发展中受益,公平地享有优质的产品与服务,是推动老年友好型社会建设的重要手段。此外,培育银发产业,着力解决养老服务的深层次问题,努力提高亿万老年人的幸福指数,也会为中青年砥砺奋进减少家庭的后顾之忧,有利于促进代际和谐。因此,银发经济的本质是通过促进不同群体和代际间的沟通、理解与协作,将个体发展的各个阶段以及人口结构的各个层次连接起来。另一方面,银发经济的发展促进多主体参与。银发经济是综合经济部门,"涉及面广、产业链长",其良性发展将有利于相关部门之间建立协作机制,确保各部门之间信息互通、数据共享、政策相容、协同推进,形成推进银发经济发展的最大合力。《意见》在总体要求中指出,要"推动有效市场和有为政府更好结合,促进事业产业协同"。银发经济将通过创新、投资和消费等拉动更长产业链,带动更多参与主体,促进实现政府、市场、社会、家庭和个人的协同参与的良好氛围。

四 积极应对人口老龄化背景下银发经济发展面临的挑战

(一) 银发经济的体系架构、管理与监督等方面有待完善

当前中国银发经济的发展在体系架构、需求与供给、管理与监督、供方各相关利益群体等方面的发展依然不够成熟。首先,银发经济缺乏完善的产业制度体系,市场准入制度尚不健全。目前,已出台的银发经济或老龄产业政策多强调加强规划引导,而具体的老年用品行业标准等配套支持政策上还存在不足,尚未形成较为完善的支持银发经济发展的制度政策体系,银发产业相关政策碎片化,产业发展缺乏统一的税收、土地、人才、投融资等政策扶持和规划引领。其次,未明确界定老龄事业和产业的界限。在老龄服务市场,还没有完全明确政府"兜底"的服务对象及相应标准,产业和事业的界限还不清晰,民营企业面临的市场环境有待进一步完善。最后,银发市场监管

体系不完善，产业规范和标准欠缺。对于老年人消费市场的监管仍然较为滞后，欺诈老年人消费的现象时有发生，老年人消费的合法权益难以得到有效保障。老龄消费市场缺乏完善的服务标准和市场规范，产品标准化和服务规范化明显滞后，市场中的产品良莠不齐，从而在一定程度上导致市场扭曲、秩序混乱。

（二）银发群体的消费潜力有待进一步发掘

从需求侧来看，银发市场有效需求不足。老年人支付能力不足和产品及服务成本过高并存，导致老年人养老"买不起"，为老先备"备不起"。从养老保障的公平性来看，职工和居民间保险的双轨制问题仍然存在，制度公平问题尚未解决，这导致广大中低收入老年群体作为银发市场的需求主体，自主支配的经济收入不高，加之身心功能不断退化，社会关系逐步退出，独立的经济消费能力、自主的消费意识和理性的判断能力普遍降低，同时家庭经济资助不足，又缺乏系统性和制度性消费保障，面临低消费能力、低家庭资助、低支付保障的困境，导致有效需求先天不足，银发市场发展缓慢，从而制约银发经济发展。尽管各地进一步健全向经济困难、失能和高龄老年人倾斜的养老服务补贴津贴制度，但在生活成本和人工服务成本高企的背景下，仅靠政府补贴无法满足老年人的切实需求，对老年人及家庭的消费撬动作用不够明显，失能、失智老年群体的消费能力不足更为突出。[①]

（三）银发产品和服务面临供需结构矛盾

银发产品和服务、商业模式创新不足，提供的产品和服务较为单一。当前银发市场上的产品和服务多集中在医疗和养老，呈现"重服务、轻产品"的倾向，对老年人精神追求和社交等个性化需求关注不足，银发群体日益增长的消费需求与滞后的老年产品和服务供给之间

[①] 黄石松、胡清：《发展银发经济的战略设计、焦点难点及路径优化》，《新疆师范大学学报》（哲学社会科学版）2024年第2期。

| 第二部分　理论篇：内涵及意义

的矛盾日益凸显。市场提供的一般性生活服务类项目多，老年人急需的嵌入式、整合式、一站式服务少，长期照护、康复护理、心理慰藉等供给不足，质量有待提升，结构性供需矛盾随着老龄化、高龄化加快将进一步加剧。专门从事养老科技和智慧养老产品生产制造和提供服务的市场主体不多，针对老年人生理特点和生活需要进行研发生产的产品和服务种类少，康复辅助器具配置、租赁、回收链条不完整，商业模式创新不足。[1] 此外，对老年人的精神追求和社交等个性化需求的关注不足，特别是有关老年人教育、培训和旅游等方面的产品和服务供给严重不足。

（四）科技创新支撑力度尚且不足

中国银发经济的科技含量与自主性程度较低。一是高科技附加值的银发产品和服务缺乏。依靠传统人力、物力的老龄服务产业发展较快，缺乏通过科技创新手段回应老年人"急难愁盼"的颠覆性变革。二是银发产品严重依赖进口，缺乏自主产品、技术和品牌。中国在科学技术领域仍然面临关键核心技术"卡脖子"的难题，高尖端科技创新能力亟待增强。在银发经济领域，当前中国自主研发的老年用品仅有2000余种，而全球共计6万余种，仅德国就有2万余种，占全世界各国自主研发老年用品比重的1/3，中国占比仅为3%。[2] 基础性、关键技术尚待研发突破，例如在集成电路领域，包括5纳米以下先进制程芯片、GPU算力芯片以及集成电路制造上游的原材料、高端装备等面临制约。对于可穿戴设备、智能监测设备、智能机器人、远程管理系统等智慧健康养老中必要的照护设施设备，其设计、研发与芯片技术、高精度传感技术等密切相关，而中国芯片技术等核心技术的研究起步较晚，发展相对缓慢，远远落后于国外相关企业，对智慧健康养老高端化发展的制约作用较大。

---

[1] 黄石松、胡清：《发展银发经济的战略设计、焦点难点及路径优化》，《新疆师范大学学报》（哲学社会科学版）2024年第2期。

[2] 王子飞：《供给侧改革下我国老龄产业转型升级发展的路径与对策》，《老龄科学研究》2021年第2期。

五 积极应对人口老龄化背景下银发经济的发展路径

（一）打破传统发展理念，以全新视角看待银发经济发展

一方面，需要明确银发经济发展的价值取向，发展银发经济应以满足各年龄群体在当下或未来的养老需求为根本目的，不能将其认为是一种纯经济现象。发展银发经济是人口结构变化带来社会需求变化的必然结果，其本质目标是增进人民福祉，促进人的全面发展。另一方面，不能将银发经济局限于只是为老年群体提供产品和服务，拉动老年群体的消费。银发经济是伴随老龄社会的新社会形态而产生的新经济形态，要将其置于整个经济社会发展的框架下考量，充分认识到银发经济是新的经济增长点，是实现经济社会高质量发展的重要抓手。应该将银发经济发展纳入整个国民经济和社会发展规划，研究编制和组织实施银发产业发展专项规划，对银发产业的业态分类、发展目标、重点领域与发展时序、要素保障等作出系统部署，尤其要进一步明确产业组织政策、产业结构政策、产业管理政策、产业发展政策。

（二）在政策行动上精准发力，完善银发经济的制度体系

第一，完善银发产业政策体系。在土地供应、资金补助、信贷融资、税费减免、人才培养等方面出台一系列优惠政策，并将政策措施具体化，建立相应的配套实施机制。第二，完善制度规范。提高老年产品和服务市场的准入门槛、行业标准，建立完善的老龄产品（服务）技术标准体系和行业认证标准体系，以标准体系引导和规范各类市场主体行为；鼓励推行线下无理由退货、经营者首问和赔偿先付等制度，严厉查处各类违法违规行为，更好维护老年消费者合法权益。依法打击各类以"养老项目""养老产品""养老理财"等名目为由的涉老诈骗犯罪行为，积极开展法治宣传教育的预防行动，构建良性的营商环境。第三，鼓励多元主体参与银发经济。制定统一规则，鼓

励多元市场主体平等、积极参与,依托各类资源搭建银发经济发展的公共服务平台。要重点培育发展一批银发产业的龙头企业、示范企业,实施"银发工程"战略,发展壮大老年用品产业,加快推进老年用品制造业和服务业科技化、智能化升级。第四,制定银发经济统计分类目录,建立银发经济专项统计制度。加快构建银发经济发展统计监测指标体系和评价体系,监测银发经济发展动态,为进一步完善政策奠定坚实基础。

(三) 提高银发群体的购买力,刺激银发群体的消费需求

深化收入分配制度改革,持续提升老年人群的购买能力和消费意愿,为银发经济的发展提供基础保障。一方面,提高老年群体的消费能力。第一,积极推动职工保险和居民保险的有效衔接、制度并轨。加快推进第二、第三支柱养老金改革发展,采用自动加入机制、适度简化和放宽企业建立年金计划的条件等方式,鼓励更多企业和个人参加第二支柱的企业年金。第二,大力发展养老金融。发展保障型、融资型等消费金融工具,创新支持方式,提高老年人购买能力,提升消费意愿,拉动为老服务、日用品、食品药品、功能代偿产品、智慧健康产品、康复辅助器具、文化娱乐、居住设施等多元化养老消费市场。第三,通过社会政策改革或融入更多社会发展元素于产业政策之中,增加大龄劳动者的收入,提高老年群体的消费能力。另一方面,从全生命周期的视角增加未老人群的消费能力。持续优化公共养老资源配置,激活青年一代的参保缴费率,提前规划未来老龄生活。从青年一代入手提升养老保险实际收益率,有利于确保老年人口退出劳动力市场后的生活来源稳定,增强社保体系信任度,提升未来消费预期。

(四) 完善供给侧结构性改革,优化银发服务和产品供给体系

深化供给侧与需求侧双向改革,在激发和扩大需求的同时,通过供给优化提升,激发需求升级换代,实现供给与需求在更高层次中实现动态均衡发展。一是完善银发群体服务需求评估机制,提高精准化水平。促进养老服务需求精准化识别、供需双方实时精准对接、智能化管理精准、政策扶持精准。加快银发服务领域的数字化转型，借助数字技术精准、实时、快速的功能优势，有效破解银发经济供需信息不对称难题，通过数据共建共享等方式提高供需匹配程度，优化银发资源配置。二是强化银发产品供给能力。通过引进大型社会资本、培育银发经济经营主体、推进产业集群化发展、提升行业组织效能、推动品牌化发展、开展高标准领航行动等途径，优化供给结构，提高供给能力和质量水平。三是鼓励企业加大研发和创新力度，推出更多高品质、符合老年人需求的产品和服务，特别是在智能养老设备、康复护理服务、老年旅游和老年教育等领域，加大产品研发和推广力度，促进产品和服务扩容提质，给老年人更好的消费体验。四是适应银发群体新型消费需求，满足银发群体的精神文化需要。加大优质老年文体产品和服务供给。在文化和教育消费上，鼓励具有银发教育相关基础的企业进入市场，助推银发教育产业生态的丰富和完善，以充分的市场竞争激励各市场主体推出更多样、更高质量、更惠民的银发教育服务。推动老年教育+产业发展，将老年教育与旅游、饮食、康养、娱乐等相关产业相结合，发展文化旅游养老、在线教育养老、文化娱乐养老等新型养老产品和文体旅融合产业项目。

（五）深化科技体制改革，加强银发经济发展的科技支撑

深化科技体制改革，加强科技成果转化的机制建设，加强银发经济发展的科技支撑。一是围绕知识、管理、技术、数据、创新、创意等新型的生产要素构建充分流动、高效配置的市场经济机制体系，依靠"看不见的手"巧妙调节，最大限度地发挥新型生产要素的作用。加大银发产品和服务商标、包装装潢、外观设计、发明专利等知识产权保护力度。二是实施老龄科技兴业工程。打造一批集技术转移、成果转化、技术研发、资源共享、企业孵化等于一体的老龄科技创新平台，围绕制约老龄产业发展的重点领域、关键环节，加大技术攻关力度，支持企业研发生产家用健康医疗器械、服务机器人等智能适老化设备。三是建立产学研合作机制。实施"双高"对接工程，推动高校与高新园区建立合作机制，围绕特色优势产业和比较优势学科，共建国家大学科技园、未来产业科技园、应用技术研究院（机构）等，强化企业创新主体地位，深化校企产学研合作，推动创新链与产业链深度融合。四是加强新兴科技在银发消费中的应用。加快推进互联网、大数据、人工智能等数字技术和智能硬件在老年消费领域的集成创新和融合，支持老年用品关键技术和产品研发、成果转化、服务创新及应用推广。加快"互联网＋银发消费"发展，探索利用虚拟现实、增强现实等新兴技术，创造无须老年人复杂操作的社会参与新形式，如可构建元宇宙社交空间、体验虚拟旅游等。五是密切注意国际银发科技前沿技术动态，主动加强国际交流与合作。聚焦生命科学、脑科学等具有革命性、颠覆性技术突破潜质的领域，强化科技研发与国际参与，抢占新赛道，获取新机遇。

第四章　银发经济与构建新发展格局[*]

随着人口老龄化的趋势加剧，银发经济已经成为全球性议题。根据国家统计局数据，截至2023年年底，中国60岁及以上老年人口达到2.97亿，占总人口比重达到21.1%，其中65岁及以上人口为2.17亿，占全国总人口的15.4%。在人口老龄化的背景下，发展银发经济具有重要意义和发展潜力。构建新发展格局的提出也同样基于当前的人口和国内外经济发展形势的变化，构建新发展格局是主动适应变化、谋求发展先机的现实选择。以国内大循环为主体、国内国际双循环相互促进的战略布局，为银发经济提供了发展机遇。本章首先阐释了新发展格局的内涵，从国内、国际两个方面分析银发经济在新发展格局中的定位与作用，以银发经济来推动经济高质量发展，最后提出新发展格局背景下推动银发经济发展的对策建议。

一　新发展格局的内涵

2020年4月10日，习近平总书记在中央财经委员会第七次会议上发表《国家中长期经济社会发展战略若干重大问题》的讲话中指出，国内循环越顺畅，越有利于构建以国内大循环为主体、国内国际

---

[*] 本章作者为杨舸。作者简介：杨舸，中国社会科学院人口与劳动经济研究所，副研究员，中国社会科学院大学硕士生导师，中国社会科学院应对人口老龄化研究中心副秘书长，研究领域为人口与社会发展。

第二部分　理论篇：内涵及意义

双循环相互促进的新发展格局。① 党的二十大报告中明确提出，"高质量发展是全面建设社会主义现代化国家的首要任务"。② 要推动高质量发展，必须加快构建以国内大循环为主体、国内国际双循环相互促进的新发展格局。这是根据中国发展阶段、环境、条件变化，特别是基于中国比较优势变化，审时度势作出的重大决策，是一项关系中国发展全局的重大战略任务。从全局高度准确理解构建新发展格局的内涵和要义，对中国以高质量发展为首要任务，全面建设中国式现代化具有重大意义。

（一）构建新发展格局的背景和意义

1. 构建新发展格局是促进国内经济高质量发展的必然需求

近年来，国内经济增速放缓。从需求侧来看，新冠疫情之后的消费市场总体呈现温和复苏态势，但增长速度未达到预期水平，其原因主要有家庭收入增长放缓、未来预期改变和预防性储蓄增加等。一些长期积累的风险隐患（如房地产、地方债务等）对市场信心产生负面影响，使得社会对未来经济发展的预期不够乐观。同时，固定资产投资出现内部分化：一方面，制造业投资带动作用增强，特别是装备制造业和消费品制造业投资增长较快，这得益于海外需求的增长和国内产业升级的推动，高技术产业投资增速也在加快，成为投资增长的新亮点；另一方面，受房地产市场调整、政策调控和融资环境改变等因素的影响，房地产投资延续下行趋势，未来在相当长一段时间还可能产生更多的连锁反应，基建投资受制于地方政府债务的约束，融资难度增加，其增速相对有限。总体而言，中国经济增长进入新的发展阶段，技术创新和产业形态变革仍将继续支持经济保持增长，但经济可持续性发展依然面临许多矛盾和问题，不确定因素增多，机遇和风

---

① 中共中央宣传部、国家发展和改革委员会编：《习近平经济思想学习纲要》，人民出版社、学习出版社2022年版，第58页。

② 习近平：《高举中国特色社会主义伟大旗帜　为全面建设社会主义现代化国家而团结奋斗——在中国共产党第二十次全国代表大会上的报告》，人民出版社2022年版，第28页。

险并存，需要采取有效措施进行防范和化解。

在这一背景下，构建新发展格局是促进国内经济高质量发展的必然需求。畅通国内大循环的本质是依托强大国内市场，贯通生产、分配、流通、消费各环节，形成需求牵引供给、供给创造需求的更高水平动态平衡。通过激发消费潜力和扩大市场容量，促进技术革新和运用，加速产业结构的优化升级，提升经济发展质量和可持续发展。同时，通过优化产业布局、增强国内市场需求和改善区域间的连通性，促进资源优化配置和区域共同进步，实现经济增长的内部动力和良性循环。

2. 构建新发展格局是适应国际环境变化的必然选择

当今世界正在经历百年未有之大变局，国际格局和全球治理体系发生深刻变革。经济全球化遭遇逆流，政治多极化使得保护主义、民粹主义抬头；全球经济增长速度放缓，部分主要经济体面临增长压力；地缘政治冲突和国际贸易摩擦频发，不仅增加了国际贸易的不确定性，还可能导致全球供应链的不稳定；主要经济体的货币政策调整，引发了国际金融市场波动。国际环境变化对中国经济造成了负面影响，在全球贸易保护主义上升及地缘政治紧张的背景下，国内大循环有助于降低对国际市场的依赖，通过扩大内需来缓冲外部风险。

同时，构建新发展格局并非固步自封，而是要坚持更高水平的开放，拓宽国际视野，以"一带一路"为依托，畅通国内国际"双循环"。"更高水平的开放"意味着开放路径更加多样，过程更加包容，成果更加普惠，使中国在全球化中的地位更加稳固，增强中国经济回旋余地。积极参与全球经济治理体系的构建和完善，推动建立更加公正合理的国际经济秩序。

（二）构建新发展格局的任务和目标

中国已转向高质量发展阶段，这要求经济增长更加注重质量和效益，而不仅仅是速度和数量。新发展阶段是危机并存、危中有机、危可转机的重要战略机遇期，这要求我们准确把握国内外环境

第二部分 理论篇：内涵及意义

变化，积极应对挑战，抓住机遇。新发展格局强调以国内大循环为主体，国内国际双循环相互促进，这是重塑中国国际合作和竞争新优势的战略抉择。构建新发展格局更加强调自主创新，要坚持创新在现代化建设全局中的核心地位，强化国家战略科技力量，加强科技创新部署，实现高水平自立自强。构建新发展格局主要有以下三个方面的任务和目标。

1. 以国内大循环为主，实现高水平的自立自强

在经济全球化面临挑战的背景下，中国应进一步把发展立足点放在国内，更多依靠国内市场实现经济发展，并努力提升自主创新能力和产业供应链的现代化水平。"以国内大循环为主"意味着要依托国内市场，通过优化供给结构、改善供求关系，以及深化供给侧结构性改革，推动经济的高质量发展。加强自主创新，推动产业链供应链的优化升级，形成需求牵引供给、供给创造需求的更高水平动态平衡。同时，也要加强需求侧管理，建设超大规模国内市场，巩固中国市场规模优势。"实现高水平的自立自强"强调了在构建新发展格局的过程中，要不断提升中国的自主创新能力，突破核心技术瓶颈，提升在全球价值链中的位置。这需要我们在科技创新、人才培养、制度创新等方面持续投入和努力，以实现经济循环的畅通无阻和经济的高质量发展。因此，构建新发展格局是中国经济应对全球变局、提升自身竞争力，通过发挥国内市场优势，推动经济高质量发展的战略选择。

2. 畅通国内国际"双循环"，实现高水平对外开放

畅通国内国际"双循环"强调了中国经济发展的内外联动性。中国需要发挥内需和外需的双重潜力，使国内市场和国际市场更好联通。应该积极参与国际分工，利用国际国内两个市场、两种资源推动经济快速发展。这种内外联动的发展模式将有助于提升中国经济的整体竞争力和可持续发展能力。实现内外联动需要我们提高对外开放的深度和广度，实现高水平对外开放。其中的"高水平"体现在以下几个方面。其一，意味着在更大的范围内、更深的层次上参与国际经济合作与竞争，进一步放宽市场准入，吸引更多高质量的外资进入，以及积极推动本国企业"走出去"，参与全球产业链和价值链的构

建。其二，意味着完善和优化与国际接轨的制度体系，在规则、规制、管理、标准等方面的全面开放，为国内外企业提供更加公平、透明、可预期的营商环境。其三，意味着进一步减少流通壁垒，实现商品、服务、资本、人才、信息等跨境流动的自由。只有高水平对外开放才能真正促进国内经济的高质量发展，通过引进高端投资、技术、人才和企业，以及有效利用国际市场资源，增大中国经济回旋余地，推动中国产业转型升级、经济结构优化和创新能力的提升，进而推动中国经济社会持续健康发展。

3. 坚持社会主义市场经济改革，引领自主创新的经济布局

改革开放四十多年的发展经验表明，必须坚持社会主义市场经济改革，通过市场机制有效配置资源，提高经济效益，激发市场活力，同时政府需加强宏观调控，确保经济平稳运行，坚持"两个毫不动摇"，即毫不动摇巩固和发展公有制经济，毫不动摇鼓励、支持、引导非公有制经济发展，形成多种所有制经济共同发展的良好局面。进入新发展阶段，面对百年未有之大变局，不仅要继续坚持社会主义市场经济改革，更要引领自主创新的经济布局。自主创新已成为国家竞争力的核心要素，只有掌握核心技术，才能在国际竞争中立于不败之地，不仅关乎经济安全，更关乎国家发展的长远利益。通过自主创新，可以推动产业升级，提升产业链水平，增强经济发展的内生动力。促进国内和国际双循环的最终目的是通过转变经济发展方式，优化经济结构，推动产业转型升级和创新发展，最终实现中国经济持续、健康、稳定的发展。

二 银发经济有利于促进国内大循环的畅通

（一）中国人口老龄化的发展趋势

国际上通常将65岁及以上的人口占总人口的比重达到7%作为一个国家或地区进入老龄化社会的标准，2000年"五普"数据显示，中国65岁及以上人口占总人口的比例为6.96%，表明中国在20年前就已经进入老龄化社会，其老龄化进程呈现以下几个特征。

第二部分　理论篇：内涵及意义

一是老年人口绝对规模大。2010年，60岁及以上人口为1.78亿，65岁及以上人口为1.19亿；到2020年，60岁及以上人口为2.64亿，65岁及以上老年人口规模达到1.91亿，2023年年底，65岁及以上人口达2.17亿。由于人口基数大，中国老年人口也是世界之最，占世界老年人总数的1/4，占亚洲老年人口的1/2。据笔者预测，到2050年，全国65岁及以上老年人口数量将攀升至3.65亿，将超过法国、德国、意大利、日本和英国目前的人口总和。

二是老龄化速度快。对比其他国家的老龄化变动，中国老龄化的进程相对较快。例如，老龄化系数（65岁及以上人口占总人口的百分比）从7%进展到14%，法国用了115年（1865—1980年），瑞典用了85年（1890—1975年），英国用了45年（1930—1975年），日本仅用了25年（1970—1996年），而中国只用了20年。到2020年，中国65岁及以上人口占总人口的比例为13.52%；2023年年底为15.40%，进入中度老龄化社会。据笔者预测，未来随着20世纪60年代的出生高峰期人口逐渐进入老年阶段，叠加少子化趋势的影响，中国老龄化的速度将进一步加快。到2050年，全国65岁及以上老年人口占总人口比重上升至28.38%。

三是高龄化趋势明显。通常我们把60—69岁认定为低龄老年人口，70—79岁认定为中龄老年人口，80岁及以上认定为高龄老年人口。中国高龄老年人口以每年5.4%的速度增长，高龄人口已从1990年的800万增长到2000年的1100万。2020年，中国80岁及以上老年人口规模达到3580万。这一数据反映了中国人口高龄化趋势日益明显。高龄人口丧偶和患病概率高，不仅需要经济上的供养，而且需要生活上的照料。

四是城乡差异和区域差异在扩大。中国老龄化呈现出城乡倒置的特点，即农村地区的老龄化程度高于城市地区（见图4-1）。2020年，农村60岁、65岁及以上老年人的比重分别为23.81%、17.72%，比城镇分别高出7.99个、6.61个百分点。城乡老龄化差距正在不断拉大，2010年60岁、65岁及以上老年人占比的城乡差距分别为3.19个、2.26个百分点。这主要是由于农村地区生育率下降、年轻人外流等因素导致的。从区域差异来说，东部地区的老龄化程度高于西部地区。由于人口迁移流动，部分地区仍然能保持较低老龄化水平，但人口迁出地区的老龄化会更严重。

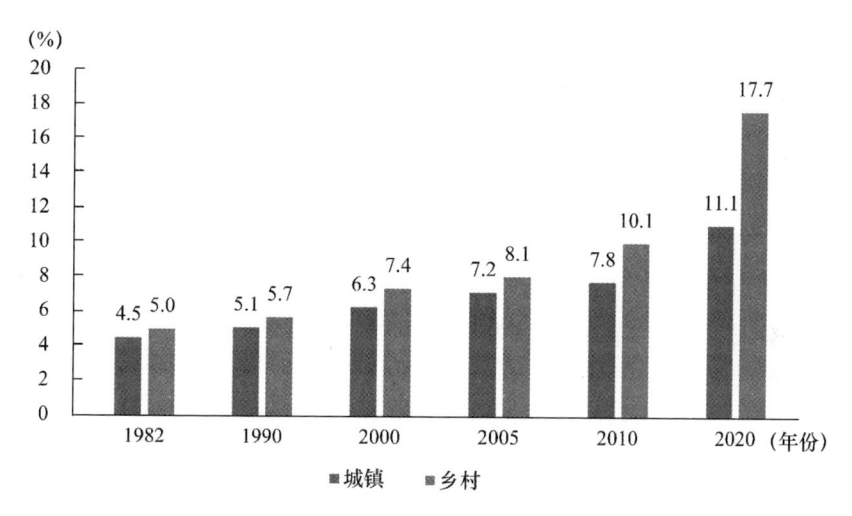

图 4-1 1982—2020 年中国分城乡老龄化系数

资料来源：历次全国人口普查公布数据。

（二）银发经济引领国内消费市场的扩容与升级

畅通国内大循环的依仗是中国庞大的人口基数和市场容量。在人口老龄化不可逆转的大趋势下，发展银发经济是必要且迫切的。中国拥有庞大的老年人口，发展银发经济不仅能够满足老年人日益增长的需求，也可以挖掘市场潜力，推动供给侧的转型升级，为经济社会发展注入新的活力。

人口老龄化将带来消费市场在以下三个方面发生显著变化。一是消费结构的变化。随着老年人口比例的增加，对养老服务、家政服务等服务性消费的需求将显著增长。老年人对医疗保健的需求将持续增加。这既包括药品、医疗器械、保健品等健康产品的消费，也包括健康支持、医疗服务的消费。二是消费习惯的变化。依据生理特征的变动，老年人在购买耐用消费品时，更注重产品的实用性、安全性和舒适性。例如，智能家居产品、无障碍设施等将成为老年人消费的新热点。由于身体机能的下降,老年人在消费时更加注重便利性。他们可能更倾向于选择离家近、服务周到的商家,以及易于操作、功能简单的产品。老年人在消费过程中,不仅仅是在购买商品或服务,更是在寻求情感交流和陪伴。三是老年人消费需求多样化的变动。退休后老年人的文化娱乐需求增加,他们有时间和精力参与各种文化、旅游、休闲活动,以保持一定的社会参与。随着科技的普及和老年人受教育程度的提高,他们对科技产品的接受度也在不断提高,智能手机、平板电脑等科技产品已成为部分老年人日常生活中的重要工具。尽管人口老龄化对总体消费市场产生了一定的挑战,但也形成了新的机遇,发展银发经济正是为了开发新的产品和服务,以适应消费者的转变,实现国内消费市场的扩容与升级。

三 银发经济有利于促进国内国际双循环

(一) 全球人口老龄化的发展趋势

人口老龄化不再是发达国家的独特问题,越来越多的发展中国家的人口快速老龄化。根据联合国发布的《世界人口展望2022版》,2022年,全球65岁及以上人口为7.71亿,是1980年(2.58亿)的3倍,2050年将达到16亿,再翻一番。65岁及以上人口所占比重也将从2022年的9.7%上升至2050年的16.4%。分地区来看,欧洲和北美的人口老龄化程度最高,2022年65岁及以上的人口比例接近18.7%,2050年将上升至26.9%,每4个人中就有1个老年人。东亚和东南亚的人口老龄化速度更快,65岁及以上人口的比例预计将从2022年的12.7%增加到2050年的25.7%。其他当前老龄化程度偏低的地区未来也将显著老龄化。2022—2050年,拉丁美洲和加勒比地区、中亚和南亚、北非和西亚的65岁及以上人口比例可能会从9.1%、6.4%、5.5%分别增至18.8%、13.4%、12.5%,这些地区全部都将进入老龄化社会。全球仅有撒哈拉以南非洲直至2050年仍然未进入老龄化社会。

生育率的下降和人类寿命的延长是人口老龄化的重要原因。全球总和生育率从1963年的5.33逐步下降至2020年的2.3，下降了一半多。2/3国家或地区的总和生育率已低于2.1，但是不同地区的生育水平差异依然很大。2020年，撒哈拉以南非洲的总和生育率高达4.7，但东亚和欧洲的大部分国家总和生育率早已降至2以下。由于全球生育率的普遍下降，2020年的全球人口自然增长率首次降至1%以下，为1950年以来最低。世界人口将在2030年、2050年分别达到85亿和97亿，峰值为2080年的104亿。生育率的下降导致年轻人口比例减少，从而加速了老龄化的进程。随着医疗技术的进步和生活质量的提高，全球平均预期寿命将显著延长。2021年出生的婴儿有望平均活到71岁，与1950年出生的婴儿相比，寿命延长了近25年。

（二）银发服务领域的国际合作具有广阔前景

人口老龄化已经成为全人类面临的共同挑战。率先人口老龄化的国家具有应对挑战，包括社会保险、教育机制、医疗服务、卫生健康、养老产业、现代服务业等的经验，发展银发经济是几乎所有面临老龄化挑战国家的共同选择，这些经验为国际合作奠定了基础。

一方面，发达国家比中国更早面临老龄化挑战，也更早发展银发经济。OECD发布的《作为增长途径的银发经济》指出，发展银发经济已经成为应对人口老龄化的共识。2015年欧盟委员会的报告《推动欧洲银色经济》提出几点支持措施：鼓励老年人独立生活和淡季旅游，建立长期护理体系，推动老龄化创新活动，提供老年技能培训与创业指导，以智能化、专业化来推动积极和健康的老龄化，确保健康保障体系的可获得性、可持续性，促进老龄化的研究创新，引入质量标识提升银发产品企业的竞争力。美国、法国、日本、韩国等国均对发展银发经济提出构想和规划，国际先进的技术水平、产品研发设计、服务理念模式都可以成为中国的学习对象。同时，这些先进产品的进口可以丰富中国的银发消费市场，促进消费市场的繁荣。

另一方面，中国在银发经济领域拥有显著的竞争优势，这主要体现在完善的产业链条和较高的工业制造水平上。首先，中国拥有从原材料供应、设计研发、生产制造到销售服务的完整产业链条。这一优势确保了我们在生产老年产品和服务时，能够高效整合各类资源，实现规模化生产，降低成本，从而提供价格适宜的优质产品。例如，在养老设备、健康监测仪器以及老年日常用品等领域，中国已经形成了一系列成熟的生产线和供应链。其次，中国的工业制造水平在全球范围内处于领先地位。这得益于我们长期以来对技术创新和品质控制的重视。在银发经济领域，这种高水平的工业制造能力意味着我们能够生产出品质优良、功能完善的老年产品和服务。若能成功融入全球银发经济市场，中国不仅能够为全球老年人口提供价廉质优的老年产品和服务，还能够进一步推动中国产业结构的转型升级。通过参与全球竞争，我们将不断学习和吸收国际先进经验和技术，提升中国银发经济产业的整体水平。同时，这也将带动相关产业链的发展，创造更多的就业机会和经济增长点，为中国经济的持续健康发展注入新的活力。

同时，老龄化相关产业具有政治低敏性，有利于跨国合作机制开展，发挥各国在资金、技术、市场、管理等方面的各自优势，健全教育、医疗、养老等专门领域合作的支撑机制，形成相关产业合作链，实现互利共赢。银发服务领域的国际合作具有非常广阔的前景。

四 银发经济有利于推动经济高质量发展

（一）发展银发经济能促进就业高质量发展

随着人口老龄化的不断加剧和银发经济的不断发展壮大，其对就业和创业将产生正面作用。首先，银发经济涵盖了医疗保健、养老服务、休闲旅游、文化教育、居家改造、辅助器具等多个领域，这些领域的发展直接带动了相关产业的就业增长。例如，养老院、护理中心、康复中心等机构需要大量专业人才和服务管理人员。随着老年人口数量的增加，对医疗、康复、护理等服务的需求也在不断增加，这为医护人员、康复师、社工等职业提供了更多的就业机会。其次，银发经济也促进了传统产业的转型升级，如智能养老设备制造、生物医学、科技助老等，将带动相关产业链上的就业增长。银发经济的兴起也为创业者提供了广阔的市场空间和发展机遇。随着老年人口数量的增加和消费能力的提升,老年人对产品和服务的需求也在不断增加。可以针对老年人的需求开发新产品和服务,如健康保健品、养老服务、科技助老产品等。银发经济也促进了跨界融合和产业链整合。不同领域的企业通过合作和共享资源,共同推动银发经济的发展和创新。

(二) 银发经济可以促进产业的高质量发展

银发经济涉及面广、产业链长、业态多元,孕育着新的发展机遇。银发经济的发展不仅有助于满足老年人的生活需求,还能促使产业链的延伸与整合,从而扩大产业规模。银发经济不仅包含养老设施和机构、老年房地产、老年护理服务业等,还将带动相关产业的兴起,如老年服饰、健康食品、卫生医疗等,成为银发经济的产业链延伸。另外,随着银发经济的深入发展,一些衍生产业也逐渐涌现,如养生旅游、文化旅游、老年教育、老年金融等。随着物联网、互联网、5G等新型信息技术的快速发展,这些技术逐渐进入银发经济产业链,为银发经济的扩容与升级提供技术支持,智慧养老、远程医疗等新的业态和商业模式为经济发展注入了新的活力。

银发经济还促进产业链在技术、资源和市场方面的整合。银发经济的发展需要借助先进的技术手段,如通过大数据技术,可以对老年人的生活习惯、健康状况等进行精准分析,从而为老年人提供更加个性化的服务和产品。高新技术的应用不仅可以提高银发经济的服务质量和效率,还在促进产业链的整合。银发经济的发展需要整合各种资源,包括人力资源、物力资源、财力资源等,如银发经济产业园区的设立就是在实现资源的优化配置和高效利用。银发经济的发展需要建立相关市场规则和标准体系,对产品和服务进行规范和管理,保障老年人的合法权益和消费安全。通过市场整合可以实现市场的规范和统一,提高市场的透明度和公平性。

(三) 银发经济对科技创新与运用产生推动作用

银发经济的崛起为科技创新提供了强大的市场需求,市场需求驱动科技创新。随着全球人口老龄化的加速,老年人口对养老、医疗、健康、娱乐等方面的需求日益多样化。这些需求推动了相关领域的技术研发和产品创新,如智能穿戴设备、远程医疗服务、虚拟现实社交等市场日益壮大。市场需求使得企业不断投入资源进行技术研发,从而推动了科技创新的发展。同时,市场需求也使得政府支持政策增强,包括资金扶持、税收优惠、人才引进等,鼓励企业加大研发投入,提高自主创新能力,支持银发经济领域的技术研发和产品创新。

银发经济的发展需要跨学科的技术支持和融合,也间接推动了科技创新。在养老服务领域,需要融合医学、心理学、工程学、设计学等多个学科的知识和技术,以提供更加全面、个性化的服务;在养老产品领域,智能护理机器人、健康监测系统等产品的开发同样需要生物医学、心理学等学科的融合发展,为科技创新提供新的思路和方向。科技创新通过应用新技术,可以提高养老服务的效率和质量,降低运营成本,提升老年人的生活品质。随着银发经济的不断发展,它已经成为科技创新的重要领域之一。越来越多的企业、科研机构和高校开始关注银发经济领域的技术研发和产品创新。这些创新不仅推动了银发经济的发展,也为整个社会的科技创新作出了贡献。

五 在新发展格局背景下增强银发经济的对策建议

随着人口老龄化的推进,发展银发经济既是适应人口结构变动的必然选择,也是构建新发展格局下保持经济可持续性发展的战略选择,要以保持高水平的独立自主、畅通国内国际"双循环"、推动产业结构优化升级为基本任务,从供给和需求两个方面促进银发经济的发展。

(一)完善与国际接轨的银发产业相关标准体系建设

中国银发产业才刚刚起步,通过建设银发产业相关标准体系,可以规范市场秩序,提高产品和服务的质量,推动银发经济向高质量方向发展。建议加强银发经济产业标准建设,鼓励行业协会、专业机构与企业合作研制标准，支持中小企业自主研制团体标准，加速新技术标准研发。促进标准应用，引导企业全生命周期标准化管理，建设高质量测试平台，参与国际标准制定，提升全球竞争力。发达国家政府高度重视银发经济发展，日本于1987年成立了银发服务振兴会，其目的在于建立银发经济领域的商业伦理规范，强化行业与企业的自律机制。同时，日本推行了"银色标志制度"，并设立了一个由消费者代表、生产者代表及专家学者组成的"银色标志认证委员会"，该委员会负责实施银发产品的认证流程，对满足标准的企业授予认证，并将认证信息公开，旨在提高产品的公信力和透明度。依据日本的《工业标准化法》，针对老年用品，特别是涉及卫生与安全的关键指标，均设定了严格的标准和技术规格，确保消费者能够使用到符合标准的产品。2007年，欧盟委员会理事会也向各成员国发出倡议，要求制定相关政策，以解决银发经济在监管、隐私保护、标准化以及适用性等方面面临的挑战。中国要持续完善与国际接轨的银发经济政策法规体系，借鉴日本、欧盟等发达国家的经验，通过立法和战略规划推动银发经济发展，确保养老服务业优先发展。

（二）在银发经济领域推动要素流动，提升社会资本参与积极性

推动资本、人才、信息等要素在银发经济领域的自由流动。以财政补贴、税收优惠、市场准入放宽等方式支持银发经济发展，降低社会资本进入银发经济领域的门槛和成本；引导社会资本通过股权投资、债权投资等方式参与银发经济项目，鼓励金融机构创新金融产品和服务，为银发经济领域提供多样化的融资支持；加强对养老专业人才的培育、培训和管理，通过人才流动和合理配置，优惠政策吸引高层次人才投身银发经济领域，推动技术创新和产业升级，建立健全激励机制，鼓励人才在银发经济领域创新创业；充分利用大数据、云计算等现代信息技术，推动银发经济领域的数据共享和开放，提高数据资源的利用效率。通过数据要素的配置和优化，提升银发经济产业链上下游的协同效率。发达国家在推动银发经济的要素流动方面也不遗余力。1985年，日本厚生省（现为厚生劳动省）成立老龄产业振兴指导室，分阶段为涉老企业提供财政补贴、税收优惠、科研资助及人才培养等全方位支持。2000年，日本《介护保险法》的推行进一步放宽了养老行业的准入门槛，激发了民间资本的积极参与。法国政府则通过简化审批、实施专项优惠政策等手段，显著促进了营利性养老机构的蓬勃发展。

（三）推动银发经济领域的技术革命和技术应用

随着科技革命、产业变革的持续深化，人类的生活场景正在发生翻天覆地的变化，数字化与智能化的银发产品和服务也将使全人类受益，并协助解决全球共同面对的养老问题。以科技创新驱动银发经济的成长已经成为发达国家和发展中国家的共识。自2007年起，欧盟国家正在实施"环境辅助生活"（AAL）研究计划，其目标是利用智能辅助技术来提升老年人的生活自理能力，从而有效降低老龄护理成本。德国的《高科技战略2025》将健康和护理行业也纳入七大核心领域，大量的政府支持资金被用于协助该领域的技术开发。日本通产省持续为私营企业提供技术指导和资金支持，以促进老年用品的研发与应用，日本的适老科技专利申请数量持续增长。中国的智能设备、物联网、信息平台等技术正加速发展，但在养老场景中的应用还处于起步阶段。中国需从产业政策的顶层设计出发，推进新一代信息技术和移动终端、可穿戴设备、服务机器人等智能设备在居家、社区、机构等养老场景集成应用；对智慧居家产品、智慧交通、智慧医疗、智慧旅游、智慧银行、智慧社区、各类网站平台等进行适老化升级；加强数智技术的深度应用，实现银发产业数据驱动的管理和服务模式，提高产业的运营效率和服务水平。创新银发经济发展模式，推动银发经济与其他行业的跨界融合。

（四）提升和保障老年收入水平，畅通老年就业渠道

老年人既是银发经济的消费主体，也是银发经济的生产者。提升老年人的劳动参与，一方面可以提升老年收入水平，为银发经济发展扩大消费市场，另一方面也能积极开发老年人力资源，通过支持老年人社会参与和就业来保持老年人活力、推动生产力发展和创造社会财富，使银发人口变为经济社会发展引擎。欧盟委员会推行了一系列保持老年人经济活力的政策，涵盖就业、融入社会、自主生活三大类。意大利政府利用基金资助为老年人开展职业教育和技能培训；荷兰政府专门成立了反年龄歧视局。中国要推动老年人的社会参与，不仅涉及思想文化领域的变革，还需要从制度建设、基础设施、公共服务、市场运行等方面推动，开展广泛的社会讨论和倡导，增强全民对老年社会参与的认知度和参与度。推动构建和完善老年社会参与相关的政策法规体系，完善老年人参与灵活就业、志愿服务、终身教育、文化娱乐等方面的配套保障措施。全面拓展老年人参与社会的渠道和方式，以政府主导搭建老年社会参与服务平台，提升其专业化和规范化水平，创新多样化的服务项目。

（五）发挥中国比较优势，拓展银发经济的国际市场与合作

中国发展银发经济在综合成本、市场需求、产业链供应链、基础设施、人力资源、制度以及创新等方面具有显著的比较优势。首先是市场规模优势。中国拥有庞大的老年人口规模，为银发经济的发展提供了广阔的市场空间。随着居民收入水平的提高和消费结构的升级，对高品质、高附加值产品的需求不断增加，为产业升级提供了强大动力。应充分利用这一优势，推动银发经济快速发展，形成充分的市场竞争，促进银发经济的产品创新、服务优化和市场模式创新，构建更具竞争力的产业形态。其次，中国工业制造业拥有体系配套完整的产业链供应链，以及基础设施优势和人力资本优势。中国产业链配套完善，能提高生产效率和产品质量，降低采购成本；交通、电力、通信等基础设施完备；人力资源丰富，特别是工程师红利逐渐显现。这些比较优势使得中国可能在智能养老设备、养老平台经济、物联网等银发经济领域脱颖而出。中国要积极参与国际银发经济交流与合作，学习借鉴国外先进经验和技术，推动产品与服务国际化，加强品牌建设与推广，从政策引导、产业创新、国际合作、市场环境优化等多个方面入手，形成全方位、多层次、立体化的政策支持体系。

第五章　银发经济与发展新质生产力[*]

生产力是推动人类社会发展的根本动力。当前，新一轮科技革命和产业变革正在重构全球创新版图、重塑全球经济结构，推动传统生产力转型升级，催生出新的生产力理论。这一进程不仅体现了技术进步的必然趋势，更反映了人类社会向更高层次发展的迫切需求。为了应对百年未有之大变局加速演进，顺应科技革命和产业革命发展趋势，习近平总书记在马克思主义生产力理论的基础上创造性地提出了新质生产力的概念。新质生产力是一场新的生产力革命，[①] 实质上是科技创新与经济社会深度融合的结果。它不仅体现在传统生产方式的变革上，更体现在知识、信息、数据等新型生产要素的创造和利用上，推动着经济形态由传统工业经济向新型数字经济、智慧经济转变。

2023 年 9 月，习近平总书记在新时代推动东北全面振兴座谈会上指出，要"积极培育新能源、新材料、先进制造、电子信息等战略性新兴产业，积极培育未来产业，加快形成新质生产力，增强发展新动能"。[②] 随后在听取黑龙江省委和省政府工作汇报时，习近平总书记再次强调，要"整合科技创新资源，引领发展战略性新兴产业和未来

---

[*] 本章作者为李超、姚梦迪。作者简介：李超，中国政法大学商学院产业经济系主任、教授，研究方向为数字经济、老龄产业。姚梦迪，中国政法大学商学院产业经济学专业硕士研究生，研究方向为数字经济。

① 刘守英、黄彪：《从传统生产力到新质生产力》，《中国人民大学学报》2024 年第 4 期。

② 《习近平主持召开新时代推动东北全面振兴座谈会强调　牢牢把握东北的重要使命　奋力谱写东北全面振兴新篇章》，《人民日报》2023 年 9 月 9 日第 1 版。

产业，加快形成新质生产力"。① 2023 年 12 月，中央经济工作会议明确，"要以科技创新推动产业创新，特别是以颠覆性技术和前沿技术催生新产业、新模式、新动能，发展新质生产力"。② 2024 年 1 月，习近平总书记在二十届中央政治局第十一次集体学习时强调，"高质量发展需要新的生产力理论来指导，而新质生产力已经在实践中形成并展示出对高质量发展的强劲推动力、支撑力，需要我们从理论上进行总结、概括，用以指导新的发展实践"。③ 2024 年 3 月"两会"期间，习近平总书记多次对什么是新质生产力，如何发展新质生产力等问题作出重要论述。习近平总书记在参加江苏代表团审议时强调，"要牢牢把握高质量发展这个首要任务，因地制宜发展新质生产力"。④ 发展新质生产力是根据中国的基本国情所作出的重大战略判断，是对中国现阶段现代化产业体系建设的合理规划和全面布局。

2022 年，中国首次出现自 1961 年以来的人口负增长现象，不仅表现为超低生育率和快速老龄化，而且更体现在以智能化、数字化、网络化为主要特征的新一轮科技革命和产业变革下的人口负增长。⑤ 在人口负增长的背景下，必须全面认识、正确看待中国人口发展新形势，以系统观念统筹谋划人口问题，明确认识、适应、引领人口发展新常态下的人口发展战略。⑥ 习近平总书记主持召开二十届中央财经委员会第一次会议时强调，"人口发展是关系中华民族伟大复兴的大事，必须着力提高人口整体素质，以人口高质量发展支撑中国式现代化"。⑦ 党

---

① 《习近平在黑龙江考察时强调　牢牢把握在国家发展大局中的战略定位　奋力开创黑龙江高质量发展新局面》，《人民日报》2023 年 9 月 8 日第 1 版。
② 《中央经济工作会议在北京举行》《人民日报》2024 年 12 月 13 日第 1 版。
③ 习近平：《发展新质生产力是推动高质量发展的内在要求和重要着力点》，《求是》2024 年第 11 期。
④ 《习近平在参加江苏代表团审议时强调　因地制宜发展新质生产力》，《人民日报》2024 年 3 月 5 日第 1 版。
⑤ 尹德挺：《中国人口负增长与人口高质量发展》，《北京行政学院学报》2023 年第 3 期。
⑥ 杜鹏：《以人口高质量增长支撑中国式现代化》，《北京行政学院学报》2023 年第 3 期。
⑦ 《习近平主持召开二十届中央财经委员会第二次会议强调　加快建设从实体经济为支撑的现代化产业体系　以人口高质量发展支撑中国式现代化》，《人民日报》2023 年 5 月 6 日第 1 版。

第二部分 理论篇：内涵及意义

的二十届三中全会审议通过的《中共中央关于进一步全面深化改革 推进中国式现代化的决定》提出，要"以应对老龄化、少子化为重点完善人口发展战略，健全覆盖全人群、全生命周期的人口服务体系，促进人口高质量发展"①。尽管当前中国面临以少子化、老龄化加速为突出特征的人口负增长的新挑战，但是也要充分看到，改革开放以来中国人口受教育水平在稳步提升，尤其是劳动力人口受教育水平提高更快，正成为由数量型人口红利转向质量型人口红利的助推器。②

当前，发展银发经济是积极应对人口老龄化、推动经济社会高质量发展的重要举措。2024年，《国务院办公厅关于发展银发经济增进老年人福祉的意见》（国办发〔2024〕1号）对银发经济发展进行了具体部署，标志着银发经济发展进入新阶段。推动银发经济发展，需要高度认识发展银发经济的重要意义，把握好中国发展银发经济的现实基础与潜力，积极采取行动。③ 要充分发挥老年人庞大的人力资源和消费力，满足老龄化社会的特殊消费需求，在免除老年人后顾之忧的前提下，发挥他们作为消费者的积极功能。④

鉴于全球人口结构变迁中银发经济的迅速崛起，深入探讨新质生产力的本质及其发展路径显得尤为重要。新质生产力作为新时代的核心驱动力，其定义、特性以及与传统生产力、生产关系和银发经济高质量发展之间的关系，急需我们清晰界定与深入剖析，以期为中国银发经济的发展实践提供理论指导。然而，目前学术界对于银发经济与发展新质生产力的系统性研究不足。有鉴于此，本章在已有研究的基础上，概括总结了新质生产力的内涵特征，剖析了新质生产力与银发经济的内在关系。一方面，新质生产力快速发展，为银发经济注入了不竭生机；另一方面，银发经济也反过来为新质

---

① 《中共中央关于进一步全面深化改革 推进中国式现代化的决定》，人民出版社2024年版，第37页。
② 陆杰华：《人口负增长应对的国际经验及其对中国的启示》，《北京行政学院学报》2023年第3期。
③ 林宝：《发展银发经济满足多样化养老需求》，《人民论坛》2024年第13期。
④ 蔡昉：《完善人口发展战略 促进人口高质量发展》，《学习时报》2024年8月9日第1版。

生产力开辟了新发展领域。最后，提出关于发展新质生产力、赋能银发经济的对策建议。

一　新质生产力的内涵特征

作为当代马克思主义政治经济学的重要范畴，新质生产力既是理论问题，也是实践问题。[①] 2024年1月，习近平总书记在主持二十届中央政治局第十一次集体学习时对新质生产力的内涵进行了深刻的阐释，新质生产力是"创新起主导作用，摆脱传统经济增长方式、生产力发展路径，具有高科技、高效能、高质量特征，符合新发展理念的先进生产力质态。它由技术革命性突破、生产要素创新性配置、产业深度转型升级而催生，以劳动者、劳动资料、劳动对象及其优化组合的跃升为基本内涵，以全要素生产率大幅提升为核心标志，特点是创新，关键在质优，本质是先进生产力"。[②] 与传统生产力相比，新质生产力是生产力质的跃迁，体现为全要素生产率的大幅提升。[③] 基于此，本章将新质生产力的内涵特征总结为以下三个方面。

第一，新质生产力是科学技术主导的先进生产力，技术创新是其核心动能。正如习近平总书记所指出的，"科技创新能够催生新产业、新模式、新动能，是发展新质生产力的核心要素"。[④] 新质生产力是新科技革命背景下生产力的跃迁，既延续了利用自然和改造自然的属性，又创造性地以科技创新作为关键动力，[⑤] 实现了从资本投

---

① 史小宁、朱少云：《新质生产力：当代马克思主义理论阐释与实践路径》，《中国社会科学报》2024年3月22日第A02版。
② 习近平：《发展新质生产力是推动高质量发展的内在要求和重要着力点》，《求是》2024年第11期。
③ 刘守英、黄彪：《从传统生产力到新质生产力》，《中国人民大学学报》2024年第4期。
④ 习近平：《发展新质生产力是推动高质量发展的内在要求和重要着力点》，《求是》2024年第11期。
⑤ 任保平、王子月：《新质生产力推进中国式现代化的战略重点、任务与路径》，《西安财经大学学报》2024年第1期。

资、要素驱动向创新驱动的转变。与传统生产力相比，新质生产力不再依赖资本要素、土地要素、劳动力要素驱动，摒弃了传统的高投入、高能耗、高排放的粗放式发展模式，转向以技术创新为驱动、以质量效益为中心的可持续发展道路，倡导创新驱动发展。且新一轮科技革命改变了以往的单一技术主导的创新模式，各领域科学技术相互促进、加速融合，形成了多元技术体系，[1] 全方位渗透生产力系统的各个方面，实现生产力质的跃迁。

第二，新质生产力是生产要素创新性配置及优化组合的先进生产力。马克思在《资本论》中指出，生产力就是"生产能力及其要素的发展"。[2] 生产力由多个要素构成，马克思对其构成要素的论述如下："生产过程的简单要素是：有目的的活动或者劳动本身，劳动对象和劳动资料。"[3] 因此，生产力的三大构成要素为劳动资料、劳动对象、劳动者。新质生产力是马克思主义生产力理论的中国化发展，仍以劳动者、劳动对象和劳动资料为基本构成要素，但是三要素实现了内涵的跃迁和组合优化，是马克思主义生产力三要素的全新体现。新质生产力主体要素的劳动者转变为现代化人才的全新形态。[4] 劳动者不再是体力或简单技能的提供者，而是创新型、知识型现代化人才。新质生产力的劳动对象向高科技化方向转型升级，由传统的重工业形态转变为新能源、新材料、生物技术等高新科技形态。[5] 劳动资料的核心是劳动工具，传统的生产工具和设备正在向数字化、网络化、智能化的方向演进。云计算、量子计算机、区块链、ChatGPT、智能机器人等数字技术和产品的出现使人们可利用的生产工具发生了质变，改变了传统的生产方式和组织结构，提高生产效率的同时，提升了企业的创新水平，促进了产业链和创新链

---

[1] 刘守英、黄彪：《从传统生产力到新质生产力》，《中国人民大学学报》2024 年第 4 期。
[2] 马克思：《资本论》第 3 卷，人民出版社 2004 年版，第 1000 页。
[3] 《马克思恩格斯文集》第 5 卷，人民出版社 2009 年版，第 208 页。
[4] 刘富胜、宫子言：《发展新质生产力的内在逻辑与实践进路》，《重庆理工大学学报》（社会科学版）2024 年第 7 期。
[5] 刘富胜、宫子言：《发展新质生产力的内在逻辑与实践进路》，《重庆理工大学学报》（社会科学版）2024 年第 7 期。

深度融通互促,为加快形成新质生产力提供了不竭动力。① 数据作为新型生产要素在各环节广泛渗透,通过赋能新材料、新能源、新设备及其应用产生新产业、新动能,成为新质生产力具体形态背后共同的生产要素。② 数据要素已成为数字经济时代决定生产力发展水平的关键因素,成为引领新质生产力发展的核心生产要素。

第三,新质生产力是符合新发展理念的先进生产力形态,是符合高质量发展内在要求的生产力。新质生产力,作为顺应新时代要求的先进生产力形态,植根于新发展理念中,彰显出其前瞻性和引领性。创新是新质生产力的轴心,不仅强调科技创新与生产方式革新,更注重管理创新,将科技成果对接于生产实践,从而实现生产要素的最优配置与产业升级,以"新"促"质",驱动经济高质量发展。③ 协调、绿色、开放、共享是新质生产力的四维延展。④ 党的十九大报告首次提出"高质量发展"表述,表明中国经济由高速增长阶段转向高质量发展阶段。党的二十大报告进一步指出:"高质量发展是全面建设社会主义现代化国家的首要任务。"⑤ 创新、协调、绿色、开放、共享的新发展理念全面体现了中国经济高质量发展的内在要求。⑥ 从这种意义上来说,新质生产力不仅是符合新发展理念的先进生产力形态,也是与中国经济发展特点相适应的符合高质量发展内在要求的先进生产力。

---

① 翟绪权、夏鑫雨:《数字经济加快形成新质生产力的机制构成与实践路径》,《福建师范大学学报》(哲学社会科学版)2024年第1期。
② 段学慧、张娜:《数据要素及其形成新质生产力的机理研究》,《经济纵横》2024年第7期。
③ 徐政、郑霖豪、程梦瑶:《新质生产力赋能高质量发展的内在逻辑与实践构想》,《当代经济研究》2023年第11期。
④ 蒋永穆、乔张媛:《新质生产力:符合新发展理念的先进生产力质态》,《东南学术》2024年第2期。
⑤ 习近平:《高举中国特色社会主义伟大旗帜 为全面建设社会主义现代化国家而团结奋斗——在中国共产党第二十次全国代表大会上的报告》,人民出版社2022年版,第28页。
⑥ 胡莹:《新质生产力的内涵、特点及路径探析》,《新疆师范大学学报》(哲学社会科学版)2024年第5期。

二　新质生产力与银发经济的关系

（一）新质生产力为银发经济发展提供新动能

1. 新质生产力为银发经济提供技术驱动的解决方案

新质生产力，尤其是以人工智能（AI）、大数据、物联网（IoT）等为代表的新兴技术快速发展，为银发经济注入前所未有的活力。新技术的应用促进了产品和服务模式的创新，为银发经济提供了更加智能化、多元化、个性化的解决方案。技术的革命性突破不仅显著提升了服务效率与质量，满足了老龄化社会日益增长的物质需求，还在更深层次上呼应了老年人的精神文化需求。无论是社区养老、居家养老，还是健康管理、社交娱乐、情感慰藉等方面，都呈现出全新的解决方案，显著提升了养老服务的质量与效率，缓解了中国的养老压力。

社区养老向智慧化方向发展。在世界范围内，社区养老正在成为养老服务供给的重要形式。[1] 为了进一步提升社区养老的服务水平和效率，物联网、大数据、云计算等前沿信息科技将个人、家庭、社区、机构与健康养老资源有效对接和优化配置，[2] 社区智慧养老服务应运而生。技术集成的智慧养老服务信息平台为社区养老服务提供智能化管理与响应机制，包含生活照料、健康监测、紧急呼叫、心理咨询、医疗保健、休闲娱乐、精神慰藉等多项服务，增加了服务响应性、精准性和反馈性，[3] 显著提升了社区养老的服务质量与服务效率。尤其借助数据挖掘技术对养老服务平台信息深入分析，可以得到不同老年人物质及精神养老需求的差异，进而能够提供更精准的服务，[4] 比如通过分析老年人饮食偏好

---

[1] 王成、李东阳、周玉萍：《社区智慧养老服务供给——责任网络、现实约束与机制构建》，《人口与经济》2023年第1期。

[2] 张博：《"互联网+"视域下智慧社区养老服务模式》，《当代经济管理》2019年第6期。

[3] 王成、李东阳、周玉萍：《社区智慧养老服务供给——责任网络、现实约束与机制构建》，《人口与经济》2023年第1期。

[4] 刘奕、李晓娜：《数字时代我国社区智慧养老模式比较与优化路径研究》，《电子政务》2022年第5期。

选择菜品的供给，通过分析老年人的兴趣爱好开展娱乐活动。

居家养老实现了智能升级。社区养老虽然在一定程度上缓解了中国的养老压力，但是经过长期的实践证实，全国范围内有超过90%的老年人仍倾向于选择居家养老模式。①借助无线通信网络、大数据、云计算和人工智能等新一轮科学技术，居家养老实现了智能升级。智能家居系统的出现使得老年人的居家环境从传统设备向数智化方向发展，通过整合一系列智能设备和技术，智能家电、智能手机以及其他智能家庭设备相互连接，形成了万物互联的智能家居环境，②自动化地管理和优化居住环境，满足老年人的特定需求。特别是简化的控制方法和易于操作的用户界面，有效减轻老年人的操作负担，提升老年人的生活质量。智能健康监测与管理场景的应用提高了老年人健康管理水平。③健康监测设备如智能手环、智能床垫等，持续监测老年人的健康状况，自动预警异常情况，实现早期干预。家庭服务机器人的应用，涵盖了生活照料、情感陪伴等多个层面，显著提升了老年人的生活质量和安全性。"互联网+"更是为居家养老产业提供了新的发展机遇。网络交流平台使得更多的老年人参与到居家养老服务系统中，老年人扩大了社交圈，可以帮助他们排遣孤独、寂寞。依托物联网、虚拟养老院等网络渠道，有利于整合居家养老产业资源，促进居家养老产业智慧化、多元化发展。④

数字身份与健康档案的互认机制，使异地养老成为可能。通过区块链技术确保了不同地区间医疗记录的互联互通，简化了异地就医流程，为异地养老、跨区域养老提供技术支撑。远程关爱平台结合云服务与移动应用，使家庭成员身处异地也能实时了解老年人的健康状况与生活环境，加强了子女与老年人的沟通交流。虚拟现实（VR）与

---

① 柏青华：《居家智慧养老的智慧之处》，《人民论坛》2018年第3期。
② 姚健、刘郅政、季曦冉等：《包容性导向下的智能家居设计研究现状与展望》，《包装工程》2024年第6期。
③ 赵曼、邢怡青：《人工智能赋能的居家社区养老服务发展及其生态系统优化策略研究》，《社会保障研究》2024年第2期。
④ 肖阳：《"互联网+"打造居家养老新模式》，《人民论坛》2018年第6期。

第二部分 理论篇：内涵及意义

增强现实（AR）技术的应用，则为老年人提供了沉浸式体验，丰富了娱乐活动，减少了孤独感。新兴技术在养老领域的广泛应用，不仅革新了养老服务模式，而且显著提升了老年人的生活品质与健康管理水平，为构建智慧、健康、包容的老龄社会奠定了坚实的技术基础。

2. 新质生产力推动银发经济多领域跨界融合

银发经济涉及多个领域，新质生产力的发展不断推动养老产业与金融服务、教育培训、健康管理、体育旅游等产业深度融合，形成了"养老+金融""康养+旅游""医疗+养老"等多元融合生态，为老龄社会提供了综合性解决方案。

金融科技创新赋能养老金融业务的普惠发展，实现了"科技+养老+金融"的深度融合。2023年10月底召开的中央金融工作会议作出"建设金融强国"的战略部署，提出"做好科技金融、绿色金融、普惠金融、养老金融、数字金融五篇大文章"。这是中央金融工作会议第一次提及"养老金融"。2024年政府工作报告也明确提出要大力发展养老金融。金融之所以能够服务养老，是因为金融能够解决人在生命不同阶段跨期收入与支出平衡问题。实现全生命周期养老准备，金融是工具和手段，养老是最终目标和落脚点。[①] 在养老服务金融方面，借助数字技术布局个人养老产品市场，提升老年人金融服务体验，满足老年群体的多元金融需求。[②] 利用大数据、人工智能和机器学习等前沿科学技术，金融机构可以创新养老基金、养老保险等养老金融产品，帮助用户进行个性化的养老财务规划，开发出更符合个人需求的养老金产品，如针对特定年龄段或健康状况推出特定的养老保险计划。依托互联网技术的移动应用和在线服务平台帮助老年人更方便地管理自己的养老金账户，实时查询余额、调整投资组合和办理相关业务。移动应用和在线服务平台也应更注重适老化发展，打造老年用户专属交互系统，设计图片、字体、流程简化的老年模式，设置简

[①] 胡继晔、于松宁：《基于全生命周期的私人养老金资产优化配置》，《社会保障研究》2023年第5期。

[②] 林怡然、周毅锋、陈丽婧：《金融科技助力商业银行养老金融业务发展现状及路径研究》，《中国商论》2024年第11期。

单明了的老年专用慢行交互通道,① 给老年人提供更便捷的金融科技体验,推动养老金融业务的普惠发展。金融科技不仅在适老化金融服务方面有大作为,在推动养老产业发展等方面同样发挥了重要作用。②利用先进的风险管理技术和大模型,可以对潜在银发投资项目进行全面的风险评估和投资决策,引导金融资源投入生物科技、基因工程、人形机器人等具有创新性和发展前景良好的高端产业中,优化养老金融资源配置。③ 借助金融科技,商业银行拓宽了养老产业的融资渠道,比如中国农业银行推出的"普惠e站"就是运用金融科技,为养老托育小微企业提供贷款便利,满足了这些企业在建设和运营过程中的资金需求。在一定程度上缓解了养老机构长期以来存在的"融资难、担保难"的问题。④ 通过数字普惠金融,商业银行能够更好地追踪和挖掘养老企业信息,建立多维度信用评价体系,有效降低了信息成本和风险评估难度,实现了银企融资双赢。

科技产业、康养产业、休闲旅游产业跨界合作,形成"科技+银发+康养"多元融合新格局。智慧康养休闲旅游产业植根于现代康养理念,深度融合智能服务与信息技术,广泛应用大数据、云计算、物联网等前沿科技手段,为康养休闲体育旅游活动提供高效、精准的支持体系,以拥有疗养功能的自然人文景观为载体,为老龄群体提供个性化膳食方案和休闲运动处方,实现老年人身心的全面恢复与治愈。⑤ 参与者不仅能够享受自然美景和文化氛围,还能借助智能设备实时监测自身健康状况,获取个性化的健康建议和运动指导。例如,智能设备监测心

---

① 韩亮、谭明:《行为设计驱动的金融科技适老体验与服务设计研究》,《南京艺术学院学报》(美术与设计) 2020 年第 3 期。
② 朱春华、史晓丹:《商业银行助力银发经济高质量发展路径探析——基于养老产业发展视角》,《西南金融》2024 年第 7 期。
③ 张颖、邹国昊、杨楚风:《金融服务新质生产力发展的多维认知与创新路径》,《江苏社会科学》2024 年第 4 期。
④ 林怡然、周毅锋、陈丽婧:《金融科技助力商业银行养老金融业务发展现状及路径研究》,《中国商论》2024 年第 11 期。
⑤ 王坤焱、张磊、韩晓晓:《互动、合作和融合:智慧康养休闲体育旅游赋能模式研究》,《盐城工学院学报》(社会科学版) 2024 年第 2 期。

| 第二部分　理论篇：内涵及意义

率、血压、睡眠质量等生理指标，基于云端的大数据分析则可以为每个用户生成定制的健康建议与运动指导，确保康养休闲活动既能满足娱乐需求，又能促进身体健康。同时，智慧康养系统配备紧急呼叫系统和医疗救援服务，能够在紧急情况下快速响应，保障老年人的生命安全。这种智慧康养休闲旅游模式，不仅丰富了老年人的精神世界，提高了他们的生活质量，也为构建健康的老龄化社会提供了新的路径与实践案例，充分展现了科技在增进老龄化社会福祉方面的巨大潜力。

科技进步促进医疗、养老领域的资源整合与优化配置，形成了更加协同高效的"智慧医养"服务体系。在积极应对人口老龄化国家战略指导下，中国医养结合的政策制度不断完善，各地积极探索并创新实践了"养中有医""医中有养""医养共体"[①] 等多元化的医养结合服务模式，成功实现了由传统的"养老服务体系"向新型的"医养结合服务体系"转型升级。物联网、5G、大数据等新兴技术的迅速发展打破了医疗资源和养老资源的时空限制，促进了医养资源的有效整合与衔接，医养结合智慧化成为发展趋势。智慧医养让大多数老年人在可承担的成本范围内享受到基于医疗技术进步的预防、治疗、养老等智慧化的健康养老服务，也能够更加切合老年人的实际需求。[②] 依托物联网等新一代信息技术，智慧医养平台为社区内的每一位老年居民建立了详尽的数据信息档案，依托智能血压计、体温计、智能手环、健康监测穿戴设备等对老年群体进行健康监测管理，[③] 极大地便利了医护人员对老年人健康状态的实时把控与紧急响应，显著提升了基层医疗服务的效率与质量。此外，智慧养老社区创新性地引入了家庭病床、移动支付、移动药房等多元化健康服务场景，开通热线电话、线上平台预约等线上诊疗服务，与附近医疗部门形成联动，使得老年人无须离

[①] 杨翠迎：《中国医养结合实践的理性思考：非均衡性与未来发展》，《社会保障评论》2023 年第 5 期。

[②] 赵娜、邹学慧：《智慧医养结合服务模式存在的困境及其对策》，《经济研究导刊》2021 年第 5 期。

[③] 李金娟：《数字经济视角下社区智慧养老优化路径探究》，《北方经济》2023 年第 1 期。

开居住环境即可享受全面、便捷的医疗照护服务，显著增强了医养服务的体验感与满意度。智慧医养设备的不断创新与应用，正逐步打通养老服务中的"最后一公里"，为老年人提供多层次、个性化的智慧医养解决方案，助力中国老龄事业与养老产业迈向高质量发展的新阶段，展现了科技与人文关怀相结合的未来养老愿景。

3. 新质生产力为银发产业创新催生新业态、新模式

新质生产力通过劳动者、劳动资料和劳动对象及其优化组合的质变，在银发经济领域催生新的业态和商业模式。在大数据、物联网、互联网以及区块链技术的加持下，养老服务与线上平台的深度融合，赋能传统养老产业转型与升级，[1] 催生智慧养老、[2] 虚拟养老[3]等新型养老模式。智慧养老是新质生产力推动下的一个新业态，最早是由英国生命信托基金提出的，它主要是集成和整合互联网、物联网、云计算、大数据等现代科学技术，代替部分人工照护工作，满足老年群体的养老需求。[4] 通过打造一个全方位、多层次的智能养老服务体系，为老年人提供智能化、全方位的健康管理和生活照料。例如，智慧养老社区利用物联网技术，将家居设备、健康监测设备与云端服务平台相连，实时监控老年人的健康状况，一旦发现异常，立即启动应急响应。AI 辅助的智能机器人可以提供日常照料、健康咨询、紧急呼叫等服务，极大地方便了老年人的生活。智慧养老还涵盖了远程医疗服务，信息科技与医疗养护服务密切合作，通过视频会议、在线问诊等方式，即时回应老年人的医疗需求，处理老年病患身体突发状况，[5]

---

[1] 刘晓艳、许跃文：《数字经济赋能养老产业的增长路径研究》，《人口与经济》2024年第 4 期。

[2] 朱海龙：《智慧养老：中国老年照护模式的革新与思考》，《湖南师范大学社会科学学报》2016 年第 3 期。

[3] 杜孝珍、孙婧娜：《我国虚拟养老院发展的优势、风险及路径》，《上海行政学院学报》2020 年第 4 期。

[4] 朱海龙：《智慧养老：中国老年照护模式的革新与思考》，《湖南师范大学社会科学学报》2016 年第 3 期。

[5] 刘杰勇：《老年人数据信托：智慧养老数据利用的困境及其应对》，《兰州学刊》2024 年第 1 期。

让老年人能够在家享受专业医生的咨询和治疗，减少了往返医院的不便。与实体养老院不同，虚拟养老是依托现代智能网络技术所搭建起来的养老服务平台，①借助信息技术有效地整合了养老机构、社区服务和家政照护等多种资源，老年人无须离开居住环境即可享受多样化服务，有助于增强老年人的安全感，提升生活质量。虚拟养老院通过规模化运作大大降低了运营成本，提高了服务的性价比，是养老智能化发展的一个方向，随着物联网、人工智能等技术的进步，虚拟养老的服务质量将在未来进一步提升。

此外，合居养老、基地养老、旅游养老等新型养老服务业态，②为老年人提供了多元化的居住条件和生活方式。在线老年课堂和老年大学的兴起，让老年人能够随时随地学习新知识，满足他们对知识的渴望。中国老年大学协会远程教育网、老年开放大学等全国性老年在线学习平台，③提供了涵盖多领域的课程，浙江、上海、天津等地都搭建了在线学习平台，结合当地特色和老年人的实际需求来设计课程。个性化与多元化并存的课程服务大幅度提高老年人学习娱乐活动参与度，满足了他们的情感慰藉和文化需求。

（二）银发经济为新质生产力的应用提供新机遇

1. 银发市场需求和消费结构的更新迭代为技术创新注入新动能

人口老龄化进程加速，老年群体不再是单一的、同质的消费者集合，而是一个由不同年龄层、健康状态、兴趣爱好、经济条件等多维度构成的复杂市场。尤其是伴随社会经济发展水平显著提升，老年群体消费能力、消费需求、健康意识和综合素质不断增强，期待提高生活品质的愿望和需求更为强烈，越来越多懂科技、重品质的新型老年

---

① 杜孝珍、孙婧娜：《我国虚拟养老院发展的优势、风险及路径》，《上海行政学院学报》2020年第4期。
② 尹孔阳、刘艳辉、郭琳：《人口老龄化背景下多元化养老模式的选择》，《中国老年学杂志》2015年第12期。
③ 张文兰、李昂、赵姝：《国内老年在线教育网站无障碍测评研究》，《电化教育研究》2018年第9期。

人将推动银发市场需求和消费结构更新迭代,恩格尔系数不断下降,银发人口的消费偏好快速变迁,① 需求结构从生存型和必需型逐渐转向享乐型和参与型。② 这种需求和消费结构转变推动了银发领域新质生产力的创新发展,驱动着新兴技术在医疗诊断、健康监测、生活辅助、精神慰藉等维度的深度集成与创新,利用技术创新来提升基本养老产品和服务质量、满足老年群体的高层次要求,成为新质生产力在银发经济发展中的重要着力点。

在医疗健康领域,随着中国老年人口的增加,患有高血压、糖尿病和冠心病等慢性疾病的老年人比例也在上升,给健康管理带来巨大挑战。老年人对高科技健康管理设备的需求驱动该领域的人工智能技术不断创新,应用场景日益广泛。智能穿戴设备创新迭代,精准程度持续提升;机器学习和深度学习算法持续优化,AI 辅助诊疗系统的准确性和实用性将持续提高,第五代通信技术(5G)远程会诊、远程全景虚拟现实(VR)手术等数字技术的应用辅助医生和护士等医务人员,③ 提高工作效率,使老年人能够享受到更加便捷、精准的医疗服务,同时降低了医疗成本。

在日常生活方面,老年人对"衣、食、住、行、用"等实物产品的要求不断提高,驱动新一代信息技术在养老场景集成应用与研发创新,产品适老化发展,科技含量不断提高。老年服饰产品功能性发展,服装面料、款式结构和辅助装置等适老化改进;保健食品、配方食谱个性化发展,基于老年人身体情况定制个性化方案;智能家居用品、智能穿戴设备、智能康复辅助仪器等智慧健康养老产品日趋丰富,④ 老年人日常生活更加安全便捷,极大地提升了老年人的生活质

---

① 金牛、原新:《银发经济高质量发展:人口基础、战略导向与路径选择》,《河北学刊》2024 年第 2 期。
② 金牛、刘梦琦:《银发经济高质量发展:内涵意蕴、机遇挑战与体系构建》,《河北农业大学学报》(社会科学版)2024 年第 3 期。
③ 孙茜、冯霞、隆云滔等:《数字技术赋能我国医疗治理现代化建设研究》,《中国科学院院刊》2022 年第 12 期。
④ 刘晓艳、许跃文:《数字经济赋能养老产业的增长路径研究》,《人口与经济》2024 年第 4 期。

量。借助信息技术平台，企业收集、分析和解读海量的用户数据，从中挖掘老年人的消费习惯、健康状况、兴趣爱好等关键信息，进而识别出不同的老年消费者群体，有针对性地设计相应的产品和服务，满足每个细分市场内老年人的特定需求。此外，随着老年人生活消费水平的不断提高，对精神文化层面上也表现出更高层次的需求。[①] 休闲、娱乐、美容、抗老等新型需求呈现逐渐增加和持续上升的态势，驱动了该领域的技术创新。虚拟现实（VR）和增强现实（AR）技术为老年人带来了全新的娱乐体验，让他们在家中就能享受旅游、艺术欣赏等丰富多彩的活动，满足其精神文化需求；面对老龄化社会中日益增长的抗老需求，基因技术、再生医学与激光频射等先进医疗设备在抗衰老领域的研发应用不断加快，尤其是在抗衰老护肤品、营养补充剂与医疗方案的创新上，展现出科技对提升生命质量的积极贡献，为精准抗老提供了有力支撑，助力于延缓衰老的科学探索。

老年人对于产品和服务的需求呈现出前所未有的多元化和精细化趋势。这不仅体现在对智能化、便捷化服务的渴望，更延伸至对金融、旅游、教育等多个领域的个性化需求。金融、旅游与教育等行业，作为银发经济的重要组成部分，也正积极适应老年人的需求转变，积极探索技术创新，提供定制化的服务与产品，展现出了社会经济结构转型的前瞻性和包容性。金融行业为适应老年人的需求，金融机构创造出更多多元化、个性化的老年人金融产品，[②] 易于理解和操作的理财、保险产品以及便捷的支付手段，帮助他们更好地管理个人资产，保障退休生活；旅游行业则设计了更适合老年人的旅游套餐，考虑到他们的身体条件和兴趣爱好，提供安全舒适的出行体验，旅游养老服务有效缓解了社会养老压力；[③] 随着终身学习理念的普及，老年人对于继续教育和兴趣培养的需求日益增长，远程教育将互联网的

[①] 梁义柱：《养老产业化的发展路径选择——从物质养老到精神养老》，《东岳论丛》2013年第3期。

[②] 汪伟、李骏：《养老金融高质量发展赋能金融强国建设的内在机理与政策选择》，《湖南科技大学学报》（社会科学版）2024年第2期。

[③] 杨武：《新时代养老产业发展机遇及对策研究》，《当代经济管理》2021年第7期。

技术手段、互联网思维与老年教育相结合，不仅为老年人提供了丰富的学习资源，还能激发他们参与社会活动的热情，[1] 丰富了他们的精神世界，促进了跨代际的知识共享与社会融合。

2. 银发经济为发展新质生产力开辟市场新领域

银发经济是一个涉及广泛的新经济形态，其发展不仅包括对传统产业的改造升级，还包括新兴产业的培育和壮大，以满足老年人日益增长的多样化、个性化需求。改造升级传统产业，培育壮大新兴产业，布局建设未来产业，都为发展新质生产力开辟了新的领域。产业数字化发展给各行各业带来了许多便利，能够降低产品与服务的交易成本，提高资源的配置效率，已经成为全球产业改革的重要方向。[2] 老年服饰、老年食品等传统制造业的数字化转型和适老化发展已成为发展新质生产力的重要着力点。通过将互联网、大数据、物联网、云计算等数字技术融入传统制造业，实现了老年产品供给的变革，促进了产品智能化、个性化升级，以满足老年人多样化、便捷化、精准化的市场需求。此外，随着工业生产流水线信息化、数字化程度的不断提高，人工智能技术作为新质生产力的技术支撑，优化了生产流程和生产工艺，显著提高了老年产品的生产效率和管理水平。[3] 可以充分发挥海量数据和丰富技术的优势，发展新质生产力，加速产业数字化转型，赋能传统养老产业的转型与升级。战略性新兴产业和未来产业的发展为颠覆式创新提供了一个有效的产业化的"试炼场"，[4] 成为发展新质生产力的新领域。聚焦智慧医养、老龄高精尖制造、养老金融、适老宜居改造、康养旅游等战略性新兴产业，生命科学、脑科学、基因测序等高端产业，提

---

[1] 马良生：《探索远程教育服务老年人群新模式——开放大学发展老年教育的实践》，《中国远程教育》（综合版）2015 年第 9 期。

[2] 张敏、孟佳、周莉欣等：《养老服务业数字化转型思考》，《合作经济与科技》2023 年第 20 期。

[3] 余家军、张惠雅：《数字经济驱动养老产业高质量发展的理论阐释与实践路径》，《老龄科学研究》2023 年第 5 期。

[4] 王宇：《以新促质：战略性新兴产业与未来产业的有效培育》，《人民论坛》2024 年第 2 期。

前布局，长远谋划，立足于老龄科技最前沿，强化科技研发，获得革命性、颠覆性技术突破，发展新质生产力，在未来数十年甚至更长时间范围内，引领国际市场，扩大银发产业市场规模，培育新的经济增长点。

（三）新质生产力和银发经济协同推进，驱动社会服务模式的创新和产业结构的优化升级

1. 银发经济和新质生产力协同推进，激发社会服务模式的创新活力

银发经济和新质生产力的协同推进，不仅带来了新的市场机会和经济增长点，也推动了社会服务模式的创新。在云计算、大数据、人工智能、区块链等先进技术的加持下，老龄社会服务实现了"精准问需""供需匹配"，① 在传统线下服务模式的基础上又培育了线上服务模式，② 老年人的多样化需求得到满足，消费意愿不断提升。借助智能终端和大数据分析，服务提供商能够精准收集老年人的身体、心理、生活等方面的数据，深入挖掘不同老年人的独特需求和偏好，从而提供更加个性化、精细化和定制化的服务方案，③ 如定制化的饮食菜谱、旅游路线、兴趣班课程等，社会服务向个性化、定制化方向发展。以互联网为主的新一代信息技术与养老服务全方位、深层次融合，互联网技术、思维、商业模式、管理模式推动了社会养老服务升级迭代，养老服务供给的质量和效率提高，④ 许多服务实现了远程交付，远程医疗、平台订餐等服务减少了老年人外出的不便。同时，智能机器人等工具的应用也使得服务

---

① 贾臻：《创新服务模式，推进"老有优养"》，《青岛日报》2023年11月3日第1版。
② 孙建娥、张志雄：《"互联网+"养老服务模式及其发展路径研究》，《湖南师范大学社会科学学报》2019年第3期。
③ 黄昕：《"人工智能+养老"服务模式探究》，《西安财经大学学报》2020年第5期。
④ 孙建娥、张志雄：《"互联网+"养老服务模式及其发展路径研究》，《湖南师范大学社会科学学报》2019年第3期。

更加高效便捷。此外，平台经济、共享经济的兴起使得服务提供者和使用者之间能够通过协作网络实现资源和服务的共享，形成更加全面的服务体系。智慧养老服务平台集成管理养老、医疗、康复、护理、娱乐等多种服务，为老年人提供全方位的一站式服务，[①] 简化了老年人获取服务的过程，确保服务的便捷性和实用性。共享经济服务平台将老年人与志愿者、专业护理人员等进行信息匹配，实现个性化、灵活的服务安排，还可以帮助老年人将闲置资源进行共享，促进养老资源的优化配置，[②] 社会服务集成化、协同化发展。

2. 银发经济和新质生产力协同推进，加速产业结构的优化与升级

银发经济是综合经济部门。银发产业涉及面广、产业链长，是一个横跨三大产业的综合产业体系。[③] 为更好满足老年人对美好生活的新期待，需要老龄产业更高质量发展，这离不开新质生产力的引领。[④] 银发经济与新质生产力协同推进，至少可以在以下几个方面推动银发产业高质量发展。一是推动传统产业转型升级。一方面，人口老龄化的加深会"倒逼"劳动密集型企业加快技术创新，由此带动产业结构的转型升级。[⑤] 通过引入人工智能技术，康复辅助器械、老年日常用品等传统制造业实现了技术升级，产品质量也大幅提升。另一方面，大数据、人工智能、物联网等数字技术的发展，会极大地催生老龄化服务产业的供给，[⑥] 数字技术与养老服务、医疗保健等传统服务业深度融合，提高了服务效率和服务质量，满足老年人口对老龄化服务产业多样化的需求，有利于推动第三产业

[①] 孙嫒：《大数据背景下智慧养老发展路径探究》，《四川劳动保障》2024年第4期。

[②] 付瑞萱：《共享经济视角下的城市社区居家养老服务研究》，《投资与合作》2024年第3期。

[③] 彭希哲、陈倩：《中国银发经济刍议》，《社会保障评论》2022年第4期。

[④] 何文炯：《以新质生产力引领老龄产业高质量发展》，《中国社会工作》2024年第11期。

[⑤] 楚永生、于贞、王云云：《人口老龄化"倒逼"产业结构升级的动态效应——基于中国30个省级制造业面板数据的空间计量分析》，《产经评论》2017年第6期。

[⑥] 梁雅楠、张成：《人口老龄化、数字经济与我国产业结构优化》，《经济问题探索》2022年第12期。

第二部分　理论篇：内涵及意义

的发展，从而促进产业结构优化。二是促进新兴产业的形成与发展。互联网、人工智能、大数据等数字技术与养老深度融合，催生新的产业形态。[①] 智慧健康养老、抗衰老、养老金融、旅游服务等前景好、潜力大的新兴产业为银发经济领域带来新的增长动力。这些新型业态不仅满足了老年人群体的特殊需求，也为银发产业布局了未来的发展方向。三是优化资源配置与产业链整合。新质生产力与银发经济的协同推进，促进了医疗、保险、旅游、养老等多个产业间的资源整合与合作，形成一体化的服务链，为老年人提供更全面的服务。不同地区根据自身优势发展特色银发产业，异地养老、跨区域养老等新产业实现了区域间的优势互补和协同发展。新质生产力以技术为支撑，在满足社会不断增长的银发需求的同时，逐渐推动银发产业结构的合理化和高级化。

三　关于新质生产力赋能银发经济发展的建议

（一）强化关键核心技术研发与突破，激发银发经济领域创新活力

一方面，要把握国家发展新质生产力的战略机遇，全面深化银发科技创新体制改革，激发创新活力。加大在人工智能、大数据分析、5G、物联网以及生物医疗等前沿科技领域的投资，实现关键核心技术的创新性、颠覆性突破，克服"卡脖子"难题，研发适老化技术产品和服务，推动银发领域科技与产业的深度融合，全面提升老年人的生活质量。另一方面，科技成果转化是实现由科技创新到现实生产力的转变过程。[②] 为了推动银发产业的进步，仅仅发明新产品和新服务是远远不够的，还需要确保这些创新能够得到广泛的采纳，加强创新成果的产业化应用。为此，我们需要建立有效的成

[①] 杜鹏、罗叶圣：《数字时代的老龄社会：特征、机遇与挑战》，《江西师范大学学报》（哲学社会科学版）2024 年第 2 期。

[②] 陈柏强、母璇、刘畅：《科技成果转化加速新质生产力发展的内在机理及实践路径研究》，《北京理工大学学报》（社会科学版），网络首发，2024 年 8 月 13 日。

果转化机制，促进产学研用一体化发展，加强科研机构、高等院校、企业以及用户之间的合作交流，形成以企业为主体、产学研高效协同深度融合的协同创新体系，[1]确保研究成果能够迅速转化为市场上的实际应用，从而推动整个银发产业的快速发展。还应密切关注国际银发科技领域的最新发展趋势，聚焦生物技术、生命科学、基因检测等高端领域，强化技术研发与突破，以便在关键技术领域抢占领先地位，抓住新的发展机遇。

（二）构建多层次、多样化的养老金融服务体系，鼓励社会力量参与，拓宽养老产业的融资渠道

银发经济规模不断扩大，对金融服务的需求也日益增长。因此，需要从多个维度着手，进一步完善养老金融服务体系，满足老年人多方面的金融需求，并鼓励更多社会力量参与到养老服务行业中来。一方面，积极发展养老金融，借助大数据平台和数据挖掘技术，针对不同群体、不同区域人群，创新老龄化金融服务产品，为老年人群提供更多元化的金融产品和服务。做好数据、技术和场景的高度匹配，精准投放养老业务产品。[2]然后，通过养老基金的投融资管理创新，与资本市场良性互动，寻找经济发展和养老基金保值增值的新途径。[3]另一方面，还可以引入更多的社会资本参与到养老服务行业中来，[4]吸引民间资本通过股权融资、债权融资等多种形式参与养老设施的建设和运营。同时，政府应出台相关政策，简化养老产业项目审批流程，缩短审批时间，减免税收，放宽市场准入条件，鼓励更多社会资本进入养老服务业，为养老产业提供更加便捷的融资环境，推动"银

---

[1] 宋葛龙：《加快培育和形成新质生产力的主要方向与制度保障》，《人民论坛·学术前沿》2024年第3期。
[2] 张永奇、庄天慧：《数字经济赋能养老金融：内在机理、现实挑战与路径选择》，《当代经济管理》2023年第6期。
[3] 林义：《服务国家重大战略，促进养老金融健康发展》，《经济学家》2023年第12期。
[4] 张耀中：《浅析银发经济对养老产业的影响和推动》，《现代商业研究》2024年第9期。

| 第二部分　理论篇：内涵及意义

发经济"迈向高质量发展的新阶段。①

（三）优化政策供给，探索"人财数"工具组合推动银发产业新发展

为了保证银发经济的可持续发展，需要从人才培养、财政支持以及数据治理三个方面入手，综合运用"人财数"政策工具。首先，在人才培养方面，应该加快培育和引进银发经济领域的新质劳动者，以科技创新需求为牵引，创新银发科技人才的培养机制，发展科教协同育人模式，培育与颠覆性技术相匹配和具有差异化竞争优势的新型劳动者队伍，提升新质劳动者原始创新和创造附加值的能力。②还需要加强对技术人才的激励政策，吸引更多的人才投入银发事业中来。③其次，在财政支持方面，可以采取减税降费、提供信贷支持等措施，减轻企业的负担，激励企业加大对前沿科学技术的研发投入和成果转化，培育银发经济领域的高新技术企业。最后，在数据治理方面，数据贯穿智慧养老服务的所有环节，④应进一步健全数据要素支撑机制，充分发掘和利用老龄数据要素，推动老龄数据资源的流通与共享。建立健全数据共享平台，确保智慧养老、智慧医疗等领域老年人数据的安全性和合规性，同时促进数据在不同主体间的流通，以数据驱动的方式提升整个产业链的效率。通过建立短期快速响应举措和长期支持政策，统筹科技、资本、人才、数据等生产要素合理流动，支持银发产业蓬勃发展。

（四）培育新兴产业、布局未来产业，优化产业结构，打造银发优势产业集群，加快发展新质生产力

战略性新兴产业和未来产业是培育新质生产力的核心载体和主要

---

① 徐莺、刘含笑：《中国"银发经济"的现状、问题与前景》，《北京航空航天大学学报》（社会科学版）2023 年第 1 期。
② 李晓红：《人工智能与新质生产力：多维契合、双重影响与政策启示》，《东北财经大学学报》2024 年第 4 期。
③ 孙媛：《大数据背景下智慧养老发展路径探究》，《四川劳动保障》2024 年第 4 期。
④ 刘诚：《线上市场的数据机制及其基础制度体系》，《经济学家》2022 年第 12 期。

阵地,[1] 面对未来老龄社会的发展趋势,有必要进行前瞻性的战略布局和长期规划,积极推动传统产业向高端、智能化方向转型升级,[2] 培育如智慧医疗、老年教育、休闲康养等新兴产业,以满足老年人口日益增长的美好生活需要。促进产业链的发展,为经济注入新的活力,创造新的经济增长点。另外,还需在高精尖老龄制造、医疗抗老、养老金融等关键领域布局未来产业,积极融入全球银发市场,抢占全球银发经济产业的领先位置。目前国家战略设计已明确在京津冀、长三角、粤港澳大湾区、成渝等重点区域规划布局高水平银发经济产业园,旨在形成优势产业集群,发挥都市圈的"板块效应",带动中国银发经济可持续发展,提升中国银发产业的竞争力。[3] 未来仍需要加强政策引导、资金扶持和技术支持,推动银发产业集聚发展,打造一批具有国际竞争力的优势银发产业集群,加快发展新质生产力,促进银发产业的持续健康发展。

(五) 推动跨学科深度融合,促进国际合作与交流,确保科技进步惠及老年群体

整合医学、心理学、工程学和设计学等领域资源,推动跨学科深度融合,建立跨学科研究中心,促进知识的交叉传播和研究成果的快速转化,鼓励不同学科之间合作研发针对老年人群体的新技术和新产品;加大对老龄健康领域的基础研究投资,增强老龄健康基础研发能力,形成老龄健康产业的创新体系,[4] 创造更多应用场景以满足老年人的多元化需求;积极开放全球合作渠道,促进国际合作与交流,积极参与国际组织的项目,共同探讨老龄化社会的解决方案,通过举办国际研讨会、论坛等活动,邀请国内外专家分享最新的研究成果和技

---

[1] 王宇:《以新促质:战略性新兴产业与未来产业的有效培育》,《人民论坛》2024年第2期。

[2] 何冬梅、刘鹏:《人口老龄化、制造业转型升级与经济高质量发展——基于中介效应模型》,《经济与管理研究》2020年第1期。

[3] 黄石松、胡清:《发展银发经济的战略设计、焦点难点及路径优化》,《新疆师范大学学报》(哲学社会科学版) 2024年第2期。

[4] 黄乾:《老龄健康产业的发展趋势》,《人民论坛》2024年第13期。

第二部分 理论篇：内涵及意义

术进展，引进国外成熟的银发经济模式和技术，促进本土化应用和发展；在推广新技术和新服务的过程中，考虑到不同地区和不同收入水平的老年人群体，确保技术普及的公平性，大力推行乐龄科技，① 推广老年群体"数字脱盲"培训，提升老年人数字素养，跨越数字鸿沟，② 确保科技进步公平惠及老年人群体。

在新质生产力与银发经济的交织中，我们见证了一场深刻的变革——技术与人文的融合、创新与传统的对话，共同勾勒出中国老龄化社会可持续发展的宏伟蓝图。新质生产力的蓬勃发展不仅为银发经济注入了强劲动力，更开辟了全新的发展空间，使得老年人得以享受科技带来的福祉，并深切感受到社会的关怀与温暖。新质生产力的发展，不仅有效应对了老龄化社会所面临的诸多挑战，还为银发经济的长远发展奠定了坚实基础。

展望未来，面对全球人口老龄化的大潮，我们必须加速培育和壮大新质生产力，推动跨领域深度合作及相关产业转型升级。为此，政府、企业、科研机构及社会各界应当加强信息交流与资源整合，形成一股合力，共同探索适应老龄化社会的新型经济模式。以新质生产力为纽带，激发银发市场发展潜力，优化资源配置，构建以老年人为中心的高科技、高质量、高效能的服务体系，确保科技创新成果惠及每一位老年人，提升其生活质量与幸福感，从而推动整个银发经济体系向高质量发展。总之，面对老龄化社会的挑战与机遇，社会各界应致力于不断深化新质生产力与银发经济的协同推进，共同探索老龄化社会的可持续发展路径，开创一个包容、智能、健康、幸福的未来。

---

① 黄晨熹：《老年数字鸿沟的现状、挑战及对策》，《人民论坛》2020年第29期。
② 张京唐、芮国强：《大数据驱动的智慧健康养老：现实表征、内在要素与优化路径》，《湖南社会科学》2023年第5期。

第三部分　·政策篇　评估及借鉴·

第六章 银发经济政策体系及其完善[*]

人口是经济发展的前提和基础。人既是生产者，也是消费者，人口老龄化对中国宏观经济供给侧的资本、劳动力、技术和需求侧的投资、消费、出口都会带来深刻影响，既有挑战，也有机遇。就机遇而言，伴随人口老龄化应运而生的银发经济有望成为未来三十年中国经济领域确定性很强、极具发展潜力的新赛道集合。

银发经济是向老年人提供产品或服务，以及为老龄阶段做准备等一系列经济活动的总和，涉及面广、产业链长、业态多元、潜力巨大。银发经济政策则是国家权威部门制定并组织实施的旨在引导、规范、鼓励、支持银发经济发展的一系列政策的总和。

一 银发经济政策体系的发展演变

在中国老龄政策话语体系中，银发经济与老龄产业、养老产业、老年产业等概念联系密切。特别是从产业经济学的视角看，银发经济与老龄产业的内涵和外延高度重合。虽然"银发经济"一词首次出现在党的十九届五中全会审议通过的《中共中央关于制定国民经济和社会发展第十四个五年规划和二〇三五年远景目标的建议》中，但是老年产业、老龄产业等表述在国家老龄事业发展规划等老龄政策法规中早已出现。以老龄产业政策为主线，中国银发经济政策的演变可以

---

[*] 本章作者为李志宏、祁莹。作者简介：李志宏，中国老龄协会事业发展部（国际部）主任；祁莹，中国老龄协会事业发展部（国际部）干部。

第三部分 政策篇：评估及借鉴

划分为以下几个阶段。

(一) 2000—2012 年：银发经济政策处于萌芽阶段

这一阶段，老龄产业及老龄产业政策的概念逐步出现在国家关于老龄工作、老龄事业发展、老年人权益保障等老龄政策法规的顶层设计中。2000 年，《中共中央、国务院关于加强老龄工作的决定》提出"按照社会主义市场经济的要求积极发展老年服务业""老年服务业的发展要走社会化、产业化道路。鼓励和引导社会各方面力量积极参与、共同发展老年服务业，逐步形成政府宏观管理、社会力量兴办、老年服务机构按市场化要求自主经营的管理体制和运行机制""要培育和发展老年消费市场"等表述。国务院印发的《中国老龄事业发展"十五"计划纲要（2001—2005 年）》提出，"大力推进老年福利事业社会化、产业化和法制化进程。在坚持政府主导，加大对老年福利事业投入的同时，要充分运用市场机制，动员社会各方面力量广泛参与。计划、财政、工商、税务、物价、国土、建设和民政等部门要制定优惠扶持政策，鼓励社会团体、民办非企业单位、私营企业和国内外人士投资老龄事业，发展老年产业，满足不断增长的老年群体对设施、产品与服务的需求"。这两份政策文件出现了"产业化""老年产业""老年消费市场"等表述，意味着我国银发经济政策开始萌芽。此后，全国老龄工作委员会印发的《中国老龄事业发展"十一五"规划》正式提出"老龄产业"的概念，并从政策扶持、养老服务业、老年用品和老年服务产品、老年消费、人才培养 5 个方面对中国老龄产业的发展进行部署，标志着中国银发经济政策开始起步。国务院印发的《中国老龄事业发展"十二五"规划》正式提出"老龄产业政策"概念，并在完善老龄产业政策，促进老年用品、用具和服务产品开发，发展老年旅游服务，加强市场监管和行业自律等方面做出明确安排，标志着中国银发经济政策开始形成。2012 年，全国人大常委会修订通过的《中华人民共和国老年人权益保障法》第 52 条规定："国家采取措施，发展老龄产业，将老龄产业列入国家扶持行业目录。扶持和引导企业开发、生产、经营适应老年人需要的用品和提供相关的服务。"至此，老龄产业的概念正式写入法律。从以上政策法规的相关表述看，从"老年产业"到"老龄产业"再到"老龄产业政策"的变化，意味着中国对银发经济及其政策的认识不断深化，重视程度逐步提高。

这一时期，养老服务业政策陆续出台，产业化、市场化视角得到彰显。比如，2006年2月，国务院办公厅转发全国老龄委办公室、发展改革委等部门《关于加快发展养老服务业的意见》提出，"发展养老服务业要按照政策引导、政府扶持、社会兴办、市场推动的原则，逐步建立和完善以居家养老为基础、社区服务为依托、机构养老为补充的服务体系。要建立公开、平等、规范的养老服务业准入制度，积极支持以公建民营、民办公助、政府补贴、购买服务等多种方式兴办养老服务业，鼓励社会资金以独资、合资、合作、联营、参股等方式兴办养老服务业"；2012年7月，《民政部关于鼓励和引导民间资本进入养老服务领域的实施意见》（民发〔2012〕129号）鼓励民间资本参与居家和社区养老服务、举办养老机构或服务设施、参与提供基本养老服务、参与养老产业发展等。

（二）2013—2023年：银发经济政策迅速发展阶段

2013年被认为是"养老产业"发展元年，这一年国务院出台了《关于加快发展养老服务业的若干意见》，随后银发经济领域各细分产业的政策密集出台。除了《中共中央 国务院关于加强新时代老龄工作的意见》《"十三五"国家老龄事业发展和养老体系建设规划》《"十四五"国家老龄事业发展和养老服务体系规划》等国家顶层设计文件接续对老龄产业和银发经济发展进行细化部署，各部门和地方政府也密集出台了相关扶持政策，产业政策的外延不断拓展，从以养老服务业为主向健康、金融、老年用品、智慧养老、适老化改造等产业延伸。例如，在健康领域，先后印发的《国务院关于促进健康服务业发展的若干意见》（国发〔2013〕40号）、《"健康中国2030"规划纲要》、《促进健康产业高质量发展行动纲要（2019—2022年）》等政策文件，都对老龄健康产业发展作出部署；在金融领域，出台了

| 第三部分　政策篇：评估及借鉴

《中国人民银行　民政部　证监会　保监会关于金融支持养老服务业加快发展的指导意见》（银发〔2016〕65号）、《国务院办公厅关于加快发展商业养老保险的若干意见》（国办发〔2017〕59号）等指导性文件；在智慧养老领域，先后出台了《智慧健康养老产业发展行动计划（2017—2020年）》《智慧健康养老产业发展行动计划（2021—2025年）》两个五年行动计划。老龄产业政策在这一阶段也呈现出了一些新的特征，包括更加注重需求导向、健康服务、协同发展、跨界融合、科技支撑、质量效益等。[①]

（三）2024年至今：银发经济政策深化发展阶段

2024年，《国务院办公厅关于发展银发经济增进老年人福祉的意见》（国办发〔2024〕1号）是中国出台的首个支持银发经济发展的专门文件，被业界视为银发经济发展元年的到来。该意见立足当前，围绕老年助餐服务、居家助老服务、社区便民服务、老年健康服务、养老照护服务、老年文体服务、农村养老服务7个方面老年人急需的高频服务，分别提出可操作性强的解决方案。同时，该意见着眼长远，聚焦多样化需求，发展七大潜力产业，从强化老年用品创新、打造智慧健康养老新业态、发展康复辅助器具产业、发展抗衰老产业、丰富发展养老金融产品、拓展旅游服务业态、推进适老化改造等方面作出部署。此后，《人力资源社会保障部关于强化支持举措助力银发经济发展壮大的通知》印发，江苏、宁夏等省份也出台了促进银发经济发展增进老年人福祉的实施方案。2024年8月，《国务院关于促进服务消费高质量发展的意见》（国发〔2024〕18号）再次提出，要挖掘养老托育等基础性消费潜力，大力发展银发经济，促进智慧健康养老产业发展。预计今后围绕着银发经济的高质量发展，各部门、各地区的细化配套措施会陆续出台，银发经济政策将进入深化发展阶段，政策的针对性、可操作性、细分度等都将进一步提升。

---

① 吴玉韶：《从老龄政策看产业发展新趋势》，《中国社会工作》2020年第2期。

二 银发经济政策体系存在的问题

(一) 中国银发经济体系的构成

2012年以来，国家层面出台的涉及银发经济发展的规划、意见、通知等规范性文件已超过120件。按照政策调整领域来划分，已经形成了四类政策板块。一是银发经济产品政策。主要包括康复辅助器具、老年服装服饰、养老照护产品、健康促进辅具、适老化环境改善等老年用品类政策；商业养老保险、养老理财产品、特定养老储蓄等养老金融产品政策。二是银发经济服务政策。主要包括养老服务业、老年健康服务、医养结合服务、老年教育服务等政策。三是银发经济基础设施政策。主要包括养老服务设施配置、促进养老服务设施综合利用、实施无障碍改造等政策。四是银发经济的其他产品和经济活动政策。主要包括发展三支柱养老保险、促进康养产业发展、推动养老科技发展等政策。

按照促进银发经济高质量发展的要素保障类型来划分，中国已经形成了五类银发经济保障性政策。一是投融资政策。投融资政策的核心是通过政府投资发挥乘数效应，撬动社会力量投资。同时，降低企业融资成本。主要包括发挥财政性资金作用、鼓励金融机构放宽抵押条件、设立产业引导基金、支持地方政府和企业发行债券、发挥彩票公益金作用等政策措施。二是价格政策。价格政策主要对涉老产品服务的收费方式、收费价格进行规定。价格机制改革主要围绕价格形成机制、价格调整机制和价格监管机制进行改革。三是土地供给政策。包括将养老服务设施建设用地纳入规划、为各类主体建设养老服务机构提供用地保障、盘活闲置土地资源用于举办养老服务机构等政策措施。四是人才和就业政策。包括加强人才培养、实施人才培训、拓展职业发展通道、优化激励机制等政策措施。五是标准规范和监管政策。主要包括建立健全养老服务、管理、产品用品标准，从质量安全、从业人员、资金、运营秩序、突发事件等维度加强监管等内容。

（二）中国银发经济政策体系存在的问题

1. 银发经济政策的内涵和外延模糊

"银发经济"这一概念的内涵和外延弹性比较大。从概念层次看，包括关注个人和家庭经济行为的微观层面的银发经济，关注产业经济发展的中观层面的银发经济，也包括关注经济领域积极应对人口老龄化的宏观层面的银发经济。从对象看，银发经济主要为中老年群体服务，这一群体欧盟界定为50岁及以上人口，一些国家也将年龄界定为60岁或65岁及以上人口；既有老年群体，也有备老群体。从供给主体看，包括政府、市场和社会组织等多元主体，不限于市场主体。从最终产出看，主要体现为相关产品和服务，而且这些产品和服务的性质复杂，既有公共产品，也有准公共产品，以及私人产品。从消费侧看，银发消费，既包括私人部门的消费，也包括公共部门的消费。从产业业态看，银发产业不是独立的产业部门，而是相关产业部门的集合。

"银发经济"的上述特征和概念的弹性，导致银发经济政策的内涵和外延很难被准确界定。在此背景下，银发经济政策体系的构建缺乏清晰的底层逻辑和理论基石，只能模糊理解为"养老"和"备老"的经济政策体系。

2. 政策扶持力度偏弱

除了养老服务业等少数细分领域，中国针对银发经济还缺乏实质性优惠扶持政策，现有的扶持政策力度偏软，且一些扶持政策缺乏公平性。一是政策的效力等级偏低。当前，相关政策多以"意见"类、"通知"类等规范性文件为主，上升到法律、行政法规、部门规章等高效等级的政策偏少。政策效力不足、缺乏权威性，导致一些政策在落地实施过程中出现"空转"。二是政策公平性有待提升。银发经济政策应当是市场友好型的，重在赋能市场、激发银发市场活力。但一些政策对民营企业的扶持力度偏弱，制约了民间资本投资的积极性。以养老服务业为例，中国现有"含金量"较大的扶持政策倾向于非营利性的养老机构，面向企业性质养老机构的扶持政策十分有限，加剧了养老服务市场的不公平竞争。三是对中国银发产业的保护不足。发达国家的银发产业发展相对成熟，在开放的市场条件下，很容易对国内市场产生挤占效应。在进一步扩大开放，放宽外资准入的背景下，如何确保尚且处于起步成长阶段的银发产业的国际竞争力，是产业政策亟待研究解决的新课题。

3. 产业政策的视角不充分

银发经济政策体系的完善需要坚持产业化、市场化导向，特别是要强化产业政策的视角。对比先发老龄化发达国家的经验看，中国银发经济发展仍处于依托银发事业发展起步向事业和产业协同发展阶段，在此过程中银发产业发展难免具有较浓厚的事业属性色彩，由此也导致银发经济政策的产业化视角不充分。一是中国银发事业和银发产业政策的边界模糊。从理论上来看，银发产业政策同政府推动银发事业发展的政策有着本质区别。但现实情况是，一些地方在制定银发产业政策时，把推动银发事业发展的政策举措简单机械地套用在银发产业发展上，政策举措仍然是传统的财政、税收、土地、人才方面等政策的简单罗列，没有体现银发产业的属性和要求。二是银发产业政策体系自身内容存在缺项。产业政策体系一般包括产业发展政策、产业结构政策、产业组织政策、产业布局政策。从现有银发产业政策来看，中国的产业政策体系仍以产业发展政策为主，产业结构政策、产业组织政策、产业布局政策相对缺失。同时，由于研究深度不够和认识的局限性，银发产业发展政策中的贸易政策、技术政策等内容，尚未受到政府相关部门的重视。

4. 政策摩擦与趋同现象并存

目前，中央和地方、各部门出台的银发经济政策融合度不够，部分政策之间相互矛盾甚至抵触，尚未实现功能耦合，没有形成促进银发经济发展的政策合力。一是中央和地方的政策不协调。比如，一些地方允许养老机构用土地使用权、房产办理抵押贷款的实践与上位法关于养老机构的土地使用权、设施不得抵押的规定相冲突。二是不同部门出台的政策之间不协调。比如，多个政策文件提倡个人举办家庭化、小型化的养老机构，但这些小型养老机构往往因为不符合现有的消防安全规定、缺少相关部门的建设规划批文等,难以达到验收条件。三是存在政策趋同现象。在中央和地方之间、各区域之间存在因为相互参照借鉴带来的银发产业政策"上下一般粗,左右皆相似"的问题,忽视了不同地区之间的差异性、资源禀赋和比较竞争优势,也导致中国银发经济区域布局难以优化。

5. 政策工具结构失衡

促进银发经济发展的政策工具有环境型政策工具、供给型政策工具和需求型政策工具三种类型。环境型政策工具体现的是政策对于银发经济的影响力,主要通过政府的政策目标规划、金融支持、税收优惠、法规管制、标准设计及策略性措施引导银发产业结构的调整与变迁,营造良好的产业发展环境;供给型政策工具表现为政策对于银发经济的推动力,政府通过资金投入、科技投入、设施投入、提供信息服务、人才培养和创建示范工程,从多层面助力银发产业的供给侧结构性改革;需求型政策工具体现的是政策对于银发经济的拉动力,主要通过政府采购、服务外包、消费市场塑造等形式,培育市场有效需求。目前,中国银发经济政策工具集中在环境型政策工具和供给型政策工具,需求型政策工具相对不足。以智慧养老产业为例,供给型政策工具占比为48%,环境型政策工具占比为31%,需求型政策工具占比为21%。这也导致中国银发经济发展面临有效需求不足的困境。

6. 银发经济政策落地实施机制有待优化

从现有银发经济政策的实施情况来看,部分政策趋于空转,难以落地实施。一方面,政策文本本身存在问题。一些政策只是规定了今后要"发展什么",但是对"怎么发展、如何发展"等问题规定得不清晰。此外,一些政策措施多为倡导性、原则性的要求或条款,缺乏专项的配套措施或实施办法,总体上可操作性不强。另一方面,缺乏强有力的实施机制。银发经济政策涉及多个部门,目前其发展还缺乏明确的牵头单位,部门之间的协调联动机制尚未建立,导致部门之间存在职能交叉、权责不清的问题,政策落实的协调难度较大。同时,银发经济各细分领域的政策普遍存在重视前端的政策制定、轻视后端政策贯彻执行的问题,缺乏常态化的督促检查和政策评估机制,导致一些政策被束之高阁，没有发挥应有的作用。

（三）中国银发经济发展有待政策破解的问题

1. 供给端结构性失衡

当前，中国银发经济领域的产品和服务整体呈现供给不足、结构失衡的状态，具体到各个细分领域，供给端结构性失衡的表现各异。

在养老服务领域，企业办养老机构为追求营利性，往往愿意把资源投向高端养老机构，以提升单床收益，这与现阶段中国大部分老年人支付能力较弱的需求现状不匹配，导致大量高端养老机构床位空置。在居家社区养老服务方面，服务机构和设施数量逐年上升，但存在居家社区养老服务市场化程度较低，提供服务的企业对政府购买服务依赖度较高，以及市场化居家社区养老服务以家政和基础照料为主，缺乏失能老年人急需的护理型、康复型、轻医疗型居家上门服务等问题。

在老年用品领域，老年用品产业发展尚处于起步阶段，产业规模较小，产品种类较少，产业供给数量和质量远不能满足中国老年群体的需求。在养老金融领域，产品供给仍然以传统银行和保险产品为主，创新性产品不足，同时仍以中短期基本理财产品为主。市场上一方面缺乏与老年生存期匹配的长期养老金融产品，另一方面现有产品仅停留在资金保障上，没有与相应的养老服务兑付相结合。在养老地产发展方面，地产属性强，养老属性弱，相配套的康养服务供给不足。这都意味着现阶段银发经济存在供给端的结构性失衡，需要政府进一步实施政策引导。

2. 产品和服务质量需提升

随着"60后"陆续进入老年队列，这一新生代老年人对相关产品和服务需求升级的态势更加明显。在消费关注要素方面，产品质量好、产品功能全、性价比较高成为首要因素。总体上，伴随队列更替，中国老年群体需求结构呈现出由生存型需求向发展型和享受型需求的升级，更加注重产品和服务消费的高品质。

与此相应，中国银发经济细分领域的产品和服务质量亟待提升。

比如，在机构养老方面，现阶段机构养老床位设置存在"重量不重质"的现象，虽然养老床位整体供给数量实际上是"供大于求"，但高质量医护型、养护型床位"供不应求"。在居家养老方面，目前提供居家养老服务的供给主体类型较为复杂，相互之间各自为政，混乱竞争，产品服务的同质化现象严重，养老服务质量难以保证。

在老年用品方面，一些产品品质低且适老化设计不足，高端产品大量依靠进口，但是进口产品往往难以符合中国老年人生理需求与生活习惯。此外，中国老年用品销售、推广渠道较为单一，无法与最终用户形成直接有效对接，造成老年人对于老年用品的知晓率、购买率与使用率均低的局面。

在养老金融方面，专门为老年群体提供或为中青年群体老年期做准备的金融产品种类与发达国家相比，仍存在金融创新产品出现时间短、产品普及度低、市场知晓率和接受度不足的问题。

在养老地产方面，产业生态链尚未形成，品质型供给较少。目前，中国养老地产项目布局过快、硬件过硬、软件过软，设施超前、服务滞后、同质化高、专业化少。总体来看，养老地产项目去地产化、去机构化、回归家庭化的理念尚未建立，缺标准、缺服务、缺配套、缺保障，难以满足老年群体高品质养老的需要。

3. 区域发展不平衡

由于中国幅员辽阔，各个区域和省份老龄化程度、经济发展水平、产业政策的完备程度不同，导致不同区域银发经济发展存在差异性。其具体表现在以下几个方面。一是养老服务产业区域格局呈现出典型的以"中心城市"为核心，"以点带面"的发展格局。特别是在广大中部地区和"一市独大"的省份，这种特征更为明显。二是从不同区域的发展态势来看，面向刚需老年群体的养老服务产业落差逐渐缩小，从沿海产业发达区域到中部产业快速发展区域，集照料、医疗、康复、护理于一体的医养结合型养老服务机构发展迅猛，居家社区养老服务也正在优化适宜自身发展的商业模式。同时，面向活力老年群体的旅居型、度假型养老服务产业受区域的气候条件、交通区位、自然禀赋和周边配套设施等因素的制约，发展落差开始拉大。三是在政策方面，地方关键产业政策对区域老龄产业发展水平产生重要影响，各地政府对产业关注度以及地方财政能力不同，导致各地产业政策落地实施存在较大差异，既体现在扶持性政策，如补贴、融资、土地、税收等政策，也体现在运营类政策、监管类政策的差异上。这些政策的差异性，进一步加剧了区域之间老龄产业发展的不平衡性。四是从产业布局来看，国内的龙头企业全梯队布局，重点布局经济发达的城市，连锁化区域企业立足本地市场布局，导致各地产业发展不平衡。出现本地或者全国连锁企业的地区，老龄产业成熟度相对较高，而老龄产业供给呈零散分布的地区，则产业化发展水平相对较低。

4. 人才存在较大缺口

人才供给不足是银发经济发展的一个重要困境。首先是人才数量不足。以养老服务业为例，一是现有的专业养老服务人才数量不足，无法满足养老服务产业的快速发展。根据有关调查显示，在参与居家社区养老服务中，社会服务机构面临的服务人才匮乏、员工劳动强度较大、员工队伍不稳定、流动性较大等问题较为突出，人力资源和人才队伍建设情况堪忧。[1] 且由于工作强度大、待遇相对较低、晋升空间有限，大量专业人才投身变现率更高的行业，加剧了人才流失，形成人才供给负向循环，产业稳定性和可持续发展面临较大压力。二是具备扎实养老护理知识和护理实践经验的高端人才更加稀缺。目前持证的养老护理员仅50万人，特别是具备医学、病理学、心理学等专业知识，能承担失能失智老人专业性护理工作的高素质技术技能人才更是急缺。[2] 其次，从人才质量来看，银发经济领域的人才供给也存在较大问题。银发产业的发展需要一批既懂技术又懂市场、既具备创新思维又具备实践能力的高素质经营管理人才。然而，目前银发经济领域的很多从业者只具备单一技能或知识背景，缺乏跨学科的知识和

---

[1] 郭志强：《老龄产业难点如何变亮点　国常会聚焦银发经济发展壮大》，《中国经济周刊》2024年第1期。

[2] 周灿：《浅析养老服务人才培养模式》，《四川劳动保障》2024年第3期。

第三部分 政策篇：评估及借鉴

综合能力，这使得他们在面对日益复杂化、高标准、高需求的银发市场时往往难以提出有效的解决方案。

5. 自主创新能力须进一步加强

当前银发经济领域的主体产业是养老服务业，本质属于传统生活服务业领域，生产经营方式较为传统，通常以降低前期物业、改建成本，同时提升运营效率，降低运营成本为主要盈利模式，难以在产业创新性上有较大突破。

在老年用品行业领域，产业尚处于初步发展阶段，由于产业基础薄弱、科技创新滞后等，目前存在产业链供应链不健全、国产中高端产品的市场占有率较低，关键零部件、控制芯片、核心算法等核心技术方面缺乏自主知识产权，部分中低端产品主要是仿制和为国外企业代加工等情况。比如功能性轮椅、助听器、康复机器人等，国内企业还处在跟随、仿制阶段。由于研发创新需要投入大量资金，成本较高，单个企业很难承担研发所需人才投入和时间成本，加之政府的研发资金投入不足，整体上老年用品行业的自主创新性须进一步加强。

在养老金融领域，整体来看，各家金融机构发行的产品同质化较为严重，与金融机构发行的其他金融产品对比来看，在投资期限和收益方面差异化不大，缺乏对老年群体的精准化产品设计，尚未形成针对性的细分产品种类，仅停留在产品名称上的创新和"适老化"。

6. 数字化和信息化程度不高

随着科技化和信息化浪潮的推进，银发经济领域产业的数字化和信息化发展态势不可逆转，但整体来看，相关产业数字化和信息化程度较低，难以满足老年群体的安全便捷使用需求。一是老年群体对于数字化产品接受程度不同影响产品创新推广。中老年群体的消费观念和生活观念有着不同程度的差异，整体来看，45—60岁年龄段仍具有对新事物的接受能力，但60岁以上的老年人，特别是中高龄老年人对智能产品接受度低、偏保守，更愿意维持原有生活状态，所以数字化产品难以针对所有年龄段的老年群体大规模铺开。二是数字化和信息化产品设计缺乏针对性。一些数字化和信息化产品与老年人实际生活需求脱节，尚未做到有效而精准地对接不同层次、不同年龄段的老年人的差异化需求。有些产品只是硬性安装在老年人的居住空间，不能有效匹配老年人的个性化需求。此外，相关产品在技术水平、实际运用上也没达到便利、舒适和易操作的要求。三是大部分信息化平台缺乏线下服务资源的整合。由于现有市场上，针对老年人的服务成熟度不够，医疗服务资源紧张，造成线下服务难以对线上平台进行有效支持。有些地区虽具有丰富的线下资源，但是缺乏有公信力的平台作为展示平台，导致线下服务利用率低。四是数据安全性难以保证。部分企业缺乏对大数据信息的保护能力，数据安全性和老年人隐私难以保障。如果老年人隐私数据泄露，或将引发重大社会事件，这也是大数据时代面临的一个重大问题。五是行业缺乏标准，政府监管度低。信息化和智慧化产业从业者众多，行业中的竞争日趋激烈，但企业管理能力、市场开拓能力仍有待提高。标杆企业尚未出现，使政府不能通过标杆企业动向和反馈制定行业标准。在政府监管度低，智能硬件、系统及平台的标准尚未出台的情况下，容易形成无序竞争，降低老年人对信息化和智慧化产品的体验。

三　银发经济政策体系的完善

中国人均 GDP 即将超过 1.3 万美元。参照先发老龄化发达国家银发经济发展的阶段性特征，中国银发经济正处于"成长期"向"成熟期"过渡的阶段。在此阶段产业政策和市场需求是撬动银发经济高质量发展的两个基本杠杆。在此背景下，银发经济政策体系创新要把握好以下几个问题。

（一）银发经济政策创新的原则

一是要充分尊重和运用市场机制。经济政策通常是在干预市场、弥补市场失灵，但是只有与市场有效合作，才能发挥其更大的效能。银发经济领域的产业政策应当是市场友好型的政策，应尊重市场在资源配置中的决定性作用，尊重市场决定价格、选择赢家、调节供求等方面的权利，充分运用市场的价格、利率、竞争、税率、供求、风险等机制来实现产业政策目标。

二是要遵循产业发展规律。需求拉动、适度竞争、国家扶持和结构合理化，是一个产业，尤其是"幼小产业"健康发展所具备的基本条件。为此，要根据人口老龄化条件下市场需求结构的变动趋势、促进产业组织优化、扶持产业高质量发展、实现产业结构合理化高度化等取向，制定和实施银发经济政策。

三是要与经济社会发展水平相适应。同发达国家相比，中国银发经济领域的产业在规模、结构、企业实力、科技水平、市场运作能力等方面都处于劣势，这决定了中国银发经济政策属于赶超型政策。但是产业发展速度最终是由经济社会发展水平相应的市场容量和市场潜力决定的，这就需要我们实事求是、因地制宜，科学制定银发经济的发展目标、发展战略和政策，既不能落后于经济社会发展水平，也不能超越经济社会发展的阶段，防范政策滞后，也要防止政策跃进。

四是区别对待，分类指导。从产业角度看，银发经济是由多个子产业组成的产业群，每个子产业都具有自己的特殊的演变规律，所生产的产品和服务差异性较大。制定和实施银发经济政策应当按照分类指导的要求，坚持区别对待，体现出不同产业、不同行业、不同性质的产品和服务的特点，因症施策，提高针对性。既要有总的政策要求，又要针对各产业的具体情况，制定符合各产业实际的政策法规。

（二）银发经济政策的目标

通过一系列银发经济政策的创制实施，力争到2035年，银发经济发展的市场环境、消费环境更为完善，产业创新能力和技术水平显著提高，初步建立比较完整的供应链、创新链和资金链。银发经济供需更加适配，银发群体高品质、多样化、个性化的产品和服务需求得到基本满足，银发经济规模达19.1万亿元，占总消费比重为27.8%，占GDP比重为9.6%。[①]

---

① 根据复旦大学老龄研究院银发经济课题组的预测。

(三) 银发经济政策的基调

银发经济领域的产业属于朝阳产业，但是在"新生代老年人"成为消费主力人群之前，很多产业还具有弱质产业的基本特征：服务对象人群实际购买力较低，有效需求相对不足；产品和服务定价接近成本定价，资金回收慢、盈利水平偏低；面向失能失智老年人的特殊产品和服务市场交易信息不对称，供需双方交易能力不对称；部分公共服务属性较强的产业对政府举办的社会福利事业的依附性明显。这些弱质产业的特性决定了银发经济政策的主基调是"鼓励、扶持、规范"，而非"限制"。

具体来看，银发经济领域的产出不完全是私人产品，还包括准公共产品。对于产出为私人产品范畴的银发经济，应当充分发挥市场机制作用，依靠社会资本有序投入和充分竞争实现稳定发展，政府的作用在于提供必要的产业基础性公共服务设施，进行有效规范公平的监管，营造产业友好型营商环境和老年友好型消费环境。这一领域，银发经济政策的主基调是"引导和规范"。针对银发经济领域的"准公共物品"产业，则需要根据各细分产业的特点，出台针对性扶持政策，降低税费成本、制度性交易成本和要素成本，提高社会资本参与的积极性，促进其快速发展。这一领域，银发经济政策的主基调是"鼓励和扶持"。

(四) 推动银发经济发展的政府责任

充分发挥市场在资源配置中的决定性作用，更好发挥政府作用，在银发经济领域则体现为促进老龄事业和产业的协同发展。处理好政府与市场的关系，关键在政府，应坚持"政府引导、市场运作"，把握好政府在推动银发经济高质量发展中的如下责任：履行好保基本、兜底线的责任，防范养老福利泛化，为老龄产业发展提供市场空间；加强老龄产业规划、标准、目录等基础性工作，通过出台老龄产业发展专项规划以及指导目录等措施，为市场主体进入老龄产业发展领域提供基本指引和稳定的预期；健全"保险+补贴"的支付端制度，

第三部分 政策篇：评估及借鉴

推进潜在需求转变为有效需求，为银发经济发展提供需求驱动力；制定实施产业政策，促进银发经济细分领域的产业协调发展，优化产业组织形态和区域布局，提升产业链供应链韧性和安全性；补齐养老设施规划建设、财政税收、金融支持、专业人才、科技应用、信息化建设等短板，为银发经济高质量发展提供要素支撑；破解阻碍银发经济生产要素市场化配置和商品流通的堵点，加快形成高效规范、公平竞争的银发经济统一大市场；实施精准、高效、协同、包容审慎监管，更好统筹银发经济发展与安全、市场秩序与活力之间的重要关系。

（五）银发经济政策的创新路径

中国银发经济政策创新的根本目的是将银发经济由当前"有效供给和有效需求均不足"的低水平均衡状态提升到"高质量供给创造需求、有效需求牵引供给"的高水平均衡状态。为此，银发经济政策创新需要在供给、需求和监管侧三个方面协同发力，形成产业结构政策、产业组织政策、产业技术政策、产业要素保障政策、产业需求侧政策和产业监管侧政策相协调的银发经济政策体系。

1. 推进银发产业结构政策创新

当前，中国银发经济领域的产业（以下简称"银发产业"）的供给结构在多个维度都呈现出失衡状态。从宏观角度看，与中老年群体潜在的庞大消费体量相比，银发产业在国民经济中的比重即银发产业产值占GDP的比重偏低。从中观角度看，银发产业内部的细分产业之间发展不均衡。比如，对比养老服务业"一支独大"的现实，老年用品、养老金融、适老化改造、抗衰老产业等潜力产业仍发展滞后。在养老服务业内部也存在机构养老服务市场化程度较高、居家社区养老服务市场化程度较低的不均衡问题。

在此背景下，中国银发产业结构政策创新，应致力于促进银发产业在整个国民经济产业结构中的地位、比例合理化，以及银发产业各子产业协调均衡发展：一是加强对银发产业发展的顶层设计和中长期规划，进一步明晰银发产业在整个国民经济体系中的作用，提升银发产业在国民经济产业结构中的地位，使其成为中国的支柱性、战略性产业。二是通过引导制造业过剩产能流向老年用品产业，细化对养老金融、适老化改造、抗衰老产业等潜力产业的扶持措施等手段，促进银发产业的传统服务产业与新兴产业协调均衡发展。三是推动城乡、区域基于各地的资源禀赋和发展优势制定差异化的发展策略，建立跨地区的资源共享和利益协调机制，实现银发产业优势互补、协调联动发展。

2. 推进银发产业组织政策创新

当前，中国银发产业市场主体整体上呈现出"小、散、乱、弱"的特点，银发产业市场集中度低、产业链短、协同不足，缺少可以引领市场的龙头企业、链主企业。对此，中国银发产业组织政策应致力于提高产业市场集中度，提升规模经济效益，推动中小微企业健康发展，形成大企业主导、大中小微企业协调发展的银发产业组织形态。一是推动银发产业集聚集群发展，通过示范引领、鼓励合并收购等方式，加快培育一批银发产业综合体以及竞争力强、影响力大的龙头企业、链主企业，支持这些企业沿着供给环节与产业链关键环节进行业态创新，推动银发产业逐渐由单一业态单条产业链逐渐向多元业态与复合产业链条发展。二是引导中小微企业充分发挥自身优势，加强与大企业的协作，找准在产业链、价值链、供应链中的定位，走出一条专业化、精细化的发展道路。三是通过破除不利于社会资本进入的不合理规定，规范市场秩序，加强公平竞争审查等方式，为市场主体参与银发产业营造更为友好的投资营商环境。

3. 推进银发产业技术政策创新

与发达国家相比，中国银发产业的科技创新能力相对滞后，关键领域存在"卡脖子"问题。今后中国银发产业技术政策创新应致力于推动产业技术进步，掌握一批具有独立自主知识产权的核心技术，培育一批具有国际竞争力的科技型企业，培育一批银发科技领军人才，整体提升银发产业自主可控能力。一是强化银发产业基础研究。加大对银发产业研发经费的投入力度，实施一批研发类、制造类和应用类重大科技攻关项目，支持行业龙头企业、链主企业联合高等院校、科研院所、行业上下游企业共建银发产业创新中心、产业技术研究院。二是营造鼓励自主创新的社会环境。通过搭建产业技术公共服务平台、强化对知识产权的保护力度、出台企业技术创新的补贴优惠政策等举措,激发企业开展技术研发创新的热情。三是推动银发产业与信息化技术融合发展。结合新基建,促进互联网、大数据、人工智能等前沿技术与银发产业深度融合,推动企业管理运营的数据化以及供给与需求两端的数据化匹配管理,加快银发产业的数据化、智慧化升级。

4. 推进银发产业要素保障政策创新

中国银发产业发展始终面临"缺钱、缺人、缺地"等老大难问题。比如,传统服务产业融资渠道不畅,新兴产业的相关财政税收支持政策比较缺乏;[①] 企业的高素质经营管理人才、技术和技能人才均存在"留不下""留不住"等现象;企业在获得土地方面仍存在拿地难、用地贵问题,养老服务领域重资产运营的企业土地租金在企业经营成本的占比依旧很高。

针对这些问题,中国银发产业要素保障政策创新,应致力于降低银发产业高质量发展的要素获取成本。一是通过设立银发产业投资引导基金、开发多种贷款抵押担保项目、发行债券等方式,为银发产业提供多元化的融资渠道,解决融资难、融资贵问题。二是通过公建民营、细化落实配套建设养老服务设施要求、盘活利用存量资源、促进各类面向老年人服务的设施共建共享、在土地供应中增设商业养老用地科目等方式,解决拿地难、用地贵等问题。三是通过建立健全银发产业经营管理人才、技术人才、技能型服务人才的培养、使用、评价和激励机制,提高社会认同感,促进劳动报酬合理增长等方式,尽快建设具有"企业家精神""工匠精神"的银发产业人才队伍,解决企业"招不来、留不住"的用工难题。

5. 推进银发产业需求侧政策创新

有效需求是银发产业可持续发展的最重要驱动因素。从老年人口

---

① 杨良初、王敏、孟艳:《促进中国老龄产业发展的财政政策研究》,《财政科学》2016年第12期。

数量来看，中国老年人的潜在需求庞大，但受收入水平较低、消费意愿偏低、社会保障制度不健全等因素制约，中国老年人的有效需求有待进一步激发。

今后银发产业需求侧政策创新，应致力于培育、引导和管理老年人的有效需求，加快形成以有效需求牵引供给、增强产业内驱力的发展道路。一是要破除消费观念制约。在着力完善社会养老保障和服务体系的基础上，合理引导老年群体对政府部门提供的养老保障和服务的预期，避免"吊高胃口"，形成福利依赖。同时，应加快培养老年群体的现代养老消费意识，使老年群体"愿消费""会消费"。二是要提高老年群体的支付能力。"保险+补贴"制度是培育银发产业有效需求的基本制度安排。今后，中国要通过加快推进三支柱养老保险制度、建立覆盖城乡的长期护理保险制度、健全购买养老产品或服务的政府补贴制度等方式，提高老年群体的支付能力，使老年群体"敢消费"，把老年群体的潜在需求转化为有效需求。三是要推进养老服务金融产品创新。在银行、保险、基金、信托产品基础上，开发更有针对性的养老服务金融产品，将产品服务覆盖到整个老年期，提供从退休财富管理到遗嘱信托等全周期创新性服务。此外，还要加强金融素养教育，将老年群体养老储蓄观念转化为养老增值观念，将短期投资理念转化为长期养老储备理念。

6. 推进银发产业监管侧政策创新

银发产业是一个产业集群，更需要各个产业监管部门协同配合，实施综合监管，营造公平透明可预期的投资营商环境，引导和激励市场主体诚信守法经营，更好适应银发经济高质量发展需要。一是强化协同监管。建立健全部门之间监管银发产业的协调联动机制，促进部门间信息互通、资源共享，形成协同共治的监管格局。二是丰富监管形式。综合运用标准规范引领、失信惩戒机制、"双随机、一公开"抽查机制等多种方式，提高对银发产业的综合监管能力。三是包容审慎监管。当前，中国的银发产业尚处于"成长期"，在监管过程中要注重监管的包容性，根据问题的性质分类处理，建立合理的容错机制，为社会资本参与银发产业创造宽容的发展环境。四是智能监管。

充分运用互联网、物联网等技术手段,搭建智慧养老监管平台,加强对服务数据的收集和分析,促进监管手段的智能化,提升监管效率。五是实行精细监管。针对不同类型产品和服务,制定相对应的政府及行业标准、评估评级、管理及奖惩机制,切实加强产品和服务供给市场的有序管理,通过监管力度的提高反向促进银发产品和服务供给的质量提升。

第七章　养老服务政策的最新进展及其完善[*]

公平且可及的养老服务是"让所有老年人都能有一个幸福美满的晚年"的关键所在，也是实现"老有所养"的核心要义。党的十八大以来，中国加快构建符合中国国情的养老服务体系并取得了显著成效。[①]党的十九届五中全会适时提出"实施积极应对人口老龄化国家战略"。党的二十大报告再次强调，实施积极应对人口老龄化国家战略（以下简称"老龄国家战略"），中国养老服务发展站在了新的起点。本章将系统回顾老龄国家战略实施以来，中国养老服务发展的新趋势和存在的问题，并结合经济社会发展的新形势，提出养老服务高质量发展的对策建议。

一　老龄国家战略实施以来养老服务发展的新举措

（一）提高站位、多措并举，养老服务治理更加多元高效

1. 更多部门参与养老服务发展，全域推动成效显著

2019年，民政部牵头建立了养老服务部际联席会议制度，发展改革委、教育部等21个部门参与其中。老龄国家战略实施后，特别是《中共中央　国务院关于加强新时代老龄工作的意见》（以下简称《意见》）提出"把积极老龄观、健康老龄化理念融入经济社会发展

---

[*] 本章作者为王永梅、张杨岚。作者简介：王永梅，首都经济贸易大学副教授；张杨岚，首都经济贸易大学硕士研究生。

[①] 林宝：《党的十八大以来我国养老服务政策新进展》，《中共中央党校（国家行政学院）学报》2021年第1期。

第三部分　政策篇：评估及借鉴

全过程"后，养老服务迎来了更大利好。根据收集到的2020年以来的200余条国家层面政策文件来看，牵头单位就有近50家，参与出台文件的单位超过100家。除了中共中央、国务院以及传统的民政部、国家发展改革委、国家卫生健康委等单位，工业和信息化部、住房城乡建设部等都出台了促进养老服务发展的政策文件。例如，2021年《民政部　国家开发银行关于"十四五"期间利用开发性金融支持养老服务体系建设的通知》（民发〔2021〕94号）强调，"推动新时代养老服务高质量发展"；国家发展改革委联合商务部印发《鼓励外商投资产业目录（2022年版）》将"智慧健康养老产品的研发、制造""养老服务（含居家社区养老服务、机构养老服务以及养老机构等）""养老服务相关专业教育，养老服务技能培训，家庭照护技能培训，老年教育"等列为对外开放的内容；2023年工业和信息化部印发《促进数字技术适老化高质量发展工作方案》，将"提升数字技术适老化产品服务供给质量"作为重要任务之一；2023年市场监管总局、中央网信办等联合发布《贯彻实施〈国家标准化发展纲要〉行动计划（2024—2025年）》，提出"推进养老和家政服务标准化专项行动"；民政部联合国家数据局开展基本养老服务综合平台试点工作；2023年商务部等12部门《关于加快生活服务数字化赋能的指导意见》（商服贸发〔2023〕302号）围绕"完善数字化适老助残应用和服务"作出了部署；交通运输部办公厅将适老化无障碍交通出行服务扩面提质增效列入2024年5件民生实事工作方案；等等。总的来看，各部门的政策文件围绕养老服务发展的各要素如基础设施、人才、资金补贴、技术支持、税收、土地等进行部署，全域推动力度空前，养老服务发展百花齐放。

2. 从制度到执行，多措并举推进养老服务治理有效

近年来，中国在持续完善养老服务制度的同时，加大了对养老服务治理的关注。例如，《意见》提出，要"推动老龄工作重心下移、资源下沉，推进各项优质服务资源向老年人的身边、家边和周边聚集，确保老龄工作有人抓、老年人事情有人管、老年人困难有人帮"，并且提出要将老龄工作重点任务"纳入重要议事日程，纳入经济社会

发展规划，纳入民生实事项目，纳入工作督查和绩效考核范围"。2023 年《关于推进基本养老服务体系建设的意见》提出，要"建立精准服务主动响应机制"，针对困难老年人要逐步实现从"人找服务"到"服务找人"转变，加强探访关爱服务，切实提高老年人的养老服务可及性。在"依托街道（乡镇）区域养老服务中心或为老服务综合体、社区养老服务设施以及村民委员会、社区居委会等基层力量提供家庭养老指导服务"的指导下，各地不断探索养老服务对接新模式，"社区＋志愿""社区＋公益"等模式不断涌现。2023 年，《国家乡村振兴局　中央组织部　发展改革委　民政部　自然资源部　住房城乡建设部　农业农村部关于印发〈农民参与乡村建设指南（试行）〉的通知》（国乡振发〔2023〕2 号）提出，鼓励农民参与养老服务工作。同时，旨在做好养老服务供需对接的养老顾问、养老管家、养老规划师等职业也被引入养老服务工作当中。各地充分利用智能化手段，切实推进养老服务的可及性，例如北京市搭建了养老服务供需对接平台，"让数据多跑路、老人少跑路"，老年人可以通过电话预约、网络下单、到店预订、入户开单等方式提出需求，平台可以实现供需对接和实时响应。

（二）保基本、兜底线、重普惠，推进养老向享受养老转变

1. 推动实现全体老年人享有基本养老服务

2013 年《国务院关于加快发展养老服务业的若干意见》（国发〔2013〕35 号）提出"确保人人享有基本养老服务"的愿景。2019 年《国务院办公厅关于推进养老服务发展的意见》（国办发〔2019〕5 号）指出，"确保到 2022 年在保障人人享有基本养老服务的基础上，有效满足老年人多样化、多层次养老服务需求"，基本养老服务由愿景变为工作目标。2020 年党的十九届五中全会在提出"实施积极应对人口老龄化国家战略"的同时，明确提出要"健全基本养老服务体系"，在老龄国家战略的推动下，基本养老服务发展步入快车道。2022 年党的二十大报告明确将"推动实现全体老年人享有基本养老服务"设定为工作目标。2023 年中共中央办公厅、国务院办公

第三部分 政策篇：评估及借鉴

厅印发《关于推进基本养老服务体系建设的意见》，界定了基本养老服务概念、[1] 出台了国家基本养老服务清单、明确了"十四五"时期工作重点等，这是中国推进人人享有基本养老服务的里程碑事件。党的二十届三中全会从"优化基本养老服务供给"的角度提出了工作目标。笔者在实地调研时也发现，基本养老服务对象和基本养老服务清单已经成为地方政府老龄工作的重要抓手，该项工作得到了老百姓的广泛认可，切实提高了老年人的获得感、幸福感、安全感。

2. 关爱特困老年群体，做好兜底保障服务

特困老年群体（独居、空巢、留守、失能、重残、计划生育特殊家庭等老年人[2]）一直是政府最牵挂的群体。2020 年，中共中央办公厅、国务院办公厅印发的《关于改革完善社会救助制度的意见》提出，"对无劳动能力、无生活来源、无法定赡养抚养扶养义务人或者其法定义务人无履行义务能力的城乡老年人……给予特困人员救助供养""探索通过政府购买服务对社会救助家庭中生活不能自理的老年人……提供必要的访视、照料服务"并实施"物质＋服务"的救助政策。《"十四五"国家老龄事业发展和养老服务体系规划》中有20多处是关于困难老年群体的，如"推动地方探索通过政府购买服务等方式为经济困难的失能老年人等提供必要的访视、照料服务"等。随后，民政部联合多个部门出台了《关于开展特殊困难老年人探访关爱服务的指导意见》（民发〔2022〕73 号）和《关于推进"十四五"特殊困难老年人家庭适老化改造工作的通知》（民办发〔2022〕9号），明确提出到 2025 年年底确保特殊困难老年人月探访率达到100%，并提出"十四五"时期支持 200 万户特殊困难高龄、失能、残疾老年人家庭实施适老化改造。2023 年，中共中央办公厅、国务院办公厅印发的《关于推进基本养老服务体系建设的意见》提出，

---

[1] 基本养老服务是指由国家直接提供或者通过一定方式支持相关主体向老年人提供的，旨在实现老有所养、老有所依必需的基础性、普惠性、兜底性服务，包括物质帮助、照护服务、关爱服务等内容。

[2] 这里的界定出自《关于开展特殊困难老年人探访关爱服务的指导意见》（民发〔2022〕73 号）。

要"强化对失能特困老年人的兜底保障……保障特困人员供养服务机构有效运转……到 2025 年确保每个县（市、区、旗）至少有 1 所以失能特困人员专业照护为主的县级特困人员供养服务机构"等。2023年，民政部和财政部围绕经济困难失能老年人的集中照护服务出台专门文件。新冠疫情期间，政府部门出台多个政策文件保障疫情期间特困老年人的基本生活。

3. 大力发展普惠型养老服务，繁荣银发经济

普惠型养老服务是基本养老服务的一种表现形式，与面向特殊困难老年人等的兜底保障服务不同，普惠型养老服务强调动员社会各方面力量，为全体老年人提供方便可及、价格可负担、质量有保障的养老服务，[1] 是中国社会化养老服务发展质量的重要指标，也是养老事业和养老产业协同发展的关键所在。2019 年，国家发展改革委等部门联合发布《城企联动普惠养老专项行动实施方案（试行）》，普惠型养老服务开始进入政策视野。2020 年，《国务院办公厅关于促进养老托育服务健康发展的意见》提出，要拓宽普惠性服务供给渠道，实施普惠养老托育专项行动等。老龄国家战略实施后，国家加快了普惠型养老服务的步伐。2021 年《意见》提出，要"大力发展普惠型养老服务，促进资源均衡配置"。2022 年《"十四五"国家老龄事业发展和养老服务体系规划》中采用五个段落约 1600 字对"扩大普惠型养老服务覆盖面"进行部署，如"建设普惠养老服务网络""支持普惠养老服务发展"等，普惠型养老服务开始成为中国养老服务发展的重中之重。2023 年，《关于推进基本养老服务体系建设的意见》明确指出，基本养老服务要坚持"普惠性原则"，使所有符合条件的老年人能够方便可及、大致均等地获得基本养老服务。与兜底保障性质的基本养老服务不同，普惠型养老服务可以养老产业的方式做强做大养老事业，受到市场主体和银发经济的关注。2024 年，《国务院办公厅关于发展银发经济增进老年人福祉的意见》（国办发〔2024〕1 号）和《国务院关于促进服务消费高质量发展的意见》（国发〔2024〕18

---

[1] 陈一锋等：《我国普惠型养老服务体系完善研究》，《上海保险》2023 年第 10 期。

号）中都将养老服务消费作为一项重要内容予以部署，充分体现了市场配置养老服务资源的决定性地位。

4. 多渠道丰富养老服务，推动由有向优转变

随着老年群体多样化和个性化的需求涌现，政府和市场也通过丰富养老服务积极回应。第一，针对老年人的精神文化需求，国家加速了老年教育服务的发展。《意见》提出，要"扩大老年教育资源供给"并用200多字进行部署，国家老年大学于2023年挂牌成立，同时市场主体和社会组织等也对老年教育服务给予更多关注，各类老年大学、老年学堂、研学游等不断涌现。第二，针对医养结合服务，国家卫生健康委及相关部门牵头印发《关于深入推进医养结合发展的若干意见》（国卫老龄发〔2019〕60号）和《关于进一步推进医养结合发展的指导意见》（国卫老龄发〔2022〕25号），围绕发展居家社区医养结合服务、推动机构深入开展医养结合服务、优化服务衔接等进行部署，并于2023年联合国家中医药局和国家疾控局印发《居家和社区医养结合服务指南（试行）》，切实推动医养结合服务。第三，针对生命末期的临终关怀，《意见》提出，要"稳步扩大安宁疗护试点"，国家卫生健康委持续开展安宁疗护试点工作，截至2023年，全国共有安宁疗护试点地区152个，全国设有安宁疗护科的医疗卫生机构超过4000家，[1] 不断提高临终生命质量。第四，针对老年旅游，《意见》提出，要"开发老年旅游产品和线路，提升老年旅游服务质量和水平"；《文化和旅游部　发展改革委　财政部关于推动公共文化服务高质量发展的意见》（文旅公共发〔2021〕21号）提出，要"提供更多适合老年人的文化产品和服务"；《文化和旅游部关于推动在线旅游市场高质量发展的意见》（文旅市场发〔2023〕41号）也对老年旅游给予关注。另外，针对老年人力资源开发，《意见》提出，"把老有所为同老有所养结合起来……充分发挥低龄老年人作用"；党的二十届三中全会进一步指出，"发展银发经济，创造适合老年人的多样化、个性化

---

[1] https://www.gov.cn/yaowen/liebiao/202310/content_6909176.htm.

就业岗位";①《中共中央 国务院关于实施就业优先战略促进高质量充分就业的意见》提出,要加强对大龄劳动者的帮扶,相关部门还针对老年体育、跨越数字鸿沟等进行了布局。

(三)居家养老服务模式不断创新,宜居环境建设加速

1. 居家养老服务新模式不断涌现

从"9073"到"9901"充分体现了老年人对于居家养老方式的关注,政府也将做好居家养老服务摆在突出重要的位置。《意见》提出,要"创新居家社区养老服务模式""依托社区发展以居家为基础的多样化养老服务"等。近年来,居家养老服务模式创新主要体现在以下三个方面。第一,大力发展社区嵌入式养老服务。社区嵌入式养老源于日本,中国自2013年开始进行探索,因其能贴近老年人生活、盘活社区资源并提高治理效率受到关注,2019年上海市民政局出台《上海市社区嵌入式养老服务工作指引》。2023年3月,李强总理在海南调研时指出,要"积极探索社区嵌入式养老服务,解决好老年人吃饭、就医等需求"。②随后国家发展改革委发布的《城市社区嵌入式服务设施建设工程实施方案》和《城市社区嵌入式服务设施建设导则(试行)》提出,要依托嵌入式服务设施帮助居民就近就便享有优质普惠公共服务。养老服务供给作为设施的主要职能之一,备受社会各界关注,如安徽省卫生健康委发布了《加强社区嵌入式养老医疗卫生服务保障工作举措》。第二,推进家庭养老床位建设。失能失智老人照护是家庭养老中最棘手的问题,做好居家失能失智照护服务是政策努力的方向。2021年《意见》明确提出,要"积极发展家庭养老床位"。2022年《"十四五"国家老龄事业发展和养老服务体系规划》提出,要"支持社区养老服务机构建设和运营家庭养老床位"。顾名思义,家庭养老床位强调专业化的照护服务、服务对象几乎均为

---

① 《中共中央关于进一步全面深化改革 推进中国式现代化的决定》,人民出版社2024年版,第38页。

② 《李强在海南调研》,中国政府网,https://www.gov.cn/xinwen/2023-03-29/content_5749085.htm。

第三部分 政策篇：评估及借鉴

失能群体并且服务的地点在家中，某种意义上是将专业化的照护服务搬回家中。① "十四五"时期，民政部和财政部支持的居家和社区基本养老服务提升行动项目就将支持家庭养老床位建设作为重要内容之一。第三，创新居家养老服务新场景。充分发挥社区党组织作用，探索"社区+物业+养老服务"模式，加快建设"一刻钟养老服务圈"，推进智慧居家养老服务，探索构建"线上+线下"养老服务闭环等。例如，浙江瓯海区针对老年居民家庭改造升级有线电视机顶盒，老年人使用遥控器就能连线接受健康咨询、慢性病管理等服务；北京市做实养老服务联合体，构建了"区域养老服务中心+养老服务驿站+专业服务商"共生发展的养老服务生态圈，满足居家老人的养老服务需求等。

2. 老年友好环境建设加速推进

中国是第一个将老年人宜居环境建设写入法律的国家，2021年修订的《中华人民共和国老年人权益保障法》中提出，"国家采取措施，推进宜居环境建设，为老年人提供安全、便利和舒适的环境"。2021年《意见》围绕"着力构建老年友好型社会"进行部署，提出"开展全国示范性老年友好型社区创建活动，将老年友好型社会建设情况纳入文明城市评选的重要内容"，中国老年友好环境建设步入快车道。《"十四五"国家老龄事业发展和养老服务体系规划》提出，要在全国建成5000个示范性老年友好型社区，到2035年实现全国城乡老年友好型社区全覆盖，目前该项工作在有序推进中。同时，《意见》中也对适老化改造作出部署，实施老年人居家适老化改造的目标越来越细分，起初是为了满足其居家生活照料、起居行走、康复护理等需求，在慢慢发展过程中将目标细化到要保证室内行走便利、如厕洗澡安全、厨房操作方便、居家环境改善、智能安全监护和辅助器具适配。实施老年人居家适老化改造的对象主要是特殊困难老年人家庭，包括纳入分散供养特困人员范围的高龄、失能、残疾老年人，有

---

① 王永梅、武佳、纪竞垚：《我国家庭养老床位发展现状与城市居民需求特征》，《社会建设》2023年第2期。

条件的地方可将改造对象范围逐步扩大到城乡低保对象中的高龄、失能、留守、空巢、残疾老年人家庭和计划生育特殊家庭。2023 年《中华人民共和国无障碍环境建设法》正式颁布，围绕无障碍设施建设、无障碍信息交流、无障碍社会服务等作出部署，对于老年友好环境建设也是一大利好。

（四）多措并举，养老服务人才进入专业化发展新阶段

1. 首次设立养老服务管理本科专业

2013 年，《国务院关于加快发展养老服务业的若干意见》提到要重视养老服务人才培养。2020 年，《教育部关于公布 2019 年度普通高等学校本科专业备案和审批结果的通知》（教高函〔2020〕2 号）中，"养老服务管理"本科专业获批。截至目前，教育部在《职业教育专业目录》中设置医养照护与管理等 15 个专业，在《普通高等学校本科专业目录》中设置护理学等 10 个相关专业，目前开设养老相关本科专业的院校已达 300 余所。[①]《意见》提出，"加快建设适应新时代老龄工作需要的专业技术、社会服务、经营管理、科学研究人才和志愿者队伍"，着力搭建多层次养老服务人才队伍。《"十四五"国家老龄事业发展和养老服务体系规划》围绕完善人才激励政策和拓宽人才培养途径进行了部署，并启动了养老服务人才队伍扩容、老年医学人才队伍培养、为老服务人才队伍提质等建设行动。

2. 高位推进养老服务人才队伍建设

庞大且增速较快的老年人口对于基本生活照料、精神慰藉、健康管理、康复护理等全方位养老服务的需求也快速增长，但持证养老护理员只有约 50 万人，从业人员数量远不能满足现实需求。2023 年民政部等 12 个部门联合发布了《关于加强养老服务人才队伍建设的意见》，高位推进养老服务技能人才、养老服务专业技术人才和养老服务经营

---

① 陆治原：《国务院关于推进养老服务体系建设、加强和改进失能老年人照护工作情况的报告——2024 年 9 月 10 日在第十四届全国人民代表大会常务委员会第十一次会议上》，中国人大网，http://www.npc.gov.cn/c2/c30834/202409/t20240911_439362.html。

管理人才等养老服务人才队伍建设，围绕养老服务人才"引、育、评、用、留"等关键环节，提出了一系列政策措施，为养老服务人才队伍建设按下了"快进键"。① 同时，人力资源和社会保障部也发布了一批与养老相关的新职业和新工种，如老年人能力评估师、健康照护师（长期照护师）、社区助老员、老年助浴员等，并于2021年公布了国家级（康养）高技能人才培训基地名单（2021年12月至2026年12月），包括江苏省常州技师学院、杭州第一技师学院、河南医药健康技师学院、云南技师学院和商洛市康养技能人才公共培训中心（商洛市技工学校）五家单位。同时，自2021年开始，民政部与人力资源和社会保障部联合举办全国养老护理职业技能大赛，为中国养老服务领域首次举办的竞赛规格最高、参与人数最多、技能水平最高、影响力最广的职业技能大赛，成为国家层面推进养老服务人才队伍建设的标志性品牌项目。这不仅为社会创造了大量就业机会，还为拉动内需和促进经济转型升级提供了重要引擎。2023年养老护理员职业调查研究课题组（以下简称课题组）基于2023年12月底在全国开展的9559份养老护理员调查数据分析显示，目前养老护理员总体持证率已经达到78.09%，并且年轻的高学历男性开始进入这一行业，为养老服务业的发展带来了新生力量。养老护理员的职业稳定性相对较高，调查发现，超过85%的养老护理员明确表示会继续从事这一职业（尽管可能会有职业流动）。这一数据反映了养老护理员自身对职业的认同感和忠诚度，也表明了他们在职业发展方面的信心和决心。

（五）国家级文件发布，农村养老服务发展迎重大利好

1. 首次颁布国家层面农村养老服务发展专门文件

推动实现全体老年人享有基本养老服务，关键点和突破口在农村。第七次全国人口普查数据显示，中国农村人口老龄化水平比城市地区高7.99个百分点，且1/4的农村地区已进入超老龄社会，加之农村老年人口的经济水平和健康水平相对较差，基础设施和服务体系落后于城市地

---

① 张川川：《筑牢养老服务业人才基石》，《光明日报》2024年8月21日。

区，尚未建立起与之相匹配的服务体系。从中国经济社会体制改革历程来看，通常先从城市地区开始突破，而后再因地制宜推广至农村地区。近年来国家高度重视农村养老服务工作，对发展农村养老服务作出一系列重要指示。2020年11月，民政部在江西南昌召开"全国农村养老服务推进会议"，部署加强农村养老服务体系建设；2021年，全国人大将农村养老服务列入重点督办建议；党的二十大之后，民政部联合中央农办、财政部、农业农村部、乡村振兴局等部门围绕农村养老服务发展开展专题调研。2024年，《关于加快发展农村养老服务的指导意见》（民政〔2024〕20号）发布，这是首次在全国层面针对发展农村养老服务作出部署，重点围绕加强农村养老服务网络建设、提升农村养老服务质量水平、健全农村养老服务工作机制、强化农村养老服务支撑保障等方面作出了总体性和系统性部署，并提出到2025年，每个县（市、区、旗）至少有1所以失能照护为主的县级特困人员供养服务机构，省域内总体乡镇（街道）区域养老服务中心服务覆盖率不低于60%，互助养老因地制宜持续推进，失能照护、医康养结合、助餐、探访关爱、学习娱乐等突出服务需求得到有效满足。总之，农村养老服务发展迎来重大利好。

2. 农村养老服务不断创新，县域养老服务引关注

随着农村养老服务日益受到关注，服务模式也在不断创新。一是分层分类推进养老服务发展。例如，吉林省松原市打造了"五四三二一"农村养老服务新模式，"五位一体"即"养老大院＋互助站点＋老年协会＋志愿者＋信息网络平台"，坚持市、县、乡、村"四级统筹"，实现福利型、救助型、互助型养老服务"三型融合"，加强农村特殊困难老年人保障，推进巡访关爱和救助帮扶工作"两策并施"，并对床位利用率偏低、基础条件较差的农村福利服务中心进行跨乡镇整合，实现"多镇合一"。二是农村集中供养模式创新发展。农村敬老院是农村地区为老年人提供集中养老服务的非营利性农村集体福利事业单位，在新的历史时期不断创新发展。例如，新沂市创新规划建设，打造区域样板，破解硬件设施落后难题；创新托底保障，统筹资金使用，破解经费投入不足难题；创新运营管理，激发市场活力，破解体制机制僵化难题；创新服务功能，加快转型升级，破解服务质量不高难题等。

第三部分 政策篇：评估及借鉴

三是推进互助养老深入发展。例如，南京市高淳区探索建立"党建+村民自治+农村互助养老"现代农村养老新路径。通过党建引领，夯实"农村互助睦邻点"的养老服务载体；推进"适需服务+邻里守望"，建立村民自主治理的养老服务网络；创新"3+2+1"，① 构建农村互助养老服务体系。近年来，政府对于县域养老给予高度关注，县域养老服务体系创新试点即将公布实施。

二 现阶段养老服务发展中存在的问题

（一）养老服务立法进程加快，但立法质量有待提高

综观国际社会，应对人口老龄化的努力不能仅仅依靠制度安排，还需要强有力的法律保障。英国、美国、日本、德国、瑞典等先期步入老龄社会的国家在完善养老保障制度、推进老龄事业与产业发展等方面，无不是以法律的颁布和实施为前提。从目前来看，中国国家层面仅有一部《中华人民共和国老年人权益保障法》规范养老服务的发展，这与日本出台了《长寿社会对策大纲》《高龄社会对策基本法》《关于防止虐待老年人、援助抚养人的法律》《关于确保老年人安定居住的法律》《老年人福利法》《关于确保老年人医疗的法律》等法律法规相比还有一定距离；另外，在非正式照护方面，新加坡颁布了《赡养父母法》并设立赡养父母仲裁法庭等，对家庭层面的照护服务进行规范，对于家庭赡养奠定了制度基础。可喜的是，2023年和2024年民政部的立法工作计划中都明确提出"抓紧研究制定养老服务法"。从立法质量来看，存在两个方面的问题：一方面，目前某些地方立法未能充分体现上位法的立法精神和立法目的，例如《中华人民共和国劳动法》《中华人民共和国无障碍环境建设法》《中华人民共和国社会保险法》等上位法的理念也应被融入地方立法中，这

---

① 是指村（居）委会、睦邻友好站点志愿者、社区居民"3"方有效沟通交流体系，实现有效联动；切入银发顾问及时间银行"2"方体系，发挥其养老政策宣传、养老需求转介等作用；创新"1"个互助养老模式，打造农村老年人就近养老、抱团养老的平台。

样才能更好地提高养老服务地方立法质量；另一方面，目前地方养老服务立法存在立法理念不清晰、法律责任不明确、保障措施不充分等问题，虽然对某些问题有一定预见性，但未能规避所有风险，尚需要更具体的立法完善建议。总的来看，中国养老服务的高位立法亟须加快推进，同时地方政府的立法质量也有待提高。

（二）部门割裂问题依然明显，整体性治理困难不小

虽然2018年和2023年国家机构改革对涉及老龄工作的部门进行了调整和优化，也成立了养老服务部际联席会议制度，但是由于养老服务的综合性和政府部门的公共伦理要求等，养老服务工作的整体性治理依然困难不小。除了医养结合的治理难题依然存在之外，在老年教育、居家养老服务等方面问题也很突出。首先是老年教育。在组织机构调整时，老年教育职能由民政部门划归到教育部门，目前主要由教育部相关职能部门承担，2023年国家老年大学挂牌标志着体制内老年大学正式成立。然而，在实际调研时笔者发现，老年教育服务的举办主体多达十余种，几乎不存在整合的可能。因教育部门的主要任务在于应对各层次在校生规模达峰以及推进教育转型等方面，加之老年教育碎片化等，因此并未出台专门的推进举措。尽管在《意见》中明确提出要"扩大老年教育资源供给"并用200多字进行部署，《国务院办公厅关于发展银发经济增进老年人福祉的意见》也对老年教育给予关注，但由于体制机制不顺畅，相关政策难以落地，事业与产业的协同发展较难，严重影响了老年教育的发展。[①] 其次是居家照护服务。居家养老服务是养老服务体系的重中之重，民政部门、卫健部门、国家医疗保障局以及残联部门等都做出了很多努力。但在实地调研时笔者发现，不同部门的居家养老服务很难整合，导致服务重叠或缺位现象依然严重。例如，民政部门的家庭养老床位和卫健部门的

---

① 例如，市场主体做老年教育会受到教培机构性质的波及，难以获得注册甚至被迫注销相关资质，目前的市场主体多以研学性质注册为旅游资质；从事老年教育的师资主要走社区教育、成人教育的职称序列，有的地方封住了职称评审序列，导致老年教育师资队伍发展受到严重影响等。

第三部分 政策篇：评估及借鉴

家庭病床服务难以实现有效整合，民政部门的适老化改造和残联无障碍改造也有重叠，甚至同一部门不同项目之间也存在重叠，反映了养老事业和养老产业的协调发展还存在很大问题，整体性治理仍需加强。

（三）试点经验扩散有难度，服务可持续性存在挑战

试点推进是中国推进治理现代化的重要抓手。21世纪以来，中国在养老服务领域设置了多类试点，如居家和养老服务改革试点、长期护理保险试点、医养结合试点、居家和社区养老服务提升行动等。试点的目的是通过中央财政和地方财政的支持，撬动整个社会积极参与，探索出可推广、可复制、可持续的经验，从而引领带动养老服务发展。由于养老服务并非完全市场行为，需要地方财政的持续投入，尽管在试点遴选时会要求其提前对资金可持续性作出安排，但由于地方财政资金紧张、主管领导发生变化以及其他不可控因素等，很多试点在结束后未能很好地延续，有的执行效果大打折扣，甚至有一些不了了之。这就使得养老服务的试点推进出现了"重争取、轻持续""重财政、轻市场"的情况。课题组针对某类居家和社区养老服务试点调研时也发现存在"重设施、轻服务"的情况，根据"一户一策"为试点对象配备了护理床、智能床垫、居家适老化改造等，还有与之相匹配的居家服务，但是用于服务的经费远低于硬件设施，而且中央财政资金撤出之后，服务费用更难以保证。针对居家适老化改造试点两年后的追踪调研发现，试点对象中的近一半死亡、搬迁（养老院、子女家等）或住院（医院、康复院等），硬件设施的使用率非常有限。尽管一些公益慈善或者基金会出资继续购买服务，但因其覆盖面非常有限，难以为广大有需求的老年人提供服务支持。总的来看，各类养老服务试点为探索养老服务新模式起到了重要推动作用，但试点经验的有效扩散和养老服务的可持续性仍需要深入研究。

（四）养老服务监管存在较大挑战，亟须破解监管难题

在养老服务体系建设中，养老服务监管是提升养老服务质量和保

障老年人权益的重要手段，随着养老服务需求总量的急剧增加，养老服务监管工作面临空前的历史使命。2019年《国务院办公厅关于推进养老服务发展的意见》明确指出，要建立养老服务综合监管制度。2023年《关于推进基本养老服务体系建设的意见》也提出，"各地要强化基本养老服务综合监管，确保服务质量和安全"。然而，目前中国的养老服务监管仍面临五个方面的困境。一是养老服务监管体系尚未完全建立，导致监管力度有限，难以实现全面有效的监管。二是在以精准对接养老服务资源的养老服务监管中，需要以老年人能力评估为基础，但是老年人能力评估尚未完全实现标准统一、信息同步，导致监管效率不高。三是养老服务监管的从业人员参差不齐，专业性和职业性都不高，特别是在农村基层，往往是缺乏监管或者非专业人员在承担监管职责。四是养老服务尤其是居家上门类养老服务比较复杂，涉及老人和家庭隐私，监管技术与手段尚难以实现高质量的监管，调研时笔者发现了诸如拍照打卡、虚假服务、服务置换等现象。五是不同政府部门之间的信息共享机制不健全，导致监管力度不够，难以实现有效监管。另外，有关政府开展养老服务监管的逻辑和学理基础也尚未明晰。总之，养老服务监管难题亟待破解。

（五）家庭养老照顾支持不足，服务公平性需引起关注

家国一体化是老龄社会治理中国秩序的核心，也是面向中华传统、迈向重度老龄化以及挺向中国式现代化的理论抽象与经验表征。[①] 作为中国老龄社会治理体系的重要组成部分，[②] 家国一体也是其最根本的理论遵循。然而，目前养老服务政策对于家庭照护者的支持是较少的，从对131份国家级失能老年人居家照护的政策来看，主要照护者仍然是家属，但是从政策所给予的支持内容来看，对于家庭照护者的关注排在最后，甚至低于商业保险。[③] 近年来，一些地方针对家庭照护者开展

---

① 朱荟：《家国一体：老龄社会治理的中国秩序》，《社会保障评论》2024年第5期。
② 王永梅、杜鹏：《中国特色老龄社会治理：逻辑基础与重点任务》，《公共管理与政策评论》2023年第1期。
③ 笔者采用政策文本分析所得。

| 第三部分　政策篇：评估及借鉴

了技能培训、喘息服务、照护补贴、护理假等，但大多仍处于探索阶段，尚未形成成熟的模式和政策文件。另外，养老服务的公平性问题需引起关注。课题组前期针对居家和社区养老服务改革试点进行了评估，发现改革试点显著改善了女性老年人和城镇老年人的精神健康，男性老年人和农村老年人整体上获益非常有限。[①] 其他类型的试点也存在此类问题。同时，在调研时笔者也发现，不同部门的财政资金可能会同时向同一弱势群体倾斜，如社会救助、特困老人帮扶以及残疾人支持等可能会出现资源堆积现象，从而引起新的不公平。

三　推进养老服务高质量发展的建议

老龄国家战略实施以来，从中央到地方出台了一系列政策举措推动养老服务发展并取得了明显成效，但与高质量发展的要求相比还存在较大差距，总量不足、结构失衡、质量不高等问题仍然十分突出。面对未来养老服务需求的快速增长和结构变化，迫切需要进一步加快养老服务发展步伐，以更宽广的政策视野、更广泛的社会参与、更强劲的创新驱动、更坚实的基本保障、更有效的资源配置来开创养老服务发展的新局面。[②] 本章建议围绕以下六个方面加以努力。

（一）加快推进养老服务立法，完善养老服务制度体系

法律是制度的载体，它可以规范和反映国家各领域的制度。未来，要想实现养老服务的高质量发展，高位立法是必要保障。一是要通过养老服务立法，将其真正纳入共同富裕和实现中国式现代化的目标体系之中。当前对于养老服务的认识一般仍停留在狭义的应对人口老龄化语境之中，或者仅作为民政保障的一个方面，没有认识到其对于实现共同富裕和中国式现代化的重要意义。建议要抓住"十五五"

[①] 王永梅、张硕、公晓艳：《中国居家和社区养老服务改革试点政策效应分析》，《人口研究》2024年第3期。
[②] 林宝：《养老服务高质量发展：内涵、方向及路径》，《华中科技大学学报》（社会科学版）2024年第5期。

的窗口期，尽快推进国家层面的养老服务立法，在全域层面提高养老服务站位，将其真正融入中国式现代化的轨道中，为完善全域养老服务制度体系奠定基础。二是要通过养老服务立法，实现养老服务的全面协调发展。协调发展是养老服务高质量发展的重要内容，结构合理、功能契合与区域协调是其重要表现。[①] 然而，当前中国养老服务发展还存在供给类型、区域布局等结构性失衡，各部门、各领域互相掣肘或功能重复的局面，而且地区之间分割严重、区域不协调较为普遍。在行政矩阵式的组织方式下，这种局面有愈演愈烈的趋势，养老服务不公平的现象非常严峻，急需在国家养老服务立法的统一下，打破这种失衡状态，实现养老服务的全面协调发展。三是通过国家养老服务立法，破解地方养老服务立法不全面、规定模糊与可操作性不强的困境。自2015年以来各省级单位与不少地市级单位围绕养老服务出台了条例，但是这些文件大多只体现了养老保障的相关内容，未能站在经济社会发展全局予以考量，缺乏系统性，立法质量并不高，如对于养老服务发展的关键要素（如人才、财政支持）等的规定性有限，关于家庭养老支持的内容也比较模糊。四是在立法的基础上，进一步完善养老服务制度体系。虽然上下贯通的养老服务制度体系的"四梁八柱"基本建立，但是面对复合性、层次性、差异性和动态性的养老服务需求而言，当前的制度体系还不能很好地适应。建议围绕长期护理保险、基本养老服务、失能失智照护、养老服务综合监管、终身教育、社会救助、家庭养老、养老事业与养老产业协同发展等尽快出台或完善制度体系。总之，要以养老服务立法为抓手，以完善制度体系为策略，进一步夯实养老服务的顶层设计，推进中国特色养老服务体系成熟定型。

（二）理顺福利与市场化关系，推进养老事业和养老产业协同发展

中国老年人口规模与服务需求的复杂性、个性化使得我们必须建

[①] 林宝：《养老服务高质量发展：内涵、方向及路径》，《华中科技大学学报》（社会科学版）2024年第5期。

第三部分　政策篇：评估及借鉴

立多层次的养老服务体系，而多层次养老服务体系的重要体现之一就是要兼具公益性和非公益性，要实现供给主体的多元化。政府、市场、社会、家庭和个人都是养老服务的应然主体，有机地整合起各方力量是养老服务高质量发展的必然路径。黄胜伟司长强调"既要避免过度事业化引发的'福利陷阱'，又要避免过度产业化带来的'养不起老'问题"，[①] 将养老事业和养老产业协同发展提上重要日程。第一，政府要结合"十五五""十六五"时期的人口老龄化特征，围绕"养谁""养什么""养到什么程度"，进一步明晰其所承担的职责。虽然国家出台了基本养老服务清单，但是在实际执行中不免出现偏颇，比如在基本养老服务的相关试点中，发现所支持的对象中接近40%是家中雇有保姆的；财政资金所提供的居家养老上门服务中，家政类服务（如擦玻璃、擦油烟机、打扫卫生等）是使用最多的，老年照护服务因为质量不高等使用率并不高；在居家重度失能照护困境未解的同时，不少财政资金用在文娱活动当中。这都说明政府的兜底保障职责仍然不甚清晰，或者在对象识别、服务匹配、资源配置等方面还存在不少问题。第二，从需求侧入手，基于老年整合照护的过程、内容和规律探索养老事业与养老产业协同发展的路径。家国一体是中国老龄社会治理的基本宗旨，养老服务的整合也不例外。失能失智老人的个性化特征非常明显，同时失能失智老人所嵌入的家庭也各不相同，因此在整合正式照护资源以实现养老的路径选择上也不尽相同，明晰这一整合路径的规律性是实现养老事业和养老产业协同发展的关键。建议深入研究居家失能失智老人家庭的特征，并考察其如何整合正式照护资源，即从需求侧（家庭而非个人）整合非正式照护和正式照护的过程和规律性入手，寻找事业与产业协同发展的基本路径。第三，充分发挥市场配置养老服务资源的决定性作用，不断繁荣养老服务市场。相对于基本养老服务，普惠型养老服务是市场施展拳脚的重要战场。一方面，要积极借鉴国外人口老龄化先行国家养老服

[①] 黄胜伟：《深入学习贯彻党的二十届三中全会精神　加快推动中国特色养老服务体系成熟定型》，《中国社会报》2024年8月30日。

务发展经验和模式，甚至吸引外资参与养老服务业发展以高水平对外开放推动养老服务供给侧结构性改革，丰富产品和服务供给，繁荣养老服务市场；另一方面，要积极推动各区域间的互联互通、政策协同，降低养老服务行业准入门槛，充分发挥市场机制作用，推动全国统一养老服务大市场的形成。同时，要切实避免政府行为对于市场发展的干扰。调研时笔者发现，政府针对失能失智老人的居家上门服务与雇佣保姆的市场行为相互干扰的情况，[①]一些地方的老年助餐服务也存在干扰市场竞争的潜在风险等。总之，养老服务既涉及公共服务，也涉及非公共服务，是养老事业和养老产业的结合体，必须坚持养老事业和养老产业协同推进、共同发展，在养老事业发展中实现产业兴旺，在养老产业发展中实现事业进步。

（三）推进养老服务治理现代化，提高服务公平性与可及性

如果说"公平性"是对制度供给的基本要求，那么"可及性"则是治理效能的关键所在。在不断完善养老服务制度体系的同时，要通过推进养老服务治理现代化不断提高养老服务的可及性。根据服务可及性的规律，要重视全链条的服务可及性，围绕养老服务潜在可及、现实可及与持续可及下功夫，着力破除那些影响养老服务持续可及的困局。具体来看，可以从以下四个方面加以努力。第一，大力发展普惠型养老服务，更广泛地惠及广大老年群体。高龄化、少子化和现代化发展必然会溢出越来越多的养老服务需求，政府和市场要在深入研判的基础上，提前布局相关产业和设施，特别是针对新老年群体及其家庭的需求，要通过供给侧结构性改革，增强普惠型养老服务的潜在可及性，同时也要注意服务的公平性问题。第二，根据高龄老人和失能失智老人规模，科学布局养老服务设施。以高龄老人和失能失智老人为代表的"老老人"是基本养老服务的重要对象，也是政府养老职责的重点所在。要基于人口变化趋势锚定"老老人"居家养老的所在地及所需，科学布局养老服务设施，并不断创新养老服务模

---

① 居家上门服务人员做了本属于保姆或家政人员做的工作，所以干扰了市场行为。

式，比如社区嵌入式养老、"互联网+养老"、虚拟养老院等，提高"老老人"居家养老的养老服务可及性。第三，要优化资源配置方式，实现养老服务供需精准对接。要不断强化基层自治，营造人人参与养老服务发展的环境。推动"人找服务"与"服务找人"同行并进，为社区老年人配备养老规划师、养老经理或养老顾问等专业人员，充分发挥数字技术的作用，畅通养老服务下单方式，着力提高养老服务的匹配度与可及性，着力将优质养老服务送到老人家。第四，以长期主义视角发展养老服务，在提高持续可及性上下功夫。中国在发展养老服务时很多采用了试点推进的策略，财政资金的进入和撤出对于养老服务的发展具有重要影响，同时在试点获批前后，工作开展情况也存在差异。实地调研时老年人反映，养老服务持续可及性存在很大问题，而且一场大雨、一起事故、一次冲突等都有可能影响养老服务的持续可及。要关注影响老年人养老服务持续可及的因素，通过治理现代化的方式破解持续可及困局。

（四）出台政策举措，促进家庭养老和个人自我养老不断发力

老年人是养老的第一责任人，要充分发挥老年人自我养老的能力。第一，要倡导老年人树立积极老龄观，建立自我养老意识。通过文化引导和国情教育，在全社会建立起自我是养老第一责任人的理念，倡导自我养老、终身自立，尽可能减少对家庭和社会的依赖。当前诸多老龄政策给予了老年人过多的关注，在某种程度上弱化了老年人的自我养老能力，与构建"不分年龄人人共享"的老龄社会还有一定距离。第二，要站在全生命周期的视角不断提高个体健康素养，为老年期的健康做准备。2024年，国家卫生健康委办公厅等部门颁布了《全民健康素养提升三年行动（2024—2027年）》，建议要重点关注中老年群体的健康教育，引导公众自觉践行文明健康绿色环保的生活方式，让人民群众真正成为自己健康的第一责任人，努力提高未来老年群体的健康素养水平。第三，以实施普惠金融为抓手，着力提高中老年群体的金融素养。由于认知能力下降、风险意识较高、金融机构选择等，中国老年群体金融排斥现象比较普遍。提高金融知识素养可以显著降低家庭受金融排斥的概率,① 尽管之前《推进普惠金融发展规划（2016—2020 年)》将老年群体作为重点对象予以支持，但目前老年群体金融排斥的现象依然突出。建议相关部门要以中老年群体为重点，持续提高其金融素养，进而提高其自养能力。第四，发挥社会各方力量，不断提高老年人的数字素养。在数字社会中数字素养对于老年人自我养老能力而言至关重要。要发挥老年大学、社区老年学堂、社区服务中心、市场主体、大学生志愿者等力量，开展帮助老年人跨越数字鸿沟的活动，通过提高老年人的数字素养，从而提高其自我养老能力。

　　家庭是中国老年人养老的重要堡垒，要充分激发家庭（和家族）的养老潜能。家庭养老传统是中国积极应对人口老龄化的重要文化根基，西方社会以个体为着力点的养老保障弱化了家庭养老功能，在某种程度上中国也存在这样的问题。近年来，中国意识到了这一问题，围绕"找回"家庭做出了诸多努力，未来应秉持家国一体的理念夯实家庭养老能力。第一，"找回"家庭并夯实家庭成员经济赡养、精神慰藉和生活照料能力。加强家庭家教家风建设，与时俱进地重构当代孝老敬老文化；鼓励成年子女与老年父母就近居住或共同生活，履行赡养义务、承担照料责任；以公益性培训等方式提升子女照料和护理能力。第二，使用政策工具支持家庭发展，建构面向老龄社会的新型家国关系，共同应对挑战。站在家庭发展的视角，通过出台综合性政策体系，建设巩固家庭养老内在资源优势，如夯实家庭成员履行赡养义务的财政支持体系，协同推进"生育—养育—教育"，保障家庭养老所需人力资源的持续稳定；加强家庭适老化和社区适老化建设，确保老年人功能得到充分发挥，最大限度发挥家庭应对能力。第三，动态把握家庭养老资源的变化趋势，必要时可以在家族范围内进行考量，同时结合长期护理保险制度的推广，在更大范围内盘活非正式照护资源，充分激发家庭（和

---

① 张号栋、尹志超：《金融知识和中国家庭的金融排斥——基于 CHFS 数据的实证研究》，《金融研究》2016 年第 7 期。

第三部分 政策篇：评估及借鉴

家族）的养老潜能。

（五）关注老年群体新生服务需求，不断繁荣养老服务市场

当前中国正处于快速老龄化时期，老年人口急剧增加，同时中国又处于从中等收入国家向高收入国家迈进的时期，消费需求快速升级，养老服务需求将表现出增长快、增量大、结构复杂的特征。未来要着力繁荣养老服务市场，不断满足老年群体的新生服务需求。第一，要完善健康管理和医疗介入的相关服务，不断提高老年人健康水平和生命质量。从全生命周期着眼，推进医疗模式从治病为中心向以健康为中心转变，完善健康管理模式，将疾病预防关口前移，发挥中医药、传统健身方式的保健功能，注重开发森林康养资源等，全面提高中老年群体的健康水平。第二，要重视老年人终身学习与知识更新的服务需求。近年来，中国老年教育迎来发展机遇，建议不断扩大老年教育服务供给，同时在推进过程中要把握好五对关系，即立场是姓"老"还是姓"教"、对象是"老人"还是"非老人"、注重"流量"还是"产量"、内容是文娱型还是赋能型、发展路径是福利化还是市场化等。通过理顺老年大学发展路径、完善研学游标准体系和丰富泛在式学习路径等渠道满足老年群体需求。第三，要重视其价值创造与自我实现的需要。实证研究发现，中国超过90%的老年人都在以不同的方式贡献自己的生产性价值。[1] 2024年《全国人民代表大会常务委员会关于实施渐进式延迟法定退休年龄的决定》和《中共中央国务院关于实施就业优先战略促进高质量充分就业的意见》等都对大龄劳动者人力资源开发提出了指导性意见。各级政府高质量推进"银龄行动"，市场主体和社会应着力开发适合老年人的就业岗位，加强老年劳动友好环境建设来满足其需求。另外，针对新老年群体的社交与情感需求、旅游与休闲需求等，也应调动市场力量予以发展，并且关注宠物、美妆、抗衰老等新兴银发市场的发展，不断满足新老年群

---

[1] 按照老年人的行为特征，共分为四类，每一种类型及其占比为健康生产型（12.23%）、健康家务型（54.62%）、带病顾家型（27.00%）和医养需求型（6.15%）。

体的需求。

（六）新质生产力赋能养老服务，推进智慧养老高质量发展[①]

新质生产力是由技术革命性突破、生产要素创新性配置、产业深度转型升级催生的当代先进生产力，为养老服务高质量发展带来了重要契机。一方面，要大力推动智慧养老的发展。数字技术在需求发现、供需匹配、服务监管、运营管理等方面都有着独特优势，可以有效提高服务精准性、及时性，改善养老服务机构的运行效率，节约劳动力成本，可在政策上对智慧养老系统的开发、应用给予一定的支持，鼓励养老服务机构运用智慧养老技术提高养老服务质量和改善运营管理，积极开展区域性的养老服务公共信息平台建设，集资源整合、供需对接、政策宣传、服务监督等功能于一体。另一方面，要鼓励养老服务与其他行业的融合发展，独立的养老服务行业盈利能力较弱，因此自身发展较为困难但是可以和其他行业相结合，成为其他行业引流的窗口，产生不错的效果。当前出现了一些养老服务与其他行业融合发展的趋势，包括一些养老服务新模式，应该加以积极引导和鼓励，在土地、医保政策等方面可根据项目特点给予支持。针对创新创业的高风险性问题，可充分利用政策性金融工具加强对创新创业的资金支持。首先，可鼓励各地区设立养老服务相关领域的创新创业基金，培育技术创新型和模式创新型企业。其次，通过建立政府引导性的养老产业投资基金，由政府和社会资本共同出资，为养老产业发展提供融资便利，也可通过股权投资的形式培育养老产业。在一些一体化发展程度较高的区域，可考虑各地区联合建立养老产业投资基金。最后，充分发挥政府性融资担保基金作用，为养老服务企业融资提供担保，降低中小养老企业融资信用风险。

同时，要加快提升农村养老服务体系的水平和质量，构建起符合

[①] 林宝：《养老服务高质量发展：内涵、方向及路径》，《华中科技大学学报》（社会科学版）2024年第5期。

经济社会发展水平与人民美好生活需要的农村养老服务体系。围绕加强顶层设计、夯实农村养老服务体系建设的物质基础、构建农村养老服务体系发展的要素支撑体系、打造农村养老服务体系建设的基层行动体系等方面尽快补齐农村养老服务短板。

第八章 长期护理保险试点政策评估[*]

党的二十届三中全会通过的《中共中央关于进一步全面深化改革 推进中国式现代化的决定》指出，"加快建立长期护理保险制度"。[①] 这意味着长期护理保险制度建设即将进入快车道。建立长期护理保险制度是党中央、国务院积极应对人口老龄化作出的重大决策部署，是社会保障制度补短板的重大制度安排。2006年，《国务院办公厅关于印发人口发展"十一五"和2020年规划的通知》（国办发〔2006〕107号）提出，"探索建立老年服务志愿者、照顾储蓄、长期护理保险等社会化服务制度"。其中首次提出长期护理保险。2016年《人力资源社会保障部办公厅关于开展长期护理保险制度试点的指导意见》（人社厅发〔2016〕80号）（以下简称2016年《指导意见》）2020年《国家医保局 财政部关于扩大长期护理保险制度试点的指导意见》（医保发〔2020〕37号）（以下简称2020年《指导意见》）接续发布后，长期护理保险制度试点地区达到49个。长期护理保险制度试点开展以来进展良好，制度建设有条不紊，受益人群不断扩大。《2023年全国医疗保障事业发展统计公报》数据显示，2023年，49个试点地区参加长期护理保险人数共18330.87万人，享受待遇人数134.29万人。2023年，基金收入243.63亿元，基金支出118.56亿元。长期护理保险定点服务机构8080家，护理服务人员30.28万人。

---

[*] 本章作者为张航空。作者简介：张航空，中国人民大学人口与发展研究中心副教授，硕士生导师。

[①] 《中共中央关于进一步全面深化改革 推进中国式现代化的决定》，人民出版社2024年版，第38页。

第三部分　政策篇：评估及借鉴

一　长期护理保险试点概况

2016年《指导意见》发布之前，已经有城市开展长期护理保险。2016年《指导意见》中，指定了15个地区为试点地区。从开展时间来看，最早开始推行长期护理保险制度的是2012年的青岛市，其后是2013年的东营市，2014年的潍坊市、聊城市，2015年的南通市、日照市、长春市，2016年的巨鹿县、吉林市和松原市。

2016年《指导意见》发布之后，试点地区和非试点地区均开展长期护理保险，承德等15个地区按照要求开展长期护理保险试点。2020年《指导意见》新增14个试点地区。2016年《指导意见》中原本只有15个试点地区，在2020年《指导意见》中，试点地区达到35个，增加了20个地区，其中包括山东省的15个地级市和吉林省的5个地区。两次《指导意见》发布以后，试点地区达到49个。对各地的政策文件进行梳理以后，发现有邢台、唐山、秦皇岛、临汾、无锡、徐州、扬州、泰州、常州、温州、义乌、嘉兴、桐庐、宜昌、贺州、克拉玛依、昌吉、乌海、满洲里、白山20个城市不在试点名单范围之内。另外，还有一些城市虽然没有正式开展长期护理保险，但是，已经在酝酿并做了准备工作。2020年《指导意见》发布以后，试点地区和非试点地区已经有70个，分布在27个省份，只有西藏、海南、青海和宁夏4个省份没有地区开展相关工作。

二　长期护理保险试点存在的问题和挑战

（一）人群扩面受到养老服务体系建设的制约

制度首先覆盖城镇职工，逐步覆盖城乡居民。2016年《指导意见》指出，"试点阶段，长期护理保险制度原则上主要覆盖职工基本医疗保险参保人群。试点地区可根据自身实际，随着制度探索完善，综合平衡资金筹集和保障需要等因素，合理确定参保范围并逐步扩大"。2020年《指导意见》在参保范围的设定上明确"试点阶段从职工基本医疗保险参保人群起步""有条件的地方可随试点探索深入，综合考虑经济发展水平、资金筹集能力和保障需要等因素，逐步扩大参保对象范围，调整保障范围"。在上述文件精神的指导下各地开展了试点工作。在49个试点地区中，覆盖了城镇职工和城乡居民的试点地区有30个，只覆盖了城镇职工的试点地区有19个（见表8-1）。服务供给能力尤其是居家服务供给能力助推试点地区同时覆盖城镇职工和城镇居民。南通、广州、青岛、上海、苏州、济南等地同时覆盖城镇职工和城镇居民依靠的是强大的服务供给能力尤其是居家服务供给能力。从制度实施过程来看，第一批试点地区在2019—2024年陆续扩大人群覆盖范围。在覆盖人群范围扩大方面，第一批试点地区中覆盖城镇职工和城乡居民的试点地区达到27个，其中成都、广州、上饶、长春、吉林市、通化、济南、宁波、松原、珲春、梅河口、德州、菏泽、济南、济宁、临沂、日照、威海、枣庄、淄博等试点地区在2019—2024年陆续将城乡居民或者农村居民纳入覆盖范围。

表8-1　　　　　　开展长期护理保险试点地区覆盖人群　　　　　单位：个

覆盖人群	第一批试点地区	第二批试点地区	合计
城镇职工+城乡居民	27	3	30
城镇职工	8	11	19
合计	35	14	49

资料来源：笔者根据试点地区政策文件整理得出。

亲情护理有效弥补了各地服务供给能力不足，但是也面临服务质量监管的难题。多达30个试点地区使用了亲情护理，即使是在服务供给能力全国领先水平的上海、广州、北京石景山地区以及长期护理保险制度开展较早的南通，也有亲情护理，说明即使在这些城市和地区依然需要亲情护理弥补居家服务供给能力的不足。另外，亲情护理在老年人口分散或者城市地形地貌比较复杂的城市，如黔西南、重庆等能够发挥更大的作用（见表8-2）。如果没有亲情护理，进一步扩大覆盖人群将会面临较大的挑战。虽然有相当多的地区开展亲情护理，但是如何确保亲情护理的质量以及对亲情护理的监管是这些地区面临的重大挑战。

表8-2　　　　　　开展长期护理保险试点地区覆盖人群

覆盖人群	没有亲情护理	有亲情护理
城镇职工+城乡居民	宁波、青岛、苏州、梅河口、通化、济南、日照、烟台、珲春、长春、吉林省吉林市	荆门、成都、上饶、威海、北京石景山、呼和浩特、松原、石河子、东营、广州、上海、南通
城镇职工	淄博、潍坊、济宁、泰安、聊城、盘锦、福州、湘潭	安庆、承德、齐齐哈尔、重庆、枣庄、滨州、临沂、菏泽、德州、晋城、南宁、乌鲁木齐、昆明、汉中、甘南、黔西南、开封、天津

资料来源：笔者根据试点地区政策文件整理得出。

（二）筹资渠道面临多重挑战

城镇在职职工筹资渠道过度依赖医保资金。城镇在职职工筹资渠道有19种组合，筹资渠道包括个人、单位、统筹基金、财政补助、福彩公益金（见表8-3）。其中，28个试点地区渠道之一是单位缴费，单位缴费中，有些试点地区规定单位缴费从职工基本医疗保险费划转，还有一些地区是职工基本医疗保险统筹基金划转，统筹基金的表述包括统筹基金结余、统筹基金。和医疗保险资金没有关联的只有枣庄、甘南和晋城。在医保资金面临挑战的背景下，长期护理保险的筹资渠道过度依赖医保资金，无异于提前埋下隐患。

表8-3　　　　　　城镇在职职工长期护理保险筹资渠道

筹资渠道	试点地区
统筹基金	上海
统筹基金+财政补助	苏州
统筹基金+财政补助+福彩公益金	济南
统筹基金结余+财政补助+福彩公益金	石河子
个人	枣庄

续表

筹资渠道	试点地区
个人+财政补助	甘南
个人+统筹基金	齐齐哈尔、重庆
个人+统筹基金+财政补助	安庆、临沂、泰安、威海、南通、德州、荆门、青岛
个人+统筹基金+福彩公益金	潍坊
个人+统筹基金结余+财政补助+福彩公益金	淄博
个人+统筹基金+财政补助+福彩公益金	日照、烟台、菏泽、济宁
个人+单位	晋城
个人+单位（职工基本医疗保险费划转）	宁波、长春、梅河口、松原、通化、吉林省吉林市、珲春、湘潭、福州、南宁、开封、天津、昆明、盘锦、呼和浩特、成都、承德、乌鲁木齐、甘南
个人+单位（职工基本医疗保险费划转）+财政补助	东营
个人+单位（职工基本医疗保险统筹基金划转）	广州、北京石景山
个人+单位（职工基本医疗保险统筹基金划转）+财政补助	汉中、黔西南
个人+单位（职工基本医疗保险统筹基金划转）+财政补助+福彩公益金	滨州
个人+单位+统筹基金+财政补助	上饶
个人+单位+统筹基金+财政补助+福彩公益金	聊城

资料来源：笔者根据试点地区政策文件整理得出。

筹资碎片化影响制度统一。一是筹资形式碎片化，现有的制度设计包括按比例筹资和定额筹资。目前的49个试点地区针对城镇职工既有定额筹资又有按比例筹资。分批次来看，第一批试点地区既有按比例筹资，也有定额筹资。第二批试点地区全部建立了用人单位和个人缴费同比例分担筹资机制，其中天津、北京石景山、开封、汉中、黔西南、甘南6个试点地区是定额筹资，其余8个试点地区是按比例筹资。二是筹资标准碎片化，采取定额筹资标准的试点地区筹资标准不同，差距较大；第二批试点地区，采取按比例筹资的8个地区筹资标准为0.24%—0.40%。三是缴费基数碎片化，绝大多数的试点地区缴费基数同医保缴费基数一样，但是，依然有试点地区的缴费基数有所不同，如荆门的缴费基数为上年度全市居民人均可支配收入，乌鲁木齐规定单位缴费基数为职工工资总额，个人缴费基数为本人工资收入。四是缴费率碎片化，绝大部分试点地区在职职工的缴费费率是一样的，广州规定个人缴费费率退休人员为0.12%，而35—45岁和46岁至退休前参保人员以及退休延缴人员的费率分别为0.02%和0.08%；成都规定40岁及以下未退休人员、41岁至退休前参保人员以及退休延缴人员的费率分别为0.1%和0.2%。

城镇退休职工筹资存在较大的隐患。根据城镇退休职工是否缴费以及缴费方式，可以分为以下两种情况（见表8-4）：第一，明确个人缴费，49个试点地区中有45个试点地区要求城镇退休职工缴费，上海等4个地区来自统筹基金、医保结余、财政筹资。第二，明确有单位筹资渠道，28个试点地区有单位筹资渠道，城镇退休职工单位筹资部分分为不缴纳、个人承担、财政承担、医保结余、统筹基金、医疗保险单位缴费划转、单位缴纳7种方式。另外，还有17个试点地区没有单位筹资渠道，4个试点地区既没有个人缴费也无单位缴费，筹资来自统筹基金、医保结余、财政。城镇退休职工现行的筹资渠道会加重资金压力，随着人口老龄化的推进，会有越来越多的职工退休，意味着长期护理保险支出会大幅度增加，但是，城镇退休职工单位缴费部分依赖财政承担、医保结余、统筹基金甚至不缴费，势必导致长期护理保险资金压力进一步加大。

表8-4　　　　　城镇退休职工长期护理保险筹资渠道

筹资渠道	试点地区
统筹基金	上海
医保结余	苏州、石河子
财政+统筹基金	济南

续表

筹资渠道		试点地区
有单位筹资渠道	个人（只缴纳个人部分）	梅河口、通化、南宁、天津、黔西南、松原、长春、吉林省吉林市、珲春
	个人（个人承担单位筹资部分）	湘潭
	个人+财政（财政承担单位缴费部分）	昆明、晋城
	个人+医保结余（医保结余承担单位缴费部分）	盘锦
	个人+统筹基金（统筹基金承担单位缴费部分）	宁波、齐齐哈尔、重庆、呼和浩特、乌鲁木齐、开封、甘南、广州、北京石景山
	个人+统筹基金（统筹基金承担单位筹资部分）+财政	滨州、汉中
	个人+单位（医疗保险单位缴费划转）	承德、福州
	个人+单位+医保结余	上饶
	个人+单位+统筹基金+财政	聊城
没有单位筹资渠道	个人	潍坊
	个人+统筹基金	菏泽、成都
	个人+统筹基金+财政	济宁、泰安、威海、德州、南通、荆门、烟台、日照、青岛、临沂、东营、安庆
	个人+财政+医保结余	淄博
	个人+统筹基金+财政+福彩公益金	枣庄

资料来源：笔者根据试点地区政策文件整理得出。

城乡居民筹资过度依赖财政和统筹基金。30个覆盖城乡居民的试点地区，筹资渠道共有6种组合。其中，16个试点地区依靠统筹基金或者医保结余，26个试点地区依靠财政，8个试点地区个人目前尚未承担筹资责任，完全依靠统筹基金、财政（见表8-5）。需要注意的是，虽然把石河子归为"个人+财政"，石河子的财政补贴是"以辖区内上年度60岁以上老年人数为基数，按40元/人·年标准补助护理保险基金"，补贴的是60岁以上的城乡居民。在财政捉襟见肘和医保资金收不抵支的背景下，过度依赖财政和统筹基金的筹资势必面临较大的风险。

表8－5　　　　　　　城乡居民长期护理保险筹资渠道

筹资渠道	试点地区
统筹基金	上海、黔西南
医保结余	苏州
财政	济南
财政+统筹基金	烟台、威海、日照、济宁
个人+财政	宁波、成都、广州、长春、通化、松原、吉林市、珲春、梅河口、青岛、东营、乌鲁木齐、石河子
个人+统筹基金	滨州
个人+财政+统筹基金	荆门、南通、上饶、呼和浩特、德州、菏泽、临沂、枣庄

资料来源：笔者根据试点地区政策文件整理得出。

（三）待遇给付碎片化

试点地区根据人群、护理方式、失能程度不同，设定不同的报销组合，给予不同的报销比例和金额，主要有以下几种形式。第一，基于人群设定报销比例。一般而言，城镇职工报销的比例高于城乡居民，如吉林省城镇职工报销的比例为70%、城乡居民为60%。第二，基于人群和护理方式设定报销比例。同样的护理方式，城镇职工报销的比例高于城乡居民，如广州规定城镇职工机构护理报销75%、城乡居民为70%。第三，基于护理方式和失能程度设定报销金额。失能程度越高，报销金额越多，医疗机构报销标准高于养老机构。第四，基于人群、护理方式和失能程度设定报销金额。如呼和浩特，同时叠加了人群、护理方式与失能程度。总的来看，依然是城镇职工报销金额高于城乡居民，机构报销金额高于居家，失能程度越高，报销金额越高。第五，基于护理方式、失能程度、病人类型设定报销限额与报销比例。如滨州对报销进行了详细的设定，其中在不同级别医院护理的不同类型的病人，报销的标准有所不同，气管切开病人支付标准更高。对于院护的失能者，基于自理能力的不同给予不同的报销标准。第六，基于失能程度、护理方式混合设计。如宁波的设计比较复杂，宁波规定机构护理实行按床日定额标准支付，重度失能Ⅰ级人员为40元/床日，重度失能Ⅱ级人员为50元/床日，重度失能Ⅲ级人员为60元/床日。选择居家护理的，可享受规定时长的护理服务，基金支付80%。重度失能Ⅰ级人员每月不超过20个小时，重度失能Ⅱ级人员每月不超过25个小时，重度失能Ⅲ级人员每月不超过30个小时，服务价格暂定65元/时。

（四）部分试点地区待遇给付高标准、扩大享受待遇人群范围导致基金收支面临失衡

在待遇给付方面，长春市在制度开始之初规定参保职工报销比例为90%，参保居民报销比例为80%，日定额标准为97元，使用一次性耗材的，增加10元。不管是报销的比例还是日定额标准均比较高，给基金的收支带来严峻的挑战。意识到这一问题后，长春市在2021年出台《长春市失能人员医疗照护保险居家照护服务实施意见（试行）》时下调了报销比例。文件规定：试点阶段，居家照护服务对象每月可享受上门生活照料服务8次，每次服务时长2个小时，每周服务不超过2次，每日服务不超过1次；每月可享受上门医疗护理服务4次，每次服务时长1个小时，每周服务不超过1次；在规定服务项目内，居家照护服务所发生的生活照料、医疗护理费用不设起付线，由失能人员医疗照护保险基金按比例支付，其中城镇职工支付比例为80%，城乡居民支付比例为70%。

在享受待遇人群方面，长春市在2015年启动制度之初首先保障重度失能人员。2016年3月，将85—90周岁未完全失能老人和90周岁以上老人纳入长期护理保险范围。2017年12月，又进一步将覆盖面扩大至中度失能人员。长春市的待遇给付高标准、扩大享受待遇人群范围除了带来基金收支压力，还面临与吉林省政策文件冲突的尴尬，制度一旦开展，进行调整尤其是下调报销比例将面临非常大的挑战。2021年发布的《关于印发〈吉林省深入推进长期护理保险制度试点工作实施方案〉的通知》规定：试点阶段，以保障重度失能人员为主；城镇职工长期护理保险最高支付限额以下政策范围内费用基准支付比例为70%，城乡居民长期护理保险最高支付限额以下政策范围内费用基准支付比例为60%。

(五) 政策衔接不畅，资源亟须整合

评估标准不一致。针对老年人进行能力评估，2019年发布的《卫生健康委 银保监会 中医药局关于开展老年护理需求评估和规范服务工作的通知》（国卫医发〔2019〕48号）明确了卫健部门老年人能力评估标准。国家医保局办公厅、民政部办公厅在2021年印发了《长期护理失能等级评估标准（试行）》，明确了长期护理保险的评估标准。2022年民政部发布了《老年人能力评估规范》（国家标准GB/T 42195-2022），为失能老年人发放护理补贴、入住公办养老机构、制订照护服务计划以及养老服务机构发放差异化运营补贴提供参考。不同的部门出台各自的评估标准，对于同一个失能老人来说，在享受相关的待遇时，需要评估三次，造成资源浪费。

养老服务碎片化。国家卫生健康委、民政部以及国家医保局从各自的部门给予不同的服务。长期护理保险给予失能程度不同的老年人护理服务，民政部门对于失能老年人也会给予护理服务。这意味着长期护理保险地区的老年人有很大的可能性同时享受两个甚至三个部门的护理服务，但是服务呈现明显的碎片化，亟须通过政策衔接，实现资源整合。

三 长期护理保险试点地区典型经验

（一）建立与缴费年限挂钩的奖惩机制

吉林省2021年发布的《关于印发〈吉林省深入推进长期护理保险制度试点工作实施方案〉的通知》对断保作出了惩罚，对未按规定连续参保的人员，应按享受待遇时现行筹资标准（缴费基数）一次性补足断缴年限保费。补足缴费年限后，根据断保（补缴）年限，不足5年（含）的，享受待遇时，城镇职工和城乡居民的支付比例分别为60%、50%；5—10年（含）的，享受待遇时，城镇职工和城乡居民的支付比例分别为50%、40%；10年以上的，享受待遇时，城镇职工和城乡居民的支付比例分别为40%、30%。同时，对于超过

一定缴费年限的给予激励，自制度起始年开始，每缴满5年，享受待遇时在应有支付比例基础上递增1%，城镇职工支付比例最高不超过80%，城乡居民支付比例最高不超过70%。石河子与珲春、吉林市都规定了与缴费年限挂钩的激励机制，区别在于石河子的激励机制不仅涉及支付比例还涉及待遇标准。石河子规定参保缴费时间越长，则待遇支付标准、支付比例就越高，而且支付比例可以达到100%。

（二）开展失能失智预防工作

为了尽可能地防止或者延缓失能失智状态的发生，对于已经发生的失能失智状态，设法加以改善，防止其进一步恶化，各地相继开展相关工作。2019年，南通市出台《关于印发〈南通市基本照护保险失能失智预防工作实施细则〉的通知》。该通知规定：开展失能失智预防的宣传教育，进行失能失智预防的风险评估，实施失能失智预防的服务护理、失能失智预防三年计划。2019年，青岛市印发了《关于开展长期护理保险延缓失能失智工作的意见（试行）》，建立专门延缓失能失智保障金，每年从职工和居民护理保险资金中分别按不超过1%的比例划取，项目形式包括宣传项目、培训项目、赋能训练项目和监督项目四类。其中，宣传项目以延缓失能失智的基本理念、知识和方法等为主，并针对不同目标人群进行精准设计。通过举办培训班、专题讲座、案例教学等多种方式开展延缓失能失智知识和实操技能培训，提高机构照护人员、家庭照料者和其他参训人员的能力和水平。向符合条件的参保人员免费提供身体功能维护等训练和指导。对宣传、培训、赋能训练三类项目执行情况进行日常监督、效果评估，及时发现项目执行过程中存在的问题并提出意见建议。

（三）鼓励养老服务机构设立"失智专区"

2016年青岛市发布《关于将重度失智老人纳入长期护理保险保障范围并实行"失智专区"管理的试点意见》，明确"失智专区"设立条件，"失智专区"至少设置20张床位，至少配有2名经过失智照护专业培训的医护人员、社工师或高级养老护理员，照护人员与失智

第三部分　政策篇：评估及借鉴

老人配比不低于1∶3。根据失智老人疾病特点和不同照护需要，分别确定"长期照护""日间照护""短期照护（喘息服务）"三种照护服务形式，明确照护服务内容。2019年青岛市发布《关于长期护理保险"失智专区"协议管理有关问题的通知》，放宽了床位数量的要求，连锁机构至少设置8张床位，承担日间照护、短期照护（喘息服务）业务的，根据服务规模设置相应数量的床位或午休躺椅。滨州和聊城在2020年和2022年发布《将重度失智人员纳入职工长期护理保险保障范围试点工作方案》《关于将重度失智人员纳入职工长期护理保险试点保障范围的通知》，基本上都是参考了青岛的做法。

（四）出台服务标准与规范，开展服务标准化管理

南通市2017年发布《关于医疗保险和照护保险照护服务标准化管理的通知》，建立照护服务综合评估制度，综合评估内容包括基本情况评估、生活状况评估、生命体征评估、心理社会评估、跌倒风险评估、体格检查、置管与治疗情况七个方面。制订个性化的照护服务计划，照护服务计划应包括失能人员需要照护的主要问题、采取的具体措施、服务时间频次、预期的目标等。照护服务计划可由医、护人员制订，也可由医生、护士、护理人员、营养师等组成的团队制订。适时评价照护服务计划，定点机构应对照护服务计划执行情况适时进行评价，根据评价结果及时进行修订完善，不断调整优化服务内容，同时填写《照护服务计划与评价表》。评价时间最长不得超过3个月。实施多层次失能人员满意度评价，结算时对医护人员为失能人员提供的照护服务进行失能人员满意度评价，经办机构对定点机构提供的服务情况进行失能人员满意度抽查，失能人员满意度评价结果同时纳入定点机构考核范围。失能人员满意度评价采取问卷调查、电话随访、入户探访、投诉举报等形式。

2023年吉林省印发了《关于印发吉林省长期护理保险服务标准与规范（2023版）的通知》，明确了整理床单位、面部清洁和头部梳理、口腔护理、会阴护理、手/足部清洁、对非禁食患者协助进食/水、协助患者翻身及有效咳嗽、协助床上移动、借助器具移动、压疮预防及护理、失禁护理、床上使用便器、人工取便术、留置尿管护理、协助翻身叩背排痰、灌肠、人工便袋护理、床上温水擦浴、协助患者进行生活自理能力训练、协助更衣、床上洗头、指/趾甲护理、患者安全管理等基本生活照料护理以及口服药物、外用药物、注射药物、生命体征监测、遵医嘱导尿、吸氧、血糖监测、血标本采集、物理降温、造口护理、PICC 导管维护、吸痰、鼻饲常规临床护理的标准与规范。

（五）异地居住的失能人员也能享受长期护理保险待遇

如何开展失能评估，针对异地居住人员有以下三种方式开展失能评估：第一，线上评估。齐齐哈尔 2021 年发布《关于齐齐哈尔市长期护理保险线上失能评估的通知》，深化线上评估工作，对异地居住人员开展线上评估。盘锦规定，"对居住在省外的采取委托当地机构人员进行视频远程评估"。滨州规定，"异地居住退休人员可按照要求向参保地承办长护险的商业保险公司提出申请，商业保险公司可通过异地保险公司协查、视频评估等方式进行评估"。第二，委托评估。承德规定，"参保人员通过手机终端提出失能评估申请，承办商保公司受理后，委托申请人居住地代办人员入户，通过线上与线下相结合的方式组织定点评估机构进行失能评估"。南通规定，"市外参保对象长期居住我市的失能失智人员，经参保地长期照护保险管理部门委托，纳入评定范围"。盘锦规定，"对居住在辽宁省沈阳市内的采取委托泰康养老保险股份有限公司辽宁分公司健康险部工作人员做上门评估"。潍坊规定，"长期在市外居住的参保人员可申请在居住地选定的定点医疗机构接受长期医疗护理治疗，申请时由本人或其家属携带社会保障卡、身份证、相关病历材料以及定点医疗机构出具的《评定量表》，到参保地社会保险经办机构办理申请"。第三，上门评估。盘锦规定，"居住在省内其他城市的则由盘锦市长护中心评估人员做上门评估"。日照规定，"参保地经办机构原则上进行现场评估"。

给予什么样的待遇。第一，下调待遇。承德规定，"不在本市居住的，只能选择享受居家基础护理服务。本市居住人员可以享受的待遇包括：一级医疗机构每床日 70 元，二级医疗机构每床日 80 元，定点护理服务机构养老服务机构每床日60元，居家基础护理服务包1200元/月。如果按照30天计算的话，异地居住失能人员下调的金额为600—1200元/月"。南宁市内的参保重度失能人员选择机构上门护理服务的，由长护险基金按照每月护理待遇标准的75%支付；选择在长护险定点护理服务机构接受护理服务的，由长护险基金按照每月护理待遇标准的70%支付；异地居住失能人员选择在居住地接受长护险定点护理服务机构上门护理或入住长护险定点护理服务机构护理的，由长护险基金按照每月护理待遇标准的60%支付。异地居住失能人员报销比例下调15%或10%。盘锦规定，"失能参保人在护理机构内接受护理的，支付比例为70%；失能参保人居家接受护理机构上门护理或其他保障服务的，支付比例为80%；异地居住人员，支付比例为60%"。湘潭规定，"经评定为重度失能人员，因特殊情况需要离开湘潭市行政区域，在异地长期居住的保障对象，经家人申请，按照20元/人/天的标准给予小额补助。居住在湘潭市内的失能人员，入住二级及以上医疗机构支付限额为100元/人/天，基金支付比例为70%；一级医疗机构支付限额为80元/人/天，基金支付比例为70%；养老机构护理支付限额为50元/人/天，基金支付比例为70%；机构上门护理支付限额为40元/人/天，基金支付比例为80%"。第二，垫资支付，凭据报销。南通规定，"各地定点照护机构可互认，异地居住的参保人办理相关手续后按照参保地政策享受待遇。在实现信息系统联网结算前，可现金结算，凭有关票据等回参保地报销"。滨州规定，"纳入享受长护险待遇的异地居住参保职工享受专护、院护待遇的，居住地的医疗或养老机构应为当地定点护理机构，发生的护理费用由个人全额垫付后，按月或按季度向参保地承办长护险的商业保险公司提出报销申请"。潍坊规定，"经审核符合享受长期护理保险待遇的异地安置人员，在市外居住地选定的定点医疗机构发生的医疗护理费，由本人或其家属持医疗护理费用票据原件、定点医疗机构加盖公章的病历复印件、医疗护理费用明细清单等材料，到参保地社会保险经办机构办理审核报销"。第三，取消待遇。日照规定，"失能人员所居住地未开展长期护理保险的，暂不能享受相关护理待遇"。德州规定，"省外异地长期居住人员仅享受我市居家护理基本生活照料待遇，暂不享受机构护理、医疗专护和居家护理上门服务待遇"。

四 完善长期护理保险制度的对策建议

(一) 建立覆盖城乡居民的长期护理保险制度

制度开展之初，考虑到部分地区尤其是农村地区养老服务体系建设尚处于起步阶段，长期护理保险制度仅仅覆盖城镇职工情有可原。但是，长期护理保险制度已经试点8年，而且进入加快建设阶段，城乡居民被纳入制度范围之内已成为无法回避的话题。因此，目前的试点地区需要尽快把城乡居民纳入长期护理保险制度，这不仅是制度建设的需要，也是城乡居民公平享受制度成果的需要。在长期护理保险制度全面铺开的时候，也应把城镇职工与城乡居民同步纳入。大部分的农村地区养老服务体系建设处于起步阶段，服务供给高度依赖亲情护理，在长期护理保险制度全面铺开的时候，对农村的剩余劳动力、留守妇女以及低龄老年人开展技能培训，由他们就近提供服务，确保城乡居民都能享受制度红利。

(二) 建立多元、独立的筹资渠道

筹资渠道存在两个方面的问题。一是城镇在职职工、城镇退休职工、城乡居民筹资时个人、单位和政府的责任，需要合理确定三者的责任，确保制度的可持续性。二是筹资高度依赖医保基金，尤其是体现在个人和单位缴费或者部分筹资从医保基金或者医保结余划转。出现这种情况的原因在于，在制度开展过程中，为了降低群众对制度的抵触，各试点地区特别是第一批试点地区，普遍采用医保结余资金划转+财政补贴为主要筹资渠道。资金划转和财政补贴采用以收定支的方式，资金严重依赖当地医保结余资金的充沛度。试点地区普遍对于通过医保缴费按比例划转和医保结余资金划转之间并未加以区分，长护险的筹资渠道的独立性不能得到明确的制度保障。如果长期护理保险作为一个独立的新险种，这种非正规的资金安排，无疑威胁到新制

度的持续发展，而且有可能会给医保基金带来巨大压力。医保基金转移支付可以作为一种过渡的临时安排，但绝对不能制度化、固定化。长期护理保险最终必须要与医保基金脱钩，[①] 建立多元主体参与、独立的筹资渠道。

（三）细化长期护理保险制度筹资的顶层设计

明确最低缴费年限，建立缴费激励机制。部分试点地区规定的最低缴费年限是15年，未达到15年的，允许趸缴。如昆明规定，"累计缴费未满15年的，按照本人申请待遇时长期护理保险缴费基数0.4%的费率一次性趸缴补足15年累计缴费年限"。从鼓励缴费的角度，建立参保缴费激励机制，实行缴费年限与待遇水平挂钩。如荆门2016年发布的《荆门市长期护理保险实施细则（试行）》规定，"累计缴费15年以上（含15年，下同）的，待遇水平提高4%；累计缴费30年以上的，待遇水平提高6%；累计缴费45年以上的，待遇水平提高8%；累计缴费60年以上的，待遇水平提高10%"。

城镇退休职工缴费需要有相对明确的制度设计。首先，明确城镇退休职工需要个人缴费，目前依然有少数试点地区城镇退休职工个人不缴费。其次，明确城镇退休职工需要缴费多少年。最后，要明确城镇退休职工单位缴费部分来源，妥善解决城镇退休职工单位缴费部分来源，不能在制度设计中只字不提，也不能简单地规定由财政承担、医保结余、统筹基金、医疗保险单位缴费划转。未来十多年，中国将迎来"退休潮"，在退休制度不作出大的改变的前提下，3亿人陆续退休，如此大规模的人群个人缴费和单位缴费不明确，可能会成为未来资金可持续的隐忧。

（四）强化政策衔接

尽快建立全国统一的老年人能力评估标准。以长期护理保险制度全面铺开为契机，建议由更高层次部门协调国家卫生健康委、民政部

[①] 郭士征：《长期护理保险的发展短板和对策》，《团结》2018年第2期。

和国家医保局使用相同的评估标准，评估结果全国范围内互认、各部门按需使用。

通过政策衔接实现资源整合。在经济新常态背景下，投入养老服务领域的资金相对有限，随着老年人口规模的不断增加，资金投入面临较大的压力，如何有效使用已有资金显得尤为重要。建议由更高层次部门协调国家卫生健康委、民政部和国家医保局，对已有的涉老资金进行整合，统筹使用，实现老年人服务利用的最大化。

（五）建立科学合理的待遇给付

待遇给付方是否科学合理影响到资金的可持续和老年人对于制度的满意度。首先，在起步阶段待遇给付标准不宜过高。报销比例不宜过高，避免待遇标准和报销比例过高，确保资金的可持续性。科学地确定长期护理保险给付标准有助于将有限的资源合理分配给需要的人，无限扩大待遇给付标准不利于制度的财务平衡，也会导致个人责任、家庭责任的无限退缩。① 其次，在起步阶段人群范围不宜过大。扩大人群范围要基于科学的测算，尤其是要考虑到人口老龄化过程中老年人口尤其是失能老年人口规模不断增加的趋势带来的影响。把待遇享受人群扩大至中度失能人群时，前提是科学的测算，以免人群扩大带来资金收支失衡。最后，给付内容要强化预防与康复服务。参考南通的做法，以 60 岁及以上老年人为对象进行失能失智预防的宣传教育，普及相关知识，提高居民失能失智预防的意识；以 70 岁及以上的老年人为对象，按计划、分阶段采用统一的失能失智预防风险评估工具和失能失智风险判断标准，开展失能失智预防风险评估；以有失能失智高风险的老年人为对象，开展预防服务的护理管理。

（六）建立长期护理保险异地联网直接结算制度

现阶段长期护理保险制度仅在 49 个试点地区以及部分城市开展。

---

① 曹信邦、张小凤：《中国长期护理保险制度的目标定位与实现路径》，《社会政策研究》2018 年第 3 期。

第三部分 政策篇：评估及借鉴

在长期护理保险制度政策设计方面，除了浙江、山东和吉林出现省级层面政策文件，大多数试点地区只是市级层面或者区县级层面出台政策文件，即使在山东省内各个地级市之间相关的政策也存在一定的差异。老年人口流动日益普遍，加上部分老年人在身体健康恶化的时候投奔异地的子女，异地居住的老年人如何享受长期护理保险制度待遇，在长期护理保险制度全面铺开的时候将会更加凸显。建议参考基本医疗保险异地结算制度，建立长期护理保险异地联网直接结算制度，从筹集渠道、能力评估、待遇享受等环节细化制度设计。

第九章　养老产业领域财税政策评估*

习近平总书记指出,"我国是世界上人口老龄化程度比较高的国家之一,老年人口数量最多,老龄化速度最快,应对人口老龄化任务最重。满足数量庞大的老年群众多方面需求、妥善解决人口老龄化带来的社会问题,事关国家发展全局,事关百姓福祉,需要我们下大气力来应对"。[①] 党的二十大报告提出,"实施积极应对人口老龄化国家战略,发展养老事业和养老产业"。[②] 一般而言,养老体系存在事业和产业之分,二者的目标一致、相辅相成,但主体对象和筹资渠道存在差异。养老事业和养老产业是做好养老服务工作的"车之两轮",它们的协调转动将实现养老服务更稳更快前行。[③] 养老事业是指政府为满足老年人基本生活需求所提供的一系列公共服务及物品;养老事业主要面向中低收入群体,在解决兜底性养老服务供给基础上向普惠养老服务拓展,重在提供基本保障。因此,养老事业主要属于社会政策范畴,具有较强的政府主导性和公共福利性,主要是指老龄事业中

---

* 本章作者为马洪范、施文凯。作者简介:马洪范,中国财政科学研究院研究生院副院长、研究员,主要研究领域为财政制度现代化、政府预算理论与实践、社会保障与财政政策等;施文凯,中国财政科学研究院助理研究员,主要研究领域为社会保障、财政理论与政策等。

① 《习近平在中共中央政治局第三十二次集体学习时强调　党委领导政府主导社会参与全民行动　推动老龄事业全面协调可持续发展》,《人民日报》2016年5月29日第1版。

② 习近平:《高举中国特色社会主义伟大旗帜　为全面建设社会主义现代化国家而团结奋斗——在中国共产党第二十次全国代表大会上的报告》,人民出版社2022年版,第49页。

③ 民政部编写组:《深入学习习近平关于民政工作的重要论述》,人民出版社2023年版,第70页。

第三部分　政策篇：评估及借鉴

的养老服务和基本生活保障领域的内容，侧重于解决老年人的基本生存需求问题。养老产业主要是指以企业为主体，具备营利性和市场性，生产提供满足老年人生活需要的各类产品和服务的行业的统称。养老产业主要面向中高收入群体，通过市场机制满足个性化养老需求，因此养老产业主要属于经济政策（产业政策）范畴，[①] 聚焦老年人的衣、食、住、行、用医等与生存需求密切相关的领域，是当前中国老龄产业的主要组成部分和政策支持力度较高的领域，典型的代表包括养老服务业和老年用品制造业。[②] 在中国人口老龄化形势不断严峻的背景下，推动养老事业和养老产业协同发展，已成为积极应对人口老龄化国家战略的发展路径和指导方针。

为推动养老服务健康发展，2012 年《民政部关于鼓励和引导民间资本进入养老服务领域的实施意见》（民发〔2012〕129 号）明确提出，可鼓励民间资本参与居家和社区养老服务、举办养老机构或服务设施、参与提供基本养老服务、参与养老产业发展、参与养老服务优惠政策，并且要求"加大对民间资本进入养老服务领域资金支持"。2015 年，民政部等十部委联合发布的《关于鼓励民间资本参与养老服务业发展的实施意见》（民发〔2015〕33 号）进一步明确提出，鼓励民间资本参与居家和社区养老服务、参与机构养老服务、参与养老产业发展、推进医养融合发展等内容。这些政策的出台，进一步促进了以市场主体为主的养老产业发展。

财税政策是支持和促进养老产业发展的重要政策工具。2024 年，《国务院办公厅关于发展银发经济增进老年人福祉的意见》（国办发〔2024〕1 号）将"银发经济"界定为"向老年人提供产品或服务，以及为老龄阶段做准备等一系列经济活动的总和，涉及面广、产业链长、业态多元、潜力巨大"；并明确要求"强化财政金融支持"。为此，需要不断强化财税要素保障，持续优化养老产业发展环境，助力银发经济发展。

[①] 施文凯、董克用：《人口老龄化背景下建设中国特色养老金融体系研究》，《中国高校社会科学》2024 年第 1 期。

[②] 杜鹏、吴赐霖：《推动老龄事业与养老产业协调发展》，《行政管理改革》2023 年第 7 期。

一 养老产业领域财税政策的发展现状

中华人民共和国成立以来，国家主要通过财政投资建设福利院和光荣院，为特定的老年群体（如特困供养老人）提供养老服务。因此，在中华人民共和国成立初期到确立社会主义市场经济改革目标的近半个世纪里，养老服务体系更加强调事业属性，相关财税政策也服从这一要求，更加强调通过财税政策提供兜底性的养老服务。21世纪以来，随着中国人口老龄化形势日益严峻，国家先后出台多项政策文件，积极支持养老服务体系发展，并且开始由以养老事业为主转向增加对养老产业领域的支持，对社会力量进入养老服务领域提供财税政策，注重综合利用财税政策工具支持和促进养老产业发展。

党的十八大之后，中国进入中国特色社会主义新时代。以习近平同志为核心的党中央高度重视老龄事业和养老服务工作，就积极应对人口老龄化、加快养老服务业发展等作出一系列重大决策部署。经过多年的建设和发展，中国基本建成以居家养老为基础、社区养老为依托、机构养老为补充的养老服务体系，催生出了涵盖居家、社区和机构等各种形式的全链条式的养老产业。与之相适应，中国陆续出台一系列支持养老产业发展的财税政策，已基本形成包括税费优惠、政府购买服务、财政投资和财政补贴等多种政策在内的综合性财税政策体系，为养老产业的高质量和可持续发展奠定了坚实的基础。例如，2015年，民政部等十部委联合发布的《关于鼓励民间资本参与养老服务业发展的实施意见》中，在"完善投融资政策"中，就加大财政资金投入、彩票公益金使用等方面提出要求，在"落实税费优惠政策"中明确了各类企业享受税费优惠政策等规定。

（一）税费优惠政策的主要举措

养老产业领域的税费优惠政策主要是指政府针对促进养老产业发展所提供的各种税收优惠和收费优惠的政策。对于养老产业而言，税费优惠政策是有效降低市场主体经营成本的重要手段，体现了政府通过"让利于企"进而实现"让利于民"的政策目标,以及政府对于养老产业领域的扶持倾向。利用税收优惠和收费优惠等政策支持和促进养老产业发展,既是中国税制设计的重要组成部分,也是保障养老产业高质量和可持续发展的重要政策工具。

现阶段养老产业领域的税收优惠政策主要涉及免征或减征增值税、企业所得税、耕地占用税、契税、车船税、城镇土地使用税、房产税和印花税等各项政策形式。① 一般而言,养老产业领域的税收优惠政策的全国一致性程度较高,地方政府单独出台相关税收优惠政策的权限较小。收费优惠政策主要是针对行政事业性收费、土地年租金或土地收益差价而实施的,主要涉及免征或减征城市基础设施配套费、行政事业性收费,以及用水、用电、用气、用热等按居民生活类价格执行等。② 在实践中,地方政府根据当地的实际情况,制定了形式和力度各异的收费优惠政策。

(二) 购买服务政策的主要举措

养老产业领域的政府购买服务政策主要是指政府通过向市场主体付费,要求市场主体向老年群体提供相应的养老服务。在实践中,政府部门受到人力等客观条件限制,难以作为服务的直接提供主体。选择通过付费形式向市场主体购买养老服务并提供给老年群体,这既是现阶段财政支持养老产业发展的主要政策工具,也是政府市场合作治理的一种表现形式。

现阶段养老产业领域的政府购买服务政策主要包括:③ 一是购买居家养老服务,为符合政府资助条件的老年人购买助餐、助浴、护理等上门服务;二是购买社区养老服务,为老年人购买社区日间照料等

---

① 王晓洁、李小倩、陈肖肖:《推动我国养老服务体系发展的税收政策研究》,《税收经济研究》2021年第4期。
② 杨良初、王敏、孟艳:《促进中国老龄产业发展的财政政策研究》,《财政科学》2016年第12期;王浩林、张鸿宇:《促进养老服务高质量发展的财税政策研究》,《税务研究》2021年第7期。
③ 杨良初、王敏、孟艳:《促进中国老龄产业发展的财政政策研究》,《财政科学》2016年第12期。

社区服务；三是购买机构养老服务，主要是为低收入老年人以及经济困难的失能半失能老人购买机构供养和护理服务等。此外，随着养老护理人员队伍不足的问题愈加突出，政府购买服务还涉及为养老护理人员购买职业培训和职业教育等形式。

（三）财政补贴政策的主要举措

养老产业领域的财政补贴政策主要是指政府为提供养老服务行为的市场主体提供特定补贴，以降低市场主体的经济成本，吸引市场主体参与养老服务领域。财政补贴政策作为较为传统的财政支持养老产业发展的政策工具，在实践中主要以单项补贴的形式为主。此外，养老产业领域的财政补贴政策还包括针对需方的财政补贴，目的是提高老年群体的支付能力，以获取更多数量、更高质量的养老服务。

现阶段养老产业领域的财政补贴政策主要包括：一是建设补贴。对于新建和改扩建养老服务机构的市场主体，给予一次性的建设补贴和贷款利息补贴。二是运营补贴。对于符合标准的养老床位，根据入住老年人的生活自理能力等情况，给予不同等级的床位运营补贴。三是岗位补贴。部分地区针对养老服务从业人员，根据机构等级和人才等级等情况，发放特定周期的岗位补贴。[①] 四是面向需方的一些专项补贴。例如，部分地区出台了针对困难老年人、高龄老年人以及失能半失能老年人的财政补贴政策。除了这些专项补贴，综合补贴也在逐步推进。2016年以来，民政部和财政部联合开展多批中央财政支持居家和社区养老服务改革试点工作，安排中央专项彩票公益金，通过以奖代补方式，选择部分地区开展居家和社区养老服务改革试点，以巩固居家和社区养老在养老服务体系中的基础地位。

现实中，养老产业领域的补贴政策呈现多元化特征。以青岛市为例，2024年2月发布的《青岛市养老服务补贴实施办法》共设立23

[①] 例如，2023年，深圳市发布的《深圳市养老机构从业人员补贴试行办法》提出，养老机构从业人员补贴包括入职补贴和岗位补贴，要求民政部门负责将养老机构从业人员补贴资金纳入本级部门预算，优先从福利彩票公益金中列支。

项财政补贴项目，既包括针对养老产业供方的养老机构床位建设补贴、养老机构综合运营补贴、养老机构等级奖励、街道（镇）综合养老服务中心一次性建设补贴、街道（镇）综合养老服务中心运营奖励、社区（村）养老服务站一次性建设补贴、助餐机构运营补贴、困难老年人入住养老机构补贴、困难老年人购买居家社区养老服务补贴、家庭养老床位运营补贴、家庭适老化改造补贴、农村消费引导补贴、老年人就餐补贴、老年人送餐补贴，又包括针对养老产业需方的经济困难老年人补贴、80周岁及以上老年人养老服务补贴、百岁老人长寿补贴、60周岁及以上老年人意外伤害保险补贴、养老综合责任险补贴，还包括针对养老服务从业人员的入职奖励、养老护理员岗位津贴、养老护理员职业技能等级奖励、青岛敬老使者政府津贴。

（四）财政投资政策的主要举措

养老产业领域的财政投资政策是指财政直接投资养老产业领域，政府通过投资建设福利院、敬老院等场所，为特定的老年群体提供养老服务。各级政府通过一般公共预算资金和福利彩票公益金等渠道支出资金，用于养老服务机构的基础设施建设和能力提升。随着经济社会的不断发展，财政投资政策也在发生变化。例如，政府直接投资建设的养老场所，除了接受特困供养等特定的老年群体免费入住，也会收住社会群体并收取相关费用。再如，政府直接投资建设养老场所之后，通过公建民营等形式委托第三方的市场主体运营。

二 养老产业领域财税政策的主要成效

（一）税费优惠政策方面的成效

第一，税收优惠政策范围更加广泛，有效降低市场主体运营成本。一是养老服务供给主体类型方面，各类养老机构，无论是营利性与非营利性养老机构，还是企事业单位与社会团体，均可平等地享受各项税收优惠政策。二是税收优惠税种方面，随着经济社会的不断发展，养老产业领域税收优惠政策相关税种类型不断丰富，包括市场主体建设运营过程中相关的房产税、城镇土地使用税、耕地占用税、增值税和企业所得税等税种。税收优惠政策的范围更加广泛，有效地降低了各类市场主体参与养老产业领域的运营成本，有助于促进市场主体的利润积累，充分保障市场主体参与养老产业和提供养老服务的稳定性与积极性。

第二，收费优惠政策范围得到扩展，相关政策的针对性更加精准。在养老服务发展初期，由于更加强调养老服务的事业属性和福利属性，收费优惠政策主要体现在对社会养老福利机构提供用水用电和建设用地土地使用等方面的收费优惠。党的十八大以来，随着人口老龄化程度的不断加速，国家更加重视养老事业和养老产业协同发展，收费优惠政策的范围得到扩展。一是营利性与非营利性的养老和医疗机构均可享受相对应的免征或减征行政事业费，并对养老服务机构实行不征收土地价款或降低土地出让金的方式减轻费用负担。二是对于提供社区养老和家政服务的服务类企业，进一步免征不动产登记费和土地闲置费等费用，通过倾斜性的优惠政策巩固社区居家养老在整个养老服务体系中的基础性地位。三是对于康复辅助器具配置的服务企业，同样给予用水用电价格优惠，收费优惠政策由传统的服务提供向其他养老产业领域拓展。收费优惠政策的范围不断拓展、力度不断加大，为市场主体参与养老产业领域提供了更加精准的政策供给，直接降低了市场主体的建设和运营成本。

（二）购买服务政策方面的成效

第一，政府购买服务的受益群体不断丰富，更多老年群体享受到政策红利。在政府购买养老服务发展初期，政府购买服务的受益对象主要是孤寡老人和特困老人。例如，2011年《国务院关于印发中国老龄事业发展"十二五"规划的通知》（国发〔2011〕28号）中提出，"研究制定政府为特殊困难老年人群购买服务的相关政策"。党的十八大以来，政府购买服务的受益群体不断丰富，部分地区将政府购买服务的群体扩展到有需求的老年群体，保障全体老年人公平地享受政府购买养老服务政策。

第二，政府购买服务涉及的购买内容更加丰富，多类市场主体可享受购买业务。随着经济社会的不断发展，政府购买服务的内容也在逐渐丰富，已拓展至居家养老、社区养老与机构养老，并且更加强调养老领域信息化建设、养老服务从业人员培养以及养老服务评估等因素对政府购买养老服务的影响。政府购买服务内容的不断扩展和丰富，既有助于推动各类养老产业的市场主体健康发展，保证了市场主体提供各类养老服务的专业性，也有助于厘清政府和市场的责任边界，推动养老事业和养老产业协同发展。

(三) 财政补贴政策方面的成效

第一，各类养老机构均可公平地享受财政补贴政策，保障了市场主体公平参与养老服务提供。在养老服务体系的发展初期，由于更加强调养老的事业属性和福利性质，财政补贴也就主要面向公立机构。党的十八大以来，国家层面进一步放开了养老服务供给主体限制，通过财政补贴政策，鼓励民间资本、社会组织和金融机构等多元主体共同参与养老服务体系的建设和运作。这表明财政补贴在由主要依据机构性质补贴向更加注重提供实质性的养老服务转变，从补公立机构向补各类主体转变，反映出财政补贴政策既注重通过财政补贴来巩固公立机构的养老事业属性，也强调通过财政补贴政策降低市场机构建设运营成本，激发市场机构内在活力，促进事业和产业协调间的发展。同时，随着养老服务供给形式由以机构为主向居家社区机构相协调转变，养老产业的财政补贴政策也更多地向居家社区养老倾斜。2013年《国务院关于加快发展养老服务产业的若干意见》（国发〔2013〕35号）明确提出，出台居家养老服务政策，支持和规范居家养老服务市场的发展；国家为符合条件的老年人提供一定的居家养老服务补贴，用于购买居家养老服务产品或者支付居家养老服务费用。这表明提供各类居家养老服务的市场主体将获得更多的财政补贴，提供更多数量、更高质量的居家养老类服务，进而巩固居家养老的基础性地位。

第二，财政补贴政策更加强调政府与市场合作，促进了养老领域治理体系和治理水平的优化。一是财政补贴更加注重社商合作,通过财政补贴鼓励市场主体提供更加优质的养老服务。例如,上海市利用市级福利彩票公益金,探索建立"银发无忧意外险"补贴等,通过财政资金撬动社会力量参与养老产业发展。二是部分地区正在试点长期护理保险制度,并对部分参保群体提供一定的财政补贴。通过长期护理保险制度培育老年人的长期照护市场,有效地降低了市场主体的展业成本,促进了当地养老产业的健康快速发展。

第三,财政补贴政策范围和补贴力度不断加大,提高了市场主体提供养老服务的能力和渠道。一是财政补贴受益群体不断扩大。2013年7月1日施行的《中华人民共和国老年人权益保障法》明确规定,老年群体享受高龄、护理及养老服务三类法定补贴。① 现阶段,老年人综合补贴、购买康复辅助器具补贴及居家适老化改造补贴等均已纳入财政补贴范围,享受补贴的年龄门槛也由80周岁下调至60周岁,惠及群体的范围进一步扩大。截至2019年,老年人的三类补贴已基本实现全国覆盖。截至2022年年底,老年人高龄津贴、养老服务补贴、护理补贴、综合补贴分别惠及3330.20万、546.10万、97.10万、67.20万老年人。② 2024年发布的《国务院办公厅关于发展银发经济增进老年人福祉的意见》提出,支持各地结合经济发展水平和财力状况,按规定对享受助餐服务的老年人给予补贴或发放老年助餐消费券。通过这些形式的财政补贴,提高了老年群体的消费支付能力,以及获取市场主体提供养老服务的意愿。二是财政补贴政策内容不断扩展。现阶段,养老产业领域的市场主体可以享受到建设补贴、运营补贴、人才补贴、就业补贴以及社会保险补贴等多种补贴形式,可以降低市场主体在新建和扩建养老机构时的建设成本,运营养老床位时

---

① 对经济困难的老年人,地方各级人民政府应当逐步给予养老服务补贴;对生活长期不能自理、经济困难的老年人,地方各级人民政府应当根据其失能程度等情况给予护理补贴;国家鼓励地方建立80周岁以上低收入老年人高龄津贴制度。

② 《民政部有关负责人就〈关于推进基本养老服务体系建设的意见〉答记者问》,中国政府网,https://www.gov.cn/zhengce/202305/content_ 6875460. htm? eqid = fcebe3e7000ea8b200000006646dab8d&wd = &eqid = b9afcc82001063a8000000046475affa。

的运营成本，以及吸纳就业困难人员时的各项补贴。①

（四）财政投资政策方面的成效

为推动养老事业和养老产业协同发展，财政直接投资政策支持养老产业发展，主要形式是以财政直接投资新建或扩建公立机构，然后委托市场主体运营并收取一定费用。财政直接投资资金一般来自财政预算或用于社会福利事业的彩票公益金。除了财政直接投资，"十三五"时期，民政部和财政部先后在全国遴选了五批203个地区开展试点。5年间，中央彩票公益金以奖代补的方式共投入50亿元支持试点地区发展居家和社区养老服务。试点期间，50亿元中央财政资金撬动的地方投入超过180亿元，社会投资至少130亿元，总投资规模超过360亿元，实现了中央政府小投入、地方政府和社会资本大投入的初衷。②2022年发布的《关于开展2022年居家和社区基本养老服务提升行动项目申报工作的通知》（民办函〔2022〕29号）进一步明确了中央专项彩票公益金将用于支持成功申报地区的家庭养老床位建设与居家养老上门服务项目。

三 养老产业领域财税政策存在的主要问题

（一）税费优惠政策方面的问题

第一，针对市场主体提供机构养老服务的税费优惠政策有待继续

---

① 例如，针对养老服务机构从业人员，2013年《国务院关于加快发展养老服务业的若干意见》明确要求，"加强老年护理人员专业培训，对符合条件的参加养老护理职业培训和职业技能鉴定的从业人员按规定给予相关补贴，在养老机构和社区开发公益性岗位，吸纳农村转移劳动力、城镇就业困难人员等从事养老服务"。这表明国家鼓励创新财政资金的使用方式，将人才队伍建设纳入财政资金的支持范围。例如，为以灵活就业方式从事居家养老服务的就业困难人员提供社会保险缴费补贴，为养老护理员在从业、职业培训、公益性岗位就业及一线服务岗位提供补贴，为家政服务员在从业、就业培训和缴纳社保与租住生活等方面予以支持。

② 《让幸福养老在家门口落地——全国居家和社区养老服务5年改革试点综述》，《中国社会报》2022年4月7日。

完善。现阶段市场主体提供养老服务所享受的税费优惠政策呈现项目化和碎片化问题，支持政策的链条不够完整。具体来讲，由于缺乏对养老服务机构融资支持的税收优惠政策、对养老护理人员的税收支持政策、对机构养老的产业链延伸①的税收优惠政策等，②市场主体在某些重要且必要环节中缺少财税政策支持，对于保障市场主体提供养老服务的稳定性和连续性造成一定的影响。

第二，针对市场主体提供社区居家养老服务的税费优惠政策尚显不足。在过去很长一段时间里，中国养老服务体系存在重机构养老、轻社区居家养老的倾向。受其影响，相关税费优惠政策也更加侧重于机构养老。例如，提供机构养老服务的市场主体可以享受到包括企业所得税、增值税、房产税、城镇土地使用税、耕地占用税、契税和印花税等多项税费优惠政策，但是提供社区居家养老服务的市场主体所能享受到的税费优惠政策相对较少，提供不同类型养老服务的市场主体所享受的税收优惠政策存在不均衡的问题，也与中国养老服务体系发展方向存在一定的偏离。

第三，现行税费优惠政策更多关注的是提供服务的"机构"，对提供服务的"人"的关注相对不足。现阶段税费优惠政策主要针对的是提供居家社区机构养老的市场主体，但对于市场主体所聘用的从业人员的相关政策支持不足。例如，现行税收优惠政策在支持居家养老方面，主要是对聘用员工制家政服务人员在满足条件后可以享受免征增值税，但对养老服务从业人员的支持不足。

（二）购买服务政策方面的问题

第一，政府部门向市场主体购买养老服务，仍处于各地分散推进阶段。2014年，《财政部 发展改革委 民政部 全国老龄办关于做好政府购买养老服务工作的通知》（财社〔2014〕105号）（以下简

---

① 养老机构在建设与运营过程中需要购买大量用于老年人服务的设备、器械与消耗品。

② 王晓洁、李小倩、陈肖肖：《推动我国养老服务体系发展的税收政策研究》，《税收经济研究》2021年第4期。

称《通知》）要求，"政府购买养老服务资金在现有养老支出预算安排中统筹考虑。对于新增的养老服务内容，地方各级财政要在科学测算养老服务项目和补助标准基础上，列入同级财政预算"。然而，对于资金如何安排、安排多少资金以及各级政府资金分担机制等问题，仍需进一步明确，以提高政府购买服务的稳定性和连续性，增加市场主体对于承接政府购买服务的预期和信心。

第二，《通知》提出"加强绩效评价"，要求"各地要建立健全由购买主体、养老服务对象以及第三方组成的综合评审机制，加强购买养老服务项目绩效评价。在绩效评价体系中，要更侧重受益对象对养老服务的满意度评价。政府购买养老服务的绩效评价结果要向社会公布，并作为政府选择购买养老服务承接主体、编制以后年度政府购买养老服务项目与预算的重要参考依据，建立承接主体的动态调整机制"。但在现阶段，政策层面较为详细完善的购买服务绩效评价机制尚未建立，难以对市场主体的经营活动发挥导向作用。

（三）财政补贴政策方面的问题

第一，市场主体参与养老产业所享受的财政补贴政策，多是以分项补助的形式提供的。对于提供机构养老的市场主体，可以获得政府提供的建设补贴和床位运营补贴等。这种补贴方式可以有效降低市场主体在新建、扩建和实际运营养老床位时的成本，但是难以兼顾市场主体的其他需求，无法保障市场主体的稳定发展。并且，随着经济社会的不断发展，市场主体提供养老服务所面临的新情况和新问题不断出现，为此，政府又要不断增加新的财政补贴项目，增加了财政补贴政策的复杂性和碎片化。

第二，市场主体参与养老产业所享受的财政补贴政策，分散在不同层级政府和不同政府部门中，政策条块交错，难以统筹，增加了市场主体争取财政补贴的寻找成本以及获取难度。以不同政府部门为例，市场主体参与养老产业和获取财政补贴政策所关联的部门较多，具体包括发改、财政、民政、卫生、医保、残联、工商等部门。不同部门的多头管理，在一定程度上削弱了财政补贴政策的统筹性，造成重复审批和重复享受优惠等问题，既降低了财政补贴政策的实际效果，也增加了市场主体获取信息和争取资金的难度。

（四）其他财税政策问题

第一，受国内外各种因素影响，近年来政府财政收入增长放缓，各级财政收支平衡压力加大。各类刚性投入政策落实之后，多数地区难有多余的财力支持养老产业的发展。2019—2023年，全国一般公共预算收入分别为190382亿、182895亿、202539亿、203703亿和216784亿元，分别同比增长3.80%、-3.90%、10.70%、0.60%（扣除留抵退税因素后增长9.10%）和6.40%；全国一般公共预算支出分别为238874亿、245588亿、246322亿、260609亿和274574亿元，分别同比增长8.10%、2.80%、0.30%、6.10%和5.40%。从全国层面看，财政收支矛盾整体呈现加剧的趋势，地方财政自给存在困难，对转移支付的依赖程度增加，地方政府尤其是中西部地区面临较大的债务偿还压力。由于财税政策支持养老产业发展主要是地方事权，在此背景下，地方特别是基层财政很难安排更多财力支持养老产业发展。

第二，近年来，全国各级财政对养老产业发展的投入和支持力度整体呈现增长趋势。但是，由于中国人口老龄化进程加快和养老产业起步较晚等，财政支持养老产业发展的力度仍与市场主体的需求之间存在差距，养老产业发展与老年群体多元化的养老需求之间存在差距。从可比口径的"老年福利支出"和"养老服务支出"（包含养老事业和产业支出）统计数据来看，2020—2023年，"老年福利支出"和"养老服务支出"分别为334.05亿、331.58亿、351.42亿、387.86亿和62.96亿、87.89亿、137.94亿、166.65亿元，两项合计分别为397.01亿、419.47亿、489.36亿、554.51亿元，占当年全国一般公共预算支出的0.16%、0.17%、0.19%、0.20%，难以应对速度急剧、规模庞大的人口老龄化发展形势，难以有力支持养老产业的发展和完善。

第三，2016年以来，民政部和财政部连续开展五批中央财政支持社区居家养老服务试点改革,提供专项资金支持。从全国层面看,目前尚未出台支持养老产业发展的专项资金计划,各级政府对养老产业的财政支持力度会随着当地经济社会发展情况和财政收支情况等进行调整,容易出现支持范围和支持力度上的不稳定性和不连续性。此外,各级政府通过福彩公益金或者专项债等方式支持养老产业发展。在福彩公益金方面,福利彩票的销售额和公益金筹集数额,在近几年未显现出持续稳定增长的发展态势,资金规模相对较小且不稳定;在专项债方面,部分地方政府债务负担较重,通过发行专项债的方式支持养老产业发展的空间有限、可持续性不强。

第四,一般而言,养老产业领域更加强调充分发挥市场配置资源的作用,针对老年群体的多样化和个性化的需求,遵循市场规律形成有效养老供给。当前和未来很长的一段时期内,推动养老事业和产业协同发展已经成为积极应对人口老龄化国家战略的发展路径和指导方针。在此背景下,财税政策既要促进养老产业发展,又要促进养老事业和养老产业协同发展,因此,必须要充分发挥财税政策的引导性功能。但在当前,受制于经济社会发展阶段和养老产业发展起步晚等客观条件的限制,参与养老产业领域的多数市场主体面临用人难、用地难、融资难、风险大、回报周期长等困难,生存和发展面临较大压力。从整体来看,现阶段的财税政策更加关注市场主体进入养老产业领域后的运营情况,但是在鼓励、引导和支持更多市场主体参与养老产业的前端环节的支持不足,亟待加强。

四 完善养老产业领域财税政策的建议

(一) 税费优惠政策的完善建议

第一,完善涉老税费优惠政策,提高老年群体支付能力。探索对退休后再就业的老人取得收入实行减税或免税政策,鼓励低龄老年人进入养老产业领域。为鼓励子女赡养老人并与老人同住,可以探索根据纳税人不同状况采取不同标准的个人所得税抵扣方案,对达不到纳税标准的纳税主体在赡养老人时,根据相应状况进行财政补贴。探索对赡养老人的费用实行差别化的个人所得税专项扣除政策，对赡养老年人并与老年人同住的子女可以在现有的扣除基础上加大扣除力度。

第二，有序利用财税政策引导更多社会资金进入养老产业领域。为吸引社会资金进入养老产业领域，可以在现有税收政策的基础上，适当提高个人和企业等多元主体捐赠的税收减免力度。同时，对融资机构向养老服务业贷款所产生的利息可以适当减免增值税，降低市场主体建设与运营过程中面临的融资难问题。

第三，引导税费优惠政策向提供社区居家养老服务的市场主体拓展。对参与养老产业领域的市场主体，可以适度拓宽其经营过程中所得税的税前扣除范围；对民间资本以股权或者债券方式进入养老产业领域时，可以给予减税或免税优惠政策。

第四，引导税费优惠政策向在市场主体提供养老服务的从业人员扩展。为鼓励更多人才投身养老产业领域，一些地方出台了针对在市场主体就业的养老服务从业人员的财政补贴政策，建议可对此类人员取得的此类财政奖励性收入减征或免征个人所得税。

第五，引导税费优惠政策向老年用品和辅具等产业领域扩展延伸。可以考虑对于老年用品的研发费用在企业应纳税所得额中加计扣除，加大税费政策对于老年用品和辅具等产业的驱动力。对生产老年产品的企业、老年人娱乐场所以及旅游咨询等机构，可减免增值税。

（二）购买服务政策的完善建议

第一，建议在国家层面明确政府购买服务的资金筹集机制、资金统筹机制以及各级政府之间的责任分担机制，以提高政策的稳定性和连续性，增强市场主体对于承接政府购买服务业务的预期和信心，也便于市场主体更好地选择开展相关业务。

第二，建议在《通知》提出的"加强绩效评价"的基础上，尽快制定和完善政府购买服务绩效评价办法，加强购买养老服务项目的绩效评价，做好绩效目标管理，确定绩效目标任务，充分发挥绩效评价对市场主体参与养老产业领域的"指挥棒"作用；充分利用对市场主体的绩效评价结果，将绩效评价结果作为政府选择购买养老服务承接主体和编制以后年度政府购买养老服务项目与预算的重要参考依据，强化资金全流程的监管，防范资金支出风险，提高资金支出效益。

（三）财政补贴政策的完善建议

第一，坚持以市场为导向，财政补贴政策更加强调契合市场主体的运营情况，提高资金使用的灵活性和自主性。考虑将现阶段以分项补贴形式为主的财政补贴政策，适度向以统筹补贴形式为主的财政补贴政策转变。在实践中，综合考虑市场主体提供养老服务涉及的各项因素、指标和变量，统筹确定市场主体的财政补贴额度，提高市场主体对补贴资金使用的灵活性和自主性。

第二，坚持以需求为导向，财政补贴政策更加强调服务老年群体的实际需求，提高资金支出的有效性和引导性。可以考虑按照床位使用率、服务人数、服务时长和服务效率等标准对市场主体提供财政补贴，激发市场主体的内生动力，提升市场主体提供养老服务的专业化水平。建议根据对市场主体的考核结果提供财政补贴资金，引导市场主体提供更高质量、更加优质的养老服务，有效加强财政资金的引导功能，满足老年群体多元化和个性化的养老需求。将部分针对失能老年的补贴直接打入长期护理保险账户中，支付生活照护和医疗护理费用，避免子女截用补助资金或者资金使用效率低下的问题，保障失能老年群体可以享受市场主体提供的专业化的养老和照护服务。

第三，增加对于老年群体的财政补贴政策，提高老年群体的消费支付能力，增进老年群体获取市场主体提供服务的消费意愿。逐步扩大对老年群体提供资金补助的受益范围，探索使用发放消费券的形式，既可以保障老年群体的用餐等消费行为自由，也可以保证各类市场主体公平参与市场竞争。

第四，增加对于从业人员的财政补贴政策，提高养老服务从业人员积极性，努力打造专业化市场化的养老服务从业人员队伍。针对现阶段养老护理从业人员存在的数量不足、素质不高等问题，建议统筹利用养老产业补贴资金、就业补贴资金以及社会保险补贴资金等财政资金，以培育专业化、职业化和市场化的养老服务从业人员队伍为目标，以健全养老护理人员职业发展通道为重点，增加对于可持续性强的人才培养和激励项目的财政补贴资金投入，通过财政补贴政策推进养老产业职业发展制度改革，为市场主体和养老产业领域输送和培养更多数量、更高质量的专业人才，保障养老服务供给的数量和质量。

（四）其他财税政策建议

第一，探索建立支持养老产业发展专项计划。中国养老产业发展起步较晚，基础薄弱，随着人口老龄化形势的日益严峻，养老产业供给和需求、消费和支付、数量和质量等矛盾将更加突出。为保障对养老产业持续稳定的资金投入，可以探索在国家层面设立支持养老产业发展的专项资金，同时，引导地方政府同步设立专项资金，为养老产业领域发展提供长期稳定资金支持。

第二，强化智慧养老领域财税政策支持力度。现阶段部分地方政府积极探索智慧养老计划，搭建起了区域性的养老服务平台。例如，兰州市城关区探索建立"虚拟养老院"，积极整合辖区资源，打造了涵盖虚拟养老服务平台（虚拟养老院）和街道综合养老服务中心（街道医养服务中心）、社区老年人日间照料中心、居家养老（适老化改造、智能看护、家庭养老照护床位）、养老机构的"一平台四联动"的智慧养老城关模式。通过租金补贴、税收优惠等政策先后引入养老服务品牌机构，打造"一刻钟养老服务圈"。[①] 虚拟养老院采用政府引导、企业加盟、市场运作、社会参与的方式，满足了老人无须入住养老院，便可在家享受到专业化和标准化的养老服务的愿望。未来，在政府引导下，可探索通过财政投资、财政补贴或者税费优惠等财税政策，以市域为单位，建设市域一体、覆盖城乡的综合养老服务平台，精准对接老年群体和市场主体，为养老产业的发展提供新的生机和活力。

---

① 《构建多层次服务体系 共绘幸福晚年新图景——城关区虚拟养老院纵深推进养老服务体系建设显实效》，《兰州日报》2024年9月30日。

第三部分 政策篇：评估及借鉴

第三，建立和完善长期护理保险制度。党的二十大报告提出，"建立长期护理保险制度"。长期护理保险制度是积极应对人口老龄化、促进社会经济发展的战略举措，是实现共享发展改革成果的重大民生工程，是健全社会保障体系的重要制度安排。当前，已有部分省份和城市进行长期护理保险制度试点，这对市场主体展业以及当地养老产业发展起到了重要的促进作用。从试点经验看，部分地方政府对职工医保长期护理保险参保人员进行了财政补贴，所有试点地区的地方政府都对居民医保长期护理保险参保人员进行了财政补贴。未来，建议在全国推广长期护理保险制度时，坚持多元筹资渠道，合理分配个人、家庭、政府和市场的责任，通过长期护理保险制度赋能养老产业发展。

第四，多渠道促进养老事业产业协同发展。2023年，中央金融工作会议提出，做好养老金融大文章。财政和金融是支持养老事业和养老产业协同发展的两支重要政策力量。为了推动养老产业金融发展，建议从产业端和资金端共同发力，构建多元化的投融资格局，推动政策性金融支持和市场化融资支持共同发力，增强养老产业金融支持政策的精准性，通过多元化的投融资工具推动养老产业发展。[①] 建议通过各地政府性养老产业引导基金与地方国有企业，支持区域性重点养老机构，推动区域养老产业发展。多渠道吸引聚合社会资本，充分发挥市场力量对促进养老产业发展的作用，亦可探索政府通过资本金注入和贷款贴息等方式对符合条件的政府与社会资本合作项目给予必要支持。

[①] 柯文轩、施文凯：《中国养老产业金融发展业态研究》，《新金融》2023年第9期。

第十章　发展银发经济的国际经验借鉴*

一　世界趋同迈入老龄社会态势下的银发经济发展机遇

从全球人口发展过程来看，世界人口年龄结构逐渐从金字塔型走向橄榄型将是一场重大的人类趋同性革命。联合国于2022年宣布世界人口已达80亿，这一人类发展进程中和人口规模增长史上的里程碑节点，标志着全球人口结构变迁呈现出一系列新趋势，反映在人口年龄结构上突出表现为：全球65岁及以上人口占比将从2022年的10%上升到2050年的16%，预计到2024年将超过14%；劳动年龄人口占比自2014年达峰值65.6%后逐步下降。[①] 同时，《世界人口展望2024》显示，全球一半以上的国家和地区生育率低于2.1；死亡率的进一步降低将使全球平均预期寿命自2024年的73.3岁提升至2054年的77.4岁。[②] 由此，在低生育率、低死亡率、预期寿命稳步提升等因素推动人口年龄结构逐渐形成新均衡的态势下，人口老龄化进程已由隐性和缓慢发展，转向显性和常态化加速发展。世界正在趋同迈入老龄社会和长寿时代，这不仅是人类历史进程中社会和经济发展的重大成就，亦将成为未来经济生活中具有革命性意义的动力源泉。

---

* 本章作者为郭荣荣、陆杰华。作者简介：郭荣荣，北京大学社会学系博士研究生；陆杰华，北京大学社会学系教授，北京大学应对老龄化国家战略研究中心主任。
① 陆杰华：《全球人口破80亿！人口结构大转折带来哪些重要影响》，https://baijiahao.baidu.com/s?id=1787752470685746303&wfr=spider&for=pc。
② 联合国经济和社会事务部：《世界人口展望2024》，https://population.un.org/wpp/。

第三部分 政策篇：评估及借鉴

在此背景下，银发经济伴随老年人日益增长的对特定商品和服务的需求应运而生。发展银发经济成为各国积极应对人口老龄化的重要战略，以为建设理想的老龄社会奠定永续发展的经济基础。先期老龄化国家和地区的实践经验表明，银发经济是老龄社会新形态下最具活力和最有发展前途的经济形态之一。

（一）发展银发经济的意义：人口转变中的经济机会

老年人口的增加催生出新的经济发展赛道和新的经济竞争领域。银发经济要义的雏形可追溯至2002年世界卫生组织提出的"积极老龄化"理念，即支持建设有利于老年人健康、社会参与和安全的"不分年龄"的社会。[①] 2007年，欧盟首次提出发展"银发经济"，呼吁成员国提供有利于老年人进行社会参与的机会。研究发现，2015年欧洲银发经济的基线价值为3.7万亿欧元，预计到2025年将达到5.7万亿欧元。[②] 日本政府面对重度老龄化和人口负增长已成为挑战日本经济和社会最大的结构性问题这一现实，亦为引导银发经济发展和完善相关配套提供了必要的政策支持。如今，日本以提供服务为主的银发服务和以生产制造业为主的银发产业，不仅成为银发经济市场的两大支柱，也成为刺激日本整体经济发展的主要动力。

因此，"银发经济"正带着一种号召性成为新的时尚，其寓意着由人口年龄结构重大转型带来的新的经济机会。一方面，老年人以积极的形象融入"不分年龄，人人共享"的社会；另一方面，由人口老龄化结构势能转换为消费动能具有巨大的发展潜力。以人口老龄化为约束条件来挖掘经济新增长点的落脚点在于，通过洞察和审视人口年龄结构及其背后的需求结构转变对整个经济结构的重塑作用，进而以优化老龄社会资源配置来增进老年福祉和促进代际和谐。

---

① 世界卫生组织：《促进积极老龄化的政策框架》，2002年。
② Santander, "What's the Silver Economy and Who's It For", 2022, https://www.santander.com/en/stories/silver-economy.

（二）银发经济在世界范围内的发展特征：确定性、稳定性和规模性

银发经济作为适应老龄社会形态的新经济增长点，主要具有三大基本特征。第一，银发经济发展具有确定性。随着技术进步、商业迭代，全球进入不确定时代，而人口老龄化成为不确定时代的确定性特征。未来三十年，全世界的人口老龄化进程将持续推进，并将进入中度老龄化社会。欧美发达国家步入重度老龄化社会，高龄化、少子化趋势明显，抚养负担持续加重。较多的发展中国家由于人口转变尚未完成，老龄化进程相对较慢，但在2050年前，这些国家也将进入老龄化社会。[①] 这些趋势表明，人口老龄化是一个长期且稳定的现象，不会因为短期的经济波动或政策调整而发生根本改变。在这一背景下，随着生产力水平快速提高到产能和供给相对过剩的程度，人口需求将逐渐从青年型和成年型社会形态下的特点转变为老龄社会形态下的新特点，主要表现为物质生活需求刚性下降，精神文化需求刚性提升；生产性服务经济需求逐步下降，生活性服务日益成为主导需求。这些新趋势将引发现有经济形态的系统性变革，几乎所有产业都要因为老龄社会的到来而被迫进行转型和细分，呈现经济银发化现象。

第二，银发经济具有稳定性。银发经济的稳定发展不仅是对老年人口增长的自然反映，更是社会整体经济发展策略的产物。一方面，人口老龄化结构势能转换为内需消费动能具有长期性和渐进性。以中国为例，超大规模的老年人口将客观构成银发消费的主力，其消费偏好的主观嬗变又将进一步释放消费潜能。随着人均可支配收入稳步增长和社会保障制度日益健全，中国银发群体的消费意愿和消费能力叠加上升，消费结构逐渐从生存型走向发展型，富足老年人更是率先步入享受型，群体内部个性化、品位化、展演化的消费偏好越发旺盛。[②] 另一方面，银发经济作为政策驱动型经济，其稳定性还依赖于政策支

[①] 刘厚莲：《世界和中国人口老龄化发展态势》，《老龄科学研究》2021年第12期。
[②] 刘凯强、范和生：《莫道桑榆晚：低龄银发消费的群像分类与发展审视》，《甘肃社会科学》2024年第4期。

持。作为公共产品，银发经济兼具市场性和福利性，是受到公共财政宏观调控的市场经济形态。因银发经济关系民生日用，刚性强，整体受经济波动性小，呈现出较弱的周期性和较强抗经济波动性。[①] 例如，法国政府于2009年成立银发生态协会，致力于推动公共部门与私有部门高效融合，为发展银发消费提供政策支撑。2019年，美国政府发布《应对人口老龄化的新兴技术报告》，确定了一系列帮助老年人方便在家中和社区内独立生活的新兴技术，并将其作为公共和私营部门的研发指南，旨在减少照护者的压力和降低医疗保健费用。[②]

第三，银发经济具有规模性。作为横跨三大产业的综合经济形态，银发经济既包括有形的物质生产活动，也涵盖无形的精神文化服务；既包括传统的老龄产业，也涉及通过促进智能化与老龄化融合发展产生的新业态。根据欧盟委员会的界定，银发经济的面向人群主要分为三类，即年长的工作人群（50岁至退休年龄）、活跃的退休人群（退休后至80岁）、需要被照顾的脆弱人群（超过80岁），每类群体都有各自不同的需求。[③] 老年群体日渐分层将快速引致银发经济的多元供给，其需求的异质性是银发经济细分市场的划分依据。这有利于将有限资源进行最优化利用，推动产业链条纵深化发展和规模的可持续增进。

由此可见，基于银发经济具有的福祉价值和经济价值，其已经受到老龄化水平较高国家和地区的重视，并积累出有效的实践经验。本章通过梳理国内外文献，分析日本、欧盟、美国等先期老龄化国家和地区银发经济发展的演变历程、鲜明特征及最新动向，通过反思其在老龄化水平不同阶段的政策取向和具体路径，提出可资利用的实践经验，以助推形成促进银发经济高质量发展的"中国方案"。

---

① 党俊武：《老龄经济：长寿时代的新经济与产业发展模式》，中信出版集团2022年版。

② "Task Force on Research and Development for Technology to Support Aging Adults: Emerging Technologies to Support an Aging Population", Washington D.C.: Committee on Technology of the National Science & Technology Council USA, 2019.

③ "Growing the European Silver Economy", European Commission, 2015.

二 日本经济银发化的演变历程及其顶层设计

日本于1970年进入老龄化社会，半个世纪以来，其人口老龄化水平和速度长期位于亚洲第一。截至2021年，日本65岁及以上人口为3622万，老龄化水平为28.9%，预计到2065年，该比重将达到38.4%。[①] 不同于自20世纪中叶甚至更早就进入老龄化社会，老龄化进程具有"进入早、发展慢"特点的法国、德国、意大利等西方国家，日本人口年龄结构的变化更为剧烈，老龄化进程具有"进入晚、发展快"的鲜明特征。与之相伴的是劳动年龄人口的快速老化，1970年以来，日本45—64岁大龄劳动力人口占15—64岁人口的比重，在不到50年的时间内从26.32%上升至43.77%。直至21世纪末，该比重都将保持在40%以上。[②]

就老龄化发展路径和劳动力老化模式而言，中国和日本存在共性，即人口老龄化呈现振荡上升的发展态势，劳动年龄人口从低水平开始迅速老化并长时间维持较高水平。同时，中国和日本在文化和经济社会背景方面亦存在相似之处，例如，老年人均倾向于将家庭养老作为主要的养老方式，养老服务体系建设以居家和社区为基础。因此，日本的银发经济发展经验对中国具有一定借鉴意义，突出体现在尽早谋划顶层设计，根据老龄化水平的不同阶段实施差别化银发经济发展战略，通过采取一系列综合举措建设地域共生社会，应对人口安全和社会可持续发展挑战。

（一）日本银发经济发展的三阶段演变历程

伴随老龄化水平的不同阶段，日本银发经济的发展经历了萌芽

[①] 田香兰、马子涵：《日本人口安全问题对其未来走势的影响及应对举措》，《日本问题研究》2023年第3期。

[②] 陶涛、王楠麟、张会平：《多国人口老龄化路径同原点比较及其经济社会影响》，《人口研究》2019年第5期。

| 第三部分　政策篇：评估及借鉴

期、成长期和扩张期三个主要时期，分别对应轻度老龄化、中度老龄化和重度老龄化进程。如表 10-1 所示，萌芽期强调以提供住宅和居家支援为重心的银发服务发展；成长期由于介护保险和民间部门的介入，以养老照护产业为中心的银发产业快速发展，并逐步与银发服务共同构成银发经济的两大支柱；扩张期的银发经济则不再局限于为特定的老年人提供的产品或服务，而是作为普通产品或服务来销售，即整个经济和产业呈现银发化。由此，银发经济的概念被淡化，转而强调不分年龄、共同为老龄社会的经济可持续发展作贡献的"全时代"理念。

表 10-1　日本银发经济发展的三个阶段

银发经济发展阶段	萌芽期：发展银发服务（1970—1994 年）	成长期：银发产业与银发服务并重（1995—2004 年）	扩张期：整个经济呈现银发化（2005 年至今）
老龄化水平	轻度老龄化（老龄化水平为 7%）	中度老龄化（老龄化水平为 14%）	重度老龄化（老龄化水平为 21%）
政策重点	住宅和居家支援相关服务	民间部门介入，以介护经济为中心	强调全时代，淡化银发概念

资料来源：根据相关文献归纳整理。

自日本于 1970 年进入老龄化社会，"银发族"一词便逐渐走入人们的视野，并衍生出以老年人为主要需求者和消费者的"银发消费""银发商机"等概念。在轻度老龄化阶段，日本养老服务建设的重点是提供住宅和居家支援服务，通过实施被称作"黄金计划"的系列举措引导银发服务的发展。具体表现为日本政府为应对住宅老化，国土交通部于 1983 年出台多个城市再生计划，如重视居家养老、打造适老化设施等。1989 年，为解决因老年人免费医疗滋生的医疗资源过度使用问题，启动《老年人保健福利推进十年战略》（黄金计划），要求提升适老化服务质量，增加养老院床位数、老年人日间照料中心数以及家庭照护者人数等。1994 年修订黄金计划，推出《新老年人保健福利推进十年战略》（新黄金计划），其间日间照护中心等提供短期照护服务的机构迅速发展，服务种类也日趋多样化。两个黄金计划的出台，为构建适老化社会服务体系作出了巨大贡献。

进入中度老龄化社会，银发服务的概念开始向银发经济概念转变，形成以银发服务带动银发产业的发展路径。日本政府逐渐意识到民间部门在养老服务中的价值，相继出台了用以明确和区分公共部门与民间部门、中央与地方在发展银发服务和银发产业上的分工与责任的系列规定。2000年正式实施的《介护保险法》，以立法的方式宣告了"全社会共同支援需要护理的老年人"的基本目标，为养老机构的健康持续运营提供了法律保障。民间部门和非营利组织共同经营护理服务业务，使原先以公共服务为主的护理制度通过市场运行机制，实现了供给主体多元化。至此，养老责任主体从家庭、政府过渡到全社会适老化服务，推动以介护经济为中心的银发产业蓬勃发展，并成为刺激整体经济发展的主要动力。

2007年步入重度老龄化社会后，整个日本的经济和产业都具有银发经济的要素，即经济呈现银发化。《介护保险法》于2006年、2010年和2015年分别进行了修订和完善，同时根据其中条款，统一规范了老年护理服务行业的服务标准、市场定价及相关部门的经营管理制度。顶层设计的改革与实践指南的更新并举，充分保障了适老化制度环境的稳定性和政策的连贯性。在这一背景下，人们逐渐意识到需要改变对老年人消极灰暗的固定印象。一个健全的适老化社会服务体系，不仅包括硬件设施、护理体系和经济结构的优化调整，亦涉及建构与之相适应的社会心理和文化意涵。即超老龄社会中的银发经济，已不再局限于特定的产业领域，而是整个经济社会的重塑性转变，"银发"的概念将逐渐被淡化。

（二）助推日本经济整体呈现银发化的综合举措

第一，构建社区综合照护体系和推进老年友好城市建设。随着老龄化、高龄化与城市化的同步推进，日本在积极老龄化的框架下探索出可持续的城市再生模式，即在城市治理中贯彻"在地安老"的社会友好理念，构建政府、社会、家庭、老年人共同参与的良好环境。

第三部分 政策篇：评估及借鉴

首先，立足老年人生活圈，通过整合预防保健、医疗护理等服务，构建"社区综合护理体系"，做好社区的"健康守门人"。为了方便老年人在自己熟悉的社区内生活，《高龄者居住法》《关于确保高龄者居住稳定的法律》等提出，建设附带方便接受医疗服务、老年配餐送餐等生活支援功能的老年住宅；放宽住宅金融机构的融资条件，等等。在保证住房条件后，该综合体系需要根据老年人的健康和家庭状况为其提供30分钟内可及的健康保障服务。其次，创造适合老年人生活并参与社会活动的城市环境。截至2018年，日本共有21个城市加入世界卫生组织于2005年启动的"老年友好城市"项目，即构建一个兼具包容性、便利性和可及性为一体的城市环境，减少老年人可能遇到的各种制度设施、社会包容等方面的障碍。[1] 例如，通过增设电动扶梯、采用低地板公交车等，增加老年人的出行选择；通过混合型土地和可及性公共交通设计，将社区、商业设施、医院、公园等集中于公共交通沿线，解决老年人出行过程中面临的活动空间适老化不足问题。

由此，通过在城市治理中提前规划和设计老年友好的硬件基础设施，夯实了发展银发经济所需的公共服务建设。同时，亦将逐渐打破旧有的观念和政策壁垒，有利于增强民众对老龄社会的认同和形成社会包容机制。

第二，搭建适应老龄社会要求的劳动就业体系和全世代型社会保障制度。为深入挖掘老龄社会人力资源潜能、激发老龄社会活力，日本政府在推动终身教育、提升职业能力的同时，协助构建老年友好的雇佣环境，开发适合老年人的就业岗位，引导建立为老年人提供就业服务的相关机构，在劳动合同、工作形式、安全健康、工时休假、解雇保护等多方面给予老年人支持。

具体表现为修改《老年人雇佣稳定法》，规定企业有义务雇用老年群体，并对落实继续雇佣制度的企业给予奖励。积极支援中高龄群

---

[1] 郭佩：《日本推进积极老龄化城市治理的经验与启示》，《日本问题研究》2020年第2期。

体创业，《新事业创业法》规定，可对45岁及以上的创业者提供部分创业资金；建立面向老年人的融资制度，提供优惠贷款，并取消贷款保证。① 值得一提的是，为发掘具有潜在工作能力的老年人力资源，日本政府立足社区自下而上设立了"银发人才中心"，并形成了遍布日本各地的网格化组织体系。作为非营利性组织，该中心由当地社区建立并服务于特定区域，有就业意愿的老年人和寻求雇员的企业都能通过人才中心快速找到相匹配的岗位和人员。人才中心的核心人员工资、设备及管理费用，则由健康、劳动和福利部门与当地政府共同支付。② 这极大地发挥了社区这一基层组织在开发老年人力资源方面的重要作用，有利于帮助老年人积极融入社区生活，强化基于居民自治体的"共生社会"意识。

同时，为了充实和稳定社会保障资金，日本政府亦进行了社会保障与税收一体化改革，制定了"全世代型社会保障改革方针"。改革后的社会保障制度弥补了以往社会保障支出优先考虑年金、医疗、护理领域的支出，而忽视贫困及低收入者、非正规劳动者、残疾人等群体支出的不足。例如，消费税的范围从原先面向老年人的三种经费（基础年金、老人医疗、护理）扩大到社会保障四项经费（年金、医疗、护理、养育子女）；满足多子女家庭的多样化需求，制定建设接收14万名儿童的保育机构的目标；鼓励推行"幼老所"模式，以社区为依托，将托幼与养老服务融合在一起，减轻女性的"双重"照料负担，等等。③

由此，通过充分发挥老年人参与城市生活的潜能和保障老年人的各项社会参与权利，银发工作者已成为日本劳动力市场上的重要力量。根据总务府关于劳动力情况的相关调查，2022年日本65岁及以

---

① 田香兰：《日本老年人雇佣政策及其对中国的启示》，《日本问题研究》2012年第3期。
② 同春芬、丁芬：《国外典型国家老年人再就业实践经验及启示》，《老龄科学研究》2019年第4期。
③ 田香兰、马子涵：《日本人口安全问题对其未来走势的影响及应对举措》，《日本问题研究》2023年第3期。

上的就业人口占总人口的比重达 25.2%，并呈现逐年递增趋势。① 此外，通过建立全世代全对象型支援体系，有利于整合服务于老年社区生活圈的各方资源，实现全方位、多层次的老年保障和福利供给的一体化，从而打造代际和谐的社会文化和促进社会养老意识的形成。

三 欧盟创造代际包容性的消费环境及其最新动向

不同于日本沿着银发服务、银发产业直至银发经济的演变历程，欧盟从一开始便将对老年人有直接和间接影响的商品与服务的生产、消费和贸易活动称为银发经济。2005 年，欧盟在德国波恩召开了第一次银发经济会议，各国通过了题为《将银发经济作为提升欧洲生活质量、经济增长以及竞争力的机会》的宣言草案。2015 年，欧盟将银发经济正式定义为"与人口老龄化和 50 岁以上人口有关的公共和消费支出所产生的经济活动"。② 至今，发展银发经济已成为欧盟创造就业机会和提升经济增长点的重要举措。研究发现，预计到 2025 年，其将创造 8800 万个就业岗位，占欧盟总就业的 38%。③

欧盟之所以成为银发经济的领跑者，与其长期以来实施的符合其人口发展现状的老龄化应对策略紧密相关。正如 OECD 在《作为增长途径的银发经济》中指出的，将银发经济作为经济增长的途径是可能的，但并不是必然的，须辅以重大的公共政策变化和深刻的文化转变。④ 欧洲议会研究局于 2021 年发布《欧盟人口展望》，总结了近年来欧盟人口发展的五大特征。除了人口增速放缓、生育率降低、人口年龄中位数提高等具有普遍性的全球人口变迁趋势，需要特别关注其

---

① 余冠玮：《日本银发经济及启示》，《银行家》2024 年第 6 期。
② "Growing the European Silver Economy", European Commission, 2015.
③ 刘越：《国际视野下的银发经济发展及政策启示》，《上海经济》2024 年第 2 期。
④ OECD, GOGA, "The Silver Economy as a Pathway for Growth: Insights from the OECD-CGOA Expert Consultation", https://www.oecd.org/sti/the-silver-economy-as-a-pathway-to-growth.pdf.

在家庭结构和人口发展的空间异质性这两方面的发展态势。具体表现为家庭总户数增加、家庭平均规模缩小；独居者、夫妻家庭、单亲父母家庭占据了欧洲家庭结构类型的主体；65 岁及以上的独居老年人家庭数（尤其是独居老年女性）增加。同时，各地人口发展不均衡，对公共服务提供产生了不利影响。① 鉴于中国在家庭结构变迁和人口老龄化程度存在明显的区域差异两方面与欧盟有着共同的发展趋势，因此可参考其为大力发展银发经济辅以的公共政策和具体措施，以充分挖掘中国老龄社会的潜在经济需求，为建设理想老龄社会积蓄经济新动能。

（一）全生命周期视角下建设"家庭友好型社会"促进家庭消费升级

欧盟委员会于 2021 年 1 月发布的《老龄化问题绿皮书》，为成员国制定和实施符合本国国情的人口老龄化应对政策提供了指导性方向。《老龄化问题绿皮书》旨在发起一场关于如何预防或限制老龄化带来的负面影响的广泛政策辩论，倡导在"全生命周期"视角下通过支持性政策促进代际团结和实现代际正义，引领一个充满活力、具有包容性和促进繁荣的老龄社会。② 如图 10-1 所示，基于"全生命"周期视角的老龄化应对策略表现为：个体生命历程中各节点的划分将更加灵活，教育、培训、就业、退休等阶段的始末时间将不再受到严格定义；积极应对人口老龄化需要在社会制度的可持续发展和加强代际公平之间保持平衡；制定公共政策应当考虑如何充分发掘所有年龄阶段群体的潜在价值。在此指导下的政策目标包括鼓励幼儿期和青年期为应对老龄化奠定基础，充分利用个体职业阶段，应对退休后的新机遇和挑战这三大方面，其中每一个目标都有指定的行动领域。

---

① 倪晓姗：《欧盟及德国积极应对人口老龄化的新动向及其经验借鉴》，《老龄科学研究》2023 年第 4 期。
② 《老龄化问题绿皮书》，https://eur-lex.europa.eu/legal-content/DE/ALL/? uri = COM%3A2021%3A50%3AFIN。

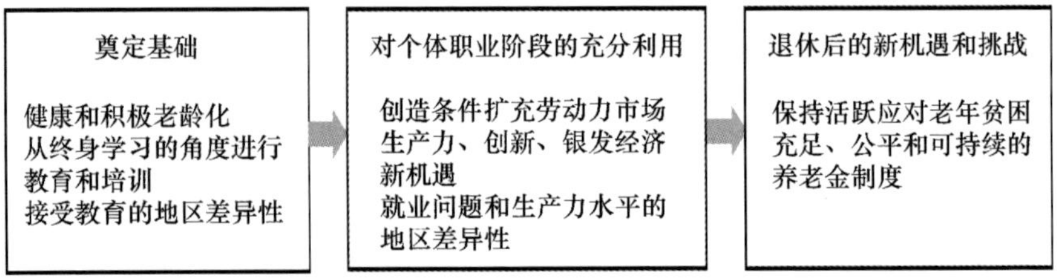

第三部分 政策篇：评估及借鉴

奠定基础	对个体职业阶段的充分利用	退休后的新机遇和挑战
健康和积极老龄化 从终身学习的角度进行教育和培训 接受教育的地区差异性	创造条件扩充劳动力市场 生产力、创新、银发经济新机遇 就业问题和生产力水平的地区差异性	保持活跃应对老年贫困 充足、公平和可持续的养老金制度

图 10-1 全生命周期视角下通过促进代际团结应对人口老龄化

资料来源：根据欧盟委员会于 2021 年发布的《老龄化问题绿皮书》归纳整理。

遵循这一指导性文件，各成员国结合本国国情制定了具体措施。以德国为例，其在积极应对人口老龄化的过程中，将实施覆盖各领域的"家庭友好型"政策作为加强代际团结和维持代际平衡的手段，通过形成时间、金钱和基础设施三个维度的政策合力，实现为家庭提供物质保障、促进家庭与职业生活相协调以及提高生育率的人口发展目标。例如，在提供基础设施和资金扶持维度上，德国自 2006 年起开展"多代屋"的养老模式，促进儿童、青年和老年人等多代人群在社区层面的交往，满足了德国老年人更倾向于居家养老的诉求。在"多代屋"的运营过程中，由政府提供经费资助、社区负责日常管理，高包容度的社区公共空间囊括了花园绿地、儿童设施、老年设施等多样化功能配套，推动形成"代际共融""友好邻里"的社区价值。[1] 在协调时间维度上，于 2015 年实施的《长期护理和家庭护理假法》有效协调了员工的家庭生活和职业生活。员工有权享受家庭护理假，同时可领取护理支持津贴作为工资替代福利，以改善家庭照护者的经济状况。

由此，欧盟通过在公共政策设计中将家庭要素的价值凸显出来，降低了家庭在"一老一小"方面的负担，促进了家庭能力建设，无疑为释放家庭消费潜力、提升家庭消费水平和优化家庭消费结构奠定了良好基础。统计数据显示，家庭消费支出正在取代对外贸易成为推动欧盟经济增长的主要动力，其中 40% 的家庭消费支出

---

[1] https://baijiahao.baidu.com/s?id=1807807202377256188&wfr=spider&for=pc.

来自50岁及以上人口，预计到2025年，这一比重将达到44%。[1]总之，欧盟在"全生命周期"视角下围绕家庭成员生命事件实施的各项措施有利于充分释放家庭的消费需求，尤其是老年家庭的消费潜力。在这个意义上，为老和备老服务涉及的经济范围远远大于应对衰老或者进入老年期后才发生的经济行为。从社会保障和家庭再保障的良性互动中促进家庭消费升级，将成为构建老龄社会新经济供给链的重要突破口。

（二）以数智融合平衡城乡养老资源和丰富银发经济发展图谱

银发经济作为欧盟经济增长的新动能，不仅需要调整现有产业架构，亦要求以技术创新为基础推动智能化与老龄化融合发展。各成员国强调技术创新应成为发展银发经济的核心生产力，其产生的效益表现为降低银发经济的成本，提升公共服务的均等性和可及性，满足银发经济消费主体的差异化需求。资料显示，通信技术和远程医疗的引入使欧盟的医疗效率提升20%，其中，移动医疗使老年人的护理支出减少25%。[2]用于治疗疾病后端环节的支出减少，亦有利于推动用于健康维护的医疗支出逐渐向预防疾病的前端环节转移，增强"治未病"的经济属性，进而催生基因技术、再生医学和激光射频等在抗衰老领域的研发应用。

此外，科技赋能亦为实现地区间生活条件平等奠定基础，尤其极大改善了人口稀少、医疗保健设施密度较低的农村地区的照料条件。例如，德国于2015年实施的《加强法定医疗服务保险法》，通过发展电子医疗、远程护理等技术和采用跨部门"联网式"对话，使偏远地区的医疗机构纳入全国医疗服务系统成为可能，确保民众共享以满足健康护理和长期护理需求为宗旨的综合医疗服务。同时，相较于以往仅强调改善医疗设施、增加护理人员等物理调整方案，技术创新在推动

---

[1] https://www.chinanews.com/cj/2014/12-08/6854367.shtml.
[2] 黄鲁成、韩朝曦、苗红：《国外银发经济发展：现状、成因与科技创新》，《创新科技》2024年第5期。

护理流程透明化、提升民众信任度方面迈出了新的一步。相应的案例体现为，2023年德国联邦内阁通过了《促进卫生数字化法律》（以下简称《数字法》）草案，旨在利用数字化技术实现医疗信息互联互通互享。其中，为所有拥有法定健康保险的投保人建立"电子病历"是落实《数字法》的核心行动。通过形成电子病历，病人可以获得自动生成的完整用药概览，而医生将其与电子处方结合使用，能够快速了解病人正在服用的药物，避免突然改变处方药对病人产生的副作用。①

通过数字化转型和人工智能的适老化发展，老年群体的消费趋势将从关注基本需求转向注重生命精彩度和娱乐体验的提升，进而推动银发经济的产业链条纵深化发展。2021年世界经济论坛首次发布《为老年人设计人工智能技术》，旨在通过制定严格的人工智能设计准则，全面考虑老年人的生理、心理和社交需求，为发展"负责任"的人工智能和满足老年人需求提供指导。具体包括14项原则，即挖掘人工智能服务老年人的潜在价值；采用以老年人为中心的设计流程；将老年群体纳入人工智能数据集；开发对老年群体包容性强的产品；考虑老年残疾人群体的服务需求；公开人工智能的能力与局限性；建立评价指标体系评估软件应用成果；尊重老年人隐私的五项原则；公开人工智能收集数据的目的和范畴；人工智能产品必须获得老年人群体的认可；最大限度地降低老年人受骗风险；保护数据免遭滥用和意外获取；引导老年人构建对人工智能的合理期望；评估护理机器人可能导致的社会隔离加剧风险。②

四 美国提升国民金融素养和发展养老金融的策略

日本和欧盟银发经济的发展路径及其采取的综合举措表明，促

---

① 中华人民共和国驻德意志联邦共和国大使馆，http://de.china-embassy.gov.cn/kjcx/dgkjcxjb/202310/t20231004_11154833.htm。
② 世界经济论坛报告：《为老年人设计人工智能技术》，https://new.qq.com/rain/a/20220509A09WSM00。

进银发经济发展不能仅仅被看作一项旨在提振宏观经济的短期措施，而应通过制定实施具有引导性的产业政策和营造保障代际公平的社会包容机制，充分挖掘老龄社会的潜在消费需求和投资需求，以优化老龄社会资源配置来增进老年福祉和促进代际和谐。在银发经济逐渐成为老龄社会新形态下最具活力、最有发展前途的经济形态之一的背景下，所有经济活动的适老化转型都离不开完善的金融体系的支撑。在2023年10月召开的中央金融工作会议中，养老金融作为金融"五篇大文章"之一被正式提出，其承载着为中国重大战略、重点领域和薄弱环节提供优质金融服务的使命。实现金融服务与银发经济的有机融合与协同发展，不仅有利于在社会代际之间以及个体不同生命阶段之间实现跨期资源的优化配置，亦将为促进实体经济健康发展和培育新质生产力提供更加长期稳定的源头活水。

先期老龄化国家和地区尤其重视通过发挥金融的资金融通和资源配置功能来健全养老保障体系，满足老年群体多元化资产管理需求以及增加全社会金融产品和服务供给，并形成了较为成熟的养老金融运营模式和实践经验。作为全球金融市场最发达的国家，美国将金融手段充分运用于养老实践，在提升全民金融素养推动金融市场正向循环的基础上，形成了市场机制完善、产品服务多样化、融资模式多元化的养老金融体系。以养老金金融体系为例，美国作为最早建立"三支柱"养老金体系的国家之一，拥有全球最大的养老金市场，资金总额达35.50万亿美元，占OECD养老金总资产的65.60%。[1] 目前，美国已发展为以私人养老金为主的第三支柱养老金金融体系，具有税收优惠力度大、覆盖范围广、可投资品种多、多部门协同推动等特点。[2] 总之，借鉴其为搭建健康的养老金融发展环境和推动养老金融体系建设采取的有效措施，对中国做好养老金融大文章、服务养老金融高质

---

[1] OECD官网，https://stats.oecd.org/viewhtml.aspx? datasetcode = PAG&lang = en。
[2] 中国人民银行淮北市分行养老金融课题组：《养老金融发展的国际经验》，《中国金融》2024年第5期。

第三部分 政策篇：评估及借鉴

量发展具有重要参考价值。

（一）将金融教育确立为国家战略提升国民整体金融素养

OECD 在 2016 年对金融素养给予明确定义，即居民对于金融相关概念的认知与理解，对于风险的识别能力，参与金融市场的技能、动机与信心的结合，是在遇到金融风险或机会时，能够合理作出选择、及时做出有效应对从而提高自身金融福祉的过程。[1] 研究发现，提升金融素养对个体抵御市场风险以更好实现老年财富积累，起到了非常关键的作用。例如，金融素养水平越高，个体更有可能配置更多种类且更加分散的选择投资组合，通过养老资产配置的多样化和分散化实现了积极的养老资产优化配置，在不断积累个体养老财富的同时，使得金融市场发育更加完善，由此实现了一个良性的动态循环。[2] 基于金融综合素养对改善个体财务状况、优化养老金融资产配置、保证金融经济持续健康发展等产生的正向影响，美国高度重视开展金融普及教育，提升社会公众金融素养和金融能力。

具体来看，主要采取了以下方法：其一，通过立法加强国民金融知识教育，将金融教育确立为国家战略。2003 年，美国国会通过《公平和准确信用交易法》，提出"金融扫盲与教育促进条例"，建立金融扫盲与教育委员会，实施提高国民金融素养与教育的国家战略。之后不断完善相关行动纲领，于 2011 年将金融教育战略更新为"金融扫盲国家战略"。[3] 在该战略的指导下，同年设立了消费者金融保护局，旨在为消费者提供适合自主学习的金融普及教育资源，每年需要编制金融普及教育年报来衡量金融教育实践成果。金融教育实践主要面向三类群体提供有针对性的普及教育，即面向普通人群提供有关金融产品和服务的公益咨询服务，以增加消费者的金融知识和理财技能；面向军

---

[1] OECD, *International Survey of Adult Financial Literacy Competencies*, Paris：OECD Publishing, 2016.
[2] 袁郑馨：《金融素养与养老金融资产配置决策优化》，硕士学位论文，西南财经大学，2023 年。
[3] 《国民金融知识教育的国际经验及启示 2017》，《金融时报》2017 年 4 月 24 日。

人、退伍军人及其家属,建立军事生涯财务周期指引网站,以提供常见问题的解决方案和工具链接,有效应对军事生涯各阶段可能出现的财务挑战;面向大学生群体则通过开设网络研讨会、金融博客等线上工具,帮助其在筹措学费、管理生活费、建立信用和偿还学生债务时作出更明智的财务决策,以制定有效的学生时期财务规划。①

其二,开展国民金融素养水平调查,构建金融素养评估体系。美国金融业监管局自 2009 年起每三年开展一次国民金融素养水平调查,内容涉及收支平衡管理、提前规划、理财产品管理、理财知识四个部分,旨在统计消费者的金融素养水平,确定衡量理财能力的关键指标,识别影响关键指标的因素,最终提升国民理财满意度。随着调查的持续开展,相关问卷设计逐步优化,目前已成为消费金融领域最为权威的全国性调查之一。以衡量客观金融素养的指标为例,该调查设计了关于复利、通货膨胀、抵押贷款期限与回报率的关系等六个问题,受访者需要对六个问题作出解答。结果显示,受访者对一般性金融知识,如利率和通货膨胀等,具有较为深入的了解,但对于金融产品等较为专业的金融知识了解不足。同时,与衡量主观金融素养指标的统计结果相比,受访者普遍存在过度自信的情况,即过高估计自己的金融知识,对金融知识掌握的主观评价与实际的理财表现并不相符。② 根据全国性调查结果构建的国民金融素养评估体系具有广泛代表性和较高可信度,有利于为后续学术研究和实践应用提供决策依据。

由此,通过开展金融知识教育和定期实施调查评估,降低了非系统性金融风险,国民金融素养得以持续提升,推动个体作出明智的财务决策进而提高理财绩效和理财幸福感。这为个体基于生命历程视角合理配置金融资源,以及优化家庭养老金融资产结构奠定了坚实的社会基础。以美国家庭养老储蓄为例,由于完善的金融市场和广泛开展的金融素养提升行动,美国家庭持有的养老金融资产类型呈现多样化和分散化,

---

① 《美国金融普及教育之路 2023》,新浪财经,https://baijiahao.baidu.com/s?id=1784690167402935765&wfr=spider&for=pc。
② 陈福中、蒋国海:《美国个人金融素养现状分析及对中国的启示 2019》,《清华金融评论》2019 年第 10 期。

第三部分 政策篇：评估及借鉴

2019年持有两种及以上养老金融资产的家庭达到98.7%。同时，民众注重通过购买商业保险来抵御财务风险，人寿保险参与率长期维持在20%左右。① 这充分体现了美国养老保障体系责任多元共担的现状，通过丰富的金融产品来增加养老保障供给，从而助力多支柱养老体系建设。

（二）推动养老金金融、养老服务金融、养老产业金融发展的策略选择

养老金融是为有效应对人口老龄化挑战，围绕社会成员各种养老需求所进行的金融活动总和，包括养老金金融、养老服务金融和养老产业金融三方面。② 除了需要应对一般金融活动存在的微观市场风险和宏观通货膨胀风险，养老金融还要面对一些因难以预测的寿命和需要平稳跨越经济长周期产生的独特风险。③ 由于美国充分将金融手段嵌入养老实践，其养老金融体系逐渐完善升级，并且在养老金金融、养老服务金融和养老产业金融三方面的发展实践中均具有典型代表性。

首先，在养老金金融方面，以税收优惠政策为杠杆，在实现商业化和市场化运作的基础上，制度化养老金金融覆盖率达到较高水平。2022年，美国养老金资产规模达34.30万亿美元，其中第一、第二、第三支柱④资产规模占比分别为6.30%、58.86%、34.84%。研究发现，仅第

---

① OECD网站，"Pension at a Glance 2021"。
② 养老金金融是为储备制度化的养老金进行的一系列金融活动，包括与养老金筹集相关的养老体系制度化建设和与养老金管理相关的养老资产投资两个方面。养老服务金融是金融机构围绕与社会成员养老相关的投资、理财、消费及其他衍生需求进行的金融服务活动，包括非制度化的养老财富管理服务和提供养老金融便携性支持两方面，养老服务金融与养老金金融共同构成了养老金融体系的经济保障。养老产业金融是为养老相关产业提供融资支持的金融活动，即以养老服务为目标，利用资本的力量将社会资源进行整合，涉及制造业、旅游业、地产业、医疗业等众多领域，有较大的投融资需求。
③ 张苏：《发展壮大养老金融 促进养老体系健康发展》，《光明日报》2023年12月27日。
④ 美国养老金融体系包括三大支柱：第一支柱是公共养老金，即由政府发起统一管理、社会保障局运营、实行全国统筹、财政负责最终兜底的联邦社保基金；第二支柱是职业养老金，即由雇主发起委托第三方机构管理，包括以政府计划为主的确定领取型（DB）和以401（k）计划为主的确定缴费型（DC）；第三支柱是个人养老金，即由个人发起委托第三方机构管理，联邦政府通过提供税收优惠，引导个人自愿参与。

二和第三支柱就可以让 50 岁以下居民每年储蓄 25500 美元。① 由此，通过赋予居民更多投资选择和引导其进行长期财富配置，撬动了个体对养老资本积累和增值的广泛需求，实现了养老金金融和资本市场的良性互动，养老责任亦逐步实现向个体转移。

其次，在养老服务金融方面，美国是最早推行住房反向抵押贷款项目的国家之一，形成了包含房产抵押反按揭贷款（HECM）、住房持有者贷款、财务自由贷款三种类型的较为成熟和先进的住房反向抵押贷款服务。以最具代表性且业务占据美国住房反向抵押贷款业务 95% 的 HECM 为例，其核心业务是老年人将其拥有的房屋产权抵押给金融机构后，由金融机构对借款人的年龄、预期寿命、房屋现值、未来增值折旧等情况进行综合评估，并签署相关借贷合同。老年人定期从金融机构获得贷款金额，一直延续到其去世或搬离房屋。住房最后由金融机构获得，或者由房屋所有者及其继承者通过归还贷款本息的形式，收回房屋的所有权。HECM 作为"以房养老"模式之一，其在美国的快速发展得益于一系列财税优惠政策的有力支持。例如，美国的遗产税以及资本利得税制度对老年人参与 HECM 业务具有显著的激励效应；政府为住房反向抵押贷款发展及风险补偿提供经费资助和兜底保障，等等。②

最后，在养老产业金融方面，美国以养老社区为抓手，形成涵盖地产、文娱、餐饮、医养等环节的完整养老产业链条，是健康管理、养老医疗等消费场景集约化出口。以打造综合养老社区为例，按照老年人自理程度将社区划分为自理单元、辅助单元和护理单元，分别服务于完全自理老人、半失能老人和失能老人。此外，针对阿尔兹海默病群体设置了记忆保健单元。社区运营方向是旨在通过提高养老服务质量和水平，为老年人创造一个安全、舒适和有尊严的生活环境。同时，在运营过程中注重提供多元化和包容性服务，以满足不同族裔、宗教信仰和文化背

---

① 周昕：《中国养老金融的发展模式及策略选择——来自美国养老金融业的经验借鉴》，《中国银行业》2024 年第 3 期。

② 郑岩、张红卓：《财税政策支持养老金融发展的国际经验及启示》，《金融发展研究》2023 年第 11 期。

景的老年人的需求。截至 2018 年，美国共有 14891 个养老社区，从老年人护理需求来看，主要集中于辅助单元与护理单元。①

整体看来，美国养老金融体系呈现以下特点：第一，税收优惠制度完善。政府为发展多支柱养老保险制度提供政策支持，尤其对第三支柱养老金及相关金融产品给予优惠。以传统个人退休账户（IRA）为例，居民可以自由决定存入金额，这部分缴费可以享受缴税延期。第二，融资模式多样化。养老金融相关企业能够通过上市融资、私募股权投资基金、信贷、证券融资等多种方式及时获得资金支持，为养老金融体系的发展奠定了良好的资金运作基础。第三，产品服务多样化。养老金融产品和服务涉及多个行业领域，种类丰富、覆盖面广。此外，针对不同受众群体提供差异化养老保障，满足老年人的个性化和多样性养老需求。②

五　先期老龄化国家和地区发展银发经济的政策反思和经验借鉴

当前，全球正面临前所未有的人口老龄化浪潮。西方发达国家进入老龄社会较早，引领全球老龄社会发展的大方向；发展中国家紧随其后，以超过自身经济发展速度的老龄化急遽深化进程，决定全球老龄社会发展的大趋势。作为推动由年轻社会转向成年社会、最终走向老龄社会的内生动力，世界人口年龄结构逐渐从金字塔形走向橄榄形的演进态势正在重塑各国的经济和社会结构。当经济社会发展与其不相适应时将衍生老龄社会问题，可能造成经济增长潜力减弱、社会保障压力加剧、不平等扩大等深远影响。于是，国际社会从被动应对老龄化压力，转向积极推动全面的老龄社会治理，以应对老龄化可能对社会经济造成的冲击。

---

① 周昕：《中国养老金融的发展模式及策略选择——来自美国养老金融业的经验借鉴》，《中国银行业》2024 年第 3 期。
② 王波、郑联盛、郭安：《养老金融：中国实践、国际经验与发展对策》，《西南金融》2022 年第 8 期。

纵观上述先期老龄化国家和地区积极推进银发经济发展的一系列转变过程可以看出，银发经济是一个具有充分国外借鉴和国际发展空间的经济领域。然而，中国银发经济的发展面临独特的约束条件与潜在机遇，若使这些探索经验在中国真正发挥效力，必须合理转化为本土化的政策与行动。由此，便需要在准确识别中国银发经济功能定位的基础上，结合有效国际经验，形成内生于中国老龄社会禀赋结构比较优势的银发经济高质量发展方案。

（一）共性与差异：中国发展银发经济面临的复杂挑战与潜在机遇

世界经济论坛（World Economic Forum，WEF）于2024年1月发布的《长寿经济原则：未来财务韧性的基础》（Longevity Economy Principles: The Foundation for a Financially Resilient Future）（以下简称"报告"）旨在阐释如何在老龄社会的背景下保持个体和社会的经济韧性，提出通过贯彻"六项长寿经济原则"推动老龄社会系统的整体性与协同性发展。这六项原则不仅回应了各国在养老服务体系和社会福利政策方面可能面临的普遍性挑战，亦为解决全球老龄化问题勾勒出一个跨行业和跨领域的协同治理框架。

具体来看这六项原则侧重点如下。首先，"确保关键生活事件中的财务韧性"被列为首要原则，即面对个体在职业中断、疾病、意外及退休等重大生活事件中存在的财务风险，责任的承担应从保持个体的财务韧性拓展到整个社会的结构性支持。其次，"普及公正的理财教育"着重于缩小社会财富与预期寿命之间的差距，通过开发金融知识课程、开展劳动者理财教育等，帮助各社会阶层尤其是弱势群体提升财务素养和增强理财能力。"将健康老龄化作为长寿经济的基础"提出借助社区支持和技术手段，推动健康行动的重点从治疗疾病向预防疾病的前端环节转移。"发展多代劳动力和终身技能建设"旨在应对老龄社会的就业压力，探索如何保障老年人继续参与社会劳动和促进劳动力市场的包容性。"设计可加强社交联系的系统和环境"则聚焦老年人的社交网络建设，以降低老年人的孤独感、减轻老年抑郁、提高老年心理健康水平。最后，"解决性别、种族和阶层之间的不平

第三部分 政策篇：评估及借鉴

等问题"直指长寿时代面临的公平性挑战，需要通过合理配置教育资源、打击年龄歧视等举措，确保所有人都能享受发展长寿经济带来的益处。①

总之，报告指出了各国共同面临的由深度老龄化带来的复杂挑战，如财务风险、年龄歧视、财富与寿命之间的差距等，需要通过践行上述原则挖掘老龄社会的经济增长潜力和增强银发经济发展韧性。同时，报告亦指出，推动长寿经济不仅依赖于政策和制度的设计，更取决于公共部门、私营部门、民间社会和个体的协同行动，将"六项原则"进行本土化转换和融入各国公共政策，才能构建适合本国国情的老龄社会经济发展框架。因此，不同于先期老龄化国家和地区资本密集型的银发经济发展模式，中国在"未富先老""未备先老""未康先老"背景下探索出的银发经济发展历程具有特殊性，主要体现为以下三个方面。

第一，为建立起经济发展和民生保障的良性互动机制，中国银发经济的产生天然带有"培育经济发展新动能"和"提高人民生活品质"的双重使命。发展银发经济既是长寿时代和老龄社会新形态下，有效回应养老的急难愁盼，以增进老年人福祉、促进代际和谐和增强社会整体活力的现实需要，也是在新一轮科技革命和产业变革背景下，充分挖掘人口老龄化带来的新经济增长点，以生产要素创新性配置和产业深度转型升级助推形成新质生产力的重要抓手。

第二，与老龄化发展速度和经济发展进程呈现"同步型"的先期老龄化国家不同，中国属于人口年龄结构形态演进先于社会架构转变的"超前型"老龄社会。中国式老龄化面临由老年人口禀赋结构优化带来的日益增长的多元化、差异化和个性化消费需求，与经济活动的适老化转型不平衡不充分的发展之间的矛盾。这使得银发经济在中国仍处于起步阶段，其高质量发展存在支付能力和消费动力不足、产品质量和服务水平不高、市场监管和人才建设滞后等限制性因素。

---

① 世界经济论坛：《长寿经济原则：未来财务韧性的基础》，https://www3.weforum.org/docs/WEF_ Longevity_ Economy_ Principles_ 2024.pdf。

第三,在传统增长动能减弱、越来越需要居民消费在发展方式中发挥基础性的需求贡献的情况下,中国银发经济发展将迎来转型发展的新机遇。随着中国经济正在构建以国内大循环为主、国内国际双循环相互促进的新发展格局,银发经济将因其独有的稳定性和规模性,在扩大内需、激发消费动能以培育老龄社会经济发展新引擎方面发挥重要作用。由此将创造出丰富需求和巨大的国内循环空间,以填补经济增长缺口和实现"三驾马车"新的平衡。

(二) 助推中国实现银发经济高质量发展的有效经验

基于国外银发经济发展的演变历程,助推中国银发经济实现高质量发展的有效经验可归纳为以下五大方面。

一是树立老龄社会主流化观念,促进从"社会压力"到"经济活力"的思想适老化。先期老龄化国家关于银发经济的战略都将老年人视为资源与财富,这不仅使得老年人日渐成为劳动力市场的重要资产,亦为创造就业机会和促进经济发展提供可能。树立老龄社会主流化观念的逻辑起点是要把老龄社会当作"普遍""常态""长远"问题看待,各领域各层面政策、法律、规划、战略等要充分考虑老龄社会的基本现实,增强全社会对人口老龄化和老龄社会的理性认识。同时,对老年概念的理解应趋向多维化,判断个体是否处于老年状态应从单纯物理或生物维度的划分扩展到心理、社会和经济多角度。各国银发经济发展战略强调对不同类型的群体制定适当的、可调整的、高精准度的定位战略,建立更加灵活的、对老年人友好的生活场所、工作场所和社区场所。另外,打破老龄概念桎梏必须以科学认识社会形态转变规律为前提,重视代际公平与和谐,倡导年龄包容、能力包容、理念包容和文化包容,促进社会资源和权利共享、社会责任和义务共担。

二是强化要素保障和环境优化的支持体系,促进为老和备老产品与服务的高质量供给。虽然银发经济是适应老龄社会的新兴经济形态,但是对传统要素的依赖仍然存在,发展银发经济必须确保土地、资本、劳动力和技术要素的有效支撑。为此,应处理好银发经济政策

第三部分 政策篇：评估及借鉴

与其他公共政策的协同关系，以发挥整体效应。例如，银发经济政策要与教育专业政策协同，根据人口年龄结构变化趋势，及时研判，调整高等教育和职业教育中的专业设置、招生规模和课程体系，为适应银发经济高质量发展培养现代化的人力资源。需要注意的是，银发经济发展政策应逐渐融入城市化进程，推动城乡基础设施适老化融合发展，保障养老服务设施和适老化相关产业用地，建设社区、乡村嵌入式服务设施，合理布局老年日用产品实体店，实现适老化无障碍出行环境建设与城乡公共交通规划的良好衔接。在此基础上，打造高质量的为老和备老产品与服务供给体系对财税环境和法治环境提出更高要求。一方面，在扶持银发经济起步的过程中要处理好中央预算投资与地方政府专项债券的协同关系，建立健全银发经济市场主体的信誉机制，及时出台税费改革举措，形成差异化的财税支持机制。另一方面，积极建立与国家治理体系和治理能力现代化相适应的老龄社会法治体系，依法打击各类以"养老项目""养老产品""养老理财"等名目为由的涉老诈骗犯罪行为，推进法治化营商环境迭代升级，为银发经济高质量发展营造稳定、公平、透明可预期的营商环境。

三是筑牢社会保障体系和完善就业体系，促进老年社会参与的高质量发展。推动银发经济高质量发展除了需要从供给侧提升产品和服务的质量水平，亦要从需求侧关注老年群体所需，增强老年人实现需求的物质能力和接受需求的健康能力。养老金是老年人的基础生活来源，夯实养老财富储备需要完善多层次、多支柱养老金制度，逐步提高第二、第三支柱的目标替代率，多渠道拓宽老年群体的经济来源。同时，银发经济市场的多元化发展依赖于劳动力市场与消费者市场的平衡，由此需要打造年龄包容型就业市场，开发适老化岗位，推广"时间银行"制度，发挥"零工经济"效能，以拓宽老年人口再就业渠道。同时，促进老年社会参与的高质量发展应扩大老年教育资源供给，推进继续教育资源向老年人倾斜，健全终身职业技能培训体系，以改善老年教育供给内容与结构。通过发展集体经济和培育乡村产业新业态提高农村老年人口的经济收入；完善农村地区的基础设施建设，为农村老年人提供方式便捷、形式多样的活动交往平台；充分发挥农村老年人在参与基层民主监督、移风易俗、民事调解等乡村治理中的作用。

四是利用科技赋能和支撑银发经济,促进从"物理调整"到"数智融合"的技术转变。技术创新已然成为银发经济的重要生产力,各国政府日益强调老龄科技创新是应对老龄社会潜在风险的解决方案。老龄科技创新是以移动互联网、大数据、人工智能、传感器、脑科学等为代表的新科技,发展银发经济应积极把握新兴智慧手段的"风向标",打造集产品研发、营销、交互和评估于一体的养老产业体系。首先,利用中国制造业门类齐全的优势,发展全产业链养老产品智造体系。例如,加大对康复辅具的研发力度,以助力居家养老和老年健康服务。其次,利用中国市场容量大和互联网应用基础好的优势,通过智能联动破除老年信息茧房和推动数据要素赋能银发经济。例如,以广泛便捷的互联网支付和物流与配送体系为基础,配合养老服务联合机制建设、区域养老综合服务中心的平台经济模式和共享经济模式,发展机构、社区、居家全覆盖的智慧养老服务体系。最后,利用中国"网格化+"的基层社会治理优势,通过党建引领、社会参与和全民行动,加强实时监测和精准评估老年需求,开展标准化试点和质量测评,为银发经济标准化建设、精准匹配需求提供可靠的实证支撑。

五是健全养老金融体系和提升全社会养老成熟度,促进树立"发展型"而非"福利依赖型"的政策主旨。在时间轴上,银发经济涵盖"备老经济"和"为老经济"两大部类,由此,应充分利用金融具有的强有力资金调配和防范化解长寿风险的功能。一方面,丰富发展养老金融产品,在业务拓展领域,要大力支持金融机构依法合规发展养老金融业务,提供养老财务规划、资金管理等服务,夯实积极"备老"的资金储备。在产品衔接领域,要丰富第三支柱养老保险产品,推进专属商业养老保险发展,加强养老金融产品研发与健康、养老照护等服务衔接,树立长期主义的养老资源储备与配置意愿,在做好金融"五篇大文章"的过程中,扩大高效"为老"的产品供给。另一方面,银发经济是在老龄社会新形态下关涉全社会、全人群和全生命周期的一系列经济活动，需要从全人口结构勾勒与衡量积极应对人口老龄化的养老素养与成本效益，提升中青年一代的养老素养、养老决策等养老成熟度，尤其需要做好青年群体养老规划的前瞻性福利保障。促进树立"发展型"而非"福利依赖型"的政策主旨，以坚持生产力和人口现代化为优先保证，为银发经济提供坚实的物质基础。

第四部分　·实践篇　现状及趋势·

第十一章　养老服务市场发展报告[*]

党的十九届五中全会将实施积极应对人口老龄化上升到国家战略，加快构建和完善兜底性、普惠型、多样化的养老服务体系，大力推动养老服务业高质量发展和可持续发展，是积极应对人口老龄化的重大战略举措。党的二十大报告提出，"发展养老事业和养老产业，优化孤寡老人服务，推动实现全体老年人享有基本养老服务",[①] 养老服务体系建设在战略布局中的核心地位进一步凸显。

一　养老服务业发展的几个阶段

推动养老服务市场化发展、加强产业化建设是实现养老服务高质量发展的内在动力，也是积极应对老龄化的具体行动，这一转型过程伴随政策体系的逐步完善，历经三个阶段。

第一阶段，在养老服务业的萌芽期，市场机制的潜力受到高度重视。"养老服务业"一词在中国政策语境中的首次亮相可追溯到2006年。《国务院办公厅转发全国老龄委办公室和发展改革委等部门关于加快发展养老服务业意见的通知》（国办发〔2006〕6号）将其定义为"为老年人提供生活照顾和护理服务，满足老年人特殊生活需求的

---

[*] 本章作者为原新、于佳豪、张彩霞。作者简介：原新，南开大学经济学院教授、南开大学老龄发展战略研究中心主任。于佳豪，南开大学博士研究生。张彩霞，南开大学博士研究生。

[①] 习近平：《高举中国特色社会主义伟大旗帜　为全面建设社会主义现代化国家而团结奋斗——在中国共产党第二十次全国代表大会上的报告》，人民出版社2022年版，第49页。

服务行业"。2013年9月,《国务院关于加快发展养老服务业的若干意见》(国发〔2013〕35号)指出,"从国情出发,把不断满足老年人日益增长的养老服务需求作为出发点和落脚点,充分发挥政府作用,通过简政放权,创新体制机制,激发社会活力,充分发挥社会力量的主体作用,健全养老服务体系,满足多样化养老服务需求,努力使养老服务业成为积极应对人口老龄化、保障和改善民生的重要举措,成为扩大内需、增加就业、促进服务业发展、推动经济转型升级的重要力量"。

第二阶段,在养老服务业的成长期,其产业化特征得到系统阐述。2016年10月,在中央全面深化改革领导小组第二十八次会议上,习近平总书记指出,"养老服务业既是关系亿万群众福祉的民生事业,也是具有巨大发展潜力的朝阳产业"。[1] 同年12月,《国务院办公厅关于全面放开养老服务市场提升养老服务质量的若干意见》(国办发〔2016〕91号)强调,"养老服务业既是涉及亿万群众福祉的民生事业,也是具有巨大发展潜力的朝阳产业。全面放开养老服务市场,提升养老服务质量,要坚持'深化改革、放开市场,改善结构、突出重点,鼓励创新、提质增效,强化监管、优化环境'的原则,持续深化简政放权、放管结合、优化服务改革,积极应对人口老龄化,培育健康养老意识,加快推进养老服务业供给侧结构性改革,保障基本需求,繁荣养老市场,提升服务质量,让广大老年群体享受优质养老服务,切实增强人民群众获得感"。

第三阶段,随着银发经济概念的提出,养老服务市场的经济属性更加清晰。2024年1月,《国务院办公厅关于发展银发经济增进老年人福祉的意见》(国办发〔2024〕1号)明确了养老服务市场的经济学边界。同年7月,党的二十届三中全会把积极应对人口老龄化作为完善人口发展支持和服务体系的主要任务。"积极应对人口老龄化,完善发展养老事业和养老产业政策机制。发展银发经济,创造适合老

---

[1] 《习近平在中共中央政治局第三十二次集体学习时强调 党委领导政府主导社会参与全民行动 推动老龄事业全面协调可持续发展》,《人民日报》2016年5月29日第1版。

年人的多样化、个性化就业岗位。按照自愿、弹性原则，稳妥有序推进渐进式延迟法定退休年龄改革。优化基本养老服务供给，培育社区养老服务机构，健全公办养老机构运营机制，鼓励和引导企业等社会力量积极参与，推进互助性养老服务，促进医养结合。加快补齐农村养老服务短板。改善对孤寡、残障失能等特殊困难老年人的服务，加快建立长期护理保险制度。"[1] 剖析养老服务市场的发展现状、挖掘其内在增长潜力，是促进银发经济繁荣发展、实现积极应对人口老龄化战略目标的必由之路。

二 养老服务市场发展现状

在推动养老服务体系高质量发展进程中，中国养老服务市场汇聚了家庭、社区、机构、政府力量及企业资本等主体，形成覆盖生活照料、健康医疗、精神慰藉等内容的多维服务网络。2000年，《中共中央 国务院关于加强老龄工作的决定》提出建立"以家庭养老为基础、社区服务为依托、社会养老为补充的养老机制"。这奠定了发展多元化养老服务体系的政策基调。2013年，《国务院关于加快发展养老服务业的若干意见》提出，"到2020年，全面建成以居家为基础、社区为依托、机构为支撑的，功能完善、规模适度、覆盖城乡的养老服务体系"。其开启了中国养老服务体系建设的新时代。2019年，党的十九届四中全会将"居家社区机构相协调、医养康养相结合"作为养老服务体系建设新要求，服务主体与服务资源的多样化、多层次特征进一步明晰。2020年，国家统计局公布《养老产业统计分类（2020）》，在养老产业的12个大类中，涉及养老服务的产业类别超过一半，涵盖医护保健、生活照料、精神慰藉、娱乐发展等多方面。中国养老服务市场参与主体类型多样、资源配置错综复杂、服务内容层次分明的特征逐渐显现。

---

[1] 《中共中央关于进一步全面深化改革 推进中国式现代化的决定》，人民出版社2024年版，第38页。

第四部分　实践篇：现状及趋势

（一）人口老龄化推动养老服务市场需求内容延伸

中国老年人口总量大是人口老龄化趋势在总人口规模巨大背景下的人口结构性具体表现，伴随人口长寿化趋势带来的年龄结构老化，共同构成推动养老服务市场需求扩张的基础要素和潜在巨大市场。一方面，规模巨大的老年人口为养老服务需求扩张提供数量支撑。根据第五次全国人口普查数据，2000年中国60岁及以上老年人口达到1.30亿，老龄化水平超过10%，进入老龄化社会；国家统计局数据显示，2023年中国老年人口和老龄化水平分别增至2.97亿和21.10%，迈入中度老龄社会。另一方面，老年人口高龄化趋势构成养老服务需求扩张的年龄基础。根据历次人口普查数据，2000年中国80岁及以上的高龄老人1199.11万，在60岁及以上老年人口中占比9.23%，2010年同一指标分别增至4197.87万和11.82%，2020年增至7160.17万和13.56%，高龄化与老龄化伴行现象日益凸显。同时，家庭成员养老功能却持续弱化，表现为生育率下滑、家庭观念转变及城市化浪潮推动下的家庭结构小型化和子女角色淡出。历次人口普查数据显示，中国家庭户平均人口规模从2000年的3.44人下降到2010年的3.10人，至2020年仅为2.62人，传统家庭养老模式赖以生存的家庭规模持续缩减。政府在养老服务体系中主要发挥兜底保障与战略规划的作用，中央和地方政府财政常用于满足基本养老服务需求，面对老年人群体多元化、个性化服务需求，灵活高效的市场机制是最优选择，老年人对于社会化、市场化的养老服务需求旺盛。

其一，生活照料服务需求快速增长。中国人口老龄化趋势的不断深化，特别是高龄化趋势的持续加剧，推动老年人照护需求不断增长，涵盖日常监护、辅助用餐、洗浴清洁等多方面。《2022年养老消费调查项目研究报告》显示，家政清洁、餐饮服务备受老年人关注，需求比例分别为24.60%、23.40%。高龄老人是养老的主要对象，由于身体机能下降、存在自理能力弱化的可能，对生活照料服务的需求旺盛、依赖度高。第四次中国城乡老年人生活状况抽样调查（以下简称"四调"）数据显示，60—79岁的老年人中，约11.20%需要照护服务，而 80 岁及以上的高龄老人中，这一比例升至 41.0%，几乎是中低龄老人需求量的四倍。在服务场所选择方面，根据《2022 年养老消费调查项目研究报告》，绝大多数老年人倾向于居家或社区养老，53.81% 的老人希望与儿女同住养老，41.20% 的老人能够接受与配偶或独自居家养老；机构养老的接受度相对较低，认为养老机构条件不好、稳定性差、收费太高的老年人分别为 33.72%、32.37%、29.24%。

其二，健康医疗服务需求越发迫切。根据服务内容划分，老年人的健康医疗服务需求包括养生保健服务、康复医疗服务和安宁疗护服务。首先，身体素质是保障老年人生活质量的基石，维持身体健康、减少疾病发生是所有老年人的共同心愿。《2022 年养老消费调查项目研究报告》数据显示，82.02% 的老年人对老年保健品和专用食品持积极态度，反映了健康老人群体对养生保健的热切需求。其次，老年人患病概率高、治疗期长、恢复速度慢，患病老人对减轻疼痛、减少健康状况恶化的康复医疗服务需求迫切。《2022 中国卫生健康统计年鉴》显示，65 岁及以上老年人口的两周患病率、慢性病患病率分别为 58.40%、62.30%，在所有年龄阶层中居于首位。与老年人较高患病概率相对应，老年人对医疗健康类服务十分看重，《2022 年养老消费调查项目研究报告》显示，22.48% 的受访者购买过慢性病诊疗及康复护理等医疗服务，51.48% 的受访者希望提升养老机构的医疗服务水平。最后，疾病终末期或临终前老年患者对安宁疗护服务的需求尤为突出。《2022 中国卫生健康统计年鉴》显示，老年人因病死亡概率随着年龄增长而上升，中国城市居民中 70—74 岁、80—84 岁老年人因病死亡概率分别为 2.01%、5.98%，85 岁及以上老年人这一概率更是升至 14.98%，安宁疗护服务可为临终前患者提供生理、心理等多方面的照护与人文关怀，有助于控制患者的痛苦和不适症状，提高生命质量。

其三，精神慰藉服务需求重要性凸显。在当前人口流动频繁、家庭结构简化的背景下，老年人空巢和独居概率上升，精神慰藉服务对于增强老年人获得感、幸福感和安全感至关重要。现代社会中老年人

第四部分　实践篇：现状及趋势

与子女分开居住情况常见,第七次全国人口普查数据显示,2020年中国单独居住老人为3729万户,占"有老年人家庭户"的21.38%,城乡空巢老人现象普遍。情绪低落、孤独无助是老年群体尤其是独居老人容易产生的心理健康问题,"四调"显示,老年人在情感层面的需求较为强烈,10.60%的老年人表示需要心理咨询或聊天解闷服务。除了生活上的精神慰藉服务,鉴于老年群体心理健康素养水平相对薄弱、对心理疾病的认知不足,可能还存在对专业心理卫生服务的潜在需求。2020年,国家卫生健康委办公厅发布《探索抑郁症防治特色服务工作方案》,将老年人列为抑郁症防治的重点人群。积极推进面向老年人的心理健康宣传工作,确保老年人能够得到专业、及时、有效的心理支持与治疗是增进老年人心理健康福祉的必要手段。

其四,智慧养老服务需求逐渐兴起。养老服务业作为典型的劳动密集型产业,核心投入要素在于照护服务人员的专业素养与数量。老龄化浪潮冲击下,护理人员供不应求的现象日益显著,催生了对科技产品与智能技术的强烈需求。在宏观层面,老年抚养比上升加剧了养老服务人员供给不足的挑战。历次人口普查数据显示,中国老年抚养比[①]持续上升,2000年、2010年、2020年分别为15.50、18.90、29.50。在微观层面,少子化、家庭规模小型化削弱了家庭内部的非专业照护能力,专业护理人员的工作性价比问题又限制了其供给规模。《健康中国行动(2019—2030年)》显示,截至2018年年底,中国约有4000万失能半失能老人,按照护依赖老人与护理员3∶1的配置标准估算,至少需要1300万名护理人员。但《中国民政统计年鉴(2019)》数据显示,同期养老护理员仅为49万人,人员供给严重不足。智能技术的引入与应用是缓解行业人力资源紧张局面的重要手段,养老服务市场对智能家用机器人、康复辅助器具等智能硬件设备,以及互联网养老服务平台、养老信息综合平台等网络平台的需求逐渐兴起。

---

① 15—59岁劳动年龄人口=100。

（二）政策支持体系引导养老服务市场供给初步成型

面对老年人日益增长的多层次、多样化养老服务需求，《"十四五"国家老龄事业发展和养老服务体系规划》强调，构建和完善兜底性、普惠型、多样化的养老服务体系，中国政府、社会、家庭、个人分担和共担养老服务职责的框架初步成型。一是确定了政府在养老服务供给体系建设中保基本、兜底和普惠的职责。2023年，中共中央办公厅 国务院办公厅印发的《关于推进基本养老服务体系建设的意见》提出了规范基本养老服务体系发展的基础性、普惠性、共担性、系统性原则，同时制定了国家基本养老服务清单，明确了基本养老服务对象、服务内容等，具体包括物质帮助、照护服务、关爱服务三大类16个服务项目，面向多类老年人提供旨在实现老有所养、老有所依所必需的基础性、普惠性、兜底性服务。二是充分发挥市场在资源配置中的基础性作用。2014年，《商务部关于推动养老服务产业发展的指导意见》（商服贸函〔2014〕899号）指出，充分发挥社会力量的主体作用，探索以市场化方式发展养老服务产业。2016年，《国务院办公厅关于全面放开养老服务市场提升养老服务质量的若干意见》指出，"积极引导社会资本进入养老服务业，推动公办养老机构改革，充分激发各类市场主体活力"。上述文件为产业繁荣营造了更加开放包容的政策环境。三是弘扬中华民族孝亲敬老传统美德，支持家庭承担养老功能。积极践行社会主义核心价值观，传承弘扬"百善孝为先"的中华民族传统美德，帮助老年人家庭成员提高照护能力。四是引导老年人树立主动健康和终身发展理念，鼓励老年人积极面对老年生活。通过创新发展老年教育、加强老年人就业服务、促进老年人社会参与等措施鼓励老年人继续发挥作用。在政府引导、社会重视、家庭支持、个体参与的多方共同努力下，中国养老服务供给体系不断优化升级。

其一，生活照料服务多元化发展。2017年，《国务院办公厅关于制定和实施老年人照顾服务项目的意见》（国办发〔2017〕52号）特别针对优化照顾服务供给提出指导意见，中国照顾服务实现多种模式共同发展,在推动改善民生、使老年人共享发展成果方面取得积极成效。《2022年度国家老龄事业发展公报》显示,在社区服务方面,截至2022年年末,社区养老服务机构和设施34.7万个,床位311.1万张,有助于增强老年人的社区归属感与生活便利性;在居家服务方面,2022年全国设市城市新建居住区配套养老服务设施达标率83.2%,为老年人在家安享晚年提供了物质基础;在机构服务方面,截至2022年年末,全国注册登记的养老机构4.1万个,比上年增长1.6%,床位518.3万张,比上年增长2.9%,机构养老服务的规模化、体系化发展态势初显。《2023年社会服务机构参与居家社区养老服务供给调查报告》显示,社会服务机构在连接各方资源、参与居家社区养老服务等方面具有优势,表现为服务专业性更强、公益性特点更突出、可参与内容更多元,促进专业机构服务向社区延伸将是构建多元化养老服务供给体系的重要途径。

其二,健康医疗服务全方位布局。2016年,中共中央、国务院印发《"健康中国2030"规划纲要》,将老年人列为加强健康服务的重点人群,完善老年人健康支撑体系在实践中持续深化。一是老年人健康服务和管理水平提升。《2022年度国家老龄事业发展公报》显示,90%以上的社区卫生服务中心和乡镇卫生院可提供12周的长期处方服务。2022年,在基层医疗卫生机构接受健康管理的65岁及以上老年人达12708.3万,获得基本康复服务的60岁及以上残疾老年人为374.5万,面向老年人的健康医疗服务覆盖面初步展开。二是失能老年人长期照护服务和保障强化。搭建康护专业教育体系、加大人才培养与储备力度是强化长期照护服务的关键举措,2021年,医养照护与管理专业正式纳入《职业教育专业目录(2021年)》,培养专业技能与管理人才得到高度重视。三是医养结合深入推进。策略聚焦整合现有医疗资源、强化医疗与养老服务的有机融合,为老年康复护理注入人才活力、提供先进设备与技术支撑。2016年起,原国家卫生计生委和民政部组织开展医养结合试点工作,专设老年健康服务机构、医疗机构内嵌养老功能、深化医养服务协议合作等尝试,为推广医养结合模式积累了宝贵经验。

其三，精神慰藉服务得到社会关注。在养老服务市场的多元化供给格局中，社区和机构对老年人心理健康的关注与重视充分体现，《2023年社会服务机构参与居家社区养老服务供给调查报告》显示，15.50%的社区有心理咨询服务、88.82%的养老机构提供心理慰藉服务。除了专业化的心理咨询服务，通过满足老年人发展需求、丰富老年人娱乐活动、鼓励老年人继续发挥作用等措施提升老年人社会参与，可以从根源上缓解老年人因孤独感、价值缺失、生活单调而产生的情感困扰。一是加强老年教育、扩大老年教育资源供给。2022年教育部组织开展"智慧助老"和社区教育"能者为师"系列专项行动，搭建全国老年教育公共服务平台，极大地丰富了老年人的精神文化生活。二是加强文旅服务适老化改造、提升老年文体服务质量。2022年，文化和旅游部精选10个智慧旅游适老化示范案例，引领老年旅游市场的规范化与高质量发展。三是把老有所为同老有所养结合、充分发挥老年人作用。"四调"数据显示，39.50%的老年人表示社区在办大事时征求过他们的意见，45.60%的老年人经常参加各种公益活动，展现老年人在社会中的宝贵价值，是构建和谐、包容的老龄社会的题中应有之义。

其四，智慧养老服务粗具规模。2019年智慧健康养老产业发展大会数据显示，中国智慧健康养老产业规模近3.20万亿元，近3年复合增长率超过18%，互联网、大数据、人工智能等技术在养老服务市场的应用粗具规模。一是"互联网+"养老服务在全国各地展开运行。河南的智慧养老服务地图、广西北海的居家养老个性化"点单式"服务、浙江乌镇的智慧养老平台等，囊括资源整合、服务对接、综合运营各方面，为发展数字化、智能化的养老服务体系提供宝贵经验。二是智能康复辅助器具的政策支持体系逐渐完善。2016年，《国务院关于加快发展康复辅助器具产业的若干意见》（国发〔2016〕60号），为人工智能、脑机接口、虚拟现实等前沿技术在康复辅助器具中的创新应用铺设了政策基石。2023年，工业和信息化部、民政部和国家卫生健康委共同公布《智慧健康养老产品及服务推广目录（2022年版）》，涵盖健康咨询、慢病管理、生活护理等养老服务内容。三是助力老年人对智能技术的应用。中共中央网信办发布的《第47次中国互联网络发展状况统计报告》显示，2016—2020年，全国50岁及以上网民的数量从6900万左右增长到2.60亿，互联网向中老年群体迅速渗透。2022年，国家卫生健康委、全国老龄办组织在20个城市广泛开展老年人智能技术培训，举办超过2万场公益活动，助力跨越数字鸿沟，拓展老年人的信息获取渠道与社交空间。

（三）养老服务市场发展面临多方面挑战

其一，养老服务市场的发展力度有待加强。中国养老服务市场二元分化特征显著，呈现出高端型养老服务市场发展态势良好、普惠型养老服务市场活力相对低迷的结构性特征。普惠型养老服务市场面向广大老年群体，受限于市场需求端消费意愿不足、购买能力有限以及供给端投资回报周期长、护理成本高昂等挑战，市场规模扩张遭遇瓶颈。从需求侧来看，当前老年群体经济能力相对不足，制约其消费能力。第七次全国人口普查数据显示，60岁及以上老年人中，主要生活来源为最低生活保障金、失业保险金或依靠家庭其他成员供养的比例高达36.96%，相当数量的老年人没有充足稳定的收入来源，难以支撑对市场化养老服务的需求。从供给侧来看，养老服务业初期投资大、运营成本高。即使服务溢价不高，服务费用也超出多数老人的经济承受能力，导致养老机构空置率高企、整体盈利能力不强。2015年，《中国养老机构发展研究报告》指出，中国养老机构亏损率高达32.5%，仅19.4%存在盈余；根据民政部和全国老龄办发布的《2023年度国家老龄事业发展公报》，截至2023年年末，全国共有各类养老机构和设施40.4万个，养老床位合计823万张。其中，注册登记的养老机构4.1万个，床位517.2万张（护理型床位占比为58.9%）；社区养老服务机构和设施36.3万个，床位305.8万张。养老机构入住率有待于进一步提升，养老服务业在运营效率和市场需求对接方面亟待优化。

其二，政策体系在引导市场发展方面存在优化空间。针对中国养老服务业中普惠型养老服务发展滞后的现状，政府可通过投资驱动与策略引导措施激发市场活力、确保养老服务市场发展的顺畅与高效。一是明确政策导向，强化质量建设的核心地位。在设定机构建设规模与养老床位数量目标的同时，鉴于供需失衡背景下存在的养老设施空置率较高、资源利用效率低下等问题，政策还应聚焦提升养老服务质量，以增强老年人的消费意愿与满意度，推动基础设施建设转化为有效产能。二是关注农村地区养老服务供给，加大日常服务项目投资力度。农村地区居民收入水平低、经济基础薄弱、产业发展滞后，农村养老服务市场的发展面临更大挑战。需以政策资源倾斜来缩小城乡发展差距，确保每位老年人都能享受到公平、优质的养老服务。此外，日常养老服务项目应成为政策扶持的重点领域，这些服务贴近老年人实际需求，有助于提升资源利用效率、促进市场均衡发展。三是优化政策干预方式，充分释放市场活力。坚持市场在资源配置中的决定性作用，避免过度干预市场服务供给，以免阻碍供需双方的有效沟通与匹配，导致服务内容与需求脱节。

其三，智慧养老服务的潜在优势亟须充分释放。优化互联网在养老服务市场中的应用、推动智能技术与养老服务内容的融合，是增强养老服务可及性和便捷性的重要引擎。一方面，面对养老服务业供给缺口大、消费活力不足的发展瓶颈，需要摒弃"互联网+"养老服务模式同质化倾向。建立国家层面的养老服务信息平台，缓解养老服务数据孤岛现象、信息碎片化与不一致性，是进一步推动养老服务市场高效运行的宏观举措；重视线下资源的整合与强化，利用互联网技术破解资源紧缺难题、实现养老服务提质增效是更为本质的需求。另一方面，医疗辅助、康复器具等高科技产品成本有待降低，以加快智能技术在老年群体中的普及进程。科技红利为养老服务注入新活力，使其进一步惠及大多数老年人，可以有效缓解养老服务智能化进程中的不均衡与不充分现象。应采取有效措施降低生产成本、推动产品规模化生产，全面提升养老服务的智能化水平，真正实现普惠性智慧养老。

第四部分 实践篇：现状及趋势

三 养老服务市场发展潜力展望

随着单位福利制度和方式的解体以及人口老龄化程度不断加深，社会养老压力持续加码。中国养老服务的市场化、产业化已走过20余年的探索之路，并在"十四五"时期面临结构性转型的突破期、阵痛期，以及潜力市场和有效市场扩大的机遇期。党的十八大以来，习近平总书记始终重视老龄工作，强调，"我国已经进入老龄社会，让老年人老有所养、生活幸福、健康长寿是我们的共同愿望。党中央高度重视养老服务工作，要把政策落实到位，惠及更多老年人"。[①]对养老服务市场的发展给予了高度关切。

首先，养老服务市场发展依赖老年人口构成的潜力市场和有效市场，这是养老服务产业得以扩张和转型的根基，主要诱因是人口老龄化不断加深构成了养老服务的潜力市场，老年人口消费结构变迁促成养老服务的有效市场。其次，以习近平同志为核心的党中央在积极应对人口老龄化国家战略大背景下擘画养老服务市场发展蓝图，并有效统筹社会资源支撑其发展。最后，业态多元化和平台信息化增强了养老服务市场匹配需求的能力，助力市场挖掘和福利普惠。

（一）人口老龄化不断加深构成养老服务的潜力市场

中国老龄化具有程度高、数量大、增速快等特点。一方面，快速增加的老年人口为养老服务提供了源源不断的需求和广阔的潜在市场空间，构成了养老服务的潜力市场。另一方面，实施积极应对人口老龄化国家战略的任务重要且艰巨，探寻具有中国特色的养老服务市场发展之路，实现"中国特征"向构建"中国优势"的转变具有重要意义。

第一，少子化与长寿化趋势显著，中国人口年龄结构急剧转变，

---

① 《习近平在上海考察时强调 坚定改革开放再出发信心和决心 加快提升城市能级和核心竞争力》，《人民日报》2018年11月8日第1版。

人口老龄化程度高、养老服务需求增大。一方面，老龄化程度加剧，高龄化趋势显现。物质财富的增加以及医疗水平的提升，推动了人口向长寿化方向发展，中国人口的平均预期寿命从2000年的71.4岁提升至2020年的77.9岁，2023年为78.6岁。另一方面，少子化趋势格外显著，适龄人口的生育意愿显著降低，总和生育率明显低于更替水平，2020年的总和生育率只有1.3，达到超低生育率水平。少子化现象主要源于出生率的持续低迷，2023年，中国的出生率仅为6.39‰，近十年间出生率大幅缩水，减少一半以上（2012年出生率为14.57‰）；相应地，出生人口数量从2012年的1973万人缩减至2023年的902万人。"90后""00后"作为当下的生育主体，生育观念的转变、养育成本的增加极大地影响其生育意愿。长寿化和少子化共同作用下，2023年，中国老龄化水平达到21.1%，超过大多数人口总量在1亿人以上国家的老龄化水平，成为世界上老年人口规模最大且人口老龄化程度比较高的国家之一。老年人口比例高，其在社会中具有强烈的服务需求和可观的话语权，现有养老服务市场规模难以匹配巨大的潜在需求，养老服务市场存在广阔的潜力空间。

第二，中国老年人口基数大，是世界上老年人口数量最多的国家，发展养老服务市场存在紧迫性和适宜性。人口问题始终是中国面临的全局性、长期性、战略性和基础性问题。党的二十大报告指出，"中国式现代化是人口规模巨大的现代化。我国十四亿多人口整体迈进现代化社会，规模超过现有发达国家人口的总和，艰巨性和复杂性前所未有，发展途径和推进方式也必然具有自己的特点"。[①] 2023年，中国60岁及以上人口数达2.97亿人，已经接近发达国家60岁及以上人口规模总和3亿人，占据世界60岁及以上人口的25.92%，占比超过1/4。根据联合国《世界人口展望2024》（以下简称WPP2024）的中方案预测，到2035年基本实现社会主义现代化关键时间节点，中国60岁及以上人口规模预计上升到4.22亿人，超过2035年发达

[①] 习近平：《高举中国特色社会主义伟大旗帜　为全面建设社会主义现代化国家而团结奋斗——在中国共产党第二十次全国代表大会上的报告》，人民出版社2022年版，第22页。

国家60岁及以上人口数总和；到2050年全面建成社会主义现代化强国的目标时期，中国60岁及以上人口数将进一步上升至5.04亿人，2054年达到峰值5.13亿人，此后开始缓慢减少。

第三，中国人口老龄化水平增速快，是世界上老龄化速度最快的国家之一，是1亿人以上人口大国中老龄化速度最快的国家，养老服务市场适应急剧增加的老龄化水平具有挑战性。中华人民共和国成立至今的75年，累计有37年的出生人口规模超过2000万人，形成三次"婴儿潮"。第一次是1949—1958年，合计出生人口2.06亿人；第二次是1962—1975年，合计出生人口3.64亿人；第三次是1981—1997年，合计出生人口3.75亿人。相较正在经历老年期的人群，周期更长、规模更大的第二次和第三次"婴儿潮"期间出生的"60后""70后""80后""90后"，将在21世纪中叶之前陆续迈入老年阶段，中国人口老龄化急速发展，老龄化水平将快速提升，发达国家上百年时间内陆续出现的老龄社会问题，中国将在短期内集中涌现，预留的准备时间十分有限。依据WPP2024的中方案预测，2024—2035年，中国老龄化水平将提升超过10个百分点，达到30.73%，进入超老龄社会，年均增量达0.92%，远远超过0.31个百分点的世界平均年均增量；至2050年，中国老龄化水平将达39.99%，2074年超过50%，2081年达峰为53.84%，如此高峰的老龄化水平在人类历史上前所未有。

（二）养老服务有效市场正在形成

第一，老龄化水平与老年人口富裕程度的协同关系从"未富先老"转向"随老而富"，老年人口消费能力正不断提高，成为养老服务潜力市场转向有效市场的核心驱动力。《中华人民共和国2023年国民经济和社会发展统计公报》数据显示，2023年中国GDP总值达126.06万亿元，实现5.2%的增速；人均GDP为8.94万元，较上年增长5.4%。中国经济在抵御多重压力的情况下达成合理增长，国家积极应对人口老龄化的能力得以持续增强；2023年，中国人均可支配收入达39218元，较上年实际增长6.1%，相较21世纪初，实现了从四位数到五位数的跨越。同时，居民消费能力与消费意愿持续呈良好态势。2023年，中国人均消费支出达26796元，相较上年增长9.2%，人均服务性消费支出增长14.4%。所有这些指标与2000年刚进入老龄化社会时比较均有质性飞跃，"随老而富"正逐渐替代"未富先老"。

第二，"十四五"时期存在显著的老年人队列更替现象，正在和即将步入老年期的人群具有更强的消费能力和更现代化的消费观念。老年群体"边富边老"这一态势增强了养老服务市场的有效需求。就当前步入老龄阶段以及准老龄阶段的群体而言，其财富积累状况相对良好。从收入角度看，劳动年龄越趋近当下，平均收入以及财富水平越高。从支出角度看，养育子女的数量越少，则越易于积累财富。当下正在迈入老龄阶段的"60后"以及处于准老龄阶段的"70后"，有幸享受了改革开放所带来的红利，见证了收入水平自20世纪90年代的三位数向21世纪四位数、五位数的跨越。

第三，中国恩格尔系数持续下降。恩格尔系数是指食品支出总额占个人消费支出总额的比重，用于衡量居民生活水平，一般规律是恩格尔系数越低则家庭的富裕程度越好。中国恩格尔系数由2000年的42.2%下降到2023年的29.8%，老年人口的消费需求从生存型为主转向生存型和享乐型兼而有之。一方面，个体消费习惯深受其生命周期内生活水平的深远影响。"30后""40后"的老年人（现75岁及以上中高龄老人）成长于经济社会发展尚不发达的低收入温饱时期，彼时经济基础薄弱，物资相对匮乏，社会保障体系不完备，导致他们的消费习惯呈现量入为出、未雨绸缪，其消费主要聚焦实用型、刚需型领域，消费弹性严重匮乏。相较而言，搭上改革开放"快车道"的"50后""60后""70后"，普遍置身于收入水平显著提升、思想观念大幅转变的社会环境中，消费观念和生活习惯受到全方位重塑。他们对生活品质追求更高，消费偏好弹性显著增强，为养老服务潜力市场的有效激活和深度开发提供坚实保障。另一方面，处于低龄老龄阶段人群更倾向于娱乐型、参与型消费。低龄老年人群通常指刚刚踏入退休阶段不久的60—69岁老年人口，他们脱离工作岗位的时间较

第四部分　实践篇：现状及趋势

短,社会参与度与社交意愿仍维持在较高水平。这一群体经历了社会的快速变迁和科技的飞速发展,思想观念较为开放,自主意识更为强烈,对自身感受也更为敏锐,个性化需求的潜力极为沛。

第四,顶层设计引领养老服务市场以需求为依据分层分类发展。巩固养老服务的普惠性、基础性特征,同时通过结构形升级激发养老服务市场潜力,有利于顺应老年人口消费能力和结构变迁趋势,满足养老服务需求的个性化、多元化发展。2024年8月,《国务院关于促进服务消费高质量发展的意见》(国发〔2014〕18号)以优化和扩大服务供给、释放服务消费潜力为核心目的,将服务消费分为基础型、改善型、新型三类进行详细筹划,作出养老服务相关规划。一方面,养老服务分层化发展通过精准对接个性化需求、适应不同健康水平最大限度满足了不同层次的养老需求;另一方面,养老服务分层化发展高效实现了养老资源调度、优化了资源配置,进而全面提升服务供给的规模和质量,以及匹配需求的能力。

第五,自愿、弹性和渐进原则下的延迟退休年龄政策开发老年人力资源,孵化长寿红利,强化了老年人口的消费能力和服务需求。随着人口结构向低龄老龄化和长寿化变化、人口健康素质和受教育水平改善,2024年7月,党的二十届三中全会提出,"按照自愿、弹性原则,稳妥有序推进渐进式延迟法定退休年龄改革"。[①] 2024年9月,十四届全国人大常委会十一次会议审议通过《关于实施渐进式延迟法定退休年龄的决定》并批准《国务院关于渐进式延迟法定退休年龄的办法》,明确从2025年1月1日开始,用15年时间逐步将男职工的法定退休年龄从原60周岁延迟至63周岁,将女职工的法定退休年龄从原50周岁、55周岁分别延迟至55周岁、58周岁。实施渐进式延迟退休改革,是中国式现代化的题中应有之义,是主动适应人口老龄化发展客观规律的长远部署,是响应积极应对人口老龄化国家战略的重大决策。

[①]《中共中央关于进一步全面深化改革　推进中国式现代化的决定》,人民出版社2024年版,第38页。

作为新时代积极应对人口老龄化的重要措施，渐进式延迟退休政策给予老年人灵活化、个性化的继续就业方案，提供给老年人实现自我价值、拓宽收入渠道、增进社会参与的途径。选择继续就业意味着老年个体需要更生活化、个性化的健康服务和社交服务，同时收入的增加为其消费能力提供保障。

（三）国家战略全方位支撑养老服务市场发展

"十四五"及今后一个时期，中国将进入老龄事业和老龄产业协同发展、更加注重产业质量提升的时期。养老服务市场作为养老产业重要载体之一，对政府扶持、资金来源等存在客观需求。其一，养老服务市场发展涉及多主体、多领域协同，仅依赖单一层面的努力是难以奏效的，凭借政府的力量来探寻养老服务市场突破是重要的发展路径。一方面要致力于政府与市场作用的充分施展；另一方面需凭借国家战略的有力支撑，促使路径中的各层面紧密衔接、有机协作。这一完整路径的升级并非是单个层面、单个升级的孤立情形，而是构建起了以市场需求为动力源、以高端技术为核心要素的产业结构，进而有力推进养老服务市场发展。其二，养老服务市场存在显著的信息不对称现象，服务业的复杂性使得养老服务质量和定价体系鱼龙混杂。老年人作为易受骗群体，很难全面了解市场信息，从而准确做出消费行为。国家和政府作为公信力最强的主体，在降低信息不对称方面可担任重要角色。政府认定的机构评级、定价体系、监管准则等能够促进市场体系完善，有效规范养老服务市场发展，提振老年人消费信心。其三，养老服务产业资金来源不稳定，且前期投入较大，回报周期长，引致投资风险高，极大限制了前期的社会资本进入。政府扶持能够帮助养老服务产业度过资金困难时期，引导社会资本流入，同时帮助降低企业成本，充分发挥养老服务"准福利"特性。

为推动养老服务体系建设重心向质量提升、结构优化转变，中国国家战略已作出周密部署。党的二十大报告指出，"实施积极应对人口老龄化国家战略，发展养老事业和养老产业，优化孤寡老人服务，

| 第四部分　实践篇：现状及趋势

推动实现全体老年人享有基本养老服务"。① 发展养老服务市场、构建老年友好型社会的任务艰巨，让所有老年人都能老有所养、老有所依、老有所乐、老有所安不能依靠部分人、部分群体或部分部门。以习近平同志为核心的党中央围绕积极应对人口老龄化的国家战略，集结全社会可用资源，促进养老事业与养老产业有机结合、协同发展，为养老服务市场的发展提供了可靠保障、奠定了坚实基础。

2019年，中共中央、国务院正式印发《国家积极应对人口老龄化中长期规划》（以下简称《规划》），为中国应对人口老龄化提供了长远布局和顶层设计。《规划》的出台，是基于对中国人口结构变化、经济社会发展态势以及未来趋势的深入研究和全面考量，明确了发展的总体方向和目标，具有前瞻性和引领性。《规划》指出，到2022年，中国积极应对人口老龄化的制度框架初步建立；到2035年，积极应对人口老龄化的制度安排更加科学有效；到本世纪中叶，与社会主义现代化强国相适应的应对人口老龄化制度安排成熟完备。《规划》部署了积极应对人口老龄化的制度基础持续巩固，财富储备日益充沛，人力资本不断提升，科技支撑更加有力，产品和服务丰富优质，社会环境宜居友好等具体任务，涵盖了经济、社会、文化、民生等多个领域，统筹协调了各方资源和力量，形成了协同应对的强大合力。目标是促进经济社会发展始终与人口老龄化进程相适应，顺利建成社会主义现代化强国，实现中华民族伟大复兴的中国梦。

养老服务市场发展的地基不断夯实。2021年3月，十三届全国人大四次会议表决通过了关于《国民经济和社会发展第十四个五年规划和2035年远景目标纲要》的决议，明确了积极应对人口老龄化远期战略目标和实施路径，提出制定人口长期发展战略，优化生育政策，以"一老一中一小"为重点完善人口服务体系，促进人口长期均衡发展。"十四五"规划下中国将形成养老事业和养老产业相协同、居家社区机构相协调、医养康养相结合的养老服务网络化、互

---

① 习近平：《高举中国特色社会主义伟大旗帜　为全面建设社会主义现代化国家而团结奋斗——在中国共产党第二十次全国代表大会上的报告》，人民出版社2022年版，第49页。

联化体系，全面夯实以基础设施适老化、社会环境适老化为主的养老服务市场发展基础。同年11月，《中共中央 国务院关于加强新时代老龄工作的意见》从全面建设社会主义现代化国家的高度，提出加强党对老龄工作的全面领导，坚持以人民为中心，实施积极应对人口老龄化国家战略，明确了健全养老服务体系、完善老年人健康支撑体系、促进老年人社会参与、着力构建老年友好型社会、积极培育银发经济、强化老龄工作保障、加强组织实施七大任务，同时指出有效应对中国人口老龄化，事关国家发展全局，事关亿万百姓福祉，事关社会和谐稳定，进一步明确了积极应对人口老龄化的战略地位和实施路径。

银发经济逐渐走向舞台中央，有效刺激养老服务消费。2024年1月，《国务院办公厅关于发展银发经济增进老年人福祉的意见》（以下简称《意见》）发布。《意见》对银发经济予以全面系统的部署，将银发经济明确界定为"向老年人提供产品或服务""为老龄阶段作准备等一系列经济活动的总和"。在当前人口老龄化形势日益严峻的背景下，这一界定具有深远的意义和重要的价值，为养老服务市场发展指明了方向。随着老年人口比例的不断攀升，老年群体对于产品和服务的需求日益多样化和精细化，养老服务受众年龄段也在逐渐扩大。银发经济的发展不仅关乎老年人的生活质量和福祉提升，更是调动经济手段积极应对人口老龄化的关键举措和行动指南。《意见》为相关产业的发展指明了方向，促进了资源的优化配置和有效整合。此外，《意见》间接引导银发市场协调机制建立健全，急需各级政府、法院、监管机构、社会组织等相关部门形成合力，全面提升银发消费市场法治、规治效能；推进市场设施高标准联通，制定要素和资源市场统一标准，强化市场监管公平。同年7月，党的二十届三中全会进一步强调，要健全覆盖全人群、全生命周期的人口服务体系，以应对老龄化、少子化，完善人口发展战略。将人口服务体系分阶段扩展至全生命周期，利于全面提升人民福祉，夯实人民财富积累水平，深度刺激养老服务消费潜力。

第四部分 实践篇：现状及趋势

（四）养老服务市场需求匹配能力不断增强

随着老年群体需求的多元化、个性化发展，原有养老服务产品体系和市场运营模式已经难以适应，养老服务市场供给端急需有效介质支撑其转型升级。习近平总书记十分关切老年人需求，以人民所需为己任，指出，"满足老年人多方面需求，让老年人能有一个幸福美满的晚年，是各级党委和政府的重要责任。要推动养老事业和养老产业协同发展，发展普惠型养老服务，完善社区居家养老服务网络，构建居家社区机构相协调、医养康养相结合的养老服务体系"。[①] 当前，互联网、大数据、智能化的极大发展为养老服务的推广传播、服务模式、产业架构、需求挖掘、产品开发等方面的发展带来机遇。同时，国家从未雨绸缪的前瞻视角对养老服务相关人才进行培养，充分赋予养老服务产业以专业化、多元化、体系化特征。

一方面，科技创新促使养老服务产业展现出发展活力。传统的养老服务模式已经难以满足日益增长的多样化、高品质养老需求。信息基础设施的不断完善，如高速稳定的网络覆盖、先进的通信设备等，为智慧养老提供了坚实的物质基础。养老服务产业作为社会服务领域的重要组成部分，在新型互联网技术的加持下发生着深刻的变革，新技术助力养老服务资源的有效整合以及供需双方的精准信息对接，提升养老服务的质量与效率。大数据技术能够对海量的养老服务相关数据进行深度挖掘和分析，精准洞察老年人的需求偏好和服务供给的现状，为资源的优化配置提供有力依据。云计算则凭借其强大的计算能力和存储能力，构建起高效的信息共享平台，打破信息壁垒，促进养老服务资源的跨区域流动和整合。智慧养老作为养老服务产业与互联网、信息化深度结合的结果，成为居家养老、社区养老、机构养老发展的必然走向。

国家政策驱动应对人口老龄化的科技创新能力提升。《规划》指

[①] 《习近平在河北承德考察时强调　贯彻新发展理念弘扬塞罕坝精神　努力完成全年经济社会发展主要目标任务》，《人民日报》2021年8月26日第1版。

第十一章 养老服务市场发展报告

出,深入实施创新驱动发展战略,把技术创新作为积极应对人口老龄化的第一动力和战略支撑,全面提升国民经济产业体系智能化水平;提高老年服务科技化、信息化水平,加大老年健康科技支撑力度,加强老年辅助技术研发和应用。《规划》将整体创新和为老服务创新纳入积极应对人口老龄化战略部署,加快老年相关产品和服务的科技研发,依靠科技创新驱动养老服务市场发展,化解人口老龄化给经济社会发展带来的挑战。

另一方面,国家加紧部署老年健康相关专业人才培养,加快完善国民教育体系,着力培养具有国际竞争力的创新型、复合型、应用型、技能型人才和高素质劳动者,提升新增劳动力质量,赋予了养老服务专业性、可靠性。2024年1月,为了对接国家需求、服务健康事业和健康产业发展新态势,教育部办公厅印发《服务健康事业和健康产业人才培养引导性专业指南》,设置医疗器械与装备工程、老年医学与健康、健康与医疗保障、药物经济与管理、生物医药数据科学五个新医科人才培养引导性专业,其中将老年医学与健康学科单独列为新医科人才培养引导性专业,体现了国家从人才层面为积极应对人口老龄化进行的前沿部署。由于老年疾病往往具有复杂性和特殊性,需要综合的康养策略和精细的健康管理方案,在养老服务中融入康养方面的专业服务,可提高养老服务市场的专业度和可信度,有效增强老年人消费信心。

中国式现代化是人口规模巨大的现代化,随着人口老龄化进程的加速,老年人口数量持续增长,中国正在经历人口规模巨大和加速老龄化叠加的新时代,养老服务的需求日益增加,并呈现多元化、多样化、精细化、个性化趋势,不仅包括基本的生活照料、医疗护理,还涵盖了精神慰藉、文化娱乐等更高层次的需求,旺盛的市场需求促使养老服务供给不断发展壮大。当下,养老服务市场呈现出可观的需求态势,服务供给也已初步具备一定规模,多种业态陆续涌现。同时,在党和国家积极应对人口老龄化相关政策擘画下,养老服务产业具备了一定程度的规范性。

在多重因素的综合作用之下,养老服务市场展现出了良好可预见性以及较强可操作性的潜力。其中,人口老龄化进程的不断加快是一个关键因素,老年人口数量的持续增长使得养老服务需求呈现出急速上升的态势。"随老而富""随老而备"这一新格局的逐步形成,意味着老年人在经济和心理准备上都有了更积极的变化,为养老服务市场的发展提供了更有力的支撑。同时,国家战略从各个维度给予了全方位的支持,为养老服务产业营造了良好的发展环境。再者,互联网技术的蓬勃发展和人才储备的不断加强,极大地增强了养老服务的供给能力。互联网为养老服务提供了更加便捷高效的信息交流和资源整合平台,使得服务的覆盖范围更广、响应速度更快。而丰富的人才储备则为提升服务质量和创新服务模式注入原动力。综上所述,养老服务市场的未来发展前景广阔,潜力巨大,具备良好的发展态势和广阔的拓展空间。

第十二章 健康产业发展报告[*]

一 健康产业发展的宏观背景

（一）新时期发展健康产业的必要性

1. 老龄化提供巨大的消费市场

党的十八大以来，中国的人口形势发生了重大转变，人口总量由趋向于零增长转入负增长阶段，人口结构达到中度老龄化且开始步入趋向重度老龄化。目前，中国仍处在快速老龄化的阶段并已经成为人口老龄化发展较快的国家之一。截至2023年，中国60岁及以上的老年人口占总人口的比例已达21.1%。[①] 预计到2025年，中国老年人口将突破3亿，2033年突破4亿，2053年达到峰值4.87亿，届时将占全球老年人口的1/4。[②] 在相当长的一段时间内，伴随中国医疗水平的进步和人民生活水平的不断提高，人口平均预期寿命的延长，老年人口中高龄老年人口的比例也在不断提高。面对长寿时代的来临和快速增长的老年人口数量，老年群体对于健康、医疗、康复、护理等服务需求持续增多，一个巨大的消费市场正在形成。根据上海证券研究所的资料显示，中国保健品市场规模在2013年还不足千亿元，十年之间已经上

---

[*] 本章作者为陆杰华、郁亚蔓。作者简介：陆杰华，北京大学社会学系教授，北京大学应对老龄化国家战略研究中心主任；郁亚蔓，北京大学应对老龄化国家战略研究中心研究助理。

[①] 王萍萍：《人口总量有所下降 人口高质量发展取得成效》，国家统计局，2024年。

[②] 中华人民共和国国家发展和改革委员会：《抓住老龄化的时代特征 深入挖掘内需新空间》，2022年。

升到超过 3000 亿元，预测到 2027 年，可以超过 4000 亿元。① 除了健康保健领域，养老领域全方位护理模式的推出，食品的适老化提升等皆表现出了迈向老龄社会发展健康产业的无限潜力，快速发展的人口老龄化为健康产业的发展奠定了广阔的市场需求基础。

2. 经济增长方式转型的客观要求

随着老年人口持续增长和消费水平的提升，银发经济在 GDP 中所占的比重持续攀升。据保守预测，到 2035 年，银发经济占中国 GDP 比重为 10.9%，2050 年将超过 15.9%。② 目前，银发经济在拉动内需和培育新的经济增长点方面发挥着持久、强大的助推动力，成为影响中国未来社会经济转型发展的重要变量。③ "十四五"时期是全面建成小康社会后迈向基本实现社会主义现代化的关键阶段，在世界经济正在由工业经济向服务经济转型的大背景下，中国也面临新发展格局下经济从以往单一强调经济高速增长到全方位高质量发展阶段过渡的客观要求。结合供给侧和需求侧来看，无论是银发经济中关注老年群体生命健康的康养产业、医疗护理产业等健康产业，还是更广阔意义上针对全生命周期全人群快速崛起的大健康产业，其都将势必成为在国家迈向老龄化社会的重要阶段的当下助力中国经济结构、产业结构升级转型和经济增长新旧动能转换的关键力量，成为推动中国走向共同富裕过程中居民消费需求结构升级和催生巨大消费市场的重要载体，助力其成为未来国民经济的支柱性产业。

3. 健康成为社会发展的终极目标

健康长寿历来是人类社会追求的终极目标，同时也是人的全面发展的重要基础，更是民族昌盛和国家富强的重要标志。近年来，随着人们健康观念的转变及对健康重视程度的提升，人民对健康的需求也更加全面化、多元化、深入化。《2023 年中国统计年鉴》数据显示，

---

① 花小伟、翟宁馨：《求知、求康、求乐、求友、求为——银发经济发展趋势及潜在机会》，上海证券，2024 年。
② 《2024 年国办 1 号文，聚焦银发经济》，中国政府网，www.gov.cn/zhengce/202401/content_ 6926510. htm。
③ 彭希哲、陈倩：《中国银发经济刍议》，《社会保障评论》2022 年第 4 期。

2016年中国城镇居民人均用于医疗保健方面的支出为1630.8元,到2022年已达到2480.7元;农村居民人均医疗保健支出也从2016年的929.2元增长到2022年的1632.5元;全国居民的人均医疗保健支出从2016年的1307.5元增长到2022年的2119.9元。不难看出,城乡居民对于健康的重视程度和对于健康产业的相关服务需求都在不断提升,增长速度较快。新时代大力发展健康产业不仅是经济转型发展的客观要求,更是一项改善人民生活福祉、提升国民健康水平、满足人民日益增长的美好生活需要的重要手段,深刻彰显着以人民为中心的发展思想。

(二) 健康产业发展的顶层制度设计脉络

在制度层面,"健康""健康产业"越来越受到国家政策的高度重视。2015年全国"两会"期间,"健康中国"第一次进入政府工作报告,这是中国在国家层面上首次提出"健康中国"这一概念;同年10月,党的十八届五中全会首次提出推进"健康中国"建设,由此"健康中国"上升为国家战略。2016年8月,党中央、国务院召开全国卫生与健康大会,并发布《"健康中国2030"规划纲要》(以下简称《规划纲要》),指出"健康中国"建设的一系列目标和任务,其中到2030年,"建立起体系完整、结构优化的健康产业体系,形成一批具有较强创新能力和国际竞争力的大型企业,成为国民经济支柱性产业"。《规划纲要》是中国首次在国家层面提出的健康领域中长期战略规划,这标志着大健康产业正式上升为国家战略,中国正式开启了大健康时代健康产业的新蓝海。随后,2019年6月,国务院印发了《关于实施健康中国行动的意见》,成立了健康中国行动推进委员会,并发布《健康中国行动(2019—2030年)》,国务院办公厅印发了《健康中国行动组织实施和考核方案》,以一系列举措进一步推进"健康中国"战略和《规划纲要》走向具体落实。2022年5月,国务院办公厅发布的《"十四五"国民健康规划》(以下简称《规划》)指出,"十四五"时期,"把人民群众生命安全和身体健康放在第一位,全面推进健康中国建设,加快实施健康中国行动"。《规划》

将"做优做强健康产业"作为重点部署的七个方面任务之一,并预计到 2025 年中国健康服务业总规模将超过 11.5 万亿元;同时《规划》进一步明确将促进健康与养老、旅游、互联网、健身休闲、食品等产业融合发展,壮大健康新业态、新模式。

从把健康产业发展上升到国家战略高度,再到对健康产业提出具体的建设要求和建设目标,逐渐深入的国家顶层制度设计无疑也为健康产业奠定了良好的政策支持与保障基础,促使健康产业在未来大有可为。当前,中国已形成一个包括医疗、药品、医保、健康管理、健康教育等各个方面且相对完善的健康产业体系。作为 21 世纪的朝阳产业,健康产业在国民经济中的比重不断提升,市场地位逐步提高,在推动社会经济稳步发展、社会长治久安方面发挥着重大作用。

二 健康产业的内涵及其鲜明特点

(一)健康产业的内涵

1948 年,世界卫生组织(WHO)首次提出三维健康概念:"健康不仅仅是没有疾病和残缺,而且应在生理上、心理上和社会适应能力都处于完好状态。"1989 年,WHO 对健康的定义又加以补充,认为健康应包括躯体健康、心理健康、社会适应能力良好和道德健康 4 个方面。[1] 近年来,人们越来越接受把健康隶属在"大健康"的框架中认知,传统仅仅把健康与疾病相对立的生物医学认知已经无法满足现代人对于更广阔意义上的生命质量提高与可持续的自我发展的健康追求,健康定义的范畴逐步扩大。[2] 它既涉及人的衣食住行以及人的生老病死个体层面,也关乎社会、环境等宏观层面。大健康的宗旨在于重点通过多层次的科学干预最大限度降低各类影响健康的危险因素,进而实现个体健康和宏观健康的有机统一。上述对健康的界定从一个侧面表明,大健康不仅是

---

[1] 向春玲:《健康中国需要提高全面健康素养》,《学习时报》2020 年 10 月 15 日。
[2] 闫希军、吴迺峰、闫凯境等:《大健康与大健康观》,《医学与哲学》2017 年第 5 期。

一种全新理念，同时也是健康生活、消费的行为方式。① 随着"健康中国"战略的深入实施以及人民群众对健康的高度关注和持续重视，健康产业孕育而生。事实上，中国语境体系下的健康产业旨在提供公平可及、系统连续的健康服务，实现人民更高水平的全面健康。狭义上讲，健康产业是指传统的医疗卫生服务业，包括治疗服务、康复服务、长期护理服务、辅助性服务、药品和医疗用品零售、预防服务等。② 广义上讲，健康产业是指以医疗卫生和生物技术、生命科学为基础，以维护、改善和促进人民群众健康为目的，为社会公众提供与健康直接或密切相关的产品（货物和服务）的生产活动集合，包括医疗卫生服务，健康事务、健康环境管理与科研技术服务，健康人才教育与健康知识普及，健康促进服务，健康保障与金融服务，智慧健康技术服务，药品及其他健康产品流通服务，其他与健康相关服务，医药制造，医疗仪器设备及器械制造，健康用品、器材与智能设备制造，医疗卫生机构设施建设，中药材种植、养殖和采集等诸多大类。③ 总的来说，健康产业是与人民群众健康紧密相关的生产、服务和经营的统称。

（二）健康产业的鲜明特点

1. 产业性与公益性兼备

首先，健康产业具备产业性，强调通过市场来组织产品和服务的生产、传播和消费，其需要遵循市场规律，实行市场运作，实现其作为经营性健康产业的功能和任务。但是不同于单纯具有市场性和营利性的其他产业，健康产业提供的产品和服务还具有明显的正外部性或者公共产品属性，人民群众均有公平权利获得最基本的健康产品和服务。从这方面看，健康产业也具备一定的公益性。公益性健康产业是指政府指导健康产业向人民群众提供基本的健康产品和服务。产业性和公益性兼备的健康产业也就意味着这一产业的可持续发展需要依靠

---

① 陆杰华：《做优做强健康产业的策略选择》，《人民论坛》2023 年第 1 期。
② 陆杰华：《做优做强健康产业的策略选择》，《人民论坛》2023 年第 1 期。
③ 《健康产业统计分类》，国家统计局令，2019 年。

第四部分 实践篇：现状及趋势

政府和市场共同发挥作用。

2. 产业链条长，辐射广，融合性强

从产业构成看，健康产业具有明显涵盖三次产业活动全产业链条的特点，既包括第一产业的有机农业和中草药种植业等，也包括第二产业的健康食品业、医药制造业、体育用品制造、健康智能设备制造等诸多产业，同时也涵盖医疗卫生服务业、健康服务管理业、健康金融保险服务业以及新兴产业数字健康等第三产业。并且在产品和服务周期上，健康产业涉及从研发设计、原材料生产与供应、终端产品制造、维护和服务、市场拓展与消费等多个产业领域，贯穿上下游各个产业链及产业链各个环节，具有产业链条长，辐射广的鲜明特性。目前，健康产业中也出现了医疗卫生服务业与健康服务管理业融合，数字健康与医疗服务业融合等诸多趋势，产业融合性突出。

3. 产品供给涵盖全人群全方位全生命周期

在立足全人群和全生命周期两个着力点以提供更加公平可及、系统连续的健康服务的"健康中国"战略引领下，健康产业也具备对象全人群、服务全方位、涵盖全生命周期的产业特性。对象全人群是指为全体人民提供公平可及、内涵丰富、结构合理、质量上乘的健康产品和服务。服务全方位是指涵盖躯体、精神、心理、生理、社会等各个环节，涉及从传统医疗卫生服务到现代健康服务管理且集有形无形、线上线下于一体的健康产品和服务。生命全周期是指对个体或群体从胚胎到死亡全生命周期的健康，进行全面监测、分析评估、提供咨询和指导以及对健康危险因素进行干预的全过程。[①]

4. 产品需求数量大、种类多、要求高

随着经济社会的发展，受人口结构的转型等诸多因素的影响，人民的健康素养和对健康的重视程度都在稳步提升，人民群众对健康的需求也从传统的单一的医疗卫生服务行业扩展到健康保险、健康饮食、运动健身、中医保健、休闲美容等更加多元丰富的新兴健康产业，始终以人民的生命健康为核心的健康需求也随之呈现出差异化、

---

① 陆杰华：《做优做强健康产业的策略选择》，《人民论坛》2023 年第 1 期。

个性化、高端化、精准化等诸多鲜明特点。站在互联网时代数字化技术的风口浪尖，人民对数字技术普及健康知识，融入健康产品增强个体健康改善的需求也在逐步增加。

5. 具有明显的就业带动性

面对人民日益增长的健康需求和中国经济由高速发展朝向高质量发展的转型升级阶段，健康产业作为一种新的经济增长动能无疑成为新时代提高经济发展质量的现实选择，代表着一种未来经济发展的新方向。在逐步发展扩大的产业规模带动下，健康产业也带来了巨大的就业空间与就业机会，促进了中国就业规模与就业质量的全面提升。

三 健康产业发展现状、主要模式及其趋势

(一) 现阶段健康产业发展现状

1. 产业规模不断扩大

从产业规模来看，近年来，健康产业的市场规模持续增长，产业体量逐步扩大。前瞻产业研究院发布的数据显示，2022年中国健康产业的总规模已达12万亿元，同比增长20%。根据《"健康中国2030"规划纲要》，预计中国2030年的健康产业总规模将超过16万亿元，健康产业的市场规模预期前景向好。同时，健康产业的各类供给和需求都在稳定扩大，这也为健康产业未来的预期向好发展提供了坚定信心。国家卫生健康委员会数据显示，2018—2021年中国医疗卫生机构数量总体保持稳中有升的趋势，截至2021年中国医疗卫生机构已上升至103.1万个。[①] 互联网医疗需求规模也在稳步扩大，中国互联网信息中心（CNNIC）数据显示，近几年中国移动医疗用户规模不断提升，截至2023年6月底移动医疗用户规模达到3.64亿户。[②] 作为一种新兴产业，被称为继信息技术产业之后"财富第五波"的健康产业将在持续

---

① 《2022中国卫生健康统计年鉴》，中华人民共和国国家卫生健康委员会官方网站，http://www.nhc.gov.cn/mohwsbwstjxxzx/tjtjnj/202305/6ef68aac6bd14c1eb9375e01a0faa1fb.shtml。

② 中国互联网络信息中心，《第52次中国互联网络发展统计报告》，2023年。

第四部分 实践篇：现状及趋势

扩大的市场规模中进一步快速发展。

2. 产业供给优化升级

在中国经济发展进入新常态、供给侧结构性改革稳步推进的背景下，健康产业也在加快推动产业链的构建与产业结构优化。近年来，国家出台了一系列政策引导大健康产业发展，如鼓励和引导社会资本、外资资本办医院，加快发展商业健康保险，推动养老服务产业与医疗卫生产业融合发展等。在国家层面政策指导下，各省掀起了大健康产业发展的浪潮，如河北兴建了第一个国家级生命健康产业创新示范区——北戴河生命健康产业创新示范区，海南兴建的博鳌乐城医疗旅游先行区也获得国务院批复和政策支持，广西、贵州、山东等地也纷纷创建国家级健康产业发展示范区。同时，各大企业也开始布局大健康产业，国际健康城、养老地产、健康小镇、医养结合社区等新业态如雨后春笋般涌现。[①] 当前，健康产业供给结构不断优化，产业链构建不断加速，整体产业发展态势向好。

3. 产业需求持续拉动

随着居民收入水平提高以及人口结构变迁，健康消费需求攀升，大健康产业需求的扩大和持续升级都为健康产业未来的发展提供了巨大蓝海。同时，随着人口老龄化程度的不断加深，逐渐进入老龄化社会的中国也面临着疾病谱系的发展变化，慢性病患病率高、慢性病年轻化等趋势都激发了人民健康意识与健康需求的越发增强。基于人民对健康的越发关注，对加强身体健康素质的意识越发强烈，对健康管理、疾病预防、养生保健等产品和服务的需求越发明显，健康产业都会有更持久和更广阔的发展空间。此外，人民消费模式的多元化发展，消费观念从节俭型向享受型、品质型的转变也会为健康产业的创新发展提供持久拉动力。

4. 产业分布以点带面

从具体的产业区域分布情况看，由于"健康中国"战略明确部分城

---

① 潘为华、贺正楚、潘红玉等：《大健康产业的发展：产业链和产业体系构建的视角》，《科学决策》2021年第3期。

市可优先试点健康产业建设，给予部分城市发展健康产业的有利条件，当前中国健康产业在全国范围内呈现以点带面的区域集群分布特征，主要涉及长三角产业集群、环渤海产业集群、大湾区产业集群、川渝产业集群四大城市群。四大城市群分别以上海、北京、广东、成都自身医疗产业基础条件较好的地区为核心点，利用产业扩散效应、技术溢出效应、城市群战略规划实施等逐渐向周边城市辐射。健康产业发展区域与范围逐渐扩大，促进商品、资金、技术、信息等在区域内流动，城市间的健康产业逐渐连接，组成有机整体，在更大范围内调动更多生产要素优化组合，促进区域协同发展，逐渐形成了大健康产业的重点城市群。[①]

（二）当下健康产业发展的主要模式

1. 按照产业组织建设形式分类

从产业组织建设形式来分，目前中国健康产业发展的主要模式可大致分为产品加服务模式、市场加政府模式、区域加资源模式、主导加附属模式四大类。一是产品加服务模式。该模式主导的产业通常供给健康产品和服务，其中产品以医药、器材、保健品等为主，服务以康养、养生等为主，涵盖三大产业，与种植业、加工业和旅游业联系紧密，在加快供给侧结构性改革步伐的同时，不断延伸产业链。二是市场加政府模式。其指向健康产业发展围绕市场需求提供相应的健康产品和服务，地方政府发挥调控作用，解决市场失灵问题。三是区域加资源模式。由该模式主导的健康产业发展依托当地资源优势，打造"资源+健康产业"模式，经济发达地区表现为技术资源，经济欠发达地区则多表现为气候和环境资源。四是主导加附属模式。中国大部分地区均以生物医药产业为主导产业，以保健品和绿色食品以及休闲度假等为附属产业，形成全产业链布局。

2. 按照产业集聚发展模式分类

根据不同健康产业主导方向不同，从不同集聚发展模式可以将中国

---

① 杨玲、鲁荣东、张玫晓：《中国大健康产业发展布局分析》，《卫生经济研究》2022年第6期。

第四部分 实践篇：现状及趋势

健康产业大致分为旅游驱动型、产业驱动型、养老驱动型、医疗驱动型、综合开发型五种类型的健康产业模式。一是旅游驱动型。在国内外旅游市场迅速发展的背景下，旅游服务需求的扩张同时也带动着健康养生旅游市场的发展。依托健康产业、环境和文化等相关资源，多地和众多开发商将发展旅游经济作为核心，以开发建设养生养老度假基地等方式发展健康产业，将旅游资源和健康资源有机结合。二是产业驱动型。产业驱动型健康产业多表现为以健康科技为核心的健康产业基地，如生物医药产业园、医疗器械产业园、健康产业园等形式，其主要围绕健康产业门类，如生物医药、医疗器械、健康食品、健康用品等，融合研发服务、创业孵化、中试生产、产品制造、循环经济、医药物流等功能，打造健康产业园。三是养老驱动型。养老驱动型健康产业以养老服务为特色，通过打造健康主题社区等方式构造以生活系统、服务系统、医疗系统、文旅系统、产业系统为核心的养老服务生态圈，致力于服务健康可持续发展的老年人生活需求，如乌镇雅园、台湾长庚养生文化村等地。四是医疗驱动型。医疗驱动型集聚的健康产业致力于提供以医疗康复为核心的医疗服务，其包括医疗商城、医疗服务产业园等形式。这些产业以专业医疗保健、康复护理功能为基础，整合利用区域医生、护士及护工资源，建设诊所、医院及护理机构，向患者提供令人信赖的医疗保健服务和优质的服务设施，如上海国际医学中心。五是综合开发型。综合开发型多指向以健康为主题的"造城"目标。其围绕本区域的服务、产业和生活等，意在打造多维度的健康主题新城，引领一个城区或一个区域的发展。此模式的健康地产开发，可以是新城开发也可以是城市更新，其致力于融合健康农业、工业和服务业中的多种业态，打造区域性的健康科技产业基地、健康服务业高地、健康旅游目的地。

（三）未来健康产业的发展趋势

1. 供给与需求不断迭代提升，动态匹配能力不断加强

从供给侧来看，随着人工智能、大数据、物联网等技术在大健康领域的广泛应用，医疗服务的模式不断演化创新，互联网医疗、远程医疗、智能影像等新模式、新服务、新业态不断涌现，便捷

化、特色化、精准化、高端化的供给将会不断增强。产业的组织、运营、服务模式也将继续发生深刻的变化。从需求侧来看，人民对于健康管理和健康促进的需求将会继续增加，尤其是老龄人口全链条的产品和服务需求快速增长。[1]麦肯锡未来健康调研报告显示，居家健康、生物监测和可穿戴技术新纪元、生成AI助力个性化、平衡关注产品临床功效和天然有机成分、重视专业人士推荐越来越成为中国消费健康领域的五大趋势；女性健康、健康老龄化、体重管理、线下健身、肠胃健康、性健康、睡眠健康成为未来健康领域的七大消费增长点。[2]

2. 产业链协同创新，产业结构调整升级

健康产业是一个具有复杂产业链的复杂行业，包括医疗、医疗服务、医疗保健和健康管理服务等相关行业。而且这些环节之间的协同创新也将关乎着健康产业的竞争力、企业研发风险的控制以及宏观层面国家健康可持续发展目标的实现。当前，越来越多的企业开始注重于隶属于相同或不同环节的其他企业开展协同创新，比如中国微医集团自主研发出面向西医的"睿医智能医生"智能辅诊系统与北京同仁医院眼科中心等全国多个医疗机构合作，开展了"睿医智能医生"的深度学习。[3]有关研究显示，健康产业快速发展的关键是具有较强的产业链协同创新能力，当前健康产业的协同创新能力正处于由持续增长但不稳定的状态向持续增长且稳定的状态发展的阶段，上下游企业的创新合作与知识共享、行业协会举办的学术报告会等途径都将进一步加强健康产业链的协同创新能力。[4]在产业结构方面，一直作为龙头的医疗产业继续迅猛发展，有关报告显示，在政策和市场需求驱动下，医院类投资依旧是未来热点。医生集团以及高端医疗服务是备

---

[1] 黄乾：《老龄健康产业的发展趋势》，《人民论坛》2024年第13期。
[2] 贺景怡、许达仁、陈曦等：《2024年全球大健康行业的五大核心趋势》，https://www.mckinsey.com.cn/。
[3] 曹健主编：《医疗投资：资本如何赋能医疗产业（案例篇）》，北京机械工业出版社2020年版。
[4] 刘国巍、邵云飞、刘博：《模块化网络视角下我国大健康产业链协同创新能力评价研究》，《科技进步与对策》2021年第24期。

第四部分　实践篇：现状及趋势

受关注的二级市场。不过随着人口结构的变化、经济社会的发展，曾经相对发展落后的医疗服务之外的其他相关市场，如公共卫生服务产业、保健食品产业、养老产业的发展也受到越来越多的重视，无论是三大产业之间还是某一层级的产业类别内部的结构都在向着不断均衡完善的方向发展。

3. 新质生产力融合加速，大数据和人工智能影响深远

习近平总书记指出："新质生产力是创新起主导作用，摆脱传统经济增长方式、生产力发展路径，具有高科技、高效能、高质量特征，符合新发展理念的先进生产力质态。"[①] 当前新一轮科技革命和产业革命已然为健康产业发展带来了巨大机遇。科技创新和产业创新正在越来越深入地引领着现代化健康产业体系建设。智能化、融合化和绿色化成为越来越多健康产品和服务的创新方向，大数据和人工智能技术开始越来越广泛地赋能多个大健康产业领域，包括公共卫生大数据、疾病快速诊断、远程医疗、识别诊断、药物研发、康复治疗等。新技术的融入提高了医疗服务的诊疗水平，改善了居民的就医体验，也更加拓展大健康产业的服务疆域，降低了服务成本。人们将享受到共通的、高水平的医疗健康服务，大数据和人工智能技术在大健康产业领域的应用前景广阔。

四　健康产业发展的主要机遇和挑战

（一）主要机遇

1. 国家政策红利

《规划纲要》是中国首次在国家层面提出的健康领域中长期战略规划，它的出台标志着大健康产业正式上升为国家战略，以战略性、系统性、指导性、操作性为鲜明特点的《规划纲要》成为健康产业相关公共政策制定和实施的重要助推器，大健康产业也迎来了快速发

---

① 习近平：《发展新质生产力是推动高质量发展的内在要求和重要着力点》，《求是》2024年第11期。

展机遇期。面对《规划纲要》提出的健康中国"三步走"的目标，即"2020年，主要健康指标居于中高收入国家前列""2030年，主要健康指标进入高收入国家行列""2050年，建成与社会主义现代化国家相适应的健康国家"，一系列扶持、促进健康产业发展的规划、政策、行动等密集出台，不仅有力推动了产业结构转型升级，还极大带动了社会资本的竞相加入。

2. 国内产业变革

当前，中国产业供应链体系正在进行新一轮变革，面对不断剧增的企业外部经营风险、有待提升的内部管理效率和协同能力、绿色转型等高质量发展要求，国内产业供应链链条正在向着精益、韧性、绿色和数字化方向加速变革，供应链链条正在不断缩短，供应链的扁平化程度正在不断提高，同时，供应链也不再是单向流动的价值链，而是将逐渐成为促使多方共赢的商业生态系统，进而由平台模式搭建形成互利共赢生态圈。对于健康产业来说，将全社会资源整体联动，共建共享，形成体系完整、分工明确、功能互补、连续协同、运行高效、富有韧性的安全稳定的产业链供应链体系自然尤为重要。各企业只有践行"相互尊重、合作共赢"理念，坚持"共建、共促、共享"原则，才能共同打造安全稳定、畅通高效、开放包容、互利共赢的全球大健康产业供应链体系。

3. 居民消费转型

改革开放特别是党的十八大以来，中国扩大内需已取得显著成效，消费起到的基础性作用持续强化，消费结构进一步优化升级。2023年7月，国务院办公厅转发国家发展改革委《关于恢复和扩大消费的措施》，希望通过优化政策和制度设计，进一步满足居民消费需求、释放消费潜力。在经济发展促进消费持续增长的同时，数字技术发展和社会文化变迁也进一步影响居民消费观念及行为，出现了一系列新的消费场景及消费模式，产生了更多消费变革的新趋势。从日常消费来看，最明显的变化趋势之一是居民生存型消费占比降低，发展型消费、享受型消费占比提升。并且，随着新发展理念日益深入人心，居民在对"品牌消费"的追求逐渐偏向对"品质消费"的追求，

第四部分 实践篇：现状及趋势

绿色环保健康的产品越来越受到消费者关注。同时，在新消费时代，以让自己开心、获得更好的生活体验为目的的"悦己消费"已经成为年轻一代的生活态度，除了关注产品本身的特征，消费者也更加关注其自身的体验和感受。最后，"数字消费""共创消费""和美消费"等趋势也在促使消费走向更高质量的转变之路。[①] 以上种种趋向高质量的消费转型都将为未来健康产业在消费市场的大有可为开辟广阔天地。近年来，居民人均医疗保险消费支出的稳步上升已经从一个侧面表明居民健康消费的购买力将大大提速。

4."一带一路"助力

共建"一带一路"倡议提出以来，"一带一路"倡议就为构建人类命运共同体贡献了中国智慧、中国方案、中国力量，成为深受欢迎的国际公共产品和国际合作平台。在健康卫生、生物医药等"大健康"领域，"一带一路"全球化合作的价值和优势不断凸显。《共建"一带一路"：构建人类命运共同体的重大实践》白皮书报告显示，截至2023年，中国已经与14个共建国家签订传统医药合作文件，8个共建国家在本国法律法规体系内对中医药发展予以支持，30个中医药海外中心投入建设。[②] 十余年的丝绸之路建设已经表明"一带一路"同时也是生命之路、健康之路。在共建"一带一路"的大背景下，健康产业可以紧抓国际贸易合作和产品、品牌传播的机遇，积极融入双循环发展格局，兼顾国内市场和国外市场，在加速推动健康产业现代化国际化的同时助力全人类健康事业的发展，为推动构建人类命运共同体继续贡献出独特的中国力量。

（二）主要挑战

尽管健康产业的未来发展大有可为，但是其发展依旧面临诸多方面的突出挑战。一是产业概念及其统计口径有待明确界定。随着"健

---

① 彭泗清：《我国居民消费结构变迁：新维度与新趋势》，《人民论坛》2023年第18期。
② 中华人民共和国国务院新闻办公室：《共建"一带一路"：构建人类命运共同体的重大实践》，中国政府网，https://www.gov.cn/zhengce/202310/content_6907994.htm。

康中国"战略的持续推进，健康产业得到国内学术界的普遍关注，各省级层面也纷纷出台健康产业相关规划，关于健康产业的研究日益兴盛。但是目前学界与各省实际的规划层面对于"健康服务业""健康产业""大健康产业"等名词仍存在基本概念界定不明，在产业概念与统计口径的问题上存在认识分歧。界定健康产业的统计范围，对健康产业发展意义重大，也有利于对省级层面健康产业发展水平进行衡量。对此，各界需要加强健康产业的相关理论研究，明确健康产业质的规定性及健康产业系统边界问题、健康产业的本质属性和健康产业系统要素的本质规定、健康产业体系各子系统的功能及其耦合与关联机制。[1]

二是产业发展处于初级阶段且GDP占比较低。相比于欧美国家健康产业的发展，当前中国的健康产业仍处于初级发展阶段，发展模式较为粗放。一方面，健康产业对国民经济的带动作用相对比较薄弱，产品和服务大多属于资源、劳动密集型，高技术或高附加值的产品少，平均技术创新能力不足，产品或服务同质化严重；另一方面，中国健康产业的GDP占比不高，目前占比约为5%，[2]而在发达国家，健康产业已成为带动整个国民经济增长的强大引擎，比如美国的医疗服务、医药生产、健康管理等健康行业增加值占GDP比重超过15%，加拿大、日本等国家也超过10%。[3]

三是政府与市场的协调性有待提高。作为既要关注于人民生命健康又要拉动经济的健康产业来说，其兼具市场性和公共性的二重性就明确了其产业在发展过程中对政府和市场灵活协调的高度要求。但是，当前各省份在健康产业规划编制、政策导向、专项基金投入、产业发展要素配置和优化以及关键技术创新等方面的政策机制尚未完全成型。同时，作为市场主体，健康产业自身的主动性积极性也有待进一步激活。健康产业关联生物产业、数字产业与新一代信息技术产业，作为

---

[1] 宋杨：《基于规划视角界定健康产业概念》，《新经济》2022年第12期。
[2] 《繁荣健康消费，激活健康产业》，《经济参考报》2024年7月18日。
[3] 《2020—2025年大健康产业发展战略研究报告》，中国产业研究院，2020年。

战略性新兴产业,健康产业也要通过自身的参与竞争与创新发展提高水平,不可一味依赖政府力量,应努力摆脱当前低水平重复布局的市场现状。

四是产业发展缺乏必要标准和行业规范。目前,中国尚未出台针对健康产业的相应法规制度和技术标准来有效管理健康产业中的市场主体和企业经验技术。虽然近年来,国家和各地政府部门在促进健康产业的发展进程中出台了较多的政策扶持措施,但相应的法律法规仍然不够完善,无法严格规范健康产业的发展,没有设立一个统一标准加以监督管理。而且必要的标准和行业规范的缺乏也成为健康产业领域诸多产品质量和服务纠纷事件时常发生的原因,一些产品的安全性、有效性也难以得到检验,这些也都会进一步打击消费者的消费信心,降低消费者的信任度,从而阻碍健康产业市场的扩大。

五是地区发展不平衡且城乡差异明显。从全国范围来看,大健康产业虽然在全国主要城市群中均有分布,但是在发展水平上依旧出现了东南沿海发展水平较高、西部内陆发展水平较低的问题。不仅如此,西南内陆虽有大健康产业的发展,但缺乏自身核心竞争力,更多的是依托东南沿海产业集群带来的生产与制造转移。除了区域发展不平衡,城乡之间的健康产业发展也存在着一定差距,城市居民和农村居民在收入水平和医疗保健消费观念上还存在差异,所以健康产业也大多围绕城市或者城市周边地区发展建设。

六是产业发展人才素质有待加强。随着人口老龄化程度的逐步加深以及人们对于生活水平和健康服务需求的不断提高,健康产业将逐步趋向于私人化、个性化的服务。这些趋势的变化对健康产业的从业人员提出了更高的能力要求。但是目前中国医疗服务、健康管理、健康教育等领域缺乏专业性人才,健康产业的从业人员整体素质不高,没有达到专业性的要求。[①] 同时,作为快速发展的新兴产业,健康产业也急需与健康相关的知识密集型技术密集型产业的创新人才、复合

[①] 彭琪雯、许海东:《我国健康产业发展现状及对策》,《合作经济与科技》2023 年第 13 期。

型经营人才。

此外,健康产业还面临产业融合初级化、产业要素供给不足,产品服务低端化等诸多挑战。①

五 下一步健康产业发展的主要思路及其策略

(一)发展思路

当前,健康产业必须坚持以人民的健康需求为中心的根本目标,既要做实做大,也要做优做强,确保产业的规模和质量同步提升。在具体的发展思路上,应做好如下工作。一是坚持规划先行。《规划》相比"十三五"时期更加注重对国民健康的全面关注和长远规划、全周期的健康服务、健康信息化建设、健康科技创新等方面被重点强调,将以治病为中心转变为以人民健康为中心的发展方式深入推动"健康中国"战略的实施。未来健康产业的发展也应该按照《规划》要求更加注重"十四五"时期健康产业发展目标及其重大政策、重大工程和重大项目,尤其是关注健康产业中的战略性新兴产业以及区域产业布局。在国家层面的统筹安排下动员各地政府充分利用当地已有资源形成独特的产业发展优势,摆脱以模仿为主的同质化发展道路。二是价值引领,在健康产业的可持续发展方面,需要平衡好健康产业公益性和产业性的关系。公益性是健康产业发展的终极目标,而产业性则是实现这一目标的重要手段。三是需求为先,健康产业供给侧结构性改革需紧密贴合公众对大健康需求的特点和规律,尤其是针对不同人群在不同生命阶段与生活情境下的具体健康需求,以此推动健康产品和服务的持续研发与创新。这种改革不仅要求从宏观层面优化健康服务的供给结构,还需要在微观层面上关注个体的差异化需求,实现个性化、精准化的服务供给。四是创新驱动,在健康产业的发展中,创新驱动是核心动力。正如罗贞礼在其研究中指出的,"产

---

① 潘为华、贺正楚、潘红玉等:《大健康产业的发展:产业链和产业体系构建的视角》,《科学决策》2021年第3期。

业创新"是实施创新驱动发展战略、推进供给侧结构性改革的核心内容,而"大健康产业创新发展"则是加快中国大健康产业转型升级、提质增效、不断开拓发展新境界的根本推动力。① 这表明,健康产业的创新不仅仅是通过政策引导和资金投入来实现,而是需要遵循"需求响应—创新驱动—产业兴起"的路径,以满足人民群众对健康需求的不断升级和变化。

(二) 主要策略

在上述发展思路的引领下,未来健康产业发展的主要策略包括以下几个方面。一是树立大健康的发展理念。树立大健康发展理念,意味着从全人类和全生命周期的视角出发,构建一个全面覆盖健康产业链条的产业体系。这种理念不仅关注个体健康,而且强调健康服务的普及性和可及性,并实现以健康产业的发展为 GDP 增长注入新动能。面对多层次的健康需求,健康产业也需要加强打造全方位多层次纵横结合的完整产业体系与产业格局,推动健康产业向更加可持续的方向发展。

二是加强政府和市场的协调能力。健康产业的发展需要多方主体力量的参与,既要发挥好市场的灵活性,充分尊重市场规律,也要注重发挥政府的调控职能。政府需要为健康产业提供一个良好的发展环境,在土地供给、政府采购、税收优惠等方面予以明确鼓励,并在养老服务、生物科技与人居环境等溢出效应较大的领域探索市场机制新办法,从而进一步激发健康产业的市场属性与资本介入。同时,也只有政府做好对于健康产品或服务的统一质检标准和监管制度才能保证消费市场的长期稳定发展。在良好的发展环境中,各企业也要自觉主动参与竞争,融入市场,激发产业创新活水,提升产业发展效率。

三是以供给侧结构性改革优化健康产业结构。在面对全球健康产业链正在进入重构与变革的新机遇下,健康产业也需要不断优化升级

---

① 罗贞礼:《中医药大健康产业创新发展模式构建研究 基于大健康 4.0 体系视角》,《数据》2021 年第 9 期。

产业结构，打造完整产业链条，提升产品价值，将市场供给与市场需求有效匹配。健康产业需要灵活把握当下种种新的不断变化的健康消费趋势，发展健康科技、健康养老、健康旅游等新业态，满足人民群众对健康多元化的需求，以供给侧结构性改革为推动契机，全面促进健康产业的高质量发展。

四是坚持把创新作为畅通大健康产业链的关键。在当前数字技术与健康产业深度融合的背景下，大数据、人工智能、互联网等数字技术的不断发展，为健康产业的转型升级、提质增效、全民覆盖带来了新的契机。共性关键技术、新质生产力在健康产业发展中起到的加速作用越来越明显。为此，健康产业要始终把创新作为第一生产力，构建一个更开放、包容、合作、共赢的创新生态系统，汇聚各方力量，共同推动健康产业的高质量发展。这包括加强跨学科研发团队的建设，促进科研成果转化，以及通过政策引导和市场需求驱动，加快关键核心技术的攻关和应用等诸多举措。通过这些措施，健康产业在新质生产力的推动下实现更高效、更智能、更融合的发展，满足人们对健康生活的追求，并为经济社会的可持续发展作出更多贡献。

五是建立健全标准规范，注重区域产业平衡发展，加强培养高水平的人才队伍。中国健康产业发展起步较晚，仍处在初级阶段，尚未完善的产业标准规范容易造成市场的混乱和恶性竞争，东西部产业发展差异、城乡产业发展差异、规模与质量都有待提升的人才队伍成为健康产业发展动力不足的原因之一。为此，健康产业需要尽快树立和完善准入条件、监管体系、分类监测与法律保障等一系列标准规范；同时站在区域经济的大背景下协调不同区域健康产业的资源和优势；有效扩充健康产业的人才队伍，加强人才专业化培训，最终实现产业的整体优化和提升，推动健康产业做优做强。

第十三章　老年用品产业发展报告[*]

随着中国人口老龄化程度快速发展，在全球经济形势日益复杂和国内全面深化改革迈入"三期叠加"的背景下，人口老龄化引发的经济、社会、文化等诸多问题不断显现，给未来发展带来的影响全面而深刻，是未来相当长历史时期内中国必须面对的基本国情。党的十八大以来，党中央高度重视应对人口老龄化，将积极应对人口老龄化作为国家战略，坚持双轮驱动，充分发挥市场在资源配置中的决定性作用，不断推动老龄事业和产业快速发展。党的二十大报告明确提出，"实施积极应对人口老龄化国家战略，发展养老事业和养老产业"。[①] 老年用品产业是其中极为重要的板块。大力发展老年用品产业，不仅是改善老年人生活品质、保障老年人晚年生活各类产品供给的需要，更是保障民生增进福祉的现实需求，是落实积极应对人口老龄化国家战略、构建新发展格局、发展新质生产力和实现共同富裕的重要内容。

大力发展老年用品产业是落实积极应对人口老龄化战略的重要体现。随着中国决胜全面建成小康社会取得决定性成就，决战脱贫攻坚取得全面胜利，中国的经济社会发展、人民生活水平都在不断提高。同时，随着医疗卫生条件的进步，人们的平均预期寿命不断提高，老年人口数量逐年上升。中国人口老龄化水平已由2010年的13.26%提

---

[*] 本章作者为王莉莉、魏彦彦。作者简介：王莉莉，中国老龄科学研究中心研究员，老龄产业研究室主任，主要研究方向为老龄产业、老龄政策；魏彦彦，中国老龄科学研究中心副研究员，《老龄科学研究》编辑部主任，主要研究方向为老龄文化、老龄产业。

[①] 习近平：《高举中国特色社会主义伟大旗帜　为全面建设社会主义现代化国家而团结奋斗——在中国共产党第二十次全国代表大会上的报告》，人民出版社2022年版，第49页。

高到2023年的21.10%，人口老龄化程度持续加深。积极应对人口老龄化，不仅是老龄社会的必然要求，更是关系国家发展全局、关系亿万百姓福祉的重要战略部署。党和政府高度重视老龄事业及老龄产业的发展，《"十四五"国家老龄事业发展和养老服务体系规划》明确提出，大力发展银发经济，发展壮大老年用品产业，促进老年用品科技化、智能化升级。《国务院办公厅关于发展银发经济增进老年人福祉的意见》（国办发〔2024〕1号）则明确提出，要强化老年用品创新，大力发展康复辅助器具产业等，为老年用品产业的健康快速发展提供了重要的政策引导与支持。

大力发展老年用品产业是发展新质生产力、增加经济新增长点的现实要求。目前，中国正处于经济转型升级过程中，加快形成新质生产力，增强发展新动能成为重要的发展目标。随着中国老龄社会的不断深入，老龄产业的发展不仅能带来巨大的消费市场，更能推动相关产业经济的快速推进。老年用品产业作为老龄产业中的基础板块，具有强大的消费潜力和市场，已经成为老龄产业发展中的主要产业板块。老年用品产业不同于其他老龄产业，它是以制造业和实体经济为基础的产业集群，制造业的高质量发展是推动中国经济由量大转向质强的重中之重，也是新质生产力发展所需求的，即以科技创新为主、以高质量发展要求为导向，更能体现数字时代融合性、新内涵的生产力。因此，以传统制造业为基础、以老龄社会需求为根本，利用老龄经济兴起和制造业复苏的契机，抓住全球范围内新一轮产业结构调整和科技革命的机会，提高自主创新能力，大力发展老年用品产业，已经成为发展新质生产力、增加经济新增长点的现实要求。

大力发展老年用品产业是满足人民群众美好晚年生活需求的现实需要。中国人口老龄化程度正在快速提高，老年人口数量不断攀升。据预测，2030年，中国60岁及以上的老年人口将达到3.7亿，2053年达到最高峰，届时老年人口将达到4.87亿，占总人口的35%左右。[1] 随着老龄化程度的不断加深和老年群体的不断增大，老年人对日常生活

---

[1] 李本公主编：《中国人口老龄化发展趋势百年预测》，华龄出版社2007年版。

用品、康复辅具用品、保健食品/药品、智能化产品等的需求也在不断增大。2019 年，工业和信息化部等 5 部门联合发布《关于促进老年用品产业发展的指导意见》（工信部联消费〔2019〕292 号）明确提出，到2025 年，老年用品产业总体规模超过 5 万亿元。《"十四五"国家老龄事业发展和养老服务体系规划》也提出，发展壮大老年用品产业，加强老年用品研发制造。在政策支持和老年人需求不断增大的背景下，老年用品产业的加速发展已经成为老龄产业发展的重要趋势之一。目前，市场上已经出现了各种各样的老年产品，特别是在信息化、数字化和智能化快速发展的背景下，老年人的老年用品需求也在发生着多元的变化。大力发展老年用品产业不仅是老龄社会背景下的必然趋势，更是满足人民群众美好晚年生活需求的现实需要。

一　老年用品产业的概念与范畴

（一）老年用品产业的概念界定

目前，老年用品的相关界定很多。从广义角度，立足于老龄社会背景将老年用品产业提升至老龄制造产业，并将满足全体公民衰老过程中产生的相应需求的产品均列为老龄用品，将生产、销售、租赁以及提供相关服务的生产部门和企业的集合体统称为老龄制造产业。[①] 从狭义角度，认为老年用品主要是为满足老年人需求而提供的各类产品的总称，生产、销售这些老年产品的部门和企业组织统称为老年用品产业。

本章在这些观点的基础上，参考工业和信息化部等 5 部门联合发布的《关于促进老年用品产业发展的指导意见》中对于老年用品产业的权威界定，从全生命周期和老年人家庭双重视角，进一步明确本章中的老年用品及老年用品产业界定。第一，老年用品的主要服务人群和使用人群是老年人群体，但在看待老年人群体时应有队列视角，

---

① 魏彦彦、段宏莉：《老龄制造产业中长期发展研究》，载党俊武、王莉莉主编《中国老龄产业发展报告 2021—2022》，社会科学文献出版社 2023 年版，第 3 页。

既要考虑现在已经进入老年期的老年群体，也要考虑未来进入老年期的准老年人群体。第二，老年用品的需求群体中，既有直接需求、消费和使用的群体，即老年人本身，也应包括有间接需求和消费的家庭照护者群体。第三，老年用品的研发、设计过程中需要从全生命周期的角度，加强适合全龄人口需求的通用设计。

基于此，本章将报告中的老年用品及老年用品产业界定如下：老年用品，即满足人们进入老年期后，基于满足生活需要和提高生命生活质量的各类产品的总称。老年用品产业，即生产、销售、租赁以及提供老年用品的各类生产部门和企业组织的集合体，统称为老年用品产业。

（二）老年用品产业的主要范围

老年用品产业主要集中在制造业，且范围广泛。根据老年用品满足老年群体的主要需求层次及其主要功能作用，本章将老年用品产业的主要产业范围划分如下。

老年食品、保健品产业。主要包括针对老年群体需求开发、提供各类老年餐饮食品、保健食品、营养食品等的相关产业。

老年服装服饰产业。主要包括针对老年群体特殊的生理、身体需求，提供各类老年服装、鞋帽、服饰、个性化服装服饰产品等的相关产业。

老年家居家具产业。主要包括针对老年群体的生活及居住场景，提供各类具有安全防护功能的适老化家具、家居及其他辅助类产品的相关产业。

老年康复辅具产业。主要包括针对老年群体特殊身体及康复期需求，提供各类护理、行动、生活、信息、康复等辅助器具类产品的相关产业。

老年药品/器械产业。主要包括针对老年群体的慢性病及老年病，提供各类药品、医用材料与器械等产品的相关产业。

老年文体用品产业。主要包括针对老年群体的精神文化、娱乐休闲、体育健身等需求，提供各类产品的相关产业。

老年智慧化产品产业。主要包括研发、设计各类老年电子化产品、智慧化科技产品的相关产业。

二　老年用品产业发展现状

（一）老年食品、保健品产业

目前，老年餐饮、老年保健食品、老年营养餐等是老年食品、保健品产业中发展较快的几个板块。

老年餐饮方面。随着《积极发展老年助餐服务行动方案》的发布，各地政府在引导支持餐饮企业发展投入老年餐饮方面的力度进一步加大，老年餐饮行业的发展进一步加快。截至目前，31 个省区市和新疆生产建设兵团已经有超过 20 个地区出台了本省级的助餐服务行动方案，老年助餐点数量增长迅速，26 个省份的老年助餐点数量已经超过 8.8 万个，预计全国老年助餐点总数量已达到 10 万个。尽管在目前的老年餐饮行业发展中，政府还在进行财政支持与消费引导，但就总体而言，随着中国老年人口的不断增多，空巢、独居老年人的比例不断上升，老年餐饮市场的空间巨大。

老年保健品方面。中国保健品从 20 世纪 80 年代出现至今已经有近 40 年历史，市场规模逐步扩大，产品种类日渐丰富。特别是随着人口老龄化程度的加深和老年人口数量的不断增多，专注于中老年的各类保健产品开始日益丰富，市场消费量不断上升。目前在各大商超、药店、电商等主要保健品销售平台上，针对中老年人日常保健、营养的保健类食品、产品种类多样，是中老年人及其家庭的主要购买产品。《中国营养健康食品行业蓝皮书》显示，截至 2022 年，中国的营养健康食品行业规模已经达到 5885 亿元，预计行业规模在 2027 年将超过 8000 亿元。[1]

老年营养餐方面。老年人随着年龄的增长，牙齿条件、咀嚼消化能力、吞咽功能等都会受到不同程度的影响，大部分老年人的营养状况并不乐观。因此，针对老年人开发的老年营养餐成为目前市场上的

---

[1] 《中国营养健康食品蓝皮书：消费人群呈年轻化，2027 年市场规模将超 8000 亿》，https://baijiahao.baidu.com/s?id=1790040988792675642&wfr=spider&for=pc。

又一个老年食品产业发展方向。这类产品大都根据老年人的身体状况和营养元素需求情况，研发一些营养均衡、软烂易嚼、低盐低油低糖的营养配餐，提供给老年人。特别针对一些在医院、养护机构或居家的生活不能自理老人来讲，营养餐的制作、供给是十分必要的。

（二）老年服装服饰产业

老年人的服装服饰产品多样，不仅包含适合老年人体型的宽松、透气、舒服的服装，还有防滑、防跌倒功能的各类老年鞋，以及针对个性化要求的时尚老年服饰、适合老年病患等特定人群的个性化功能服饰等。近年来，随着老年人群体的增大和消费需求的提升，老年服装服饰产业也在快速发展。

老年服装方面。已经有越来越多的企业开始专门针对中老年人设计各种款式、类型的服装服饰，在各大商超、电商等平台上，"中老年服装"已经成为一个专门的搜索词条，与此对应的是种类繁多、样式各异的中老年服装服饰。品牌网还依托全网大数据，评出了2024年的中老年服装十大品牌，包含娜尔思、恒源祥、胖太太等成为中老年服装市场中比较突出的品牌。

老年鞋袜方面。以舒适、防滑等为功能特点的老年鞋近年来也开始成为老年市场的一股力量，涌现出一些专门生产老年鞋的企业。以"足力健"等为代表的专业老年鞋生产企业，已经成为目前老年鞋市场方面的领军企业，以老年人脚型的变化及需求为基础，采集大量老年人的脚部数据，研发、设计出适合老年人脚型的专业鞋楦，根据老年人的不同穿鞋需求，设计、生产出种类多样、专业舒适的老年鞋。目前，已在全国开设3200家老年鞋线下门店。[1] 2024年，《老人鞋》国家标准（GB/T 43587—2023）正式实施，这一标准的实施，将进一步规范老年鞋的产品品质，更好地规范和推动老年鞋市场的良性发展。[2]

---

[1] 足力健官方网站，http://www.zljllcy.com/。
[2] 中国发展改革：《〈老人鞋〉国家标准正式实施，足力健助力行业规范化发展》，https://baijiahao.baidu.com/s?id=1806903257473422620&wfr=spider&for=pc。

第四部分 实践篇：现状及趋势

（三）老年家居家具产业

老年家居家具产业，也可视为适老化家居家具产业，即针对老年人的居住环境与生活特点，打造老年友好型生活环境的各类家具、家居产品等。随着近年来老年宜居产业和适老化改造的不断推进，老年家居家具产业的发展也在不断加快。

老年家具产品方面。随着适老化理念的不断普及，许多建筑设计公司、装修装饰公司、家具制造公司等，都开始打造专门针对老年人及其家庭的适老化家具。特别是针对老年人群体较为聚集的各类养老服务机构，床具、床垫、柜子、桌子、椅子、坐便、防滑地板/砖等产品的种类不断增多。这些产品结合老年人群的身体机能特征、行为习惯、生活习惯等，设计生产出安全、人性化的家具产品。但就家庭和个人而言，目前的老年家具市场依然发展缓慢，大部分家庭的设计、装修、家具配置等都依然是以中青年及其子女的需求为主要依据，专门购买适老化家具的客户数量还比较少，这一方面是人们的适老化理念还未普及，另一方面也与目前市场上产品种类、设计、宣传、推广较少有一定的关系。

老年家居用品方面。如老年洗浴凳、无障碍浴缸、可升降马桶、可升降洗漱台、防滑地垫、扶手、防磕保护胶条等，都是目前市场上已经出现的适合老年人居家生活的老年家居产品。这一类产品主打安全防护、助力凭倚等功能。尽管目前老年家居家具用品市场的主要消费群体依然是各类养老服务机构、适老化改造项目的政府购买等，但随着中国老龄社会的不断发展，适老化理念的不断普及，老年家居家具产业的发展将会有更大空间。

（四）老年康复辅具产业

老年康复辅具产业是老年用品产业中的支柱性产业，且在中国发展时间较长，特别是一些生活类辅助用具、助行用具、信息沟通辅具、康复器材等产品，发展的速度更快。

产业发展速度不断加快。2016 年，《国务院关于加快发展康复辅助器具产业的若干意见》（国发〔2016〕60号）发布，首次以国务院名义对康复辅助器具产业进行顶层设计和谋篇布局，制定了到2020年产业规模突破7000亿元的目标。许多从事康复器具生产经营的企业都在逐渐扩大产品种类和经营策略，积极拓展老年人市场，在假肢、轮椅、矫形器等传统康复辅具的产品基础上，不断加大研发投入，丰富老年康复辅助类产品的种类和内容，初步形成了集产、学、研、用一体化的综合服务模式和国资、民营、合资、外资等多种经济成分共同发展的新局面。部分国产康复辅助器具已经达到国际领先水平，如肌电手、液压膝关节、智能集尿器、智能化上下肢康复训练设备等。

产品种类与科技含量不断提高。康复辅具用品可以根据科技含量划分为低技术产品、中技术产品和高技术产品。随着中国老年用品市场的加快发展，老年康复辅具产品的研发力度不断加大，产品科技含量不断提高。尤其是《全国康复辅具科技发展中长期规划纲要（2009—2020年）》等专项规划实施以来，国内针对老年康复辅具科技研发的力度不断加大，科技养老、科技助老的理念不断发展，许多高科技产品和服务不断涌现。各种服务型机器人（如清洁机器人、轮椅机器人、机器宠物、教育机器人）也逐渐被应用到老年人生理功能的辅助和心理慰藉上。许多民族品牌也开始积极加大科研投入，参与市场竞争。包括各类老年人的康复辅具、护理用品、出行代步、按摩理疗、助听沟通等产品日益丰富。

销售、租赁市场进一步兴起。老年康复辅具的销售方式更加多元，包括试用体验、线上线下等销售方式开始更加灵活。一些销售企业也在不断发展壮大，出现了许多连锁销售企业，为老人提供电话、网络订购服务及用品租赁服务等。同时，专门的老年辅具、用品租赁市场也逐渐发展起来，并在此基础上拓展出辅具清洗、消毒、处理等业务。

（五）老年药品/器械产业

老年药品/器械产业主要是医疗健康产业的一个重要产业内容，

也是目前老年用品产业中相对独立和发展较快的板块。包括各种针对老年人特有疾病的各类药品、器械以及医用材料等，是医疗健康产业领域相对比较成熟的板块。

老年医药产品方面。针对目前老年人群体心脑血管疾病常发多发的现状，高血压类药物、降糖降脂类药物是目前老年药品市场上最普遍的产品。随着老年人年龄的增大，各类维生素、钙等的流失普遍，各类针对老年人的钙补充剂、维生素补充剂也是老年药品/保健品市场比较畅销的产品。此外，老年人的关节疼痛、消化系统问题也是比较常见和普遍的情况，这一类缓解、保护老年人各类关节疼痛的药品、保护消化系统的药物也是比较普遍的老年药物产品。近年来，随着国家对中医药事业和产业的不断关注，以及老年人对于中医药的信赖，中医药市场上针对老年人的各类药物也开始加速发展，并带动了中医药种植、制药、中医药服务等产业的快速发展。一些企业也开始立足传统医药制品主要针对机构的弊端，开始更加人性化地从老年人的用药特点来进行适老化的药品设计与包装，如加大说明书字体、改善药品包装、增加单位药量降低服药频次等，[①]来更好地方便老年人服用。

老年医疗器械产品方面。在老年医疗器械方面，除了传统的医疗机构专用的相关检测、治疗、康复等医疗器械，近年来，发展较快的主要是健康管理类的相关器材器械，如老年人常用必备的血压计、血糖仪、血氧仪、各类按摩理疗器材、红外线治疗仪、中风康复训练仪等，都是目前家用老年医疗器材/康复器械市场上比较常见的产品，并且涌现出鱼跃、可孚、欧姆龙等一系列专注老年医疗器械开发的企业。

（六）老年文体用品产业

随着中国老年人口规模的不断上升，特别是低龄老年人口数量的不断上升，老年人对于精神文化娱乐的需求不断提高，相关的各类文体娱乐类服务和产品也迅速发展起来。

---

① 《百善药业总裁林南：十几年来，我们在药品适老化路上所做的那些事情》，《经济参考报》2023年12月6日。

老年影视产品方面。随着老龄社会的到来，老年人生活的社会环境、家庭环境、个人生命生活体验都发生了很大的变化，这给许多影视创造者带来了新的题材，即老年题材类的影视作品开始逐渐增多，其中不乏一些内容深刻、制作精良的影视剧作品，如反映阿尔茨海默病患者的电影《我爱你》、综艺节目《忘不了餐厅》，反映女性老年群体的电视剧《老闺蜜》《大妈的世界》，反映老有所为的电视剧《老家伙》，还有反映养老机构的香港电影《白日之下》等，都是近年来比较成熟的有关老年题材的影视剧作品。

老年书籍报纸方面。老年类的书籍内容很多，大部分是以健康管理、营养饮食、养生保健等为主要题材和内容的各类科普作品。还有很多以老龄化、老年人、老年社会问题等为重点研究内容的研究类书籍、专著。同时，也有很多面向社会大众，分享关于如何面对老年、如何更好地度过晚年生活的相关书籍，包括如何看待"老去""生死"的问题等，如《优雅地老去》《在熟悉的家中向世界道别》《谁在银闪闪的地方，等你》等。同时，有很多以老年群体为主要服务对象的报纸杂志等，如《中国老年报》《老人世界》《老年日报》等。

新媒体文化产品方面。随着信息社会的发展，传统媒体也发生了巨大的变化，一些新媒体平台上，有很多老年人活跃的身影。他们通过网络平台展示自己的兴趣、特长，甚至成为关注量巨大的老年博主，这都是老年人与时俱进、享受社会发展带来的信息化便利的集中体现。

（七）老年智慧化产品产业

随着信息社会的快速发展，通过将物联网、互联网、大数据、云计算、人工智能等新一代的信息技术应用在老龄服务市场的趋势更加明显，需求进一步提高，相关老年智慧化产品市场也开始逐渐发展起来。

智慧化生活类产品方面。包括比较常见的智能手机、电脑、扫地机器人、定位器、紧急呼叫器、智能手杖，以及各种电子化的家用健康监测设备，如血压计、血糖仪等，还有有助于提高大脑思维能力的老人游戏机、交互式玩具等益智类产品，都是近年来市场上比较多的老年智慧化个人产品。

智慧化监测类产品方面。近年来，利用健康传感器、定位服务等技术兴起的智能穿戴和智慧监测产品也在不断增多。包括智能护理床、智能家居、生命体征监测床垫、健康一体机、远程监测设备等，都是针对目前空巢和独居老人不断增多，为提高安全防护和远程监测而研发生产的。这些设备可以将物联网与大数据技术引入平台，整合相关数据，对居家老人进行全天候、全方位的健康监测，不仅适用于家庭，更适用于各类养老服务机构，成为推动智慧养老产业发展的重要支撑。

智慧化平台与系统产品方面。这也是近年来发展较快的智慧化老年产品，特别是在社区和养老服务机构层面，各类智慧化的平台和系统开发在不断增多。这类产品大多以各类养老服务大数据为依托，形成一个统一的需求、服务、管理、监测的综合性平台，实现服务资源的链接、供需匹配的链接、服务管理与监测的链接等，从而统筹服务资源，丰富服务内容，提高服务效率。

三 老年用品产业未来发展趋势

（一）产业需求将进一步扩大

中国拥有世界上最大的潜在老年用品市场。快速发展的人口老龄化，给我们带来了巨大的挑战，但同时，也带来了规模庞大的中老年消费群体。根据相关研究预测，中国老年人口的消费潜力是巨大的。按2010年可比价格计算，预计到2030年，老年人口消费总量可达到119340亿—155142亿元，与GDP的比率可上升至8.3%—10.8%；到2050年，老年人口消费总量可达到406907亿—691742亿元，该比率可上升至12.2%—20.7%。[①] 从经济发展的角度来看，规模日益庞

[①] 党俊武、王莉莉主编：《中国老龄产业发展及指标体系研究》，社会科学文献出版社2021年版，第9页。

大的老年人口，特别是规模更为庞大的中老年人口，已经成为经济发展中重要的消费群体。未来，继续增加的中老年人群体将进一步带动老年用品产业的消费需求，成为推动中国老龄产业发展的重要力量。

(二) 市场供给将会更加丰富

随着中国老年用品市场的不断繁荣，老年用品的本土化创新将会进一步加强，适合中国国情和老年人需要的产品将会更加丰富。老年用品产业的细分程度也会不断提高。老年食品、保健品市场将会进一步规范，针对老年人的各类营养餐将会进一步发展；老年服装服饰市场的服装品类更加齐全，款式、质量以及时尚度、舒适度也会有更高的发展；老年家居家具的适老化理念将会进一步普及，产品需求将会逐渐增大；老年康复辅具的人性化设计将进一步突出，在研发、设计方面也会有进一步的提高；中医药产品和健康管理、康复训练等相关老年药品/器械产品将会更加丰富，特别是针对居家老年人的产品开发力度将会不断增加；老年文化娱乐产品的需求将会加快发展，成为老年用品产业中发展空间非常大的市场；此外，智慧化适老产品的应用将会更加普及，成为老年用品市场上的重要产品类型。

(三) 市场竞争将会更加激烈

随着老年人需求的释放，以及社会资本投入老年用品产业市场的不断深入，老年用品产业的市场细分程度将会进一步增强，进入细分产品、深耕市场的阶段。一方面，老年人对各类老年产品的要求会更加多元，将会从价格、质量、功能、服务等各方面进行选择和比较。为了满足不同需求偏好的老年人，涉老企业将会进一步丰富与创新产品与服务内容，或者通过跨界合作，由单一产品与服务向综合化产品与服务方案转变，推动老年用品产业的进一步创新。另一方面，随着涉老企业对市场发展的不断深入，对市场规律的把握和市场需求的判断将会更加准确，市场定位和目标群体将会更加明确，营销和经营模式也会逐渐成熟，在引导消费、提供产品、不断拓宽市场等方面将会进一步提高。此外，随着市场的不断发展，企业数量的增多，供给内容的丰富，老年用品市场竞争也会愈加激烈。

（四）品牌企业和产业集群将会加速形成

随着老年用品产业的快速发展，产业内部的产业发展、与其他相关产业的产业融合将会快速发展，上中下游的产业链条将会进一步完善，同时，在产业的发展过程中，将会形成越来越多的产业集群，老年产品企业集团化、规模化、品牌化的发展趋势将会更加明显。同时，老年用品研发、生存、销售、孵化所形成的空间积聚体，更有利于建立起以企业为主体、市场为导向、产学研用紧密结合的技术创新体系，促进科技成果快速转化，形成区域和品牌效应，最终取得市场优势。

（五）智能化、信息化产品将快速发展

在激烈的市场竞争条件下，科技创新将日益成为中国老龄产业发展的战略制高点。随着科技信息化水平的发展，现代通信技术、网络技术等科技化、智能化产品在老龄产业中的作用将更加明显。以智能硬件、云平台与大数据为核心的智能养老在向各行各业逐步渗透，将在老年用品产业领域发挥着越来越重要的作用。老龄科技在国外已经有多年的研发历史，国内目前对老龄智能科技的应用研究也日益增多，诸多高科技产品和服务将陆续出现。以科技方式建构友善的居住环境，让环境和各种装置依据使用者的需求而自动控制的"智慧住宅"已经开始发展，各种服务型机器人产品也在不断研发生产，相关企业对智能化养老产品的研发力度不断加大，特别是在远程医疗、健康管理、养老服务信息平台等方面，智能化、信息化、科技化、网络化的趋势将更加明显。

四 老年用品产业存在的主要问题

（一）顶层设计与政策体系还不完善

党的十八大以来，党和国家高度重视老龄事业和产业发展，将积

极应对人口老龄化上升为国家战略,并出台了一系列政策引导、扶持老龄产业发展。但相对于养老服务产业来讲,老年用品产业的整体规划与政策扶持还相对较弱。尽管工业和信息化部等五部门联合发布了《关于促进老年用品产业发展的指导意见》,但总体来讲,政策的引导性、政策性较强,针对性与实操性还需要更多的措施细节。此外,从市场供需来看,老年人及家庭的刚需目前仍然是养老服务,对老年用品的认识和理念还不足,还没有从提高生命生活质量的角度去认识和接受各类老年用品。因此,目前投入老年用品产业的企业仍是少数,大多都是原有产品的延伸或拓展,缺乏对老年用品产业的长远规划和投入。

(二)产业发展的有效需求还不明显

需求是一个产业发展的持续动力。目前中国老龄产业中,刚需最为旺盛的依然是各类养老服务产业,老年用品产业还不能成为老年人及其家庭最为急迫的需求。究其原因有二。一方面,中国的保障制度依然不足,养老、医疗等社会保障制度仍在完善,还没有构建初步的长期照护保险制度,相关的商业保险体系也处于逐渐发展阶段,老年人的保障性收入较低,劳动性收入渠道更窄,收入来源单一,收入水平不高,主要的消费支出除去基本生活开支,仍然主要是解决看病问题,购买老年用品的刚性需求还不明显。另一方面,现有老年人的消费观念整体比较保守,他们花钱购买老年用品改善生命生活质量的意识还不浓厚,对产品的了解和购买意愿较低,这都是影响和制约中国老年用品产业发展的重要因素。随着老年人群体内部的不断更替,新一批进入老年人群的低龄老年人口在教育程度、消费观念、收入水平和消费意识方面会有一定的提高,但短期内依然难以形成刺激老年用品产业快速发展的有效需求,这也是目前比较突出的现实问题。

(三)产业发展体系仍不完善

从目前老年用品产业的发展来看,产业发展体系和产业组织培育滞后的问题依然比较突出。在老年用品产业中,除了老年保健品、康复辅具、医药产品等发展相对较快，其他老年用品不仅生产商和服务商培育滞后，研发组织和产业孵化组织也很缺乏。[①] 此外，与国外老年用品市场琳琅满目的情况相比，中国老年用品的品类依然单一，且产品的同质性较强，创新性不足，很多产品都是借鉴国外产品或以国外产品的市场占有为主，老年人的可选择余地较小。同时，在技术、质量、标准、服务等方面与发达国家差距较大，可竞争性较弱。

（四）产品研发创新能力不足

从目前的老年用品市场来看，老年用品的整体研发能力、创新能力都还相对较弱，具有自主知识产权的产品较少，产品同质化比较大，许多产品处于模仿国外产品的阶段，技术含量较低的中低端产品占据较大市场份额。这一方面与中国老年用品产业起步晚、本身科技研究基础薄弱有关；另一方面也与目前老年用品市场缺乏相关标准、规范，且知识产权保护力度不足有关。由于缺乏相应的标准、规范，许多产品粗制滥造，产品质量不过关，不仅有损产业发展，更不利于保护消费者权益。同时，研发创新需要大量投资，成本较高，单个企业很难承担研发所需的人才投入和时间成本，也是造成目前老年用品产业处于低水平模仿、同质性发展阶段的重要原因。

（五）相关标准规范制定不足

老年用品产业包罗万象，且发展较晚，大都是企业从原有生产线延伸或拓展而来的，因此，专门针对老年产品的相关标准、规范较少。即使在发展较早的老年康复辅具产业，相关的标准和规范依然不足，现有检测系统跟不上新型产品发展的现象还非常普遍。[②] 一些老年产品由于缺乏标准，粗制滥造，存在着很大的安全隐患。老年保健品行业的市场乱象也相对明显，有时不但损害了老年人的合法权益，

---

① 吴玉韶、党俊武主编：《中国老龄产业发展报告（2014）》，社会科学文献出版社2014年版。
② 江华、李倩钰：《北京市老年辅助器具产品发展报告》，载江华、张航空、冯喜良等《北京康复辅助器具（老年）发展报告（2018）》，社会科学文献出版社2018年版。

也会影响整个老年用品市场的信誉和健康发展。

(六) 营销手段与模式依然单一

从目前的整体情况来看,由于受现有老年人的消费习惯和消费行为制约,老年用品产业的主要营销和销售模式依然以线下展示和销售为主,且宣传和营销力度较小。老年人或其家庭成员缺乏可靠的途径和平台去了解老年用品,对各种用品的功能和用途缺乏足够认识,这不仅制约了消费者对老年用品的认知度,也直接影响了有效需求。尽管目前很多企业都意识到这个问题,开始加大营销力度,国家政策也鼓励各大商店、超市设立老年用品展示和销售柜台,但总体来讲依然收效较小,难以形成规模效益和较大的影响力。

五 促进老年用品产业发展的主要建议

(一) 继续加强政策与制度建设

中国目前正处于新的发展阶段,立足新发展阶段、贯彻新发展理念、构建新发展格局是目前的主要任务。老年用品产业在中国虽然发展较晚,但具有广阔的发展空间和潜力。特别是现在处于发展初期,必然需要相关政策的支持和引导。包括从国家层面制定出台老年用品产业的专项规划,明确老年用品产业的发展目标、阶段、任务、步骤与措施,并在此基础上明确阶段性目标和任务,在政策和制度上进行统筹规划,着力完善。同时,针对老年用品产业在发展中需要的各类政策进行逐步完善。包括分类指导并具可操作性的老年用品产业优惠政策,如产业内不同行业发展所需的财政、税费减免,信贷优先、融资,简化申报审批手续等具体优惠政策。制定康复用具法,对老年辅具用品的研发给予资金支持;加强对老年用品产业的融资支持,加强对老年康复辅具购买、使用、租赁的补助办法,等等。

(二) 引导培育老年用品消费市场

把培育、引导、繁荣老年用品产业消费市场作为推动老年用品产业健康持续发展的重中之重。一是要在实现共同富裕的进程中进一步提高中老年人收入水平。通过进一步改革收入分配制度，不断完善养老保险体系，进一步扩大养老保险覆盖面，逐步实现基本养老保险法定人员全覆盖。加快实现企业职工基本养老保险全国统筹，健全基本养老保险待遇，促进第二、第三支柱养老保险规范发展。稳步实施延迟法定退休年龄政策，逐步形成适合国情的长期护理保险制度框架。完善社会福利制度，开拓老年人再就业渠道等，多渠道拓宽老年人增加收入的途径。从政策、制度上确保老年人的收入水平不断提高，消费购买能力不断提高。二是要着重培育、引导老年人及其家庭成员的老年产品消费意识。鼓励企业搭建诚信可靠的老年用品线上线下购物平台，在重阳节、中秋、春节等重大节日期间开展主题购物节活动，通过线上线下联动，集中地展示和销售各类老年用品，形成消费热潮和品牌效应，提升老年人的消费体验。打造区域性、全国性、国际性的老年产业博览会，形成品牌，扩大影响。鼓励商场、超市、批发市场设立老年用品专区专柜，发展老年用品租赁市场，开辟老年用品展示体验场所，引导企业做好体验消费、租赁消费，扩大老年人的消费渠道，提高老年人的消费意愿。三是要进一步完善相关标准、规范，加强监管力度，确保老年人的消费权益保障。

（三）丰富老年用品市场供给

一是提升加速老年用品制造产业发展。着力创新驱动，支持加大对技术含量较高的老年用品的基础研究、产品开发、成果转化以及产业化推广，形成"产、学、研、用"紧密结合的产业链条，通过本土化的科研创新，丰富产品种类，降低产品成本与价格，提供更多既能满足老年人需要，又能满足老年人消费水平的老龄用品。二是加快老年家具家居产业发展。支持社会力量参与公共基础设施和老旧小区无障碍改造。鼓励企业开发设计适老化家具家居产品，加快适老化建筑设计、装修与改造市场发展。三是繁荣丰富老年文化娱乐类产品。丰富老年人喜闻乐见的图书、报刊以及影视剧、戏剧、广播剧等文艺作品发行，鼓励新媒体企业制作传播优秀老年文化作品等。

(四) 提升老年用品科技创新能力

加快物联网、云计算、大数据、人工智能等新一代信息技术与老年用品产业的融合发展。推动人工智能技术在老年用品产业的应用，重点推进智能家居、智慧健康、智能机器人、智能可穿戴设备等的研发和产业化发展。政府可利用技术改造专项资金、先进制造产业投资基金、国家科技支撑计划等现有资金渠道，支持老年用品关键技术和产品的研发、成果转化、服务创新及应用推广，培育壮大骨干企业。支持老年用品领域培育"专精特新""小巨人"企业、国家技术创新示范企业，加强产学研协同创新和关键共性技术产业化。鼓励地方政府与社会资本合作建立产业基金支持老龄制造业创新发展。此外，还要加大对老年用品的知识产权保护。相关管理部门应加强对老年用品的知识产权保护，对于注册商标和专利产品进行保护，切实维护企业的利益，从而鼓励企业大胆进行技术创新。

(五) 加强老年用品标准体系建设

全面梳理和完善老年用品产业相关领域标准体系，制/修订一批关键急需的产品和技术标准，加大对国际标准的采标力度。形成政府主导制定与市场自主制定的协同发展、协调配套的新型标准体系。积极推广和运用先进质量管理技术和方法，开展老年用品质量测评、验证和认证工作，制定老年用品产品信息和隐私安全的检测评价技术方法。实施"老年产品认证制度"，建立并完善相关标准。逐步建立老年用品，特别是那些对老年人健康和安全影响较大的产品的质量标准体系，保障产品质量，规范市场行为。加大市场监管力度，建立完善的市场准入制度，鼓励老年用品产业界团体、协会、组织的成立和运营，从而实现老年用品制造企业的专业化发展。

(六) 推进品牌企业与产业集群建设

出台有针对性的扶持政策，着力培育民族品牌，确保为国内消费者提供质优价廉的老年用品。政府可以引导企业加强品牌战略管理，

第四部分 实践篇：现状及趋势

明确品牌定位，促进品牌与养老服务产业、高新技术产业融合，提高品牌产品附加值和性价比。树立企业诚信形象，打造龙头品牌企业。有产业基础的地方可以结合实际制定产业规划及相关政策措施，建设老年用品产业园区，发展地方特色老年用品产业。地方和企业可以组织实施一批老年用品产业应用项目，培育一批老年用品特色产业集群，合力搭建集研发、展示、营销、物流于一体的老年用品集成平台，还可以通过老年用品产业高峰论坛、产品设计大赛、产业博览会等，充分发挥示范引领和辐射带动作用。

第十四章 居家适老化改造产业发展报告[*]

当前中国人口老龄化正以前所未有的速度发展,到21世纪中叶,中国人口不仅在快速老龄化,更重要的是还在高速高龄化。[①] 居家养老是老年人最普遍的一种养老方式,其本意是让老年人能在适合个体健康和能力状况的居家环境当中安享晚年。居家环境在维持和改善老年人日常功能中的作用已经在理论和实践中得到了广泛的认同。[②] 良好的居家生活环境有利于促进和维护老年人的健康状况和生活自理能力。因此快速人口老龄化背景下,推进居家适老化改造,激活适老宜居相关产业发展,对于提升广大老年人居家生活质量,激活银发经济发展新动能,具有重要意义。

一 相关概念内涵

原居安老不仅反映了老年人在衰老过程中对"居"的选择,明确了老年人"安老"的地理位置,更反映了老年人在"原居"中的生活能力,是老年人与居住环境之间相互作用的重要体现。随着增龄过程

---

[*] 本章作者为伍小兰、王羽。作者简介:伍小兰,中国老龄科学研究中心老龄健康研究所研究员,研究方向为老龄健康、老龄公共政策;王羽:中国建筑设计研究院适老建筑实验室主任,研究员,研究方向为适老建筑设计及研究,环境适老化改造、老年人康复环境。

[①] 乔晓春:《中国人口老龄化的过去、现在和未来》,《社会政策研究》2024年第1期。

[②] Hans-Werner W., Agneta F., Frank O., et al., "The Home Environment and Disability-related Outcomes in Aging Individuals: What is the Empirical Evidence?", *Gerontologist*, 49 (3), 2009: 355-367.

第四部分　实践篇：现状及趋势

中老年人身心功能不同程度的衰退，可能并存不同程度且多重的障碍，如视觉缺损、听觉缺损及行动不便等，虽不至于达到失能程度，却处于多重不便的情况，需要居住生活环境作出相应的补偿和支持，减少日常生活面临的环境压力，尽量避免意外伤害与被迫迁移。当老年人独立完成某些居家行为变得困难，甚至存在一定危险性时，他们逐步开始依赖于环境、辅助器具与其他人。因此，适老化改造的首要含义就是指通过空间改造、设施配备、辅具适配等方式，改善老年人的居住空间环境，缓解老年人因生理机能变化导致的生活不便，更好地促进和保持健康、独立和自理。从这个角度来看，适老化改造的需求对象主要是处于能力衰退和缺损状态的老年人群以及患病老年人群。

诸多研究表明，居家空间环境（包括房屋类型、楼层、屋内设施、浴室环境等）以及物理环境（光环境、热环境）都会对老年人的健康产生影响。[1] 从全生命周期的健康促进来看，良好的居住环境可以优化老年人的健康老龄化轨迹，实现尽早预防、主动健康。步入长寿时代，一方面人们希望尽可能长时间地保持自主、独立和活力，另一方面随着社会家庭结构和居住方式的深刻变迁，越来越多的老年人将长期处于独居或空巢状态，人们对老年期居家环境的安全性、健康性和舒适性的需求也将不断增长。因而，从提前备老、安心养老的角度来说，适老化改造的需求对象可以包括准老年人以及低龄健康老年人等更为广泛的人群。

在中国，跌倒已经成为 65 岁及以上老年人伤害死亡的首位原因，也是老年人发生创伤性骨折和因伤就医的主要原因，并且老年人年龄越大，跌倒的发生率和因跌倒而受伤甚至死亡的风险越高。[2] 其中，

---

[1] 周燕珉：《老年人对室内物理环境的需求》，《中国房地产报》2013 年 8 月 5 日第 4 版；黄海静等：《老年人视觉活动特征及光环境需求调查分析》，《灯与照明》2017 年第 2 期；崔灿、翁季：《老年人住宅室内照明光环境调研分析方法初探——以 MECE 法、SWOT 法和 SD 法为例》，《灯与照明》2017 年第 2 期。

[2] 国家卫生健康委疾病预防控制局、中国疾病预防控制中心慢性非传染性疾病预防控制中心：《预防老年人跌倒健康教育核心信息》，2021 年 10 月 12 日。

有半数以上的老年人跌倒事故发生在家中。因而，居家的安全和健康保障需求是居于首位的。

我们在对老年人的调研与采访过程中发现，虽然老年人家庭结构、身体状况、生活习惯以及个人偏好均不尽相同，但他们对于居家环境的需求总是相似的。首先，希望"家"是安全的，尽可能避免跌倒、烫伤、被磕碰等在宅伤害；其次，希望"家"是健康的，通过必要的环境支持延长老年人自理自立期；再次，希望"家"是便捷的，保证各个空间、常用物品的可及性，并保证与外界的有效联系；最后，希望"家"是舒适的，为老年人提供冬暖夏凉、干净整洁、符合生活习惯、适应精神追求的居家环境。因而适老化改造应符合安全性、健康性、便捷性、舒适性等基本要求，以提高老年人的自立性和行动力。

二 居家适老化改造产业发展现状

党的十八大以来，中国积极应对人口老龄化工作不断取得新进展新突破。老年宜居环境建设和适老化改造全面融入健康中国、积极应对人口老龄化等国家战略，相关政策体系不断完善，社会力量参与力度持续加大，适老宜居产业发展活力明显增强。

（一）居家适老化改造政策体系不断完善

2012年十一届全国人大常委会第三十次会议修订的《中华人民共和国老年人权益保障法》，首次新增"宜居环境"专章，适老宜居的理念开始在全社会广泛传播，并开启了从法律和政策层面全面推进老年宜居环境建设的序幕。2016年，全国老龄办、发展改革委等25个部委联合出台了《关于推进老年宜居环境建设的指导意见》（全国老龄办发〔2016〕73号），这是中国第一个关于老年宜居环境建设的指导性文件，强调从老年人住宅适老化改造和适老住宅建设两个方面大力推进适老居住环境建设。2017年，《国务院办公厅关于制定和实施老年人照顾服务项目的意见》（国办发〔2017〕52号）发布，再次提出推进老年宜居社区、老年友好城市建设，加强社区和家庭的适老化设施改造。

第四部分 实践篇：现状及趋势

在加快发展养老服务业、全面放开养老服务市场的背景之下，居家适老化改造的政策推进力度也进一步加强。《国务院办公厅关于推进养老服务发展的意见》（国办发〔2019〕5号）、《国务院办公厅关于促进养老托育服务健康发展的意见》（国办发〔2020〕52号）、《民政部关于进一步扩大养老服务供给 促进养老服务消费的实施意见》（民发〔2019〕88号）、《民政部 国家发展改革委 财政部 住房和城乡建设部 国家卫生健康委 银保监会 国务院扶贫办 中国残联 全国老龄办关于加快实施老年人居家适老化改造工程的指导意见》（民发〔2020〕86号）、《民政部 财政部 住房和城乡建设部 中国残联关于推进"十四五"特殊困难老年人家庭适老化改造工作的通知》（民发〔2022〕9号）等政策文件相继出台，以政策组合拳推动居家适老化改造全面融入养老服务事业产业协同发展新格局。一方面，采取政府补贴等方式，对所有纳入特困供养、建档立卡范围的高龄、失能、残疾老年人家庭实施适老化改造。另一方面，提倡通过产业引导、业主众筹等方式，引导老年人家庭对住宅及家具设施等进行适老化改造，有条件的地方政府可给予适当补贴。

（二）居家适老化改造实践逐步深入

在国家政策重视和推动下，居家适老化改造工作在各地广泛开展。一是在全国范围内实施特殊困难老年人家庭适老化改造工程。将居家适老化纳入政府脱贫攻坚、兜底保障范围，对所有纳入特困供养、建档立卡范围的高龄、失能、残疾老年人家庭给予最急需的适老化改造。在改造内容方面，江苏制定城镇单元户、农村非单元户的改造清单，做到精准施策。在保障机制方面，河南将适老化改造纳入政府购买养老服务清单。在资源统筹方面，四川在全国率先实施包括困难老年人家庭适老化改造在内的公共服务适老化改造提升10项行动，全面优化老年人生活场景。在信息化应用方面，浙江杭州实行困难老年人家庭适老化改造需求评估、方案制定、检查验收等全流程智慧监管，为每户老年人家庭生成专属改造二维码，改造内容和前后对比情况只需"扫一扫"即可一目了然。

二是探索推进家庭适老化改造与养老服务融合发展。一方面推进与养老服务兜底保障制度融合，将居家适老化改造与政府购买居家社区养老服务、特殊困难老年人探访关爱结合，实现经济困难失能老年人养老服务的全覆盖。另一方面推动与家庭养老床位建设融合，一些地方明确了家庭养老床位适老化/智能化改造项目的清单或要求，对家庭养老床位建设达标的，将根据适老化改造情况给予一次性补助。

三是各地通过产业引导、业主自筹、政府补贴、慈善捐赠等改造模式，引导一般老年人家庭对住宅及家具设施等开展适老化改造，促进养老服务消费提升。上海在居家环境适老化改造扩大试点工作中，建立补贴标准梯度化、工作流程标准化、服务平台智能化、改造清单精细化的"四位一体"项目平台，吸纳行业内相关优质企业参与适老化改造工作。各地推动消费品以旧换新居家适老化改造工作。如浙江出台《消费品以旧换新居家适老化改造实施细则》，明确了老年人家庭居家适老化改造的补贴原则、标准和流程等。还有一些地方则积极探索"慈善+适老化改造"模式，鼓励和引导社会力量通过捐赠、志愿服务等方式助力居家适老化改造工作开展。

（三）居家适老化改造市场活力不断增强

除了政府，企业、老年人及其家庭都是居家适老化改造的参与主体，形成相互拉动的产业发展态势。在需求方面，包括老年人在内的社会大众对适老化改造的认知在不断提升。北京市老年人居家养老服务需求调查显示，约半数老年人需要居家适老化改造，在厨房卫生间的改造需求集中。[①] 与此相对应的是，区域内居家适老化企业如安馨在家，近年来业务量呈现明显上涨趋势。

从供给侧来看，适老化改造市场主体参与日益活跃，涉及建筑设计、装修装饰、家政服务、养老服务、物业、家电等多个领域。适老化改造市场主体积极在"供给质量提升+产业盈利模式优化"上下

---

① 《北京老年人居家养老需求公布：超三成用餐困难 日常照料需求旺盛》，https://www.bbtnews.com.cn/2023/0524/476871.shtml。

功夫，不断优化居家环境适老化改造服务水平和流程，提炼不同场景的居家适老化改造标准，推动居家适老化改造消费升级迭代提升。用供给创新挖掘潜在需求，专注于开展老年生活空间的系统设计解决方案，以及适老设备、适老用品的设计研发与集成服务的市场主体也在快速成长。推动居家适老化改造与智慧养老相结合，与适老化、智能化的康复辅助器具和家居设计与开发相结合，将成为未来适老宜居产业发展的重要方向。同时，政府引导市场参与的模式也在不断创新，如上海建立适老化改造平台入库服务与产品供应商名单机制，吸引一批有实力、有信誉的企业入库；山东探索构建四级适老产品上门配送和社区租赁体系，打造适老产业基地，发挥产业集聚效应。

总体来看，中国居家适老化改造和产业发展取得了积极进展，但与中国人口老龄化严峻形势、与亿万老年人美好养老生活新期待、与建设老年友好型社区的战略要求相比仍不适应。当前，中国城市正在普遍经历住房和居民的双重老化过程，很多住宅，特别是老旧住宅受到当时经济、技术和劳动力等方面条件的限制，建设标准相对较低，室内空间较为狭小，设施设备陈旧落后，环境舒适度欠佳，经过数十年，已经很难满足老年人现在的日常生活需求。统计数据显示，老旧小区涉及建筑面积高达十亿平方米量级，涉及千万老年人家庭。[①] 如果每户适老化改造资金投入按3000元测算，仅这一部分就能直接产出300亿元的市场规模。

三 居家适老化改造产业发展存在的问题

中国适老化改造产业发展仍处于起步阶段，各地居家适老化改造推进情况差异较大，行业龙头企业、品牌企业还较为缺乏，规模化和

[①] 根据2019年住房和城乡建设部发布的统计数据，中国现有2000年前建设的老旧居住小区近16万个，涉及居民超过4200万户，建筑面积约为40亿平方米。北京大学中国社会科学调查中心中国家庭追踪调查数据显示，近四成家庭有60岁及以上的老年人共同居住，这一比例在老旧小区当中会更高。据此估算，有老年人居住的老旧住宅建筑面积达到了十亿平方米的量级，涉及老年人家庭上千万户。

专业化不足，相关技术产品和服务质量还存在参差不齐情况，整体产业规模和效能都有待提升。

（一）居家适老化改造服务体系尚不完善

一方面，公众对家庭适老化改造认知不足。从适老化改造的社会接受度来看，居家适老化改造还是一个新生事物。无论是老年人还是他们的子女，对居家适老化改造的认识都较为有限，大多仅停留在"听说过"的层面，普遍缺乏适老化改造的意识，这直接影响适老化改造的社会化推广和产业化发展。

另一方面，居家适老化改造整体发展水平还不高，服务体系和流程方法尚不完善，体现为专业人才匮乏、服务碎片化、沟通协作不足等多个方面。居家适老化改造还存在改造方式单一、实施效果不佳等问题，如部分改造方案以提供辅助器具和产品为主，缺少对居住环境现状问题的整体解决办法。此外，在大多数居家适老化改造项目，尤其是政府采购类项目当中，评估和改造工作往往由不同的单位负责实施，信息交流不够畅通，评估服务单位不掌握施工技术，改造服务单位不了解老年人的需求，同时双方对适老化改造都缺乏足够的专业积累和经验。居家适老化改造还涉及家具辅具供应商、设施设备供应商、居家养老服务机构、社区为老服务组织等相关单位，但这些机构都处在彼此相对独立、缺乏整合的状态。在这种碎片化的服务体系当中，每个服务单位大多仅关注各自工作范围之内的事情，而并不关心服务的"全貌"，服务团队间缺乏沟通协作，使得适老化改造个案的设计思路都很难完整而精准地得到传达和落实，因而在实施环节容易出现"跑偏"现象。这会使得适老化改造措施偏离预期目标，也影响了居家适老化改造产业的良性发展。

（二）居家适老化改造的市场机制还不成熟

目前，中国适老化改造项目以财政拨款为主要资金来源，面向广大老年人家庭提供适老化改造服务的多渠道融资途径和融资机制尚未形成。居家适老化改造可持续的运营服务模式尚不清晰，公益性服务

第四部分 实践篇：现状及趋势

与市场化服务均衡发展的模式仍有待探索。事业发展必须更多地采取市场化手段进行推进，提高财政资金的使用效率。[①] 价格高了不利于激发老人和家庭的养老消费需求，价格低了无法覆盖服务商的成本和可持续运营。因而要加快建立分类指导的价格体系，完善价格形成机制，制定科学的补贴标准，更好发挥财政资金的撬动作用。

当前政策的精准、精细化水平还需要进一步提升。简约化的类型瞄准法，使得群体供需匹配度还存在偏差。一些身体条件尚好的特殊困难老年人可以享受补贴，但不一定需要，配置的设施设备并没有给老年人的生活带来真正的便利，而是长期处于闲置状态，有限的资金并没有完全用在"刀刃"上。另外，自上而下的实施机制与需求的多样化、动态化产生一些矛盾。在一些改造项目中，一些地区将适老化改造等同于辅助器具适配，虽然可以短时间加快实施改造的速度和总量，但实际效果却相比真正的适老化改造要大打折扣。一些程序上的要求和规定也在一定程度上影响了改造的效果。从完成评估到实施改造需要经历较长的审批过程，在此期间，部分老年人的身体状况已经发生了变化，其居家适老化改造需求也应随之发生改变，但由于改造方案已经上报，难以进行更改，导致一些改造成了既"迟到"又"过时"的无用功。一些项目由于政府采购条件的限制，需要先根据预算确定设施设备的种类和数量，再开展评估工作，最后将设施设备分配给有需要的老年人家庭，容易发生供需脱节和不匹配的情况出现。可见，需进一步总结借鉴国内外先进经验，从管理体制、购买内容、购买对象和绩效评估等方面完善向社会力量购买适老化改造服务的体制机制，更好发挥市场机制作用，实现资源配置效率最优化和效益最大化。

（三）居家适老化改造的研究和人才支撑亟须强化

近年来，随着居家适老化改造服务实践在中国陆续展开，居家适

---

① 黄石松、胡清：《发展银发经济的战略设计、焦点难点及路径优化》，《新疆师范大学学报》（哲学社会科学版）2024 年第 2 期。

老化改造虽然已经成为国内建筑学领域的研究热点，但尚无将健康养老服务与建筑空间环境相结合的研究，在一定程度上限制了改造服务的效果。以健康和功能康复为导向的居家适老化研究基础还比较薄弱。居家康复环境作为医院的延伸对于老年人的康复治疗有着重要作用，但因其跨越不同学科且需要进行专项化研究，国内目前关于康复环境的研究集中在康复景观领域，而在居家康复改造方面的研究还较为缺乏。

由于缺乏系统性的本土研究积累和数据支撑，居家适老化改造技术和适老产品的研发设计水平与国际先进水平相比还有明显差距。标准化的居家适老化改造评估和改造工具还比较缺乏，导致服务质量难以得到准确评价和有效控制，服务供应商难以得到客户的充分信任。在产业发展上，专业化的居家适老化改造服务机构还不多，专业人才培养和储备不足，特别是具备跨领域知识的复合型人才还非常缺乏，难以形成完整闭合的协作链条。以上诸多因素，导致服务中的空间环境改造技术很难与老年人能力进行很好的匹配，在一定程度上影响了改造的效果。

四 居家适老化改造产业发展潜力分析

居家适老化改造是银发经济中的重要板块，也是未来银发市场的重要商机。随着老年人在收入水平、消费理念、健康生活品质等方面的整体提高，居家适老化改造消费需求亦将不断上升，以期获得更加符合老年人生活形态和需求的室内空间。从国外经验来看，随着人口老龄化程度的提升，对适老化环境的社会需求会越来越高。日本1995年进入中度老龄化社会，银发产业发展重心则转向以养老照护服务和生产制造康复辅具、适老化产品等并重的产业模式。[1]

---

[1] 彭希哲、陈倩：《中国银发经济刍议》，《社会保障评论》2022年第4期。

| 第四部分　实践篇：现状及趋势

（一）居家适老化改造消费者规模不断扩大

快速人口老龄化背景下，居家养老环境即老年家庭住宅品质的提升需求越发迫切。当前，中国老年人口中入住养老机构的比例不足1%，[1] 这进一步凸显了顺应居家养老的社会趋势，强化现有住宅适老化改造，夯实居家养老基础的重要性。

当前，中国老年人口正在发生明显的群体更替现象，老年人的"人群画像"也在发生深刻变化。"60后"新老年群体比以前的老年群体受教育程度和收入水平都更高，对健康舒适居家环境与自主照顾生活方式的需求也更高。人口老龄化的高龄化、空巢化等特征的加剧发展，也会给居家养老带来新的挑战。如果老年人日常活动常因环境遭到局限，则会降低老年人的独立性及增加照顾服务的需求，但借由住宅改造可增加老人生活独立性进而降低照顾服务的社会成本。[2] 随着未来人口老龄化、高龄化高峰期的到来，老年人家庭对适老化改造的自主付费意愿会逐步加强，以增强其居住品质和资产价值。同时，来自政府和社会的推动力也在不断增强，如上海采取阶梯式补贴方式，扩大适老化政策支持范围，撬动了更多家庭的适老化改造消费，服务产品供给逐步完善。

多样化需求会催生多层次供给，居家适老化改造的产业发展机会还在于社区银发住宅的改造和供给，即将闲置楼房整体改造为适合老年人居住的住宅，并整合其他相关产业形态互动，既可让老年人自主选择居家生活方式，同时也可以方便老年人获得支持性服务。这样的市场探索已经开始出现。中国台湾地区出现了由民间经营者整栋包租歇业旅馆，进行适老化改造后向老年人出租住宅。在推动银发经济发展以及城市更新等政策机遇下，闲置房产资源的整体居家适老化改造将

---

[1] 乔晓春：《全国有多少人和哪些人住在养老机构？》，《社会政策研究》2022年第4期。
[2] Slaug, B., Chiatti, C., Oswald, F., "Improved Housing Accessibility for Older People in Sweden and Germany: Short Term Costs and Long-term Gains", *International Journal of Environmental Research and Public Health*, (14) 9, 2017.

迎来更大的发展空间，老年人的居住形态也将更为丰富。

（二）居家康复适老化改造增长潜力持续释放

对于需要康复的老年人来讲，家庭和社区是老年人术后的终身康复场所，但是由于社区及家庭康复环境不佳，难以对老年患者产生积极的生理及心理影响，导致老年人身体功能水平难以恢复甚至出现倒退。据调查，有很多患者在病情稳定，符合出院条件的情形下仍不愿意出院，其中很重要的一点原因就是家庭康复环境不具备、社区医疗资源配置不充分。[①] 因此，与老年人健康状况相适应的适老住宅环境与社区资源配置都是存在大量未被满足的社会需求和市场空白。

《中国脑卒中防治报告（2023）》显示，目前中国40岁及以上脑卒中患者已达1242万人，成为脑卒中患病率最高的国家。[②] 循证医学证明，卒中康复是降低残疾率最有效的策略。以脑卒中为例，中国每年约新增30万老年人需要在居家环境中针对脑卒中进行康复治疗。按照中国40平方米每人的人均建筑面积持有量计算，仅针对脑卒中这一种疾病，每年新增的改造量就能够达到1200万平方米，每平方米改造工程按500元计，能产出60亿元的经济效益。可见，相关行业的市场发展潜力巨大，亟待深入研究老年人的身心特点和健康环境需求，推动居家适老化改造产业升级，满足老年人居家康复的需求。

居家康复环境的研究实践正在不断深入。中国建筑设计研究院有限公司牵头开展了北京市科技计划课题"老年人血栓栓塞类疾病术后居家康复环境研究与综合示范"，从多学科角度对血栓栓塞类疾病老年人的术后居家康复环境进行研究，提出了建设与改造技术等方面的技术路径，具有突破性意义。这也将进一步带动居家康复适老化改造

[①] 姚贱苟、何英：《医疗资源浪费中的政府责任探析》，《桂林师范高等专科学校学报》2019年第3期。

[②] 《2023世界卒中日：重在预防　防在日常》，http://www.news.cn/health/2023-10/28/c_1129945490.htm。

市场的拓展，使老年患者能够更轻松、更安全的居家。

（三）科技创新为居家适老化改造注入强大动力

随着人口老龄化的深入发展，必然要求充分利用区块链、云计算、大数据、物联网等新一代信息技术，打造智慧化居家生活空间，以更少的人力、更低的成本精准满足老年人照料需求。智慧养老技术的发展应用使养老服务进一步超越物理空间的限制，为老年群体塑造健康安全的生活环境。

科技是推动产业创新的重要力量。因此，在老年人居家环境适老化改造的过程中，建立完整的物联网的感知系统，动态监控老年人的健康水平，传递老年人的需求，实现老年人与家庭成员、服务机构的云端连接，是居家适老化改造的重要内容，也是未来最具有消费吸引力的应用场景。随着科技适老化产品的普及，将为家庭适老化市场注入强大的动力，以技术应用场景的普及带动政策和资金的统筹，推动家庭适老化改造和健康养老服务的融合发展。事实上，一些地方已经在积极发展科技以支持老年生活独立性、实现服务上门精准直达方面取得了积极进展。如杭州市拱墅区天水街道联合浙江科技学院创新推出"智慧居家养老环境辅助 AAL 系统"，该系统集成了流水传感器、门窗磁传感器、PIR 人体红外传感器、烟雾报警器等多项设备，通过数据服务平台了解老人居家情况，实现监护老人安全到位。

当前中国房地产业已经进入存量时代，科技创新是推进适老宜居改造产业的重要支撑。需通过科技创新提升技术手段，改变项目建成投入使用后缺少可改造性和未来适应性的局面，提升中国住宅产品的性能，打造能适应全生命周期需要的住宅。特别是在老旧小区改造中，也亟待创新老旧住宅适老化改造技术体系，解决改造技术瓶颈问题，使老旧住宅成为满足不同类型、不同家庭结构老年人需求的安全、适老、健康、舒适、灵活可变、绿色环保的"居家养老"空间，实现住宅作为社会优良资产的长久使用。

五 推进居家适老化改造产业发展的建议

加强居家适老化改造，建设老年友好型社会是推进银发经济发展，提升老年人福祉的重要内容。可持续发展居家适老化改造产业，体现政策友好，推进适老化改造事业产业协同发展；体现产业均衡，推进各类要素协调发展；体现城市友好，居家适老化改造要与社区适老化改造、城市适老化转型发展相互促进，全面提升人口老龄化背景下的城市活力和宜居性。

（一）提高社会适老化认知，积极构建供需消费场景

从目前情况来看，老年人消费意愿仍是居家适老化改造市场面临的一个挑战。需要持续加大政策引导和社会宣传力度，让社会大众逐步树立起提早规划、预防失能的居家环境改造理念。发挥各媒体资源优势以及养老服务、适老化改造相关行业协会等社会组织作用，以装修改造节目、科普短视频、优秀案例推广等多种形式开展宣传，提高社会公众对于适老化设计和改造的认知度，营造推进产业发展的良好氛围。需要指出的是，除了老年人，居家适老化改造还要以准老年人为主要服务对象，进行宣传和相关知识的普及。他们对新理念新做法的接受度更高，养老备老的意识也更强。对居住者来说，尽早进行住宅适老化的规划和改造也将更加节约整体适老化改造费用，并能让居住者更好适应改造后的住宅环境，提升全生命周期的健康生活品质。

加强示范带动，构建发掘—唤醒—引导—消费—展示—反馈的消费场景，让老年人能够放心消费。发挥政府资金撬动市场作用，加快建设一批带动性强的适老化改造示范项目，打造区域性适老化改造品牌，统一标识标牌、开展品牌传播活动。在城乡社区利用现有服务空间或其他有条件场所建设高标准适老化改造公共样板间项目或开展社区微型老博会巡展等活动，为老年人及其家庭提供可感可及的沉浸式体验服务，激活适老化改造潜在消费需求。此外还可以依托现有各类养老服务场所和社区养老顾问网络，提供全覆盖的住宅无障碍改造咨

询服务,加强为老年人及其家庭提供适老化改造相关咨询和指导服务,打通信息壁垒,精准对接老年人养老服务需求。

(二)立足基本养老服务保障,更好支撑产业发展

在面临财政增收放缓和老龄事业发展资金需求刚性增长的双重压力下,居家适老化改造完全靠政府是"包不住"的,政府责任在于发挥好保基本、强引导作用。政府发挥兜底线、保基本作用,采取政府补贴等方式,对纳入分散特困供养的失能、高龄、残疾老年人家庭实施居家适老化改造,有条件的地方可将改造对象范围扩大到城乡低保对象中的失能、高龄、残疾老年人家庭等,引导社会化专业机构为其他有需求的老年人家庭提供居家适老化改造服务。聚焦基本养老服务保障,加快推动"申请改造—主动发现"有机结合,以老年人需求为中心实施"动态评估—需求转化"改造策略,提升适老化改造效能,切实兜住兜准兜好民生底线。

大力推进居家适老化改造事业产业协调发展,强化居家适老化改造发展新势能,推进居家适老化改造的提质拓面、普惠可及。一是通过政府购买服务,在基本养老服务体系中建立完善居家适老化改造基本项目的服务内容、服务标准和服务价格,为市场化服务树立参照系,规范价格行为,营造良好消费环境,推进市场的良性发育和规模扩大。同时,要大力优化政府购买适老化改造服务的实施机制,加强绩效评估,让适老化改造的好处能真正得以充分体现。二是在重点保障特殊困难老年人家庭适老化改造的基础上,鼓励有条件的地方进一步细化补贴家庭类型,实施分类保障和梯次补贴,在"福利"和"市场"之间寻求结合点,推动适老化改造"改得起",激活银发市场新消费。三是推进与促消费活动相结合,放大消费券机制,撬动资金多元筹措。发挥财政资金引导作用,针对社会化老年人发放消费券,推出一批适老化改造优惠包,并整合优选服务商、供应商优惠权益、增值服务等。鼓励企业发放消费券,形成"企业让一点、个人出一点、政府补一点"的机制。鼓励适老化改造服务企业拓展以旧换新平台功能,为老年人家庭在适老化改造期间提供家电、家具等老物件短暂寄存、回收、处理、换新等全流程服务促进消费品更新。

(三) 加快产业路径创新,充分调动多元主体活力

适老宜居环境建设一方面需要政府的政策推动,另一方面也需要社会各方面的积极参与,加快产业发展路径创新,以创新为动力,以企业为主体,以场景为牵引,贯通研发与应用,加快居家适老化改造社会化、产业化进程。

做好市场创新和运营创新,搭建新型特色市场平台。一是推进居家适老化改造与其他场景资源融合发展。加大政策支持力度,引导养老机构、社区养老服务综合体,以及家装企业、银行、通信运营商等利用营业厅改造建设一批示范性居家适老化样板空间,以居家适老化样板空间为核心,通过联动养老服务设施、社区服务、银行网点、企业门店等空间,促进不同行业资源联动赋能,有效连接企业和家庭,释放适老化改造需求。二是构建养老服务联合体,发挥产业集聚效应。联动相关部门,整合企业资源,在产业链上涵盖康复辅具适配、适老化改造生产研发等上游企业,充实适老化改造产品供应渠道,也包括养老服务企业和社会组织服务商等,优化适老化改造评估、安装服务队伍。鼓励适老化改造行业领先院校、机构、企业成立开放性产业联盟,推动联盟企业围绕优秀设计方案形成从产品销售、改造施工到家政、金融等配套服务的全产业链供给,培育产业生态。

开拓产业发展思路,整体推动适老居住产业发展。一是总结地方经验,整体推进老年友好型住宅建设,推进住宅、社区配套和室外环境的空间全覆盖,加快适老化改造产业化发展步伐。如江苏制定出台颐养住区建设运营标准,鼓励房地产开发和建设企业根据颐养住区相关标准,设计、新建、改建颐养住区项目。一方面,整体推进住区公共设施与家庭空间的适老化建设改造,提升老年人日常生活的便利化水平。另一方面,通过在颐养住区内增设嵌入式养老服务设施,或者整合住区周边医疗卫生、健康养老、志愿服务资源等方式,为住区老年人提供生活照料、医疗护理、精神慰藉、文体娱乐、紧急援助等一站式综合为老服务,提升住区养老服务水平。二是推动从原居安老转向适地养老。老旧小区住房适老化改造面临多方面的现实制约因素，通过改造现有空间的途径难以完全解决所有老旧环境中的不适老不宜居的问题。因此，应按照双向适配的思路，促进老年人口在城市内部以及城市间的有序流动，缓解不同区域人口老龄化程度与居住环境品质、养老服务资源之间不匹配不适应的矛盾。加大在规划用地、市政配套等方面的政策支持，鼓励新建、改建普惠型老年友好型住宅和社区，满足老年人家庭改善居住生活条件的需求。

积极调动个人、家庭、社会组织的参与积极性，优化居家适老化改造发展环境。在社区治理创新中推进老年宜居环境建设，形成老年宜居环境建设共同体，使政府、企业、社会组织、志愿者、老年人等都能发挥各自的积极性，汇集多方面的力量，实现共建共治共享，共同打造年龄友好、适老宜居的居住环境。发挥公益慈善力量作用，针对存在困难和需求的老年人，依托居家上门服务项目的服务主体，在服务过程中主动发现老年人适老化改造及设备更新需求，引导社会力量打包慈善基金项目逐步实施。

（四）完善产业发展政策，强化科技和金融支持

在人口老龄化快速发展背景下，老旧住宅及社区环境的适老化改造不仅是城市街区有机更新与发展进程的一部分，也是推进银发经济发展，提升老年人福祉的基础板块。从老龄化先行国家的经验看，老旧住宅的适老化改造需要加强在科研、资金等方面的引导扶持，优化适老宜居产业发展环境，进而推动全产业的高质量发展。

加强老年健康友好型住宅的科学研究，探索确立不同健康状况下老年健康友好型住宅改造设计和评估管理指标。一是加强居家康复环境改造方面的研究。采取多样化的科技手段，开展老年康复病人的身体状态特征、疾病发展过程、居家生活环境障碍数据采集与分析，将传统调研方法与智能化采集方法得到的数据进行整合处理以及综合分析开发。在此基础上，对关键空间节点开展典型疾病（脑卒中、下肢血栓等）老年人环境行为实验研究，提出与老年人健康状况相适应、有利于老年人功能康复的适老化住宅环境建设和改造的指导原则、基

本要点及技术方法。二是强化适老化环境建设和改造技术标准引领。老年人并不是残疾人，适老化需求与无障碍需求存在诸多差异，应进一步整合应用环境适老化研究成果，完善中国环境适老化设计技术标准体系，为室内外环境的适老化设计提供科学有效的技术指导。三是要针对当前老旧住宅改造实施难的现实问题，加大老旧住宅适老化改造技术体系创新，同时注重立足代际共享理念，加快适老适幼的技术创新、服务创新和产品创新，提供更好的解决方案。

全面推动居家适老化改造需求评估技术提质升级。居家适老化改造具有个体需求差异大、改造流程复杂、专业知识依赖度高等特点。一方面全面实施以老年人需求为中心的评估策略，开展老年人与居住环境适应性评估。既要准确掌握老年人所处居住环境情况，也要注重了解老年人的生理和心理特征、行为特点和生活习惯等，科学制定改造方案，精准施策，完成对老年人改造需求的精准识别。同时，要创新方式方法，充分利用新技术、新手段研发辅助评估工具来提升评估的准确度。另一方面要警惕无障碍变成新障碍，着力加大适老化环境改造专业人才队伍建设。实践表明，由护理人员、康复师、个案管理师、适老改造师等专业人员参与的居家环境评估和适老化改造，可以减少居家不良事件的发生率。

发挥金融对促进居家适老化改造消费的积极作用。一是鼓励社会资本参与老年宜居环境建设，对从事居家养老设施适老化改造的企业给予优惠贷款、财政贴息、税费减免等多方面政策支持。对企业购买创新型、智能型适老化产品和设备的贷款项目，提供贴息支持，支持养老服务企业提供适老化设备租赁或"设备+服务"的多样化适老服务，推进商业模式创新，一站式满足老年人养老消费需求。二是结合各地促消费政策，引导有意愿参与促消费活动的服务主体，成为消费券合作商家，为老年人提供居家适老化改造优惠折扣和增值服务，同时联动银行、保险公司等金融机构，面向供需双方提供专项金融产品支持。三是引导支持保险公司围绕适老化改造积极探索老年人跌倒险、装备租赁险、适老化改造家装产品险等创新保险产品，为购买保险产品的客户提供适老化改造增值服务。

第十五章　养老金融发展报告*

中国正在快速进入长寿时代，① 人口老龄化已经成为社会发展的重要趋势，也是今后较长一段时期中国的基本国情。② 按照联合国制定的标准，1999 年中国正式进入人口老龄化国家行列。截至 2023 年年末，中国 60 岁及以上人口为 2.97 亿人，占全国总人口的 21.1%。根据预测，到 2035 年，60 岁及以上人口数将突破 4 亿，占比将超过 30%，中国将进入重度老龄化阶段。③ 随着寿命的延长，中国人口年龄结构从金字塔结构转变为柱状结构、老龄人口占比不断提升。

同时，中国正在经历超级"退休潮"。1949 年以来，中国出现了三波婴儿潮，其中 20 世纪六七十年代第二波"婴儿潮"期间，年均出生人数超过 2500 万人，共出生了 3 亿人，他们在逐步进入退休期。这一代人奠定了"人口红利"的基础，但如今逐渐离开工作岗位，也埋下了养老压力剧增的隐忧。

长寿时代必然带来更多的医疗、养老需求，也给养老筹资带来压力和挑战。长寿时代需要养老金融。2023 年中央金融工作会议要求金融业做好"五篇大文章"，2024 年政府工作报告再次提到大力发展养老金融。2024 年 1 月，《关于发展银发经济增进老年人福祉

---

* 本章作者为泰康长寿时代研究院。
① 陈东升：《长寿时代的理论与对策》，《管理世界》2020 年第 4 期。
② https://www.gjxfj.gov.cn/gjxfj/fgwj/gwywj/webinfo/2019/11/1590610492451294.htm。
③ 《国家卫生健康委员会就党的十八大以来老龄工作进展与成效举行新闻发布会》，中国网，http://www.china.com.cn/zhibo/content_ 78428721.htm，2022 年 9 月 20 日。

的意见》（国办〔2024〕1号）指出，支持金融机构依法合规发展养老金融业务。同年5月，《国家金融监督管理总局关于银行业保险业做好金融"五篇大文章"的指导意见》（金发〔2024〕11号）发布并进行工作部署。

党的二十届三中全会通过的《中共中央关于进一步全面深化改革　推进中国式现代化的决定》指出，积极发展养老金融；加快发展多层次多支柱养老保险体系，扩大年金制度覆盖范围，推行个人养老金制度；积极应对人口老龄化，完善发展养老事业和养老产业政策机制。《决定》将上述工作明确为未来五年进一步全面深化改革的目标之一，养老金融迎来了历史性的发展机遇。

根据养老金融50人论坛，"养老金融"涵盖了为应对老龄化挑战，围绕各种养老需求所进行的所有金融活动，包括"养老金金融""养老服务金融""养老产业金融"。[①] 本章将主要围绕这三方面内容展开阐述和分析，并提出相关建议。

一　养老金金融发展状况

养老金金融包括养老金制度安排和养老金资产管理，本章聚焦养老金制度安排。只有理解了制度和政策，金融机构才能对第一支柱提供有效的补充，顺应时代发展和客户需求。

近年来，中国统一了城乡居民养老保险制度，推动了机关事业单位和企业养老保险制度并轨，实现了企业职工基本养老保险全国统筹，建立了个人养老金制度；多层次、多支柱养老保险体系已经基本形成。其中，第一支柱基本养老保险"一支独大"，制度健全但可持续性面临挑战；第二支柱正逐步完善，一些企业职工在退休后通过领取企业年金使养老保障水平显著提高；第三支柱个人养老金制度正在试点，还在起步阶段。

[①]《2023年养老金融50人论坛成果发布会成功举办》，中国金融新闻网，https://www.financialnews.com.cn/lt/cyhz/202312/t20231229_285274.html。

第四部分　实践篇：现状及趋势

第一支柱的核心是保障人民群众"老有所养"。中国第一支柱已实现了对法定人群的制度全覆盖，基金结余逐年增加。因为基本养老保险采用现收现付制，快速和大规模的人口老龄化正在成为沉重的负担。一是参保赡养率[①]提升，二是退休金替代率[②]下降，三是收支压力凸显。为应对长寿时代的挑战，第二支柱应运而生，目前粗具规模。

第二支柱包括企业年金和职业年金。[③] 截至2024年第一季度末，建立企业年金计划的企业户数达到14.95万户，参加企业年金的职工数量达到3193万人，企业年金基金投资运营规模超过3.25万亿元，职业年金在短短十年就完成了广泛覆盖，投资运营规模在2023年年底达到2.56万亿元。第二支柱虽然已经有了长足的进步，但仍处于初期阶段。一是覆盖面有限，二是在经济新旧动能切换的背景下，企业参与意愿有所下降。因此，个人需要主动为自身的养老筹资，积极拓展更多的退休金收入来源。第三支柱个人养老金制度就是政府政策支持、个人自愿参加、市场化运营、实现养老保险补充功能的制度，自2022年启动试点以来备受瞩目。

2022年4月，《国务院办公厅关于推动个人养老金发展的意见》（国办发〔2022〕7号）发布，第三支柱个人养老金制度正式出炉，随后启动试点。个养开户人数快速增长，但依然任重而道远。截至2024年5月，个养账户开户人数已经超过6000万人，[④] 但也存在"开户热缴存冷"的现象。截至2024年年初，缴存人数仅占开户数的22%，投资人数仅占缴存人数的62%。[⑤]

在各类金融产品中，保险产品长期收益的持续性和确定性优势突出，正在成为个人养老金的重要组成部分。个养账户中的资金可以投

[①] 参保赡养率 = 制度内离退休人数/制度内在职职工人数。
[②] 养老金替代率 = 退休时的养老金/退休前工资收入。
[③] 分别适用于参加了基本养老保险的企业和职工，以及参加机关事业单位基本养老保险的单位和工作人员。
[④] https://news.cctv.com/2024/05/24/ARTI313yU1qBx0UmEPFXa3AP240524.shtml.
[⑤] 《相对于开户人数，实际缴存人数比例仅22%　个人养老金推广需撬动资金缴存意愿》，《上海证券报》2024年11月26日。

资保险、储蓄、理财、基金四类产品。据估算，2023年2月到2024年5月，保险占个人养老金投资金额的比例从2%增至接近30%，投资规模从2.5亿元增至接近70亿元，①增速较快（见图15-1）。

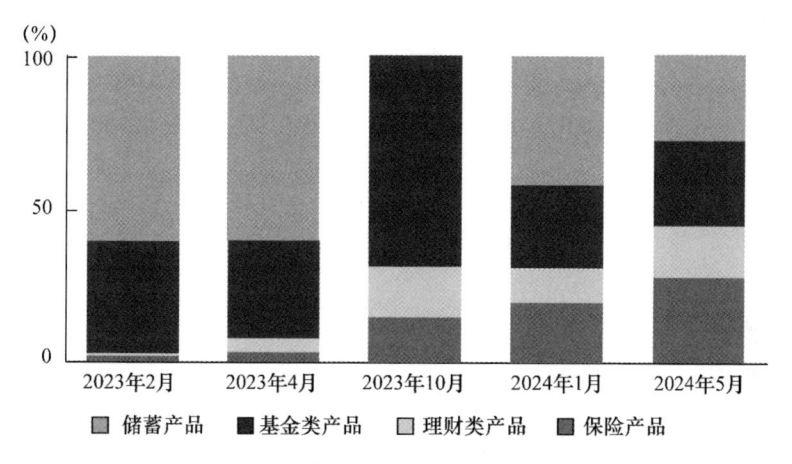

图15-1 全国个人养老金账户中已实际投资金额的分布

资料来源：基金业协会养老金专业委员会，银行业理财登记托管中心，济安金信养老金研究中心，Wind，泰康长寿时代研究院。

二 养老服务金融发展状况

（一）养老服务金融与时空筹资理论

整体而言，更大规模、寿命更长的老龄人口，带来更多的医疗、养老需求，社会和个人的医疗、养老资金筹措面临压力和挑战，制度化养老金体系难以充分应对长寿时代，个人需要为长寿筹资承担更多的责任，自发积累养老储备。

养老服务金融，包括制度化养老金体系以外的养老财富积累和养老财富消费，本质就是在制度化养老金体系以外，个人为长寿时代作出的筹资安排，可以被分解为时间和空间两个维度的筹资。

---

① 保险产品在个人养老金账户已投资金额中25%的占比和50亿元的累计保费，均为泰康长寿时代研究院预估的数据，可能与实际情况有偏差。

第四部分 实践篇：现状及趋势

由于人一生的收入与支出分布不匹配，退休后的医疗、养老缺口将会随着年龄增加而增加。而且随着长寿时代来临，这一缺口还将不断动态地扩大。

根据陈东升的研究，[①] 从时间和空间两个维度入手，可以拓展筹资的理论框架。在时间维度，筹资利用复利效应积累财富，实现个人收入的提升。在空间维度，筹资利用大数定律和杠杆对抗个体风险，降低了个人支出。时空筹资可以优化个人的收入、支出曲线，弥合长寿时代下不断扩大的收支缺口。理想情况下，筹资后的收入曲线能够覆盖控费后的支出曲线，两条线趋于弥合，养老缺口得以填补（见图 15-2）。

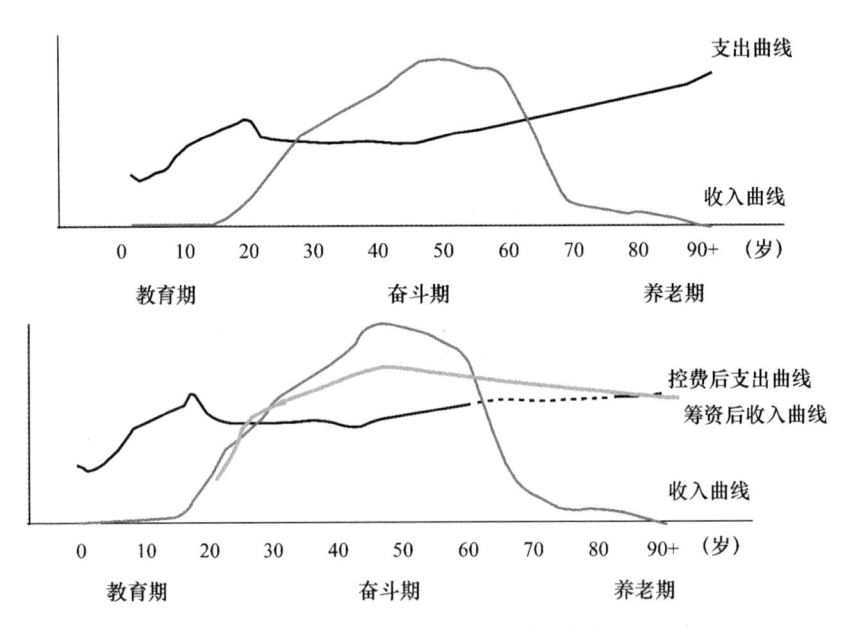

图 15-2 人生收入与支出分布（筹资前和筹资后）

注：支出曲线中包含政府公共支出。

资料来源：Lee, R. D. and Mason, A., "Generational Economics in a Changing World", *Population and Development Review*, 2011 (37): 115-142。

---

① 陈东升：《长寿时代筹资模式研究》，《清华金融评论》2022 年第 2 期。

(二) 广义的养老服务金融

中国居民的金融资产存量规模庞大。根据中国人民银行公布的2023年资金存量表（金融账户），2023年年末中国居民部门金融资金运用总额共255万亿元，其中通货和存款共158万亿元，保险准备金共31万亿元，股票共24万亿元，理财等特定目的载体共41万亿元（见图15-3）。通货和存款近年来占比回升。[①] 保险准备金[②]的占比保持稳定。

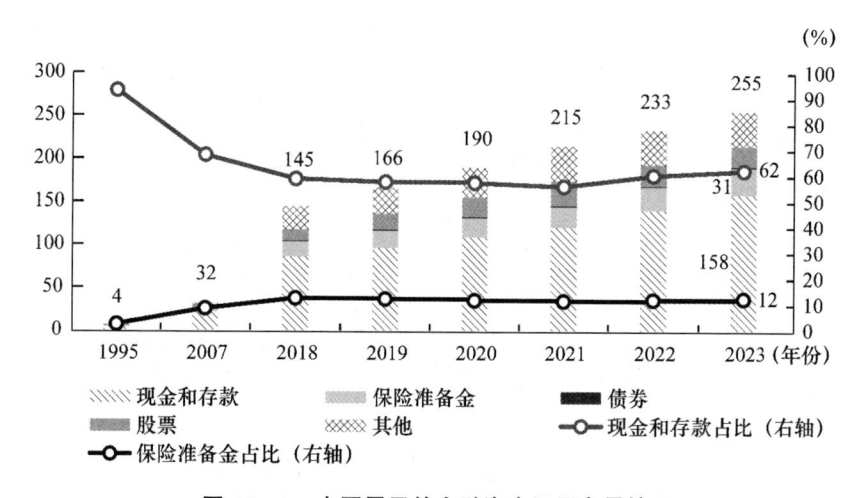

图15-3 中国居民的金融资产运用存量情况

资料来源：《中国养老金融发展报告》，公开信息，泰康长寿时代研究院。

居民的金融资产理论上都可以用于养老和医疗，但并非完全为该目的而持有，因为这些资产在风险、收益率、持有期限等方面没有充分体现长寿筹资和健康筹资的特征。因此，后文聚焦狭义的养老服务金融。

---

① http://www.pbc.gov.cn/diaochatongjisi/resource/cms/2024/12/20241231191226291 96.pdf.

② 按照IMF《货币与金融统计手册》（2000）中的定义，保险准备金包括住户在人寿保险和养老基金中的净股权和针对未了结要求权而预先支付的保险费。参见易纲、宋旺《中国金融资产结构演进：1991—2007》，《经济研究》2008年第8期。

第四部分 实践篇：现状及趋势

（三）狭义的养老服务金融：时间维度的长寿筹资

结合笔者所在机构的商业实践，参考《中国养老金融发展报告（2023）》，本章重点关注以下产品：商业年金险、终身寿险、专属商业养老保险、商业养老金、养老目标基金、特定养老储蓄产品、养老理财产品、养老信托产品、住房反向抵押保险产品。

据估计，截至 2023 年年底，上述产品的总规模超 9.2 万亿元，其中商业年金险和终身寿险超 9 万亿元，占比超 95%（见图 15-4）。

- 截至2023年年底，养老服务金融产品规模超9.2万亿元
- 其中保险产品占95%以上，且规模稳定持续增长
- 其他产品规模较小，且增长趋势不明显

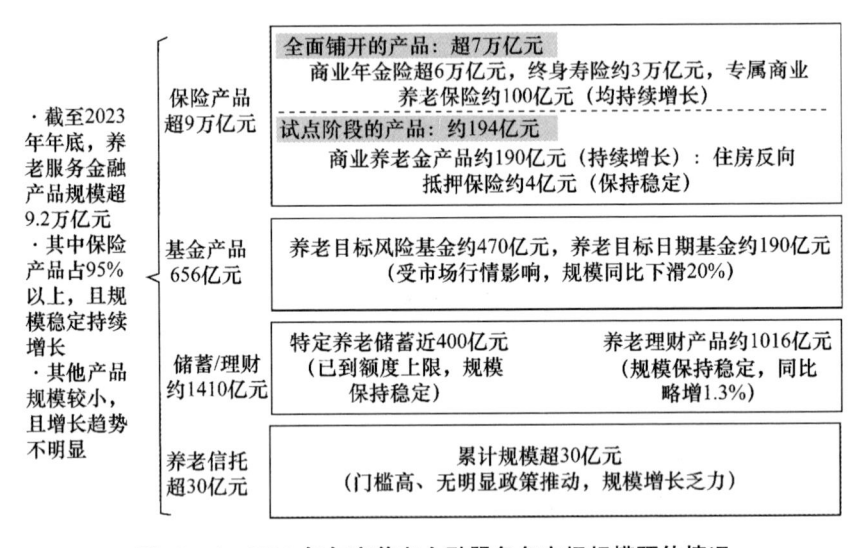

保险产品超9万亿元：
- 全面铺开的产品：超7万亿元
  商业年金险超6万亿元，终身寿险约3万亿元，专属商业养老保险约100亿元（均持续增长）
- 试点阶段的产品：约194亿元
  商业养老金产品约190亿元（持续增长）；住房反向抵押保险约4亿元（保持稳定）

基金产品656亿元：
- 养老目标风险基金约470亿元，养老目标日期基金约190亿元（受市场行情影响，规模同比下滑20%）

储蓄/理财约1410亿元：
- 特定养老储蓄近400亿元（已到额度上限，规模保持稳定）
- 养老理财产品约1016亿元（规模保持稳定，同比略增1.3%）

养老信托超30亿元：
- 累计规模超30亿元（门槛高、无明显政策推动，规模增长乏力）

图 15-4　2023 年年底养老金融服务各市场规模预估情况

注：其中，商业年金险规模超 6 万亿元，为国家金融监督管理总局 2024 年年初披露的数据，官方未明确具体口径。终身寿险累计超 3 万亿元的规模，是粗略估计的个险和银保渠道的增额寿累计保费，与真实数据可能存在偏差。

资料来源：《中国保险统计年鉴》，国家金融监督管理总局，泰康长寿时代研究院。

如果将长寿筹资的养老服务金融产品与个人养老金产品展示在一起，聚焦各类产品的持有期限、预期收益率、持有风险三个维度，可以看到不同风险偏好和收益诉求的客户有多种产品可以选择（见图 15-5）。

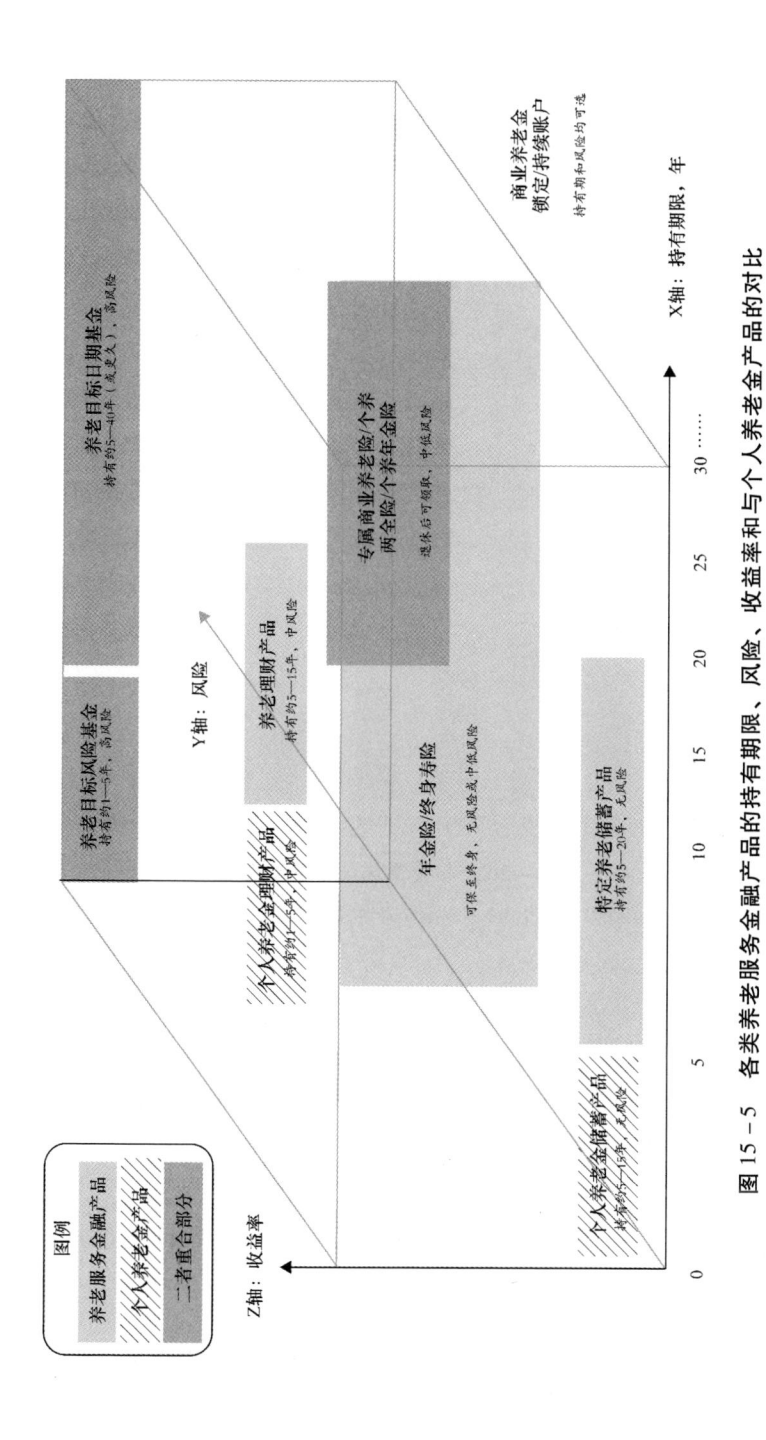

第十五章 养老金融发展报告

图 15-5 各类养老服务金融产品的持有期限、风险、收益率和与个人养老金产品的对比

注：因为养老信托和住房反向抵押保险产品的门槛高、规模小，仍处于发展初期，所以没有绘制在本图中。养老目标基金在产品存续期的整体风险高于养老目标风险基金。

资料来源：《中国养老金融发展报告（2023）》，万家基金，中国人寿，国民养老，集团战略发展部测算和整理。

· 289 ·

第四部分　实践篇：现状及趋势

1. 商业年金险

国家金融监督管理总局数据显示，截至2024年1月，"商业保险年金已超过6万亿元，覆盖9700万人，为11%的中青年人提供补充养老保障"。①

商业年金险的发展历程可以大致分为五个阶段。1994—1998年是萌芽阶段；1999—2012年是创新探索阶段；2013—2017年是中短期年金险爆发的阶段；2018—2020年是监管"去短期化"、正本清源的阶段；2021年至今，年金险迎来养老金融的发展机遇，重新出发。

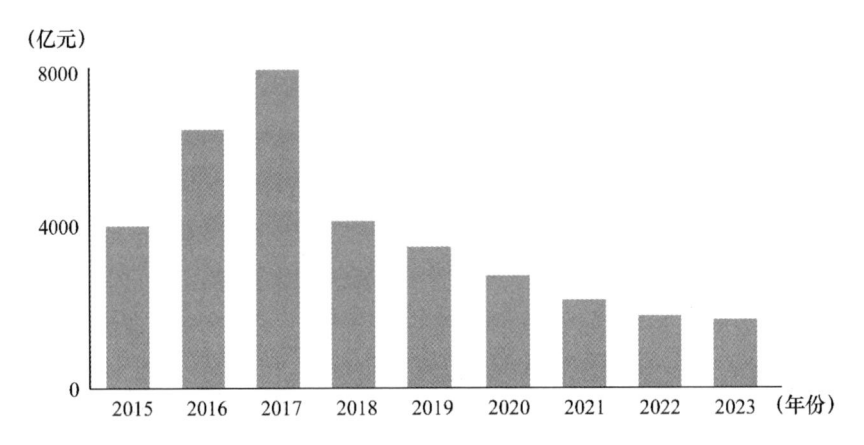

图15-6　2015—2023年全市场年金新单规模

资料来源：历年《中国保险统计年鉴》，泰康长寿时代研究院。

2. 终身寿险

2018年后，增额终身寿险快速走红（见图15-7）。目前市场上热卖的趸交或3—5年交的快速回本、保证收益类保险产品，主要就是增额寿。预估增额寿累计保费约3万亿元。

3. 专属商业养老保险

专属商业养老保险自2021年5月开始试点，2022年11月纳入个

---

① 《国务院新闻办就金融服务经济社会高质量发展举行发布会》，中国政府网，https://www.gov.cn/lianbo/fabu/202401/content_6928403.htm。

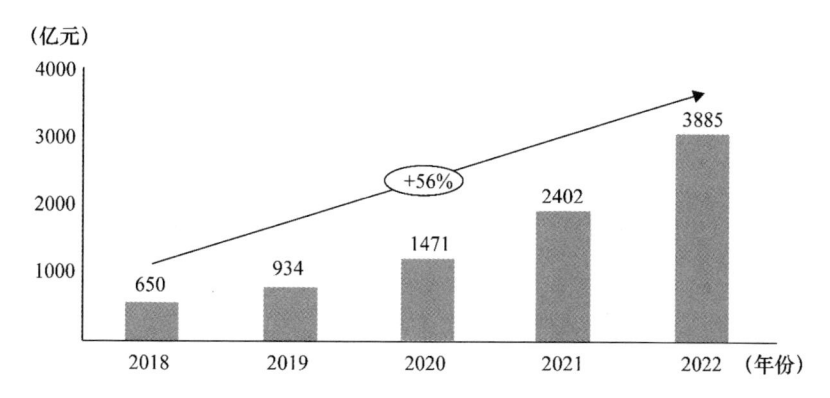

图 15-7 2018—2022 年所有寿险公司前五大产品中，终身寿险的保费收入

资料来源：由泰康长寿时代研究院 13 个精算师计算得出。

人养老金产品体系，2023 年 6 月转为常态化业务。国家金融监督管理总局数据显示，截至 2024 年 1 月，专属养老保险保单件数约 74 万件，积累的养老准备金超过 106 亿元。多数专属商业养老保险并非通过个养账户支付，对第三支柱形成了有效补充。

4. 商业养老金

商业养老金自 2023 年 1 月启动试点，同样不要求被保人参保基本养老保险，年满 18 周岁即可投保。国家金融监督管理总局数据显示，截至 2024 年 1 月，商业养老金累计开户数 59 万个；国寿养老排名第一，累计开户数 37.4 万户，存量规模 79 亿元。[①]

5. 养老目标基金

养老目标基金是满足投资者养老需求的公募基金产品，主要采用基金中基金（FOF）的运作形式，[②] 包括目标风险基金和目标日期基金两类。首批产品于 2018 年上市；2022 年 11 月起，符合条件的养老目标基金可以单独设置 Y 份额，将 Y 份额纳入个养产品目录。2018—2021 年，养老目标基金的整体规模从 41 亿元增长至 1132 亿

[①] 《国务院新闻办就金融服务经济社会高质量发展举行发布会》，中国政府网，https://www.gov.cn/lianbo/fabu/202401/content_6928403.htm。

[②] 根据证监会要求，养老目标基金应当采用基金中基金形式或中国证监会认可的其他形式运作，目前市面上的产品均采用 FOF 形式。

元，此后不断下降，2024年6月底已降至649亿元。对接个养账户的Y份额规模也增长缓慢，2024年6月底约67亿元，增速远不及保险。

6. 特定养老储蓄产品

2022年7月，原银保监会和央行联合发布《关于开展特定养老储蓄试点工作的通知》，要求自2022年11月在四大行启动特定养老储蓄产品的试点，目前均已纳入个养产品目录。单家银行的试点规模不超过100亿元。目前特定养老储蓄已经基本没有剩余额度。

7. 养老理财产品

首批养老理财产品在2021年12月上市。2021年9月，原银保监会发布《关于开展养老理财产品试点的通知》，同意4家机构在指定区域试点，单家机构募资总规模不超过100亿元；2022年2月，试点扩大至10地、11家机构，并调增试点机构募集总额度至2700亿元。

养老理财产品在试点开始的1年时间内规模快速增长。但是2022年以来规模进入停滞状态。国家金融监督管理总局数据显示，截至2024年5月末，累计发行养老理财产品51只，投资者合计47万人，金额1031亿元、远低于2700亿元的额度上限。①

2022年11月，原银保监会印发《商业银行和理财公司个人养老金业务管理暂行办法的通知》，明确支持将符合条件的理财产品纳入个人养老金理财产品名单。截至2024年6月末，6家理财公司23只产品纳入个人养老金理财产品名单，金额45亿元，投资者合计41万人。

8. 养老信托产品

养老信托产品表示以养老保障为目的的信托产品。中信信托于2014年发行"中信和信居家养老消费信托"后，北京信托、安信信托等公司先后发行类似产品。目前养老信托存续规模约30亿元，但发展缓慢。②

---

① 《金融监管总局：将增加10年期以上养老理财产品供给 强化投资者适当性管理》，中国消费者网，https://www.ccn.com.cn/Content/2024/08-19/1752080587.html。

② 养老信托的存续规模包括"中信和信居家养老消费信托""养老消费2014001号集合资金信托计划""安信·安颐养老消费集合资金信托计划""鲲瓴养老信托""承裔颐和系列养老信托"等产品的公开信息，部分产品未披露存续规模。

9. 住房反向抵押保险

住房反向抵押保险是一种将住房抵押与终身年金保险相结合的创新型商业养老保险业务。从试点情况来看，业务开展并不理想，主要原因是产品结构复杂、房价波动风险大、各方参与意愿不足等。2014年7月原保监会启动试点至今，仅幸福人寿仍在开展此项业务。截至2023年11月底，幸福人寿服务共147户家庭、214位老人，累计发放养老金9700余万元，人均月领取养老金近8000元，抵押房产总值近4亿元。

（四）狭义的养老服务金融：空间维度的健康筹资

1. 健康筹资和长寿筹资的区别

人类正在进入长寿时代，但迈入健康时代的步伐并不同步。健康预期寿命的增长速度尚未赶上预期寿命的增长速度，身患慢性疾病长期生存的人数持续增长，失能老年人逐渐增加。如何长寿又健康，成为我们在长寿时代要思考的重要课题。健康筹资与长寿筹资呈现出截然不同的特征。长寿筹资的本质是"用确定性的资金满足确定性的需求"，主要表现为时间维度的筹资。健康筹资的本质是"用确定性的资金满足不确定的需求"，与长寿筹资相比，更不可持续、更脆弱，主要表现为空间维度的筹资。[1]

2. 健康筹资的意义

中国已经建立了以基本医疗保障为主体、以其他多种形式保险为补充的多层次医疗保障体系。国家卫生健康委发布的《2022年中国卫生健康事业发展统计公报》显示，基本医疗保险基金支出是社会卫生支出中最主要的部分，为2.46万亿元，占比最高，达到29%。

对比全球主要国家，中国社会医疗保险在经常性医疗支出中的占比相对较低，保障程度不足，而家庭个人支出占比偏高。世界卫生组织按照不同筹资来源对各国的经常性卫生支出进行分析，[2] 2021年，中国家

---

[1] 长护险也有时间筹资的性质。
[2] 将卫生总费用中的资本性支出排除。参见世界卫生组织数据库，Global Health Expenditure Database。

第四部分　实践篇：现状及趋势

庭个人支出占经常性医疗支出的比重为34.4%，高于韩国的29.1%、英国的12.7%、德国和日本的12.0%、美国的10.7%和法国的8.9%。

中国快速进入长寿时代，多层次医疗保障体系的建设行至中途却遇到经济转型的挑战，政府医保筹资压力凸显。考虑到家庭个人支出负担已经较重，更加充分的健康筹资已经迫在眉睫。

3. 商业健康险的市场和产品介绍

2023年，中国商业健康险市场保费规模为9035亿元，较2022年同期增长4.4%。经过数十年的发展，中国商业健康险已成长为一个近万亿元级别的市场，但和发达国家市场相比，中国商业健康险仍处于发展初级阶段。

从发展趋势来看，中国健康险市场原保费增速①已经连续三年处于个位数区间，健康险这几年整体发展失速、动能脱轨已是既成事实（见图15-8）。

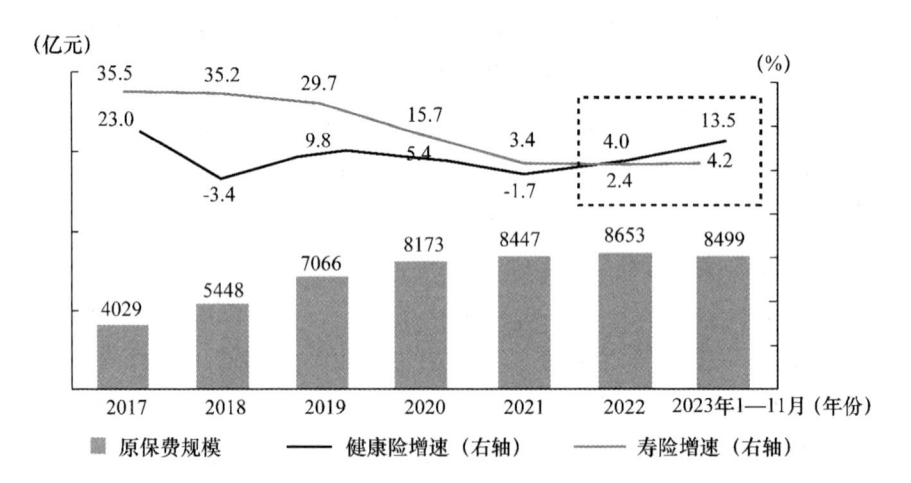

图15-8　2017—2023年健康险原保费收入情况

注：2017年健康险保费及增速计算均剔除了和谐健康的健康险保费收入。

资料来源：国家金融监督管理总局，泰康长寿时代研究院。

---

① 考虑到中国商业健康险中承办规模占据绝大占比，这里用原保费规模来回顾近年来行业发展情况。

重疾险新单保费快速下降是健康险市场原保费增速下滑的重要原因。根据泰康长寿时代研究院的测算，重疾险在2020年站上5000亿元规模保费平台的高峰，但随后开始出现连续负增长，2023年规模保费回落到4000亿元水平，新单保费预估仅剩约200亿元。

回顾医疗险市场，2016年兴起的百万医疗险具有划时代意义。在百万医疗险出现之前，中国商业医疗险发展的主要矛盾是普及度低，没有发挥出补充基本医保的作用。2016年，行业推动产品创新，百万医疗险横空出世。其特点是续保规则突破二核拒保、保障范围突破基本医保目录、保额高达百万元、保费低至百元。百万医疗的普及促成了人民群众对医疗保障的第一次思维变革，即购买商业医疗险补充基本医保，以基本医保与商业百万医疗的组合配置，来构建对医疗费用超支风险的保障，实现"上市即热销"。

自2020年起，受益于政府的支持和参与，面向下沉市场的惠民保席卷政商融合市场，成为医疗险市场的重要组成部分。在经历2020—2022年第一轮爆发式增长后，惠民保现已进入存量博弈阶段。与基本医保、大病等多层次医疗保障体系有机结合，或是缓解惠民保发展困境的手段之一。

4. 商业健康险发展趋势展望

郭振华认为，在大量消费者已经持有重疾险保单（约3亿人）、百万医疗险保单（超过3亿人）和惠民保保单（约1.2亿人）的市场条件下，商业健康险市场几乎进入存量市场时代。[①] 泰康长寿时代研究院认为，展望未来，商业健康险市场仍然充满韧性，有些细分领域有望蓬勃发展。一是高端医疗险成为健康险市场新的增长点。随着医保改革的深化，医疗险市场的发展和人民生活水平的提升，高品质医疗逐渐成为健康人生的刚需和标配，高端医疗险可以提供"支付+服务"一揽子解决方案。二是长期护理保险试点稳步推进，相关政策体系逐步完善。三是税优健康险完成政策优化，迎

---

① 郭振华：《税优健康险新政策对健康险市场的影响》，《保险理论与实践》2023年第8期。

来新的发展机遇。

尽管商业健康险覆盖的人群已经较广，但其直接报销的医疗费用支出仅占国民直接医疗费用支出的5%左右，即便加上重疾险的赔付支出，也仅占8%左右。商业健康险在多层次医疗保障体系中的作用还远未走向终点，做大长寿时代的健康筹资，需要全行业的共同努力。

三 养老产业金融发展状况

应对老龄化不仅需要制度化和个人自发的养老筹资，还需要完善的养老产业。养老产业金融目的是从金融的角度支持养老产业的发展，包括养老产业融资和养老产业投资两方面。

国家统计局令（第30号）发布的《养老产业统计分类（2020）》（以下简称《分类》）规定，养老产业："是以保障和改善老年人生活、健康、安全以及参与社会发展，实现老有所养、老有所医、老有所为、老有所学、老有所乐、老有所安等为目的，为社会公众提供各种养老及相关产品（货物和服务）的生产活动集合。"《分类》进一步将养老产业范围确定为养老照护服务、老年医疗卫生服务、老年社会保障、养老金融服务等12个大类。

本章关于养老产业主要聚焦养老机构。首先，各类养老机构的固定资产投资对于国家多层次养老服务体系的建设起到"牛鼻子"的作用，可以带动全产业链的投融资活动，是养老产业金融的核心。其次，框定这个研究范围，既在国家统计局给出的"养老产业"定义之内，又契合国家的政策思路，还可以避免与"银发经济"等概念混淆。

（一）养老机构的分类

根据相关政策，中国的养老机构可以分为"普惠型""市场化"两类，二者互补。前者强调基础性、兜底性；后者在政府的引导下依靠市场化力量发展，更强调服务品质。2023年普惠型与市场化养老机构的新增总投资约360亿元。其中，普惠型养老机构新增总投资约130亿元；市场化养老机构新增总投资约200亿元（见图15-9）。普惠型养老机构的主要投资主体是政府，资金来源包括财政收入、地方债和城投债收入等。市场化养老服务体系的新增总投资中，险资占比近70%，并且投资额和占比持续增长。

2019年以来，中央的政策文件中开始出现"普惠型"的表述，并多次强调普惠型养老机构。2023年，《国家基本养老服务清单》进一步明确了普惠型养老服务"服务谁""服务什么""如何服务"，强调提供这些服务的机构就是"普惠型的养老机构"。这相当于给出了"普惠型"养老机构的明确定义。2011年，国务院办公厅发文《社会养老服务体系建设规划（2011—2015年）》，明确鼓励社会资本支持养老服务体系建设，标志着以居家养老为基础、社区养老为依托、机构养老为补充的养老服务格局初步建立，养老机构的建设由过去的国家统一包办，靠国家和集体投入的单一投资渠道逐渐转变，开始呈现国家、集体、企业、社团、个人等多渠道投资，多种所有制养老机构共同发展的雏形。此后，各类推动养老服务体系建设的文件中，逐渐将社会资本作为重要参与方，将政府引导、社会资本积极参与作为政策的出发点和落脚点之一。目前，普惠型机构作为基础和兜底、市场化机构作为有效补充的养老服务体系已经初见成效。

（二）普惠型养老产业金融的发展情况

各级政府提供财政支持，兴办普惠型养老机构。2023年，中国普惠型养老机构的新增总投资约130亿元（见图15-9）。普惠型养老机构和设施的建设与运营高度依赖政府补贴，普惠型养老机构投资的资金来源主要包括福利彩票公益金、城投债和地方政府专项债、国家开发银行的政策性专项贷款、养老产业引导基金、政府和社会资本合作（PPP）、中国人民银行的专项再贷款、商业银行贷款等。

第四部分 实践篇：现状及趋势

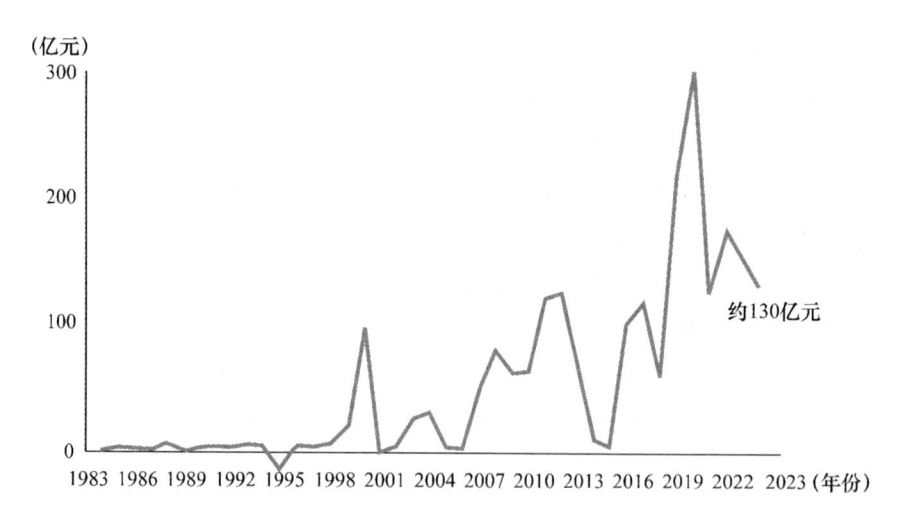

图 15-9 历年民政管理的普惠型养老机构和设施的新增总投资

注：这些数据都没有官方公布的统计数据，都是研究院估算。

资料来源：国家统计局，各级政府的民政和财政主管部门，公开信息，泰康长寿时代研究院。

（三）市场化养老产业金融的发展情况

1. 市场化养老机构的投资情况①

近年来市场化养老机构床位数快速增长。根据《民政事业发展统计公报》，泰康长寿时代研究院预估，截至 2023 年年底，全社会市场化养老机构床位数约 94 万张、占比 18.2%，比 2022 年年底增加约 5.6 万张。根据估算，② 2023 年，市场化养老机构总投资约 230 亿元，同比有所下降，但整体呈上升趋势（见图 15-10）。

2. 市场化养老机构投资的资金来源

（1）保险公司

2010 年以来，监管机构积极支持保险资金开展养老社区投资，先后发布一系列政策，鼓励和支持保险资金参与养老社区的投资与运

---

① 前文已经分析，市场化的高品质养老、医疗、临终关怀等服务更多基于养老机构的硬件设施提供，所以本章节不单独分析市场化养老服务的支出和资金来源情况。

② 泰康长寿时代研究院结合近期市场行情和中国国土勘测规划院发布的历年重点城市地价指数，预估各年度市场化养老机构总投资（含净投资和折旧）的大致范围。

第十五章 养老金融发展报告

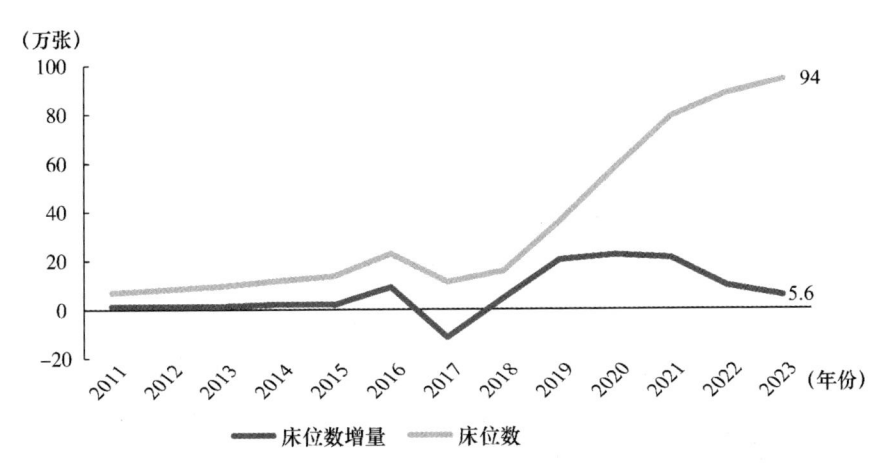

(a) 市场化养老机构床位数和年度增量

(b) 市场化养老机构新增总投资

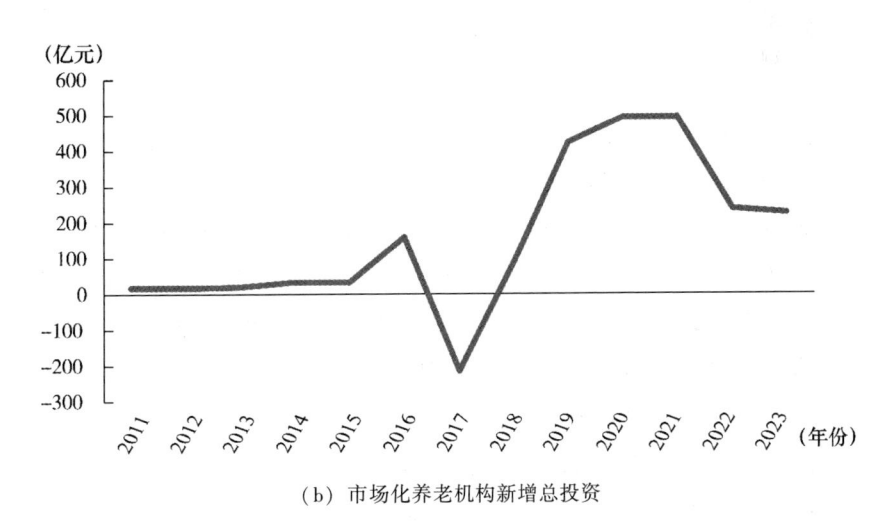

图 15-10　2010—2023 年市场化养老机构发展情况

注：这些数据都没有官方公布的统计数据，都是研究院估算。

资料来源：民政部，中国国土勘测规划院城市地价动态监测组，《中国养老金融发展报告》，公开信息，泰康长寿时代研究院。

营，开展养老产业领域的创新和探索，险资投资养老产业已经形成相对完整的制度体系。

2024年5月，《国家金融监督管理总局关于银行业保险业做好金融"五篇大文章"的指导意见》明确指出，"在风险有效隔离的基础上，支持保险机构以适当方式参与养老服务体系建设，探索实现长期护理、风险保障与机构养老、社区养老等服务有效衔接"。[①]

保险公司已成为中国市场化养老服务体系的最重要资金来源之一，其中泰康率先进行养老产业等服务端布局，寿险业近几年持续跟进和布局。泰康长寿时代研究院测算，截至2023年年底，保险业建设养老机构的实际累计投资额近1100亿元。2022年，寿险全行业用于建设养老机构的固定资产新增总投资约160亿元，贡献市场化养老机构新增总投资的近70%；2023年新增总投资更是同比增长20%、接近200亿元（见图15-11）。如果加上养老机构在开业初期的运营亏损和固定资产折旧，则保险公司对市场化养老产业的投资额更大、投资额增速更高。

从床位数来看，保险公司带动了市场化养老床位数的持续增长，进而带动全社会整体养老床位数的增长，对普惠型养老服务体系形成了补充。2018年之后，普惠型养老床位数的新增量整体下台阶，2021年床位数负增长，2022年仅增加约4万张床位（见图15-12）。市场化养老机构成为新增床位的主力军。

（2）国有企业和其他投资主体

近年来，国企积极响应政策，不仅大力推动普惠型养老服务体系建设，也正在积极尝试市场化的养老产业。此外，养老产业在一级市场的融资稳定增长，二级市场融资趋于平稳，地产公司参与度有所下滑，外资、药企积极参与。

---

① https://www.gov.cn/zhengce/zhengceku/202405/content_6950223.htm.

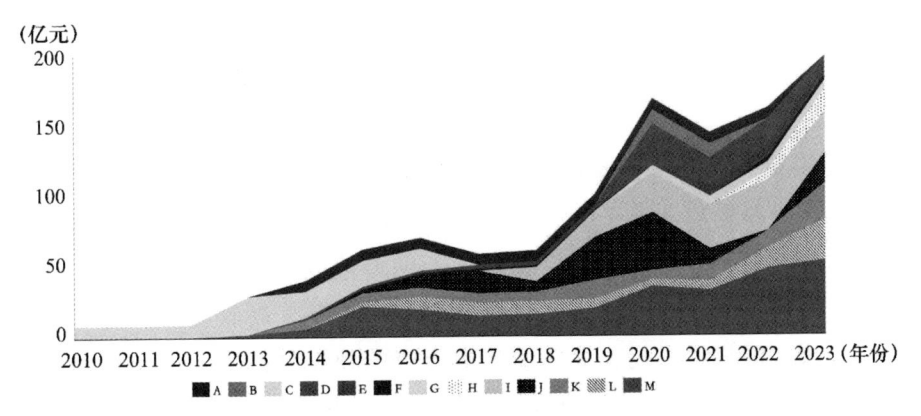

图 15-11　国内保险公司开始投资养老服务机构至今主要项目的各年度新增固定资产总投资

注：普惠型养老社区（如某险企的社区养老项目）、非自建项目（如某险企对外合作的项目）、非用于养老服务的项目（如某海南综合体项目）、已停工的养老社区项目，国外项目（如美国、新西兰某项目），均不纳入统计。不考虑少数股权的问题，统计项目整体投资额。安宁疗护纳入统计。某公寓项目数据缺失。没有公开的准确数据，只是研究院根据各家保险公司主要项目的公开资料计算。

资料来源：公司公告，公开信息，泰康长寿时代研究院。

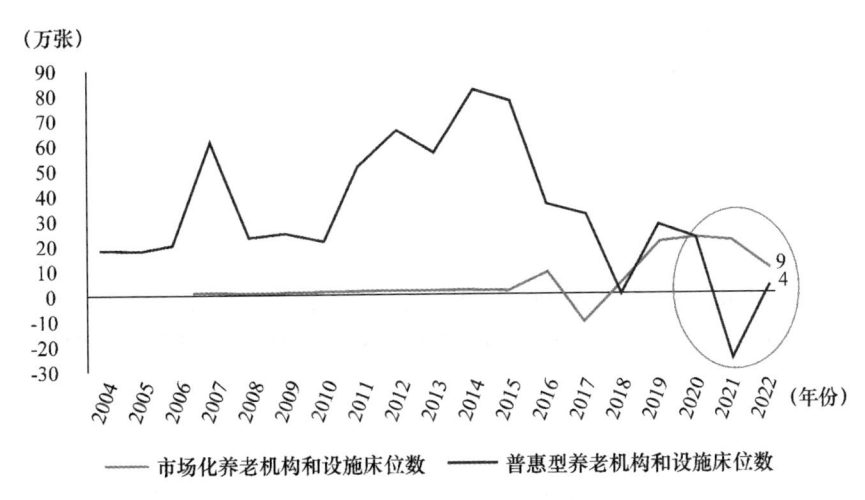

图 15-12　2004—2022 年市场化和普惠型养老机构和设施床位数年度新增量

资料来源：国家统计局，民政部，泰康长寿时代研究院。

第四部分　实践篇：现状及趋势

四　促进养老金融发展的对策

（一）基本养老保险基金应适当开放海外投资，提高资产分散程度

目前养老基金限于境内投资，但是随着中国经济进入高质量发展的新时期，基本养老保险基金的长期增值能力面临挑战。随着中国经济增长的新旧动能转轨，全社会从高增长、高收益时代进入中低增长、低收益时代，境内债券类资产的到期收益率和信用利差持续下降，股权类资产表现承压。全国社会保障基金理事会发布的《全国社会保障基金理事会基本养老保险基金受托运营年度报告（2022年度）》显示，2022年，中国基本养老保险基金权益投资收益额51.05亿元，投资收益率仅0.33%。相比之下，基本养老保险基金自2016年12月受托运营以来，累计投资收益额2670.82亿元，年均投资收益率高达5.44%。考虑到中国基本养老保险的储备在长寿时代面临较大压力，建议基本养老保险基金适当开放海外投资，如支持非洲、东南亚、"一带一路"共建国家等发展中经济体的基础设施建设等，提升基本养老保险基金的收益率，缓解长寿时代带来的挑战。

（二）鼓励各类金融机构在开发相关产品时，更多考虑持有期限和行为金融学的约束

长寿时代下，养老财富的积累离不开养老服务金融。但这个市场目前面临两个问题：一是商业养老金融产品和一般的理财产品没有明确的区别、划分。以"养老理财"产品为例，绝大多数为5年期的产品，与"养老"的目的相去甚远。国家金融监督管理总局数据显示，截至2024年5月末，已发行的51只养老理财产品中，5年期封闭式理财产品47只，10年期封闭式产品1只，定期开放式产品3只。①

---

① 《金融监管总局：将增加10年期以上养老理财产品供给　强化投资者适当性管理》，中国消费者网，https://www.ccn.com.cn/Content/2024/08-19/1752080587.html。

二是目前的养老服务金融产品普遍缺乏行为金融学的约束。筹资的一个特点是"年轻人不着急,老年人来不及",年轻人很难有意识和意愿提前为养老规划、以养老为目的购买金融产品,并且几十年如一日地执行下来。所以,对金融机构来说,推出真正解决客户痛点的产品,激励年轻人为老年生活筹资,对于占领和做大市场至关重要。因此,一是建议各类金融机构将养老服务金融产品的持有期限作为重要因素纳入考量,而不仅仅考虑风险和收益。二是建议政府鼓励大力发展商业年金险,对年轻人形成行为金融学的约束和激励。商业年金险的给付是确定的现金流;分红型年金险更是可以让客户分享保险公司经营的回报,享受复利之花。对比各类金融产品,商业年金险非常契合长寿筹资的特征,也可以为客户提供行为金融学的约束和激励,是养老服务金融的一个理想方案。

(三) 建设更加强大的资本市场,为养老金融打下坚实基础

目前个人养老金基金产品收益率不理想,主要与资本市场不成熟有关。根据济安金信养老金研究中心,截至2024年6月末,市面上所有运行满1年的个人养老金养老目标日期基金在过去12个月的平均收益率为-8.17%,目标风险基金的平均收益率为-2.66%。[①] 发起式养老目标基金"宽进严出",如果长期规模过低,就需要清盘,面临较大风险。需积极落实党的二十届三中全会提出的"完善促进资本市场规范发展基础制度""健全投资和融资相协调的资本市场功能,防风险、强监管,促进资本市场健康稳定发展。支持长期资金入市。提高上市公司质量,强化上市公司监管和退市制度。建立增强资本市场内在稳定性长效机制。完善大股东、实际控制人行为规范约束机制。完善上市公司分红激励约束机制。健全投资者保护机制。推动区域性股权市场规则对接、标准统一"等目标,开启资本市场高质量发展的新篇章。

---

① 闫化海:《2024年第二季度养老金融产品市场数据》,《保险理论与实践》2024年第7期。

（四）加快发展健康筹资，将健康筹资与长寿筹资相结合

长寿时代下，人们健康寿命的增长无法赶上预期寿命的增长，加之人口结构的恶化，现收现付制的基本医疗保险体系面临挑战，健康筹资是不得不面对和解决的问题。长寿筹资的目的是防范"人活着、钱没了"的风险，个人为老年期的养老服务预防性储蓄和投资。因为养老服务的费用相对来说比较好预期，个人也有能力灵活调整，所以长寿筹资更加稳健，解决方案更加成熟。为了克服健康筹资的不可持续性和脆弱性，一是加快发展商业健康险，从空间的维度实现健康筹资，建议有关部门积极推动商业健康险明确定位，在设计医保政策的同时，将医保与商业健康险的衔接纳入考量，促进商业健康险的发展；二是将健康筹资与长寿筹资相结合，利用时间筹资规避部分风险，并形成契合金融机构和客户双方利益的产品方案。

（五）支持和推动符合条件的养老项目发行基础设施领域不动产投资信托基金

2025年年初，中共中央、国务院印发《关于深化养老服务改革发展的意见》，明确提出支持符合条件的养老项目发行基础设施领域不动产投资信托基金（REITs）。积极落实这一政策主要有两方面作用。一方面，REITs能够更好地为养老产业融资，推动融资渠道多元化。目前养老产业的融资主要依赖福利彩票公益金、城投债和地方政府专项债、银行贷款、保险资金等，融资渠道较为单一，且容易受到政策和经济环境的影响。通过发行REITs，养老产业可以吸引公募基金、保险资金、社保基金、企业年金和职业年金、理财、私募等更加多元化的投资者，丰富资金来源。其次，长寿时代下，医疗和养老是刚需，养老REITs会成为长期的优质资产。REITs通过将养老产业证券化并在资本市场上市交易，有利于让更多人分享到养老产业发展的成果。随着养老REITs市场的持续扩容，养老产业金融的投资和融资将形成良性循环。

第十六章　数字银发经济发展趋势报告[*]

发展银发经济是积极应对人口老龄化的重要举措，也是实施扩大内需战略、培育经济发展新动能的重要环节，对于增进老年人福祉、推动国民经济社会高质量发展具有重要的意义。但是，由于涉及面广、产业链长、业态多元，如何反映银发经济的发展动态是一个难题。为此，本章尝试构建银发经济发展指数体系，为反映银发经济动态发展提供一个可行的方法，并进一步使用当前可获得的相关数据，计算数字银发经济发展指数，把握数字银发经济发展动态，提出相应的对策建议。

一　银发经济指数体系构建

(一) 基本思路

银发经济指数体系构建的基本思路是从供给侧和需求侧分别选择代表性指标，反映银发经济不同要素和状况的变化，最后合成综合的银发经济发展指数。从供给侧和需求侧两个角度构建银发经济指数，体现了当前国家实施扩大内需战略同深化供给侧结构性改革有机结合的要求。

---

[*] 本章是中国老年学和老年医学学会委托课题"我国银发经济指数体系编制与研究"的部分成果。课题负责人为林宝，课题组成员包括吕志彬、夏翠翠、万红杰、魏铭言、韩笑、苏博川、邵鑫磊、李清和、许娜等。在课题开展过程中多位专家提出了宝贵建议，特此致谢！本章执笔人为夏翠翠、林宝。作者简介：夏翠翠，博士，中国社会科学院人口与劳动经济研究所助理研究员。林宝，中国社会科学院人口与劳动经济研究所研究员、养老与社会保障研究室主任，中国社会科学院应对人口老龄化研究中心副主任、首席专家。

银发经济指数兼顾银发人口的一般性需求和特殊性需求。一般性需求主要是从人的角度来测量，在总消费中识别出银发人口消费；特殊性需求则主要从物的角度来测量，在消费和供给中识别出养老服务和老年用品。

(二) 基本原则

银发经济指数体系构建的基本原则有以下几条：其一，全面性，即指标应涵盖银发经济主要方面；其二，代表性，即每个指标能够从某个侧面反映银发经济的基本情况；其三，可操作性，即指标计算的基础数据可获得；其四，简洁性，即在不影响指标体系完整性的前提下，尽量减少指标数量，避免指标之间的相互交叉和重复，保证指标含义明确、描述简洁；其五，可靠性，即数据来源可靠、指标处理方法得当；其六，敏感性，即指标能够反映银发产业的动态变化。

(三) 指数体系的测度方法

1. 指数构成与指标选择

从需求侧和供给侧的角度出发，银发经济指数一级指标由银发需求指数和银发供给指数两个部分构成。银发需求指数测量的是当前银发经济的潜在需求量和实际消费量；银发供给指数测量的是银发市场的潜在供给能力和实际流通情况。

银发需求指数由需求潜力指数和银发消费指数两个二级指标构成。需求潜力指数是指在不受各方面客观条件制约的情况下，以当前银发人口的规模、结构和支付能力，能够释放的银发经济需求潜力。需求潜力指数由三个三级指标构成：银发人口规模、银发人口结构、银发人口收入水平。银发人口规模反映的是银发经济的总需求量，银发人口的增长将会直接带动银发经济的发展。银发人口结构反映的是银发经济的需求结构，银发经济的需求量既包括银发人口的一般性需求，也包括银发人口由于年龄增长带来的不同于其他群体的特殊性需求。银发人口规模和银发人口结构两个二级指标分别测量了一般性需求的规模和特殊性需求的规模，体现了一般性需求和特殊性需求兼顾的原则。银发人口收入水平反映的是银发人口的支付能力，有效的潜在需求受支付能力的制约。

银发消费指数是指当前银发人口的实际消费情况。消费指数由四个三级指标构成：银发人口消费总量、银发人口消费水平、银发人口消费方式、用品购买和服务利用习惯。银发人口消费总量测量的是当前银发人口的总消费规模。银发人口消费水平测量的是银发人口的人均消费额，是银发人口实际消费能力的最直观的体现。银发人口消费方式测量的是有多少比例的老年用品和养老服务消费是老年人自己购买的，而非子女家人等为其购买。老年人自主购买率越高，表明老年人主动消费的驱动力越强，对银发经济发展起到推动的作用。用品购买和服务利用习惯反映的是银发人口的消费行为，如购买频率等。

银发供给指数由供给潜力指数和流通指数两个二级指标构成。供给潜力指数通过测量涉老创新能力、设施、从业人员等的发展情况，反映银发经济供给的发展潜力。供给潜力指数由三个三级指标构成：养老服务设施、银发创新能力、从业人员供给。养老服务设施反映的是设施供给情况。银发创新能力反映的是银发供给的质量。从业人员供给也是重要的供给指标，老年人口由于其年龄特征，卫生技术人员和涉老领域从业人员的供给情况尤为重要。

流通指数反映的是当前银发商品和服务的实际产出及销售情况，以及相关物流配套等设施的发展状况。流通指数由四个三级指标构成：银发市场生产规模、银发企业销售规模、老年用品物流基础设施、老年用品种类。银发市场生产规模是指银发企业的数量，反映的是银发用品和服务的生产能力。银发企业销售规模和银发市场生产规模一起互为补充，共同体现了银发供给端的生产能力。老年用品物流基础设施反映了银发经济的供应链情况。老年用品种类体现了银发市场发育的成熟度及满足银发需求的能力，也是反映银发供给水平的重要指标。

2. 指标操作化

本章构建了银发经济指数体系，在指数计算过程中，由于数据限制，操作化指标主要选取的是线上银发消费的相关指标，因此操作化指数实际上可以称为"数字银发经济指数"。数字银发经济指数是银发经济指数的一个重要方面，可体现银发经济的发展情况。

第四部分 实践篇：现状及趋势

需求潜力指数的各操作化指标包含50岁及以上人口数、60岁/80岁及以上老年人口占比、家庭人均可支配收入、养老金水平。银发人口规模的操作化指标为50岁及以上人口数。将银发人口定义为50岁及以上主要因为50岁及以上阶段也是人们真正出现银发特征、离开劳动岗位开始退休生活的阶段，需求会产生较大变化，且便于开展国际比较研究。银发人口结构在实际测量中包括两个操作化指标：60岁及以上老年人口占银发人口的比例和80岁及以上高龄人口占老年人口的比例，测量的是老年人口的特殊性需求的潜力。银发人口收入水平的操作化指标包括两个：家庭人均可支配收入和人均养老金水平。家庭人均可支配收入反映的是老年人家庭的支付能力，一方面家庭人均可支配收入的数据易于获得，另一方面银发人口消费中有很大一部分是代际间的消费支持，因此使用家庭人均可支配收入测量支付能力具有可操作性和合理性。人均养老金水平通过全国及各地区的养老保险基金支出和实际领取人数计算得到，与家庭人均可支配收入互为补充，反映的是老年人自身的收入水平和支付能力。[①]

消费指数的各个操作化指标包含各类可获取的线上银发消费指标。银发人口线上消费总额是指50岁及以上银发人口的所有一般性消费和特殊性消费的总金额，按照"从人"的原则，统计银发人口群体的所有线上消费金额。老年用品总消费额和养老服务总消费额是指60岁及以上老年人口的特殊性消费的总金额，按照"从物"的原则，统计线上老年用品和养老服务产品的总消费金额，购买者可以是老年人口或者老年人口的家人。其中，老年用品和养老服务产品的界定采用国家统计局发布的《养老产业统计分类（2020）》为标准。线上银发人口平均消费水平是指线上平均消费额。老年自主购买率是指老年用品和服务的购买者为老年人本人的比例。线上银发人口平均购买频次是指银

[①] 需求潜力指数的数据来源如下：全国银发人口规模数据来源于国家统计公报；各地区银发人口规模数据是基于第七次全国人口普查数据，通过推算得到；全国及各地区家庭人均收入数据来源于全国及各地区国民经济和社会发展公报、历年《中国统计年鉴》；全国及各地区人均养老金水平来源于历年《中国劳动统计年鉴》、人社部官网，通过基金支出和实际领取待遇人数计算得到人均养老金水平。

第十六章　数字银发经济发展趋势报告

发人口每年在线上购买商品或者服务的平均次数。线上银发人口平均购买品类数是指银发人口平均每年在线上购买的商品和服务种类数，值越高表明银发人口消费习惯逐步转移到线上的程度越高。①

供给潜力指数的操作化指标主要包括养老机构床位数、涉老专利拥有情况等。养老服务设施的操作化指标是每千名老年人养老机构床位数，数据从中国民政部官网可获取，反映的是设施供给情况。银发创新能力的操作化指标是每万名老年人拥有的涉老专利数，数据从国家知识产权局官网获取，反映的是银发供给的质量。从业人员供给由两个操作化指标构成：每千人口卫生技术人员数和每万名老年人养老机构从业人员数。老年人口由于其年龄特征，对医疗的需求量更大，卫生技术人员的供给情况尤为重要。卫生技术人员包括执业医师和注册护士，全方位反映了各个地区各个年份的医疗从业人员供给情况。养老机构从业人员数是指养老机构的职员数量，反映了涉老领域从业人员供给情况。②

流通指数的操作化指标使用了各类线上平台可获取的指标。银发市场生产规模的操作化指标为线上银发商家数量，将同时满足银发商品或服务销售额超过一定金额且银发商品或服务销售额占全店销售额比例的20%以上的商家定义为线上银发商家，这些银发商家共贡献了银发商品和服务销售总额的约80%。银发企业销售规模的操作化指标为线上银发商家销售量，是指线上银发商家（定义如上）在银发商品和服务方面的销售规模。老年用品物流基础设施的操作化指标为每万名老年人物流网点数，反映了银发经济的供应链情况。由于部分省份人口较少，但面积较大，物流网点数受到各地区面积的影响，因此每万名老年人物流网点数这一指标在计算过程中也会适当考虑各省面积。老年用品种类的操作化指标为线上老年用品或养老服务种类

---

① 银发消费指数的各个指标数据来源于某电商平台。
② 供给潜力指数的各个指标来源如下：每千名老年人养老机构床位数来源于民政部官网统计数据；每万名老年人拥有的涉老专利数来源于国家知识产权局官网，搜索关键词为"老年""老人""老龄""养老""颐养"，搜索截止时间为2022年12月30日，数据内容为全国及各地区2017—2021年每年分别申请成功的涉老专利数（含当前有效和当前已失效）；每千人口卫生技术人员数的数据来源于历年《中国卫生统计年鉴》；每万名老年人养老护理员数来源于历年《中国民政统计年鉴》。

数，种类数量体现了银发市场发育的成熟度及满足银发需求的能力，也是反映银发供给水平的重要指标。①

3. 数据来源

需求潜力指数和供给潜力指数的数据来源于各类国家公布的宏观数据，包括全国及各地区历年《国民经济和社会发展统计公报》、第七次全国人口普查、历年《中国统计年鉴》、历年《中国劳动统计年鉴》、历年《中国卫生统计年鉴》、历年《中国民政统计年鉴》、人社部官网统计数据等，其中，对地区人口数据进行了一部分统计推算。消费指数和流通指数的数据均来源于某电商平台的统计数据。

4. 数据标准化方法

数字银发经济指数在计算中使用 2020 年数据作为基期，将其他年份的数据与之进行比较，以反映数字银发经济的发展动态。2019年，党的十九届五中全会通过的《中共中央关于制定国民经济和社会发展第十四个五年规划和二〇三五年远景目标的建议》中提出"积极开发老龄人力资源，发展银发经济"。2020 年恰好是积极发展银发经济的第一年，且 2020 年是人口普查年，人口数据更加丰富，因此使用 2020 年作为基期来反映数字银发经济指数的动态变化情况。在本章中，数字银发经济指数不是对银发经济规模的核算，而是对数字银发经济发展动态的刻画。

在全国数字银发经济指数测算中，本章将 2020 年的各项指标赋值 100，其他年份的数据与 2020 年的同指标数据进行比较，得到各指标的标准化值，并乘以各自的权重计算出 2017—2021 年全国数字银发经济指数。在地区数字银发经济指数的测算中，对于均值类指标，本章使用 2020 年的全国平均值作为 100；对于加总类指标，本章使用 2020 年的各地区平均值作为 100，各地区各年份的数据与之进行比较，得到其标准化值。

5. 指标权重确定方法

为科学合理确定指标体系的权重，本章采用专家法，通过咨询老

---

① 流通指数数据来源于某电商平台。

龄智库专家确定各指标权重。基本流程是先由研究小组提出各项指标的建议权重，然后请老龄智库部分专家在此基础上提出修改意见。随后研究小组根据专家意见对权重进行修改，并二次征求专家意见，最后再调整得到整个指标的权重。权数的确定既兼顾了指标体系的科学性，又兼顾了实际测算中数据的可获得性和稳健性（见表16-1）。

表16-1　　　　　　　　**银发经济指数体系**

一级指标	二级指标	三级指标	操作化指标	权重
银发经济指数	银发需求指数（0.5）	银发人口规模（0.3）	50岁及以上人口数	0.30
		银发人口结构（0.3）	60岁及以上人口数占比（60+/50+）	0.15
	需求潜力指数（0.4）		80岁及以上人口数占比（80+/60+）	0.15
		银发人口收入水平（0.4）	家庭人均可支配收入	0.20
			人均养老金水平	0.20
	消费指数（0.6）	银发人口消费总量（0.5）	银发人口线上总消费金额	0.20
			老年用品总消费额	0.15
			养老服务总消费额	0.15
		银发人口消费水平（0.2）	线上银发人口平均消费水平	0.20
		银发人口消费方式（0.1）	老年自主购买率	0.10
		用品购买和服务利用习惯（0.2）	线上银发人口平均购买频次	0.10
			线上银发人口平均购买品类数	0.10
	银发供给指数（0.5）	养老服务设施（0.4）	每千名老年人养老机构床位数	0.40
		银发创新能力（0.3）	每万名老年人拥有涉老专利数	0.30
	供给潜力指数（0.4）	从业人员供给（0.3）	每千人口卫生技术人员数	0.15
			每万名老年人养老机构从业人员数	0.15
	流通指数（0.6）	银发市场生产规模（0.2）	线上银发供给商家数量	0.20
		老年用品物流基础设施（0.3）	每万名老年人物流网点数	0.15
			每万平方千米物流网点数	0.15
		银发企业销售规模（0.3）	线上银发供给商家销售量	0.30
		老年用品种类（0.2）	线上老年用品或养老服务种类数	0.20

二 数字银发经济发展趋势

（一）数字银发经济指数

1. 全国数字银发经济指数

在人口老龄化持续深化和数字经济高速发展的双重作用下，全国数字银发经济指数呈现上升趋势。据测算，以2020年数字银发经济发展情况为基期（100），2017—2021年数字银发经济指数分别为79.6、83.2、91.2、100和105.6，呈现稳步上升趋势，年均增长率为7.3%。2018—2020年，银发需求和供给指数均稳定高增长，数字银发经济指数增速较快；2020—2021年，银发供给指数增长迟缓，拉低了2020年以来的数字银发经济指数增长水平（见图16-1）。

银发供给侧发展速度滞后于需求侧。银发需求指数近年来呈稳定高增长趋势，年均增长率9.6%；而银发供给指数则在2020年以后增速明显放缓，增长几近停滞，供给侧的发展速度滞后于需求侧。需要强调的是，银发需求指数和银发供给指数均体现了各个指标相对于各自的2020年基期值而言的发展水平，只能在各个指标内进行不同年份的纵向比较，以体现银发需求侧和供给侧各自的增长情况和增长速度，而不能进行横向比较。二者的对比体现的是相对于2020年的供需情况而言，2021年需求指数增速较快，而供给指数增速较慢，供给侧的发展速度滞后于需求侧，需要引起注意（见图16-1）。

2. 地区数字银发经济指数

地区数字银发经济指数反映了各省份的数字银发经济发展情况。为了下文便于描述，我们以100、170为分界点，[①] 将数字银发经济指数低于100的省份称为"低发展水平"地区，100—170称为"中发展水平"地区，170以上称为"高发展水平"地区。其中，高发展水

---

① 本章首先对各个地区的数字银发经济指数进行聚类分析，通过K-均值算法，将数字银发经济指数得分具有相对同质性的地区分在一个群组，共分为三组，以100、170为分界点，把不同地区分为数字银发经济高发展水平、中发展水平和低发展水平地区。这一分界既考虑了指标测算数据在统计上的相对同质性，又兼顾了各地区的实际人口特征。

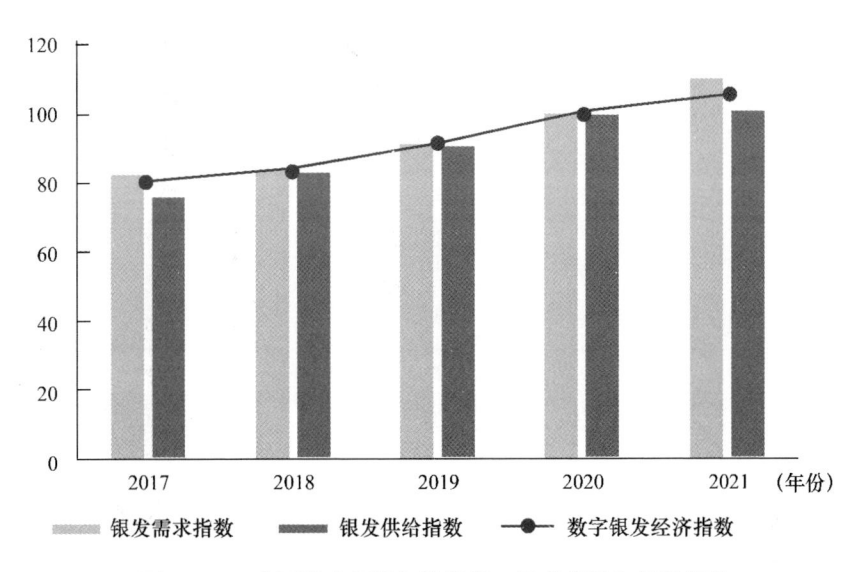

图 16-1 全国数字银发经济指数、需求指数和供给指数

平地区包括广东、浙江、江苏、上海四个省份；中发展水平地区包括北京、福建、山东、河北、湖北、河南、安徽、湖南、四川、江西十个省份；低发展水平地区包括辽宁、天津、吉林、重庆、陕西、黑龙江、广西、山西、云南、贵州、内蒙古、新疆、西藏、宁夏、海南、甘肃和青海十七个省份（见图16-2）。

经济发达的地区数字银发经济指数也比较高，广东、浙江、江苏、上海是2021年数字银发经济指数水平最高的地区。据测算，数字银发经济指数为"高发展水平"的地区为广东、浙江、江苏、上海，这些地区也是GDP及人均GDP综合排名前几位的地区。上海和北京虽然银发人口基数小于部分人口大省，但由于这两地人均GDP高、人均消费水平高以及各类养老配套服务发展较快，因此其数字银发经济指数也排到了全国前五位。由于浙江、广东、江苏的银发人口总量较大，因此这三省的排名高于上海和北京。除了这五个省份，部分人口大省（山东、河北、河南）和部分受到长三角城市群辐射的省份（安徽、福建）数字银发经济指数也较高（见图16-2）。

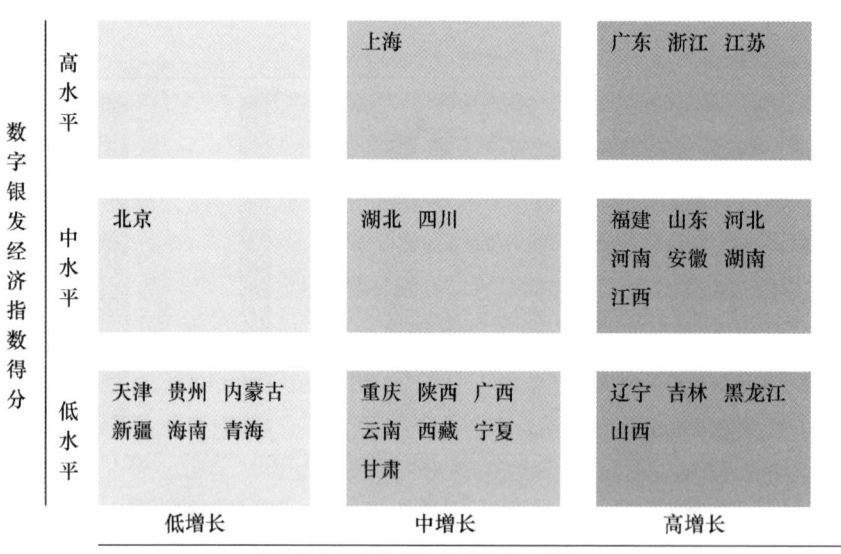

数字银发经济指数得分	低增长	中增长	高增长
高水平		上海	广东 浙江 江苏
中水平	北京	湖北 四川	福建 山东 河北 河南 安徽 湖南 江西
低水平	天津 贵州 内蒙古 新疆 海南 青海	重庆 陕西 广西 云南 西藏 宁夏 甘肃	辽宁 吉林 黑龙江 山西

数字银发经济指数年均增长率（单位：%）

图 16-2　各地区数字银发经济指数得分及增速

指数的动态变化总体上呈现数字银发经济高、中发展水平地区年均增长率相对较高，低发展水平地区增长率最低的趋势。福建、广东、安徽、河南是年均增长率最高的省份。据测算，数字银发经济指数仅次于"头部"省份的中发展水平地区，其数字银发经济指数的年均增长率最高，如福建、安徽、河南，其年均增长率分别为14.4%、8.3%、9.8%。"头部"省份中，广东的年均增长率最高，为11.0%。年均增长率最低的省份均为数字银发经济指数较弱的地区，如海南、青海、贵州、内蒙古等。除了个别地区，总体上呈现出高、中发展水平的增长率高，低发展水平增长率低的趋势（见图 16-2）。这一趋势表明，数字银发经济中发展水平地区正在加速追赶，而低发展水平地区逐步掉队，需引起重视。

大部分地区需求侧和供给侧发展水平大致相当；北京、上海、山东、天津、辽宁、四川的需求侧发展水平高于供给侧；福建的供给侧发展水平高于需求侧。江苏、浙江、广东在需求侧和供给侧方面均为高发展水平，处于"双高"的发展状态，其数字银发经济的整体发展水平也较高。西部地区和部分中部省份，在需求侧和供给侧方面均为低水平，处于"双低"的发展状态。河北、安徽、江西、河南、湖北、湖南等中部地区的省份，在需求侧和供给侧方面均为中发展水平，处于"双中"的发展状态（见图16-3）。

银发需求指数得分				
高水平		北京 上海 山东	江苏 浙江 广东	
中水平	天津 辽宁 四川	河北 安徽 江西 河南 湖北 湖南	福建	
低水平	山西 内蒙古 吉林 黑龙江 广西 海南 重庆 贵州 云南 西藏 陕西 甘肃 青海 宁夏 新疆			
	低水平	中水平	高水平	

银发供给指数得分

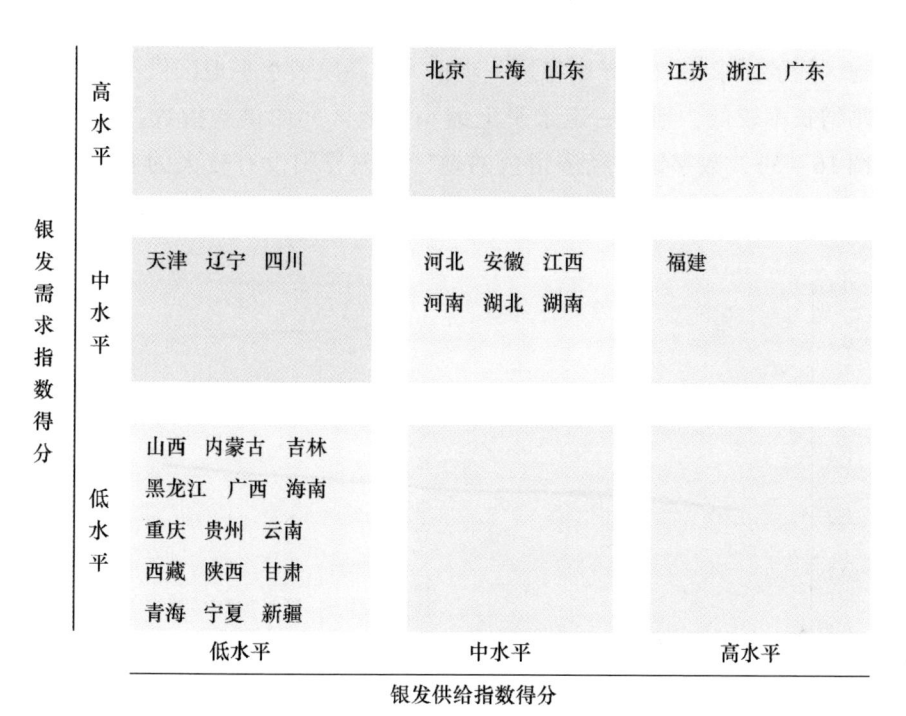

图16-3 各地区银发需求指数和供给指数得分

3. 数字银发经济指数的地区发展平衡性

在供给侧，银发经济发展更加不平衡，供给指数地区差异大于需求指数。数字银发经济指数的地区差异较大，本章中使用离散系数来描述地区间发展的平衡性。离散系数是一个无量纲的指标，值越大表明地区间的差异越大。据测算，在各个年份，银发供给指数的地区间离散系数均高于需求指数，说明供给指数的地区差异更大，需求指数的地区差异相对更小，数字银发经济指数的地区差异更多来自供给侧方面的差异（见图16-4）。

银发供给指数的地区差异呈现缩小趋势，需求指数差异呈现扩大趋势，数字银发经济指数差异较为稳定。银发供给指数的地区差异虽然相比需求指数更大，但供给指数的地区差异呈现出缩小的趋势，而需求指数则呈现出扩大的趋势（见图16-4）。高发展水平地区需求指数年均增长率高，低发展水平地区需求指数年均增长率低，地区间的需求指数差异则将进一步扩大；高发展水平地区供给指数年均增长率较低，则在一定水平上缩小了地区间的供给指数差异（见图16-3）。数字银发经济指数的地区间差异则没有较大的变动，相对比较平稳。

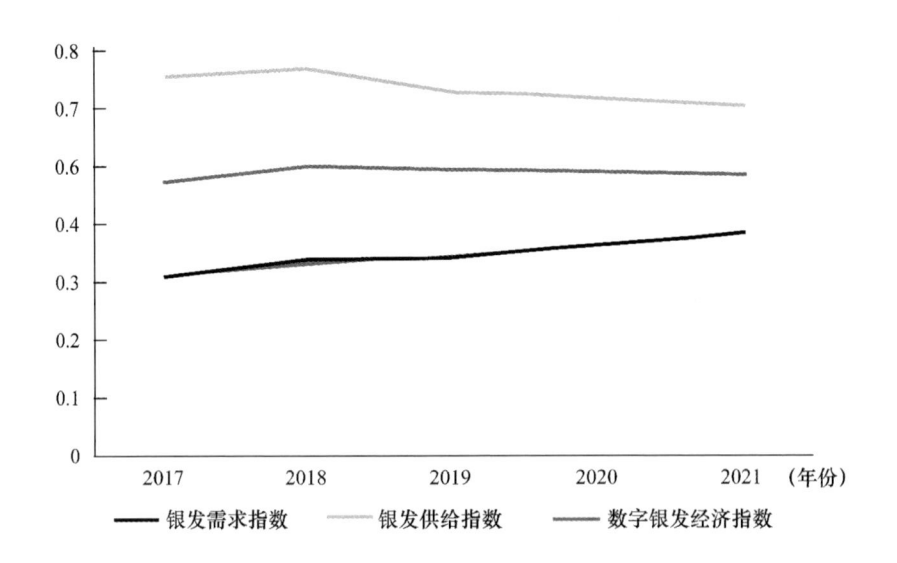

图16-4　各地区数字银发经济指数的离散系数

（二）数字银发经济需求指数

1. 全国银发需求指数

在人口老龄化深化、互联网普及的背景下，银发需求指数呈稳定高增长趋势，年均增长率为9.6%；需求潜力指数增速滞后于银发消费指数，表明银发消费潜力正在释放，要进一步发展银发经济，需要继续释放潜力。近年来，线上银发群体渗透率持续提高，增速快于全国银发人口基数的增速，银发消费指数也高速增长，增速快于需求潜力指数。2017—2021年的需求潜力指数年均增长率为4.6%；银发消费指数自2018年以来，年均增长率高达13.4%。银发消费指数是指线上银发人口实际的消费情况，需求潜力指数是指按每一年份的银发人口规模、结构和支付能力所能释放的潜在需求。需求潜力指数和银发消费指数的增长表明，当前银发人口的实际线上消费的增长快于银发人口规模、支付能力等需求潜力指标的增长，银发消费潜力正在释放（见图16-5）。

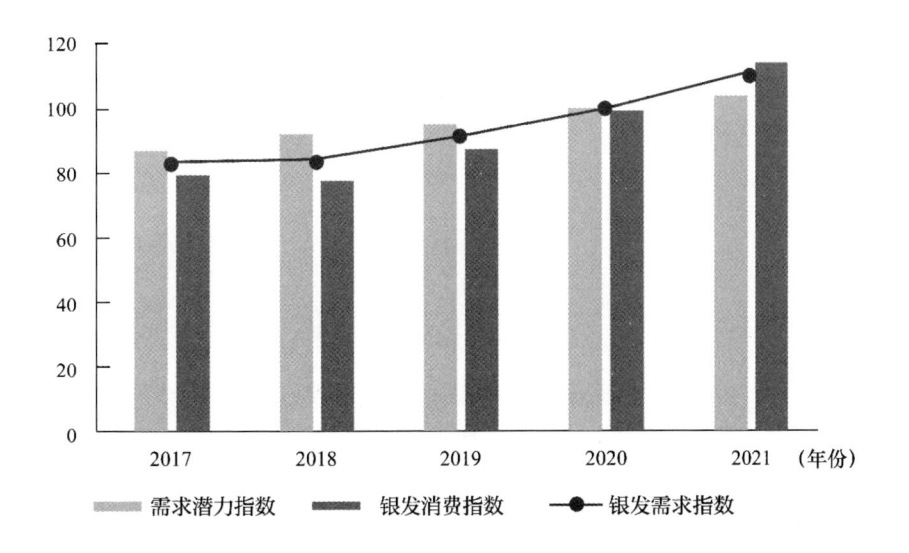

图16-5 全国需求指数、需求潜力指数及银发消费指数

2. 地区银发需求指数

经济越发达的地区，银发需求指数越高，广东、上海、江苏、浙江、北京是2021年银发需求指数最高的五个省份。通过聚类分析，需求指数高水平地区包括广东、上海、江苏、浙江、北京五个省份，是全国经济最发达的地区。中水平地区包括山东、四川、河南、湖北、福建、辽宁、河北、安徽、湖南九个省份；低水平地区包括天津、陕西、山西、甘肃、宁夏、新疆、青海、西藏、云南、贵州、重庆、海南、广西、江西、吉林、黑龙江、内蒙古十七个省份（见图16-6）。

第四部分 实践篇：现状及趋势

各地区需求指数动态变化呈现出需求指数越高的地区，年均增长率越高的趋势。需求指数年均增长率最高的省份为广东（13.1%）、江苏（12.2%）、山东（11.9%）、浙江（10.6%），这四个省份也是需求指数最高的地区。在需求指数中等水平的省份中，河南、安徽、湖北、福建、辽宁的年均增长率也相对较高。需求指数年均增长率最低的省份，如海南、新疆、宁夏、西藏，年均增长率均低于2%（见图16-6）。这一趋势在一定程度上会加大地区间的需求指数差异。

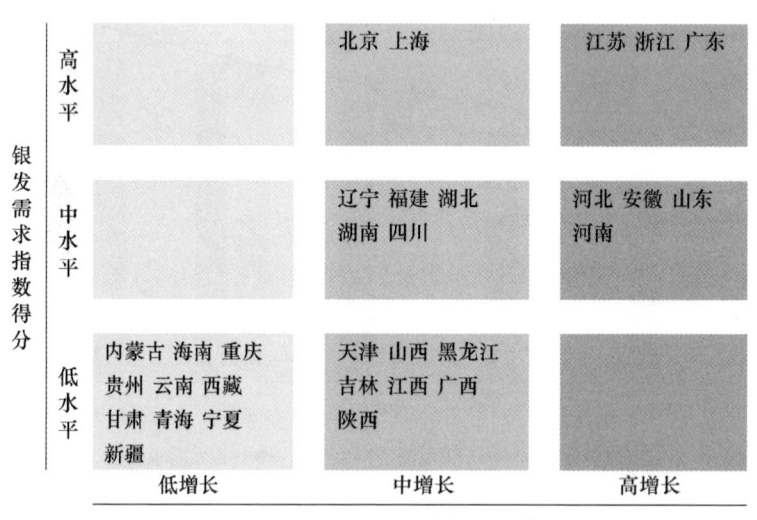

	低增长	中增长	高增长
高水平		北京 上海	江苏 浙江 广东
中水平		辽宁 福建 湖北 湖南 四川	河北 安徽 山东 河南
低水平	内蒙古 海南 重庆 贵州 云南 西藏 甘肃 青海 宁夏 新疆	天津 山西 黑龙江 吉林 江西 广西 陕西	

银发需求指数得分

银发需求指数年均增长率（单位：%）

图16-6　各地区银发需求指数得分及增速

3. 地区需求潜力指数和消费指数

经济越发达的地区，需求潜力指数和银发消费指数也越高，上海、北京是需求潜力指数最高的两个省份，广东、江苏、上海、浙江是银发消费指数最高的四个省份。需求潜力指数最高的两个地区分别为上海（155.5）、北京（153.7）。需求潜力指数由诸多指标构成，上海、北京在人均收入水平、养老金水平方面远高于其他地区，但由于人口基数小，在50岁及以上银发人口数量这一指标上得分较低，

第十六章 数字银发经济发展趋势报告

不过依然居于需求潜力指数前两位。需求潜力指数整体上不同地区之间的差异较小。银发消费指数最高的四个省份分别为广东（204.7）、江苏（237.6）、上海（235.6）、浙江（218.8）。其中，上海由于人口基数的影响，在银发商品总消费额和老年用品消费总额方面不如河北、辽宁等银发消费指数中等水平的地区，然而这两地在养老服务消费总额方面却远超其他地区，说明上海的老年人口人均养老服务线上消费非常发达。此外，上海的银发人口平均消费水平也较高。

北京、山东、河南、四川、天津等省份银发需求潜力指数发展水平高于消费指数，银发消费潜力释放空间较大。四个省份需求潜力较强，处于高发展水平，表明这四个省份在银发人口规模、结构、支付能力方面具有较强的优势，然而其实际银发线上消费水平却处于中发展水平的位置，银发消费潜力有待进一步释放。天津、山西、内蒙古、江西、广西、黑龙江、重庆、陕西、新疆这些地区也属于类似的情况，其需求潜力指数处于中发展水平位置，但消费指数却是低发展水平，需进一步释放银发消费潜力（见图16-7）。

需求潜力指数得分	低水平	中水平	高水平
高水平		北京 山东 河南 四川	广东 江苏 上海 浙江
中水平	天津 山西 内蒙古 江西 广西 黑龙江 重庆 陕西 新疆	河北 辽宁 安徽 福建 湖北 湖南	
低水平	吉林 海南 贵州 云南 西藏 甘肃 青海 宁夏		

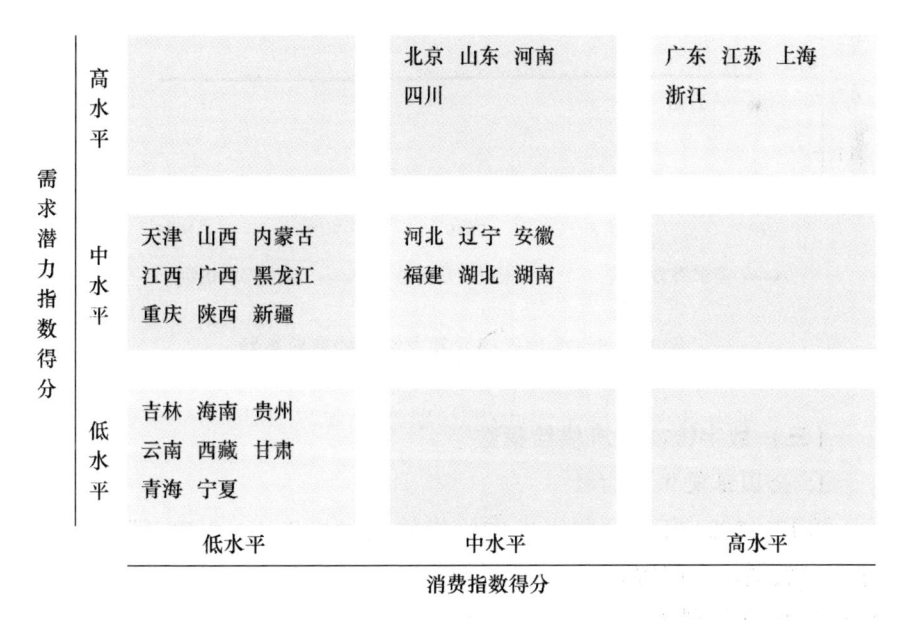

消费指数得分

图16-7 各地区需求潜力指数和消费指数

4. 银发需求指数的地区发展平衡性

银发需求指数地区发展越来越不平衡，呈现出地区差异扩大趋势。银发消费指数的地区差异更大，且呈现差异逐年扩大趋势；需求潜力指数的地区差异较小，呈现差异逐年缩小趋势。银发消费指数高的地区，年均增长率也更高，将会加大银发消费指数的地区间差异。需求潜力指数的年均增长率并没有明显的趋势性，年均增长率最高的地区零散地分布在需求潜力指数较高、中等和较低的地区，西藏、青海、内蒙古等相对不发达的地区年均增长率反而更高，因此缩小了需求潜力指数的地区差异。消费指数的离散系数更大，表明银发人口在实际线上消费中表现出更大的地区差异性，这种差异远大于需求潜力（见图16-8）。

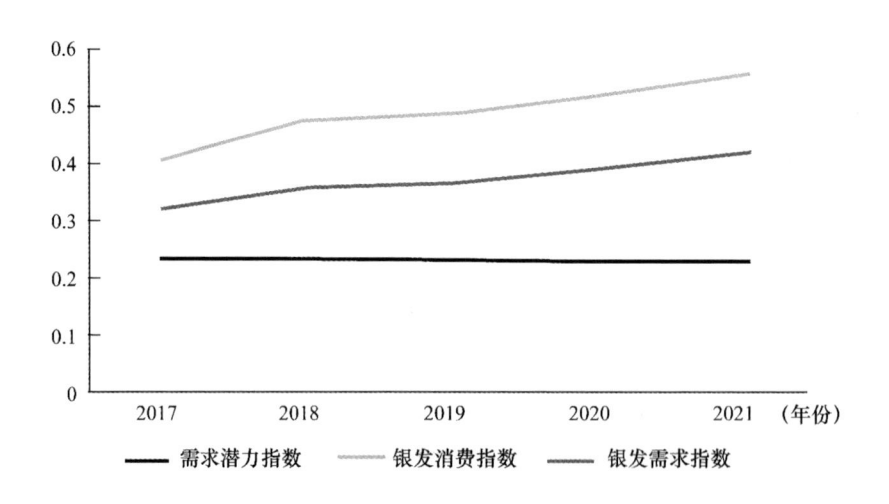

图16-8 各地区银发需求指数的离散系数

（三）数字银发经济供给指数

1. 全国银发供给指数

2017—2021年，全国银发供给指数呈增长趋势；2020年以后增速明显放缓。全国银发供给指数以2020年为基期，2017—2021年的供给指数值分别为76.4、82.7、91.0、100、100.9（见图16-9）。2017—2020年的年均增长率为9.4%，增速较快；2020—2021年的增长率仅为0.9%，增速明显放缓。从图16-9可见，银发供给指数的两个二级指标，供给潜力指数出现负增长，流通指数在2020年后增速放缓，银发供给指数的增长也近乎停滞。

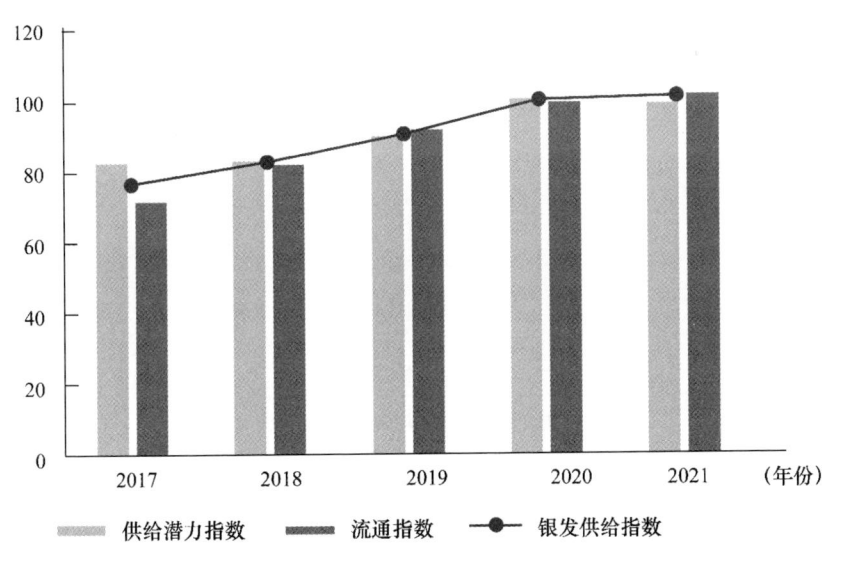

图16-9 全国银发供给指数、供给潜力指数、流通指数

2. 地区银发供给指数

浙江、广东、江苏、福建是银发供给指数最高的四个省份；福建、河南、湖南是银发供给指数增速最快的三个省份。银发供给指数最高的四个省份分别是浙江、广东、江苏、福建；中水平地区包括上海、北京、山东、河北、湖北、安徽、河南、湖南、江西等东部及部分中部省份；低水平地区主要是在西部地区及东北地区。银发供给指数的增长速度在不同的地区并没有明显的规律性，供给指数的年均增长率整体较为平均，供给指数较低的地区的增长率与较高地区的增长率差异不大（见图16-10）。

3. 地区银发供给潜力指数和流通指数

北京、上海是2021年供给潜力指数最高的两个省份；浙江、广东、江苏、福建是流通指数最高的四个省份。供给潜力指数主要包括

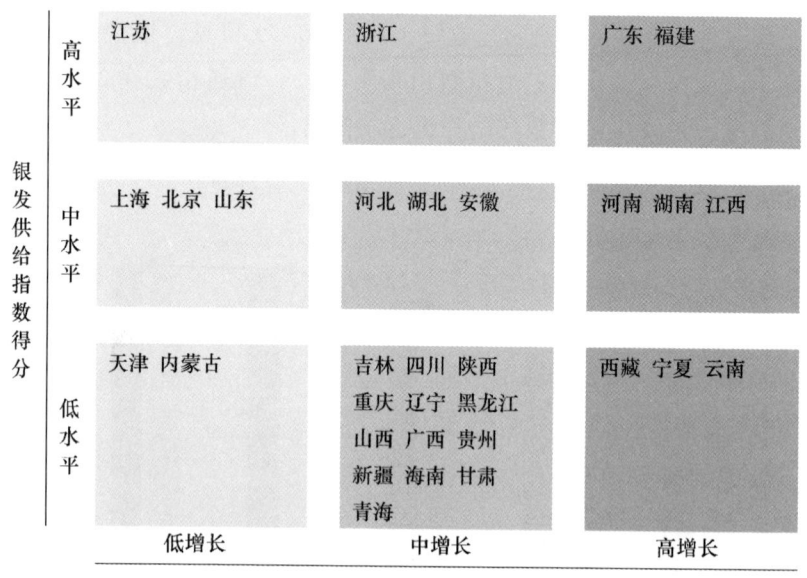

银发供给指数得分			
高水平	江苏	浙江	广东 福建
中水平	上海 北京 山东	河北 湖北 安徽	河南 湖南 江西
低水平	天津 内蒙古	吉林 四川 陕西 重庆 辽宁 黑龙江 山西 广西 贵州 新疆 海南 甘肃 青海	西藏 宁夏 云南
	低增长	中增长	高增长

银发供给指数年均增长率（单位：%）

图16-10 各地区银发供给指数得分及增长率

养老服务设施、银发创新能力和养老服务从业人员数量构成，北京、上海在各项公共服务设施和创新能力方面较其他省份更强。流通指数主要包括银发市场生产规模、银发企业销售规模、物流网点数和线上老年用品服务种类，北京、上海由于人口基数、区域面积、产业分布等因素的影响，银发线上商家数量较低，低于江浙粤等地区，同时银发商家销售量也相对较低，因此其流通指数不高，属于流通指数中等水平地区（见图16-11）。

北京、上海、天津、吉林、黑龙江、重庆银发供给潜力指数高于流通指数，数字银发经济发展潜力大；广东、浙江、江苏、福建等省份流通指数大于供给潜力指数，数字银发经济较为发达。河南、西藏、云南、湖南、安徽是供给潜力指数增长较快的省份，这五个省份的供给潜力指数年均增长率分别是15.4%、14.0%、11.7%、11.4%和10.8%。福建、广东、内蒙古、江西是流通指数增长较快的省份，流通指数增长较快的福建，年均增长率高达21.5%。福建的线上银发商家数量在

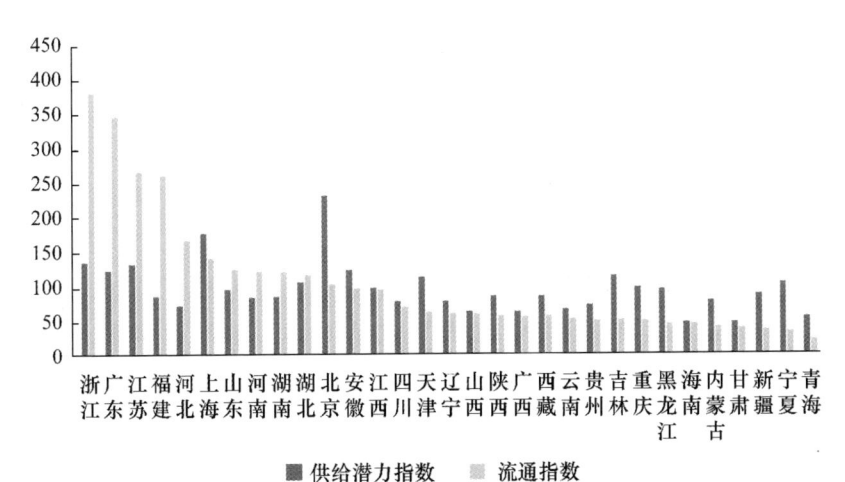

图 16-11 2021 年各省份银发供给潜力指数及流通指数

2017—2021年增长1倍,线上银发商家销售总额增长两倍,这两项的快速增长拉高了福建整体的流通指数。此外,广东(12.1%)、湖南(8.4%)、安徽(4.2%)的流通指数增速也很快(见图16-12)。

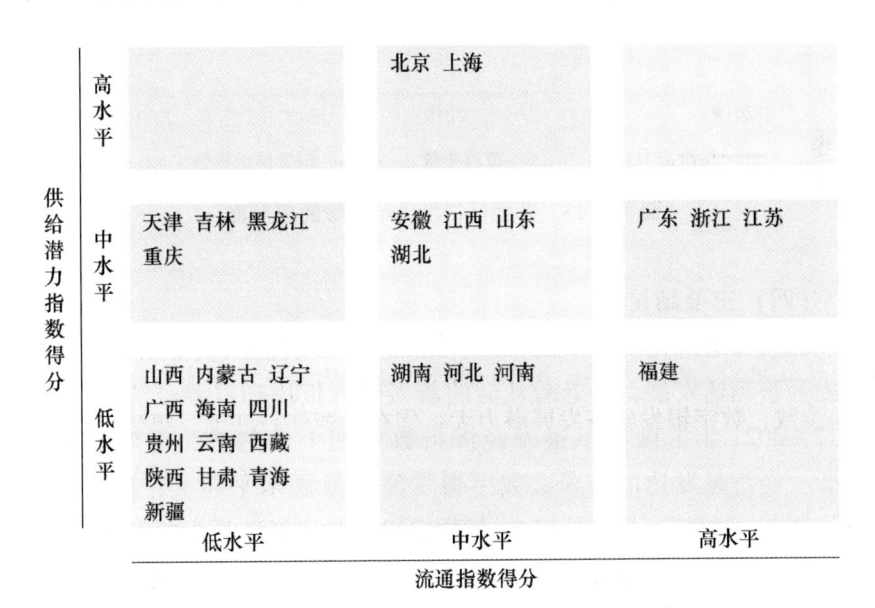

	低水平	中水平	高水平
高水平		北京 上海	
中水平	天津 吉林 黑龙江 重庆	安徽 江西 山东 湖北	广东 浙江 江苏
低水平	山西 内蒙古 辽宁 广西 海南 四川 贵州 云南 西藏 陕西 甘肃 青海 新疆	湖南 河北 河南	福建

（纵轴：供给潜力指数得分；横轴：流通指数得分）

图 16-12 各地区银发流通指数和供给潜力指数

4. 银发供给指数的地区发展平衡性

银发供给指数地区差异呈下降趋势；流通指数的地区差异大于供给潜力指数。流通指数的地区间离散系数在 0.9 左右徘徊，明显高于供给潜力指数（0.4—0.5）。2017—2019 年，流通指数的地区差异有略微的缩小，后又有略微的扩大。供给潜力指数的地区差异则是在 2017—2018 年有略微的扩大，其后开始差距缩小（见图 16-13）。供给指数的地区差异呈现缩小趋势，供给侧落后的地区将逐步向前追赶。

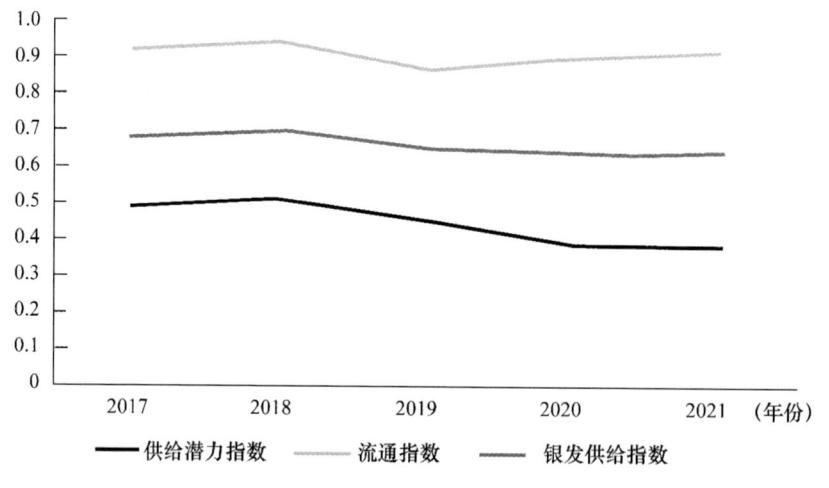

图 16-13 各地区银发供给指数的离散度

（四）主要结论

在人口老龄化持续深化和数字经济高速发展的双重推动下，数字银发经济高速发展，是老龄社会的新兴经济板块和重要经济增长点。2017—2021 年全国数字银发经济指数呈现上升趋势，年均增长率 10%。经济越发达的省份，数字银发经济发展水平越高，广东、浙江、江苏、上海、北京是 2021 年数字银发经济指数最强的五个省份。除了这五个省份，安徽、福建等受长三角经济带辐射的省份，数字银发经济指数发展水平也较高，且年均增速很快，未来发展潜力较大。

数字银发经济的区域发展不均衡，经济发达的地区数字银发经济发展水平高，增长速度快；中发展水平地区在加速追赶，而低发展水平地区则逐步"掉队"。各地区数字银发经济指数的动态变化呈现出中发展水平地区年均增长率最高，高发展水平地区次之，低发展水平地区增长率最低的趋势。这一趋势将缩小中发展水平地区和高发展水平地区之间的差距，却将进一步拉大低发展水平地区与其他省份的数字银发经济发展差异。此外，各地区在需求和供给的"潜力"方面差距相对较小，但在实际的消费和生产"能力"方面差距较大，且差异呈扩大趋势。相对于需求潜力指数、供给潜力指数，银发消费指数、流通指数的离散系数更高，区域发展更加不平衡。

银发供给侧发展速度滞后于需求侧，供给端存在涉老创新能力不足、养老服务线上渗透率较低等问题。银发需求指数近年来呈稳定高增长趋势，年均增长率9.6%；而银发供给指数的增长速度滞后于需求侧。其中，涉老创新能力相对不足，涉老专利占总专利数量的0.47%。养老服务的线上渗透率较低，养老服务消费总额远低于老年用品，仅占养老服务和老年用品消费总额的不到10%。

银发需求侧发展速度快，但部分地区银发需求尚未完全释放，需求端存在地区差异大、银发线上渗透率低、老年自主购买率低的问题。首先，各地区需求指数动态变化呈现出需求指数越高的地区，年均增长率越高的趋势，地区差异拉大。其次，银发线上渗透率依然较低，2017—2021年线上银发消费者高速增长，年均增长率高达53%，到2021年达到13531万人（仅某电商平台），然而仅占全国银发人口的27.1%。结合该平台市场占有率情况，反映出整体渗透率仍然较低。最后，老年人自主购买率在5年间持续提高，年均增速17.5%，然而仅有22.3%的老年用品和服务购买者为老年人，其他均来源于代际支持，老年自主购买率依然较低。从银发线上渗透率和老年自主购买率来看，未来数字银发经济依然有较大的发展空间和潜力。

三 推动数字银发经济发展的对策建议

发展银发经济是实施积极应对人口老龄化国家战略的重要内容，

| 第四部分 实践篇：现状及趋势

也是构建以国内大循环为主体、国内国际双循环相互促进的新发展格局的必然要求。近年来，在人口老龄化持续深化和数字经济高速发展的双重推动下，数字银发经济发展迅速，且未来增长空间巨大，是老龄社会的新兴经济板块和重要经济增长点，对GDP的贡献将越来越高。然而，数字银发经济的发展也面临诸多现实问题：在政策设计上，数字银发经济政策体系尚不完善，缺乏对银发经济的总体规划；在需求侧方面，银发需求没有完全释放，老年线上渗透率和自主购买率依然较低，支付能力不足，存在"不会消费"和"不敢消费"的问题；在供给侧方面，银发供给侧的增长跟不上需求增速，线上老年用品及服务品类单一，涉老创新能力不足；在区域发展方面，数字银发经济区域发展不平衡，"尾部"省份加速掉队。针对这些问题，本章提出相应的对策建议如下。

（一）加强数字银发经济总体规划，健全银发经济政策制度体系

针对当前银发经济相关政策设计不足，政策体系不完善的问题，应加强规划引领，把发展数字银发经济提升到更高的战略地位，从人力、财力、物力、创新、环境等维度，建立银发经济发展的制度框架，全方位解决银发经济发展中可能存在的用工难、融资难、研发难、办事难等问题。其一，加强银发经济相关领域的人才培养和职业培训教育，提供人才保障和人力保障，提升银发经济领域的创新能力和研发能力；其二，在融资信贷、政府补贴、税收减免、用地批地等方面提供有效支持，缓解银发经济高投资、长周期、低利润的难题；其三，编制数字银发经济统计指标体系、银发经济发展指导目录，确立标准体系，加强监测监管，营造良好的银发经济发展环境。

（二）拓宽银发人口收入渠道，提升银发消费能力，让银发人群"敢消费"

针对银发人口支付能力不足，银发需求尚未完全释放的问题，应多层面积极拓宽银发人口收入渠道，提升银发消费能力，让银发人群"敢消费"。其一，深化基本养老保险制度改革，提高基本养老保险

的统筹层次，保障老年人收入分配的公平性；完善最低生活保障制度，加强对低收入老年人口的转移支付，保障老年人口有稳定的基本收入，让老年人敢消费。其二，积极开发老年人力资源，提高其经营性收入和劳动收入，拓宽老年人收入渠道。实行弹性退休制度，健全相关配套政策，倡导终身发展理念，支持老年人更多参与到经济发展中，继续创造社会财富，积累个人财富；完善老年人就业及再就业保障制度，使愿意继续工作或者继续从事经营的老年人口获得发挥余热的机会，并获取应有的劳动权益保障。其三，发展养老金融服务，提高老年人金融素养，增加老年人财产性收入；创新养老金融服务形式，提供储蓄、保险、理财、信托、以房养老等多层次多样化的服务。

（三）加强数字适老化改造，提高银发人口数字消费能力，让银发人群"会消费"

针对银发人口线上渗透率和自主购买率依然较低，影响银发需求释放的问题，应加速移动互联网适老化改造，助力银发人群跨越"数字鸿沟"，提高数字消费能力，让银发人群"会消费"。其一，加强各平台移动端 App 的适老化改造和无障碍改造，针对银发人群特征，开发适老化版面、适老化应用，降低银发人群线上购物的门槛；开展公益培训类课程和帮扶项目，让银发人群会用手机、用好手机，提高银发人群线上渗透率。其二，加强对银发线上用品和服务的宣传力度，通过举办"老年消费节""敬老孝老购物节"等活动，使银发人口了解线上产品和服务，引导银发人口线上消费，打造线上亲情纽带，扩大银发线上需求。

（四）积极开发适老化产品和服务，满足银发人口多层次、多样化消费需求

针对供给侧增速跟不上需求侧，线上老年用品和服务较为单一的问题，应积极开发适老化技术、服务和产品，扩大供给的规模、优化供给结构、提高供给质量、完善各项标准，在满足银发人口消费需求的同时，从供给端引导和刺激新的需求。其一，扩大线上老年服务的供给，提高老年服务线上渗透率；加强与线下服务机构的合作，实现线上线下联动发展。其二，对银发人口的消费习惯和需求进行分群体的研究，充分调研、科学设计，为不同年龄、健康情况、经济层次的银发人口提供精准化、多样化、多层次的产品、服务以及推送；补齐短板，实现线上老年用品和服务的全场景覆盖。其三，加强老年人消费权益保障，规范线上银发市场，打击各类涉老诈骗及假冒伪劣产品，营造良好的银发消费环境，为银发人口提供高性价比、高质量的产品和服务。

（五）创新驱动数字银发经济发展，加强涉老研发和技术转化

针对涉老创新能力不足的问题，应加强数字银发经济领域的技术创新，在涉老重点领域、关键环节加强涉老研发以及技术转化，创新涉老产品和服务的内容和形式。在内容方面，加强人工智能、AI技术、机器人、大数据等先进技术在涉老领域的应用，大力发展智慧医疗、智能穿戴、陪伴机器人、AI疾病识别等银发产品及服务，将人工智能覆盖银发人群安全守卫、远程医疗、康复护理、情感关怀、家居生活等全生活场景，实现科技慧老、科技适老，用人工智能提升老年人生活质量，拉动新消费需求。在形式方面，大力发展"互联网+养老"、智慧社区等新形式的养老服务，培育养老产业新业态。

（六）加大数字基础设施建设，提高数字技术应用水平，缩小区域"数字鸿沟"

针对数字银发经济区域发展不平衡，"尾部"省份加速掉队的问题，应在欠发达地区加大数字基础建设，提高数字技术应用水平，缩小区域"数字鸿沟"。其一，区域数字银发经济发展的不平衡，归根结底来源于区域经济发展不平衡，应将其放到区域经济协调发展的总体框架中作规划，缩小区域发展差距、城乡发展差距，推动共同富裕，从根本上提高欠发达地区的银发人口收入水平和银发消费能力，从需求侧带动地区数字银发经济的发展。其二，加强对低发展水平地区数字基础设施建设，如 5G 基站、大数据中心、人工智能等新一代信息通信技术设施的建设，补齐低发展水平地区在数字基建方面的短板，为数字银发经济需求侧和供给侧发展提供硬件基础。其三，加强低发展水平地区的数字技术应用水平和数字化普及率；加快对现有基础设施的数字化改造，将数字化改造融入已有传统基础设施中；通过适老化改造、宣传、培训等综合措施，提高低发展水平地区的银发人口的线上渗透率，带动地区银发线上需求侧发展。

（七）发展区域特色的数字银发经济，打造银发产业集群，推动供给侧区域协调发展

针对银发供给侧区域发展不平衡的问题，应结合各地区的优势产业和优势资源，发展有区域特色的数字银发经济，打造银发产业集群，推动供给侧区域协调发展。其一，融合地区特色，在已有优势产业、优势资源的基础上，融入适老化要素，关注银发需求，利用已有的产业基础，延伸产业链，创新服务内容和形式，发展银发产业集群，打造地区特色的数字银发"品牌"。其二，在不同发展水平的地区，因地施策。在欠发达地区，应加强数字基础设施建设，夯实产业基础，以公共养老服务带动银发经济产业链发展；发挥其人力和资源低成本优势，发展银发产业集群，打造银发产业园区。在较为发达的地区，应利用现有数字银发经济基础，提升科技创新能力，推动数字银发经济高质量发展。

第五部分 ·政策综述·

第十七章　积极应对人口老龄化政策综述[*]

（2023年9月至2024年8月）

2024年7月18日，中国共产党第二十届中央委员会第三次全体会议通过《中共中央关于进一步全面深化改革　推进中国式现代化的决定》，提出以应对老龄化、少子化为重点完善人口发展战略，将深化养老服务领域改革作为健全人口发展支持和服务体系的一项重要内容，强调以发展银发经济、优化基本养老服务供给、加快补齐农村养老服务短板、改善特殊困难老年人的养老服务四个方面为改革着力点。

健全完善中国特色养老服务体系，让广大老年人享受可感、可及、可享的养老服务，是积极应对人口老龄化国家战略的基本要求和迫切需要。为推动养老事业和养老产业的协同发展，中央和国家层面聚焦老年群体急难愁盼问题，健全完善了一系列政策措施，构建全链条的助老服务政策体系，保障老年人老有所养、老有所医、老有所学、老有所乐、老有所为。为了让读者全面了解与应对人口老龄化战略相关的政策内容，本章梳理了2023年9月至2024年8月党中央、国务院及各部门发布的相关政策文件，以呈现一幅完整的政策框架。

---

[*] 本章作者为张妍。作者简介：张妍，中国社会科学院人口与劳动经济研究所编辑。

第五部分　政策综述

一　健全人口发展支持和服务体系

健全覆盖全人群、全生命周期的人口发展支持和服务体系，既是积极应对人口老龄化的重要目标，也是应对人口老龄化的重要举措。过去一年，相关政府部门发布了一系列重要的政策文件，从促进老龄化工程和托育服务发展、建立低收入人口监测预警、构建弱势儿童关爱服务体系、提高公共卫生服务水平等视角健全人口发展的支持和服务体系。

1. 促进老龄化工程和托育服务发展

加强养老、托育服务体系建设，是在发展中保障和改善民生的基础性工程。为推进实施积极应对人口老龄化国家战略，以"一老一小"为重点完善人口服务体系，2024年3月，国家发展改革委、民政部、国家卫生健康委修订印发《"十四五"积极应对人口老龄化工程和托育建设实施方案》（发改社会〔2024〕260号），明确提出"十四五"时期养老服务体系和托育服务体系建设任务。养老服务体系包括3项建设任务：一是建设连锁化、标准化的社区居家养老服务网络，提供失能照护以及助餐助浴助洁助医助行等服务；二是新建或改扩建公办养老服务机构，提升公办养老服务机构护理能力和消防安全能力，强化对失能失智特困老年人的兜底保障；三是扩大普惠性养老服务供给，支持培训疗养机构改革转型发展养老，支持医疗机构开展医养结合服务。托育服务体系包括2项建设任务：一是新建或利用现有机构设施、空置场地等改扩建，建设一批公办托育服务机构，支持承担指导功能的示范性、综合性托育服务中心项目建设；二是扩大普惠性托育服务供给，支持企事业单位等社会力量举办托育服务机构，支持公办机构发展普惠托育服务，探索发展家庭育儿共享平台、家庭托育点等托育服务新模式新业态。这为完善"一老一小"的人口服务体系建设指明了方向。

托育服务是生命全周期服务管理的重要内容。2023年9月，国家卫生健康委办公厅、国家中医药局综合司、国家疾控局综合司联合印发**《关于促进卫生医疗机构支持托育服务发展的指导意见》**（国卫办人口发〔2023〕14号）。《指导意见》共有八个方面内容：一是开展订单签约服务。基层医疗卫生机构将托育机构作为签约对象，签订服务协议，开展婴幼儿健康管理服务。二是加强儿童照护指导。县级妇幼保健机构、基层医疗卫生机构与托育机构建立联系，定期上门对接和指导。三是发挥中医药特色优势。中医医院积极与托育机构合作，推广中医药适宜技术。四是落实疾病防控责任。依法加强对托育机构疾病防控工作的监督检查，督促托育机构落实疾病防控主体责任。五是健全相关支持政策。明确了医疗卫生机构开展托育服务在场所、人员、经费等方面的支持政策。六是加强动态监督管理。逐步将托育机构纳入"双随机、一公开"监督抽查范围，开展经常性检查。七是抓好典型示范引领。及时总结推广经验，充分发挥示范引领、带动辐射作用，不断提高托育服务整体水平。八是切实加强组织领导。各地结合实际，制定医疗卫生机构与托育机构订单签约服务清单。为促进托育服务机构规范化发展，2023年10月，国家卫生健康委发布**《托育机构质量评估标准》**（国卫通〔2023〕13号），自2024年4月1日起施行。《评估标准》对托育机构的办托条件、托育队伍、保育照护、卫生保健、养育支持、安全保障、机构管理等评估内容进行了详细规定。该标准适用于为3岁以下婴幼儿提供全日托照护服务的机构（含幼儿园的托班）的评估，对提供半日托、计时托、临时托等照护服务的托育机构的评估可参照执行。家庭托育点是满足人民群众多样化托育服务需求的一个重要举措。为加强家庭托育点的监管，2023年10月，国家卫生健康委、住房和城乡建设部等5部门联合印发**《家庭托育点管理办法（试行）》**（国卫人口发〔2023〕28号），自印发之日起施行。《办法》共22条，包括制定依据、适用范围、登记备案、服务内容、人员资质、房屋设施、安全健康、监督管理等内容。这些政策的颁布实施为3岁以下婴幼儿的托育服务提供了全面的安全保障。

第五部分 政策综述

2. 建立低收入人口监测预警机制

加大低收入人口救助帮扶力度，让改革发展成果更多更公平地惠及困难群众，是实现中国式现代化的目标任务之一。2023年10月，《国务院办公厅转发民政部等单位〈关于加强低收入人口动态监测做好分层分类社会救助工作的意见〉的通知》（国办发〔2023〕39号）发布。《意见》明确了低收入人口范围，包括最低生活保障对象、特困人员、防止返贫监测对象、最低生活保障边缘家庭成员、刚性支出困难家庭（刚性支出较大导致基本生活出现严重困难的家庭）成员，以及其他困难人员。同时，确定了基本生活救助、专项社会救助、急难社会救助、服务类社会救助、救助帮扶和慈善帮扶的社会救助体系。2024年4月，民政部办公厅印发《关于加强低收入人口认定和动态监测工作的通知》（民办函〔2024〕31号），要求各地要在做好最低生活保障对象、特困人员认定工作的基础上，全面开展最低生活保障边缘家庭、刚性支出困难家庭认定工作。同时，要求各地要以"防风险"为目标，逐步扩大监测范围，将防止返贫监测对象，不符合最低生活保障、特困人员救助供养条件的申请对象，退出最低生活保障、特困人员救助供养不满两年的对象以及当地政府认定的其他困难人员等更多有潜在困难或风险的低收入人口，全部纳入低收入人口动态监测信息平台，强化分层管理、动态监测。这将更大地发挥社会救助的兜底保障功能作用。

3. 构建弱势儿童关爱服务体系

儿童是人的发展"基础"和"希望"，保障儿童全面发展、整体提升儿童人口素质是实现人口高质量发展的战略性和基础性工作。特别是留守儿童、流动儿童、困境儿童等弱势群体的未来发展直接影响中国劳动力人口的质量，关系经济发展和社会进步。为保障弱势儿童的发展权益，2023年11月，民政部、中央网信办等14部门联合印发《农村留守儿童和困境儿童关爱服务质量提升三年行动方案》（民发〔2023〕62号）明确提出，到2026年，农村留守儿童和困境儿童精神素养明显提升，监护体系更加健全，安全防护水平显著加强，以儿童需求为导向的农村留守儿童和困境儿童关爱服务工作更加精准高效，支持保障力度进一步加大，基层基础更加坚实，服务信息化、智能化水平进一步提升，全社会关心关爱农村留守儿童和困境儿童的氛围更加浓厚，关爱服务高质量发展态势持续巩固，农村留守儿童和困境儿童生存权、发展权、受保护权、参与权等权利得到更加充分、更加有效的保障。《行动方案》围绕精神素养提升行动、监护提质行动、精准帮扶行动、安全防护行动、固本强基行动5个方面，提出了18项重点任务。2024年8月，民政部等21部门联合印发《**加强流动儿童关爱保护行动方案**》（民发〔2024〕35号），这是国家层面首个面向流动儿童群体专门制定的关爱保护综合性政策文件。《行动方案》要求各地开展流动儿童精准监测摸排工作，将随父母或其他监护人双方或一方离开户籍地，跨县域异地居住或生活6个月以上、不满16周岁的未成年人纳入流动儿童监测摸排范围。同时，提出关爱保护工作的重点任务：在权益保障方面，推动流动儿童与居住地儿童均等享有教育、医疗、生活保障等基本公共服务；在关爱服务方面，从提升家庭教育指导水平、提供心理健康关爱服务、加强精神文化生活服务、开展城市融入服务4个维度加强对流动儿童及其家庭的关爱支持。此外，附件给出了流动儿童在居住地享有关爱服务基础清单，包括幼有所育、学有所教、病有所医、住有所居、弱有所扶、发展保障六个方面共19项内容，全方位保障流动儿童权益。

此外，困境儿童的心理健康问题也引起相关政府部门的重视。2023年10月，民政部、教育部等5部门联合印发《**关于加强困境儿童心理健康关爱服务工作的指导意见**》（民发〔2023〕61号），自印发之日起施行，有效期5年。《意见》提出要加快形成党委领导、政府负责、部门协作、家庭尽责、社会参与，服务主体多元、服务方式多样、转介衔接顺畅的困境儿童心理健康关爱服务工作格局，全面提升困境儿童心理健康水平和身心健康素质。围绕加强心理健康教育、开展心理健康监测、及早开展有效关爱、畅通转介诊疗通道、强化跟进服务帮扶、健全心理健康服务阵地六项工作内容，帮助困境儿童养

第五部分 政策综述

成自尊自信、乐观向上的性格品质和不屈不挠的心理意志，成长为德智体美劳全面发展的社会主义建设者和接班人。

近年来，随着互联网的普及应用，未成年人接触和使用互联网日益频繁，但他们的网络风险意识普遍不足。为了保障未成年人在网络空间能健康成长，2023年10月16日，国务院总理李强签署中华人民共和国国务院令第766号，公布**《未成年人网络保护条例》**，自2024年1月1日起施行。《条例》共7章60条，主要明确了未成年人网络保护的原则要求和监督管理体制、未成年人网络素养促进、网络信息内容规范、个人信息网络保护、网络沉迷防治等制度，明确网络产品和服务提供者等主体的未成年人网络保护义务，规范了相关管理要求。这是中国出台的第一部专门性的未成年人网络保护综合立法，标志着中国未成年人网络保护法治建设进入新的阶段。

4. 提高公共卫生服务

人口健康素质是人力资本的主要内容之一，疾控工作是保障公共卫生安全的重要手段。2023年12月，国务院办公厅印发**《关于推动疾病预防控制事业高质量发展的指导意见》**（国办发〔2023〕46号）明确提出，到2030年，完善多部门、跨地区、军地联防联控机制，建成以疾控机构和各类专科疾病防治机构为骨干、医疗机构为依托、基层医疗卫生机构为网底，军民融合、防治结合、全社会协同的疾控体系。同时，从系统重塑疾控体系、全面提升疾控专业能力、加强人才队伍建设、加大组织保障实施力度等方面提出20条具体措施。这对构建强大的公共卫生体系、推动健康中国战略的落地实施具有重要意义。

为解决中国儿童医疗卫生服务资源不均衡等问题，2024年1月，国家卫生健康委、国家发展改革委等10部门联合印发**《关于推进儿童医疗卫生服务高质量发展的意见》**（国卫医政发〔2024〕1号）明确提出，到2025年，完善功能明确、布局合理、规模适当、富有效率的国家、区域、省、市、县级儿童医疗卫生服务体系；到2035年，基本形成城乡均衡、协同高效的儿童医疗卫生服务体系，儿科医疗资源配置和服务能力进一步增强，更好满足儿童医疗卫生服务需求。《意见》从构建高质量儿童医疗卫生服务体系、提供优质化儿童医疗卫生服务、加强现代化儿科人才队伍建设、完善儿童医疗卫生服务高质量发展配套政策4个方面提出19条具体措施。这将促进儿科优质医疗资源扩容和区域均衡布局，助力人口高质量发展和健康中国建设。

助产服务直接关系到母婴安全健康。2024年3月，国家卫生健康委办公厅印发**《关于加强助产服务管理的通知》**（国卫办妇幼发〔2024〕7号），从六个方面对加强助产服务提出具体要求。一是强化助产服务规划布局，确保助产服务供给，有效满足孕产妇需求。二是主动公布助产机构名单，主动接受社会监督，方便群众有序就医。三是强化助产服务质量管理，全面提升质量安全水平。四是开展生育友好医院建设，优化孕产期保健服务，促进安全舒适分娩。五是规范助产服务资源调整，明确调整程序，确保助产服务可及性。六是健全完善政策保障机制，构建促进产科高质量发展的政策保障机制，调动产科医务人员积极性。

二　健全养老服务体系

随着中国人口老龄化的逐步加深，养老服务需求日益增长，更好满足老年人对美好生活需要成为养老服务领域的重要任务，进一步推动国家在养老服务体系建设中的深化改革。

1. 完善养老服务标准，促进养老服务的规范化发展

过去一年，国家对养老服务标准的制定逐步细化，涉及老年生活的方方面面。2023年12月，国家标准委、国家发展改革委等18部委联合印发**《基本公共服务标准体系建设工程工作方案》**（国标委联〔2023〕61号），对照国家界定的基本公共服务事项清单，进一步对幼有所育、学有所教、劳有所得、病有所医、老有所养、住有所居、弱有所扶、优军服务保障、文体服务保障9大领域标准化工作作出全

| 第五部分　政策综述

面部署。在老有所养领域，提出健全完善老年人能力综合评估、日间照料、康复护理、服务质量、从业人员培训、养老服务设施设备配置等标准。建立长期照护服务标准体系，发挥标准对基本养老服务的技术支撑作用。开展老年人能力综合评估，鼓励实施《老年人能力评估规范》国家标准，推动评估结果全国范围互认、各部门按需使用。分批出台适老化产品和服务标准，引领适老化产品推广和服务改进。加快推进养老保险精算数据指标体系、经办流程等国家标准制定。推动制定老年人健康评估、医疗护理、健康监测、中医养生保健等健康管理标准。这是推动养老服务科学化、规范化、标准化发展的工作指南。2024年3月，市场监管总局、中央网信办等18部门联合印发**《贯彻实施〈国家标准化发展纲要〉行动计划（2024—2025年）》**（国市监标技发〔2024〕30号），专门提出推进养老和家政服务标准化专项行动。升级养老和家政服务标准体系，开展居家养老服务、老年助餐、认知障碍照护、婴幼儿托育服务、家政电商标准制修订。建设养老和家政服务领域标准化试点示范项目80个，强化养老、家政服务标准实施应用。制修订50项适老化改造国家标准，推动家居环境、交通出行、社区服务、康复辅助器具等标准适老化升级，为老年人创造更加舒适便利的环境。

在居家养老和机构养老方面，2023年9月，国家市场监督管理总局、国家标准化管理委员会联合印发**《居家养老上门服务基本规范》**（GB/T 43153—2023）。标准包括"术语和定义""总体要求""服务内容""服务流程及要求""服务评价与改进"5个部分，其中，"总体要求"明确了服务组织、服务人员所应具备的基本条件和服务应达到的基本要求；"服务内容"包括生活照料、基础照护、健康管理、探访关爱、精神慰藉、委托代办、家庭生活环境适老化改造7项服务，涵盖了居家养老所需的主要专业化服务内容；"服务流程"明确了从咨询接待、老年人能力评估、签订服务协议、服务准备到服务实施等一系列程序性要求；"服务评价与改进"明确了服务评价形式及对评价发现问题改进反馈的要求。这是中国针对居家养老上门服务发布的首个国家标准，将为合理界定居家养老上门服务范围、规范供给主体资质条件及供给流程内容要求等提供基本依据，对于推动居家养老服务标准化、规范化、专业化发展具有现实意义。2023年11月，民政部公布**《养老机构康复服务规范》《老年人居家康复服务规范》《老年人助浴服务规范》**3项推荐性行业标准，自2023年12月1日起实施。

此外，为保障养老机构内老年人的生命健康安全，2023年11月，民政部办公厅印发**《养老机构重大事故隐患判定标准》**（民办发〔2023〕13号），从重要设施设备存在严重缺陷、安全生产相关资格资质不符合法定要求、日常管理存在严重问题、严重违法违规提供服务、其他可能导致人员重大伤亡和财产重大损失的重大事故隐患5个方面，明确了应判定为重大事故隐患的22种具体情形，为基层监管部门和养老机构排查判定重大事故隐患提供了依据。加强监管也是养老机构安全管理的一项重要规定。2024年5月，民政部、国家发展改革委等7部门联合印发**《关于加强养老机构预收费监管的指导意见》**，自2024年10月1日起施行，有效期5年。《指导意见》界定了预收费的内涵，指养老机构在提供服务前向老年人及其代理人收取的养老服务费、押金和会员费；规定了收取要求，明确限定养老服务费的最长预收周期不得超过12个月，押金的最高预收额度不得超过老年人月床位费的12倍，并列出会员费收取的"负面清单"；限制了使用用途，养老机构预收费用主要用于抵扣老年人入住机构期间需要支付的费用、弥补本机构设施建设资金不足，或者发展本机构养老服务业务。《指导意见》的颁布和实施，规范了养老机构预收费行为，强化了全链条监管，有利于降低资金安全风险，更好保障老年人合法权益。

2. 加强城乡社区服务体系建设

社区是社会管理和服务的基石，是满足人民群众需求的落脚点。为提高社区服务能力，2024年3月28日，中共中央办公厅、国务院办公厅印发**《关于加强社区工作者队伍建设的意见》**，明确提出用5年左右时间实现以下主要目标：社区工作者职业体系基本建立，能力建设不断强化，管理制度更加科学，激励保障机制愈加健全，关心关爱社区工作者氛围日益浓厚；社区工作者政治素质、履职能力、工作作风全面加强，队伍结构持续优化，收入待遇合理保障，职业认同感和自豪感切实增强，为民爱民、干事创业的精气神进一步提升。这对壮大基层治理骨干力量、提高社会治理水平、提升居民幸福感具有重要意义。

2023年11月，国务院办公厅转发国家发展改革委《**城市社区嵌入式服务设施建设工程实施方案**》（国办函〔2023〕121号），提出根据城市人口分布及结构变化等，围绕幼有所育、学有所教、劳有所得、病有所医、老有所养、住有所居、弱有所扶，重点面向社区居民适宜步行范围内的服务需求，优化设施规划布局，完善社区服务体系，把更多资源、服务和管理放到社区，布局建设家门口的社区嵌入式服务设施。支持各地在养老托育、社区助餐、家政便民等领域积极建设培育一批服务优、重诚信、能带动的"领跑者"企业和服务品牌，在社区嵌入式服务相关培训、示范等方面更好发挥作用。这是增强社区服务供给能力的有力举措，实现托育和养老"离家不离社区"，降低公共服务和社会运行成本。

农村养老服务是中国基本养老服务体系的短板。为解决农村养老服务供给能力薄弱困境，国家在多个政策文件中强调要加大农村养老服务体系建设力度。2024年1月，中共中央、国务院印发《**关于学习运用"千村示范、万村整治"工程经验有力有效推进乡村全面振兴的意见**》，提出要健全农村养老服务体系，因地制宜推进区域性养老服务中心建设，鼓励发展农村老年助餐和互助服务；健全城乡居民基本养老保险"多缴多得、长缴多得"激励机制；加强农村生育支持和婴幼儿照护服务，做好流动儿童、留守儿童、妇女、老年人、残疾人等关心关爱服务。2024年8月，国家卫生健康委等14部门联合印发《**关于推进健康乡村建设的指导意见**》（国卫财务发〔2024〕28号），明确提出健康乡村建设的总体目标是，为建设宜居宜业和美乡村、推进乡村全面振兴提供坚实健康保障。到2030年，乡村健康服务能力大幅提升，居民能够便捷获得优质的医疗卫生服务，个人医疗卫生负担可承受；健康生活方式得到普及，重大疾病危害和主要健康危险因素得到有效控制，居民健康水平持续提升。到2035年，建成健康乡村，基本公共卫生服务均等化水平明显提高，城乡卫生健康事业发展差距和居民健康水平差距显著缩小。《指导意见》确定了提升乡村医疗服务水平、提升乡村公共卫生服务能力、强化乡村中医药服务、加强重点人群健康服务、改善乡村健康环境、普及乡村健康生活方式、因地制宜发展乡村健康产业、防止规模性因病返贫致贫8项重点任务。这些政策的落实将加快推进农村养老服务体系的建设步伐。

3. 加大基础性、普惠性、兜底性养老服务

为提高基本养老服务的便利化、精准化、数字化水平，2024年1月，民政部、国家数据局联合印发**《关于组织开展基本养老服务综合平台试点的通知》**（民函〔2024〕5号），主要任务包括：应用统一的标准规范开展基本养老服务综合平台试点，实现全国基本养老服务信息跨层级互联互通。加强与相关部门信息数据库的整合共享和开发利用，形成养老服务基本数据集、老年人基本信息数据集、老年人健康档案基本数据集等，形成"数据采集—信息分析—政策完善"的闭环，促进养老服务供需精准对接，结合实际运用北斗、人工智能等智能化、数字化手段为有需求的老年人精准提供基本养老服务。丰富和创新数据应用场景，推动实现养老服务线上线下标准统一、全面融合，打造掌上办事、一网通办、多卡合一、免申即享等服务新模式。依托国家数据共享交换平台和国家"互联网+监管"系统，强化统一规划、统一架构、统一管理，实现跨地区互通互认、信息一站式查询和综合监管一网统管。试点时间为两年。

发展老年助餐服务是积极应对人口老龄化国家战略的重要民生工程。2023年10月，民政部、国家发展改革委等11部门联合印发**《积极发展老年助餐服务行动方案》**（民发〔2023〕58号），明确了阶段性目标：到2025年年底，已在全区域实施老年助餐服务政策的省份要进一步向城乡社区延伸服务，提质增效取得新进展；尚在局部区域实施老年助餐服务政策的省份，服务扩面增量实现新突破。对特

第五部分 政策综述

殊困难老年人的助餐服务力度进一步加大，面向其他老年人的助餐服务广泛开展。同时，围绕扩大和优化服务供给、保障服务质量、确保服务可持续、加强质量安全监管、强化实施保障五个方面部署了16条重点任务。

提升家政服务品质，提高家政企业产业链供应链韧性和安全水平，既能助力增强经济发展活力，又能满足人民群众对养老、婴幼儿抚育的多样化需求。2023年12月，国家发展改革委、商务部等6部门联合印发**《关于支持和引导家政服务业员工制转型发展的指导意见》**（发改社会〔2023〕1642号），提出了3方面14项举措，以进一步推动家政服务业的转型升级。具体来看，政策聚焦在三个方面：一是"降成本"，加强政策支持引导。在财政、税收、社会保障、住房、保险和金融信贷等方面提出了一系列务实举措，同时鼓励各地因地制宜出台实施细则，强化支持引导。二是"规范化"，推动家政职业化发展。持续加强家政企业信用体系建设，推动员工制家政服务人员全员持证上岗。鼓励员工制家政企业加强职业技能培训，建立职业化发展体系。健全权益保障和激励机制，保障员工制家政企业员工依法获得劳动报酬、社会保险等权益。三是"高质量"，扩大优质服务供给。鼓励地方加快推进"三个一批"，即培育一批行业影响力大、示范作用明显的家政龙头企业，打造一批家政服务区域品牌和巾帼家政等知名品牌，布局一批与社区养老托育、老年助餐、生活服务、商业服务有机融合的社区家政服务网点，为群众提供更多高水平、专业化、有保障的家政服务。2024年6月，人力资源社会保障部等7部门联合印发**《关于加强家政服务职业化建设的意见》**（人社部发〔2024〕49号），明确提出加强家政服务职业化建设的10条任务举措。一是完善家政服务职业标准体系；二是提升家政服务从业人员职业技能；三是加强家政服务专业化培养；四是优化家政服务从业人员职业评价；五是开展家政服务职业技能竞赛；六是加强家政服务培训能力建设；七是促进家政服务业规范发展；八是扩大家政服务从业规模；九是维护家政服务从业人员合法权益；十是开展家政服务职业化建设宣传。为进一步促进家政服务领域高质量充分就业，更好满足人民群众家政服务消费需求提供了保障。

为经济困难的失能老人提供基本生活保障，是加快推进基本养老服务体系建设的重要内容。2023年10月，民政部、财政部联合下发**《关于组织开展中央财政支持经济困难失能老年人集中照护服务工作的通知》**（民发〔2023〕53号），明确提出中央财政支持经济困难失能老年人集中照护服务的救助对象暂定为已纳入最低生活保障范围，且经评估为完全失能等级并自愿入住养老机构的老年人。救助额度为入住养老机构实际收费标准扣除老年人已获得的最低生活保障金、残疾人两项补贴等行政给付后的差额。

4. 构建无障碍养老环境

无障碍养老环境包括物质环境、信息和交流的无障碍。随着数字经济的高速发展，推动数字技术适老化由"从无到有"向"从有到优"迈进。2023年12月，工业和信息化部印发**《促进数字技术适老化高质量发展工作方案》**（工信部信管〔2023〕251号），围绕标准化建设、产品服务供给、用户体验、产业发展四个方面，部署了11项重点任务，包括完善标准规范体系，健全评测评价体系，丰富硬件产品供给，深化互联网应用适老化及无障碍改造，强化适老化数字技术创新应用能力，增强产品与服务的均衡性，增强产品与服务的可及性，保障老年人使用数字技术产品与服务的安全性，激发企业发展新动力，拓展信息消费新场景，构建产业发展新生态。为解决老年人运用智能技术的困难提供了解决方案。

为保障老年人平等、充分、便捷地参与和融入经济社会生活，2024年1月，交通运输部、国家铁路局等6部门联合印发**《关于进一步加强适老化无障碍出行服务工作的通知》**（交运函〔2024〕20号），提出五项适老化无障碍出行环境建设要求。一是加强适老化无障碍交通设施规划建设；二是加大适老化无障碍交通运输设备配置和改造力度；三是改善适老化无障碍城市交通出行体验；四是持续优化综合运输适老化无障碍出行服务；五是改进提升适老化无障碍出行信息服务。2024年3月，国务院办公厅印发**《关于进一步优化支付服

务提升支付便利性的意见》（国办发〔2024〕10号），提出了六大主要任务。一是切实改善银行卡受理环境，不断提升老年人使用银行卡的便利性，聚焦"食、住、行、游、购、娱、医"等场景，支持公共事业缴费、医疗、旅游景区、商场等便民场景使用银行卡支付。二是持续优化现金使用环境，坚持现金兜底定位，督促经营主体依法依规保障现金支付，提升日常消费领域现金收付能力。三是进一步提升移动支付便利性，银行、支付机构和清算机构要加强合作，在风险可控的前提下，持续完善移动支付服务，优化业务流程，丰富产品功能，扩大受理范围，充分考虑老年人需求，做好适老化服务安排，提升移动支付各环节的友好度和便利性。四是更好保障消费者支付选择权，规模以上的大型商圈、旅游景区、文娱场所、酒店、交通枢纽站点、医院等重点场所必须配备受理移动支付、银行卡、现金等必需的软硬件设施，保障消费者自主选择支付方式及工具。五是提升账户服务水平，银行、支付机构要优化开户服务流程，合理实施账户分类分级管理，紧盯重点地区、重点网点、重点业务环节，完善开户配套服务，不断提升账户服务水平。六是综合运用多种方式和渠道，持续加强支付服务宣传推广。

5. 加强养老服务人才队伍建设

建设养老服务专业人才队伍既是眼前之需，更是未来之需，是构建中国特色养老服务体系的重要支撑。2023年12月，民政部、国家发展改革委等12部门联合印发**《关于加强养老服务人才队伍建设的意见》**明确提出，到2025年，以养老服务技能人才为重点的养老服务人才队伍规模进一步壮大、素质稳步提升、结构持续优化，人才对养老服务高质量发展的引领支撑作用明显增强；到2035年，支持养老服务人才发展的政策环境、行业环境、社会环境持续改善，养老服务人才培养、使用、评价、激励制度机制更加成熟定型。同时，《意见》围绕拓宽人才来源渠道、提升人才素质能力、健全人才评价机制、人才使用管理、人才保障激励等关键环节，提出系统性政策措施。同年12月，教育部办公厅印发**《服务健康事业和健康产业人才**

培养引导性专业指南》（教高厅函〔2023〕26号），设置了医疗器械与装备工程、老年医学与健康、健康与医疗保障、药物经济与管理、生物医药数据科学5个新医科人才培养引导性专业，明确了专业的知识、理论、技术、能力等方面的培养目标和人才培养具体面向的行业产业领域。这些复合型医学人才的培养对应对人口老龄化、满足医疗服务的个性化需求具有重要的现实意义。

三　推进医养结合政策

健康是晚年生活幸福的根本。医养结合是"健康中国"战略下积极应对人口老龄化的重要内容，相关政策也在逐步健全完善。

1. 以居家和社区为着力点推动医养结合

2023年11月，国家卫生健康委办公厅、国家中医药局综合司、国家疾控局综合司联合印发**《居家和社区医养结合服务指南（试行）》**（国卫办老龄发〔2023〕18号），对居家和社区医养结合服务的总则、基本要求、服务内容与要求、服务流程与要求4方面作了明确规范。明确居家和社区医养结合服务的对象是辖区内有医养结合服务需求的居家养老和社区养老的老年人，重点是失能（含失智）、慢性病、高龄、残疾、疾病康复或终末期，出院后仍需医疗服务的老年人。服务内容包括健康教育、健康管理服务、医疗巡诊服务、家庭病床服务、居家医疗服务、中医药服务、心理精神支持服务、转诊服务等。2024年6月，国务院办公厅下发的**《深化医药卫生体制改革2024年重点工作任务》**（国办发〔2024〕29号），再次提到深入推进医养结合，开展社区医养结合能力提升行动。

2. 制定长期护理保险配套措施

为确保长期护理保险制度的可持续发展，2023年12月，国家医保局、财政部联合印发**《长期护理保险失能等级评估管理办法（试行）》**（医保发〔2023〕29号），明确了适用范围、遵循原则、各级

第五部分 政策综述

医保部门职责等内容。同时，从 5 个方面对评估实施作出规定：一是对开展评估的机构实行定点管理；二是对实施评估的人员明确基本条件；三是对评估使用的标准作出统一规定；四是对评估遵照的流程予以规范明确；五是明确其他评估情形和监督管理等方面要求。2024年 4 月，国家医疗保障局印发《**长期护理保险失能等级评估机构定点管理办法（试行）**》（医保发〔2024〕13 号），进一步对长期护理保险评估机构定点管理作出统一规范，明确了定点评估机构应具备的基本条件，以及医疗保障部门对定点评估机构加强监督、考核、日常管理等要求，并提出四方面监督管理措施。该项政策的实施，将通过监管制度有效治理过去长护险失能等级评估机构评估质量良莠不齐、评估失准的乱象，精准识别保障人群，更好地保障参保群众公平、公正、及时享受待遇，提高制度保障的整体效能。

3. 开展专项健康行动

2024 年 6 月，国家卫生健康委办公厅印发《**关于开展老年听力健康促进行动（2024—2027 年）的通知**》（国卫办老龄函〔2024〕233 号），提出加强老年听力健康科普宣传、开展老年听力筛查与干预、强化老年听力损失防控专项培训与队伍建设、支持老年听力健康公益活动四个方面行动内容。这是预防和减缓老年听力损失发生，切实增强老年人健康获得感的重要举措。

2024 年 7 月，国家卫生健康委办公厅、国家中医药管理局综合司联合印发《**关于开展失能老年人健康服务行动的通知**》（国卫办老龄函〔2024〕285 号），明确要求具备服务能力的医疗卫生机构，包括社区卫生服务中心、乡镇卫生院、二级及以下医院、护理院（中心、站）、康复医疗机构、医养结合机构中的医疗机构等，可为辖区内提出申请的 65 岁及以上居家失能老年人开展健康服务、提供健康咨询、指导转诊转介等服务。同时，医疗卫生机构每年为失能老年人提供 1 次生活方式和健康状况评估、体格检查、中医体质辨识及保健指导等服务。该项政策的出台精准对接失能老年人健康服务需求，有助于提升居家失能老人的生活质量，为失能老人家庭和社会带来长远益处。

4. 提升服务质量，关注康复治疗和临终关怀

康复治疗是老年人健康恢复的重要手段。为加强康复治疗人才队伍建设，2023年10月，国家卫生健康委办公厅下发《**关于印发康复治疗专业人员培训大纲（2023年版）的通知**》（国卫办医政函〔2023〕386号）。培训大纲明确了培训目标、对象、时间、方式和方法、培训内容和要求等，主要对医疗机构新入职康复治疗专业人员、转岗后将从事康复治疗工作的人员、在岗的初级及以下专业技术职称的康复治疗专业人员，开展基本理论知识、常用康复评定方法、常用康复治疗技术以及常见疾病功能障碍的康复治疗相关专业理论知识与技能等方面的培训。这将有助于提升康复医疗服务供给，提高老年人社会适应能力，减少社会和家庭的经济和劳动力负担。

为进一步规范安宁疗护发展，2024年7月，国家卫生健康委发布了《**老年安宁疗护病区设置标准**》（WS/T 844—2024）和《**医养结合机构内老年人在养老区和医疗区之间床位转换标准**》（WS/T 845—2024）两项推荐性卫生行业标准，自2025年2月1日起施行。前者规定了老年安宁疗护病区设置的基本要求、人员配置、床位要求、设备配置和质量管理要求，适用于各级医疗机构、医养结合机构的老年安宁疗护病区。后者提出了对医养结合机构的基本要求，规定了医养结合机构内老年人在养老区和医疗区之间床位转换的评估内容、转换标准与注意事项，适用于设有医疗和养老区的医养结合机构。

四 完善覆盖全民的社会保障制度

构建公平、可持续的社会保障制度是实现人口高质量发展的重要举措。过去一年，出台的社会保障政策主要聚焦基本医疗保险、失业保险、退休人员养老金和养老金融等方面。

1. 完善基本医疗保险制度

党的十八大以来，中国基本医疗保险的参保率持续稳定在95%左

第五部分 政策综述

右,但仍存在流动人口异地参保困难和儿童参保率较低等问题。为解决医保制度运行中的堵点,2024 年 8 月,国务院办公厅发布《**关于健全基本医疗保险参保长效机制的指导意见**》(国办发〔2024〕38 号),明确提出 3 项完善政策措施。一是完善参保政策。进一步放开放宽在常住地、就业地参加基本医保的户籍限制。二是完善筹资政策。推进居民医保缴费与经济社会发展水平和居民人均可支配收入挂钩。支持职工医保个人账户用于支付参保人员近亲属参加居民医保的个人缴费及已参保的近亲属在定点医药机构就医购药发生的个人自付医药费用。三是完善待遇政策。建立对居民医保连续参保人员和零报销人员的大病保险待遇激励机制,连续参保激励和零报销激励,原则上每次提高限额均不低于 1000 元。自 2025 年起,除了新生儿等特殊群体,对未在居民医保集中参保期内参保或未连续参保的人员,设置参保后固定待遇等待期和变动待遇等待期。这是中国首个基本医保参保长效机制,真正实现群众病有所医、医有所保。

同时,为保障儿童健康权益,开展了儿童参保专项行动。2024 年 2 月,国家医疗保障局办公室、教育部办公厅等 5 部门联合印发《**关于开展儿童参加基本医疗保险专项行动的通知**》(医保办函〔2024〕14 号),明确提出要加强部门联动,建立沟通协作机制,切实提高儿童参保率,力争到 2024 年年底,80%以上新生儿在出生当年参保。到"十四五"期末,儿童参保率稳中有升。《通知》从五个方面作出战略部署:一是加大儿童参保动员力度。各级医保、教育、卫生健康、妇联等部门和单位,按照职责分工,切实加大参保宣传动员力度。二是优化新生儿参保流程。要求各地落实"出生一件事"办理,鼓励地方探索凭出生医学证明办理新生儿参保。三是协同优化参保政策和医疗服务供给。推动外地户籍儿童在常住地、学籍地参保。要研究完善参保缴费激励约束措施。支持儿科医疗服务发展,保障儿童健康权益,切实提高医疗服务水平。四是加强部门数据共享。通过部门协同配合,及时准确掌握各类儿童参保情况,做到应保尽保。五是监督落实。各部门加强对所辖地区儿童参保专项行动的督导,做好工作调度和督促,定期通报儿童参保情况。

2. 推动养老金融发展

2023年10月，中央金融工作会议首次在中央层面提出"养老金融"概念，并将其列为应对人口老龄化的重要战略议题。2024年5月，国家金融监督管理总局印发《**关于银行业保险业做好金融"五篇大文章"的指导意见**》（金发〔2024〕11号），"养老金融"成为"五篇大文章"之一。《指导意见》指出，要聚焦现实需求加快养老金融发展。发展第三支柱养老保险，支持具有养老属性的储蓄、理财、保险等产品发展；扩大商业养老金试点范围；丰富税优健康保险产品供给，让相关政策惠及更多人民群众。探索包含长期护理服务、健康管理服务的商业健康保险产品；持续推进人寿保险与长期护理保险责任转换业务试点；加大对健康产业、养老产业、银发经济的金融支持；在风险有效隔离的基础上，支持保险机构以适当方式参与养老服务体系建设，探索实现长期护理、风险保障与机构养老、社区养老等服务有效衔接；推动金融适老化改造，提升老年人金融服务体验。

养老保险是老有所养的重要支撑。2024年6月，人力资源社会保障部、财政部联合印发《**关于2024年调整退休人员基本养老金的通知**》（人社部发〔2024〕48号），明确规定采取定额调整、挂钩调整与适当倾斜相结合的办法，对2023年12月31日前已按规定办理退休手续并按月领取基本养老金的退休人员进行养老金调整。全国调整比例按照2023年退休人员月人均基本养老金的3%确定，各省以全国调整比例为高限确定本省调整比例和水平。连续多年的养老金上涨让广大老年人的晚年生活更有底气。

3. 援企稳岗的失业保险政策

为充分发挥失业保险保生活、防失业、促就业功能作用，支持企业稳定岗位，2024年4月，人力资源社会保障部、财政部、国家税务总局联合印发《**关于延续实施失业保险援企稳岗政策的通知**》（人社部发〔2024〕40号），明确延续实施3项惠企利民政策举措。一是减负担。延续阶段性降低失业保险费率至1%的政策至2025年年底。

二是稳岗位。参保企业足额缴纳失业保险费 12 个月以上，上年度未裁员或裁员率不高于上年度全国城镇调查失业率控制目标，30 人（含）以下的参保企业裁员率不高于参保职工总数 20% 的，可以申请失业保险稳岗返还。大型企业按不超过企业及其职工上年度实际缴纳失业保险费的 30% 返还，中小微企业按不超过 60% 返还。三是提技能。继续放宽技能提升补贴政策参保年限并拓宽受益范围至 2024 年年底，对参保缴费满 1 年、取得职业资格证书或职业技能等级证书的参保职工或领取失业保险金人员发放技能提升补贴。这对全力保障失业人员基本生活，助力兜住、兜准、兜牢民生底线具有重要意义。

五 经济转型和促进就业政策

人口老龄化对经济转型和就业具有重要影响。一方面我们要看到老龄化的不利影响，另一方面要充分认识到老龄化的积极影响。银发经济、新就业形态的发展，都将带来新的经济增长点，创造更多就业岗位。

1. 推动银发经济高质量发展

银发经济涵盖为老年人提供产品与服务的各类经济活动，涉及面广、产业链长、业态多元、潜力巨大。2024 年 1 月，国务院办公厅印发**《关于发展银发经济增进老年人福祉的意见》**（国办发〔2024〕1 号），提出 4 个方面 26 项举措。一是发展民生事业，解决急难愁盼。围绕老年助餐服务、居家助老服务、社区便民服务、老年健康服务、养老照护服务、老年文体服务、农村养老服务 7 个方面老年人急需的高频服务，分别提出操作性强的解决方案。二是扩大产品供给，提升质量水平。重点开展培育高质量经营主体、推进产业集群示范、提升行业组织效能、推动品牌化发展、开展高标准领航行动、拓宽消费渠道 6 大行动，通过高质高效的供给创造需求，提升银发经济整体规模。三是聚焦多样化需求，培育潜力产业。围绕老年用品制造、智慧健康养老、康复辅助器具、抗衰老产业、养老金融、旅游服务、适老化改造 7 个前景好、潜力大的产业，制定切实有效的政策措施。四是强化要素保障，切实把实事办好。从科技创新应用、用地用房保障、财政金融支持、人才队伍建设、数据要素支撑、打击涉老诈骗 6 个方面提出一揽子支持政策。这是国家层面第一次出台以"银发经济"为主题的专项政策，标志着中国养老工作向更宽的视野迈进。

2024 年 5 月，人力资源社会保障部印发《**关于强化支持举措助力银发经济发展壮大的通知**》，提出加大银发经济技术技能人才培养、畅通银发经济领域人才发展空间、加强银发经济企业用工服务保障、落实银发经济企业吸纳就业政策、支持银发经济领域自主创业、强化银发经济领域岗位认同、拓展银发群体增收渠道、维护大龄劳动者劳动权益等八项举措。这对培育经济发展新动能、稳定和扩大就业具有重要意义。此外，教育部办公厅还先后印发了《**关于做好银龄教师支持民办教育行动实施工作的通知**》（教师厅函〔2024〕4 号）和《**关于做好 2024 年银龄讲学计划有关实施工作的通知**》（教师厅函〔2024〕14 号），鼓励银龄教师投身西部地区、民族地区民办学校，以及欠发达的民族县、革命老区县、边境县以及新疆生产建设兵团团场等贫困地区。这既能促进教育优质均衡发展，又实现了老有所为的人力资源开发，是积极应对人口老龄化的生动实践。

2. 推动产业创新发展，培育消费新场景

2023 年 12 月，国家数据局、中央网信办等 17 部门联合印发《**"数据要素 x"三年行动计划（2024—2026 年）**》（国数政策〔2023〕11 号），选取工业制造、现代农业、商贸流通、交通运输、金融服务、科技创新、文化旅游、医疗健康、应急管理、气象服务、城市治理、绿色低碳 12 个行业和领域，推动发挥数据要素乘数效应，释放数据要素价值。在医疗健康领域提出，要加强医疗数据融合创新，支持公立医疗机构在合法合规前提下向金融、养老等经营主体共享数据，支撑商业保险产品、疗养休养等服务产品精准设计，拓展智慧医疗、智能健康管理等数据应用新模式新业态。这将有效促进新技术新技能与养老产业的融合发展。2024 年 1 月，工业和信息化部、

第五部分　政策综述

教育部等 7 部门联合印发**《关于推动未来产业创新发展的实施意见》**（工信部联科〔2024〕12 号），明确将未来健康作为未来六大产业布局的重点方向之一，提出要加快细胞和基因技术、合成生物、生物育种等前沿技术产业化，推动 5G/6G、元宇宙、人工智能等技术赋能新型医疗服务，研发融合数字孪生、脑机交互等先进技术的高端医疗装备和健康产品。这为我国大健康产业的发展指明了方向，也为应对人口老龄化的快速发展做好准备。

为破除市场准入壁垒，更大力度优化市场准入环境，促进经济发展，2024 年 8 月，中共中央办公厅、国务院办公厅印发**《关于完善市场准入制度的意见》**，提出要有序放宽服务业准入限制。对不涉及国家安全、社会稳定，可以依靠市场充分竞争提升供给质量的服务业行业领域逐步取消准入限制。对涉及重要民生领域的教育、卫生、体育等行业，稳妥放宽准入限制，优化养老、托育、助残等行业准入标准。放宽服务业准入限制能够充分发挥市场配置资源的决定性作用，增加养老服务业市场供给，提高服务质量，满足老年群体多样化的服务需求。

消费新场景是消费新业态、新模式、新产品的系统集成。2024 年 6 月，国家发展改革委、农业农村部等 5 部门联合印发**《关于打造消费新场景培育消费新增长点的措施的通知》**（发改就业〔2024〕840 号），围绕餐饮消费、文旅体育消费、购物消费、大宗商品消费、健康养老托育消费和社区服务消费等方面制定一系列措施。一是培育餐饮消费新场景。发展餐饮消费细分领域，鼓励因地制宜挖掘地方特色美食资源。提供高适配用餐服务，更好满足婴幼儿、孕产妇等人群多样化需求。支持餐饮消费智能升级，推进餐饮经营主体数字化改造。二是培育文旅体育消费新场景。深化旅游业态融合创新，积极发展冰雪旅游、海洋旅游等业态，鼓励发展旅游专列等旅游新产品。推动城乡文旅提质增效，引导和扩大体育休闲消费。优化入境旅游产品和服务，提升入境旅游便利水平。三是培育购物消费新场景。推动购物消费多元融合发展，打造商旅文体融合的新型消费空间。利用新技术拓展购物消费体验，推动信息消费示范城市建设。四是培育大宗商品消费新场景。拓展汽车消费新场景，打造高阶智能驾驶新场景。丰富家装家居消费场景，推进室内全智能装配一体化和全屋智能物联。五是培育健康养老托育消费新场景。加快消费场所适老化改造。鼓励养老机构与医疗卫生机构通过毗邻建设、签约合作等方式满足老年人健康养老服务需求。探索社区、家庭互助等托育服务新模式。六是培育社区消费新场景。支持社区盘活现有闲置房屋场所，推动养老育幼、邻里助餐、体育健身、健康服务、家政便民等服务进社区。推进农村客货邮融合发展，完善县、乡、村三级快递物流配送体系，优化农村社区消费环境。

2024年7月，国务院印发《关于促进服务消费高质量发展的意见》（国发〔2024〕18号），围绕挖掘基础型消费潜力、激发改善型消费活力、培育壮大新型消费、增强服务消费动能、优化服务消费环境、强化政策保障6个方面，提出了20项重点任务。《意见》多处涉及养老服务消费内容，包括大力发展银发经济，促进智慧健康养老产业发展；加快健全居家社区机构相协调、医养康养相结合的养老服务体系；多渠道增加养老托育服务供给；优化家政、养老、托育、助餐等服务设施布局；鼓励有条件的物业服务企业与养老、托育、餐饮、家政等企业开展合作，发展"物业服务+生活服务"模式；支持医疗机构开展医养结合服务；严格落实新建住宅小区与配套养老托育服务设施同步规划、同步建设、同步验收、同步交付要求；实现养老托育机构用水、用电、用气、用热按居民生活类价格执行；支持金融机构积极提供适合普惠性养老托育机构项目资金需求特点的金融产品和服务；拓宽养老、健康等服务业市场准入；制修订养老托育、家政服务、餐饮住宿等领域服务消费标准。这是进一步优化和扩大养老服务供给，加快释放养老服务消费潜力，切实提升老年人生活品质的重要举措。

3. 做好重点群体的就业工作

稳住重点就业群体，就稳住了就业基本盘。2024年5月27日，习近平总书记在中央政治局第十四次集体学习时强调，"完善重点群

| 第五部分　政策综述

体就业支持政策，坚持把高校毕业生等青年群体就业作为重中之重，多措并举促进农民工就业，加强对就业困难群体的帮扶，做好退役军人、妇女等群体就业工作"。①

2023年9月，人力资源社会保障部、国家发展改革委、农业农村部联合印发**《关于开展防止返贫就业攻坚行动的通知》**（人社部发〔2023〕44号），提出拓展完善劳务协作对接机制、大力扶持就业帮扶车间健康发展、全力挖潜以工代赈就业带动能力、切实发挥乡村公益性岗位兜底作用、持续加大脱贫人口就业保障力度、积极帮扶脱贫家庭青年群体就业、坚持抓好重点地区倾斜支持七项重点任务，筑牢防止困难家庭返贫致贫防线。

针对高校毕业生等青年群体就业问题，教育部等相关部委先后出台多项政策文件。2023年12月，教育部印发**《关于做好2024届全国普通高校毕业生就业创业工作的通知》**（教就业〔2023〕4号），明确了大力开拓市场化社会化就业渠道、充分发挥政策性岗位吸纳作用、推进构建高质量就业指导服务体系、加强重点群体就业帮扶、完善就业监测与评价反馈机制等五项重点任务，为促进高校毕业生高质量充分就业提供全方位保障服务。2024年3月，教育部办公厅等7部门联合印发**《关于联合开展2024年度高校毕业生等重点群体促就业"国聘行动"的通知》**（教就业厅函〔2024〕8号）。各相关部门以"强国有我·国聘行动"为主题，2024年3—8月，通过大力挖掘就业岗位、集中发布就业信息、开展融媒体招聘宣讲、举办供需对接交流活动、提供就业指导服务等举措，为2024届普通高校毕业生、2023届离校未就业毕业生等重点群体提供就业服务。2024年5月，人力资源社会保障部、教育部、财政部联合印发**《关于做好高校毕业生等青年就业创业工作的通知》**，提出11条稳就业政策举措。《通知》明确整合优化吸纳就业补贴和扩岗补助政策，合并实施一次性吸纳就业补贴和一次性扩岗补助政策，对招用毕业年度及离校两年内未就业高校毕业生及16—24岁登记失业青年，签订劳动合同，并按规

---

① 习近平：《促进高质量充分就业》，《求是》2024年第21期。

定为其足额缴纳3个月以上的失业、工伤、职工养老保险费的企业，可按每招用1人不超过1500元的标准发放一次性扩岗补助。2024年6月，人力资源社会保障部办公厅印发**《关于开展2024年高校毕业生等青年就业服务攻坚行动的通知》**（人社厅函〔2024〕104号），提出在2024年7—12月，为2024届离校未就业高校毕业生提供就业服务。《通知》确定了抓好新一轮政策落实落地、及时发布求职就业指引、及早完成信息服务衔接、全面落实实名就业服务、实施困难帮扶专项行动、推动高效办成毕业生就业一件事、推进"职引未来"系列招聘、提升毕业生求职就业能力、强化毕业生就业权益保障、加强毕业生就业宣传引导10项工作内容，力争让有就业意愿的未就业毕业生和登记失业青年年底前都能实现就业或参加到就业准备活动中。

4. 完善就业公共服务

完善就业公共服务体系，是新发展阶段稳定和扩大就业的基础任务。2024年2月，人力资源社会保障部、财政部联合印发**《关于推动公共就业服务下沉基层的意见》**，力争用2—3年时间，打造一批具有示范引领性的基层就业服务网点，加快形成上下贯通、业务连通、数据融通的基层就业服务格局，增强公共就业服务的均衡性和可及性。《意见》明确了五项重点任务。一是服务网点覆盖基层，聚焦人流密集区、产业集聚区等区域，布局基层就业服务网点，形成覆盖城乡、便捷可及的就业服务圈。二是服务信息辐射基层，推广"大数据+铁脚板"服务模式，支持街道（乡镇）、社区（村）精准实施就业服务和重点帮扶。三是服务力量下沉基层，县级公共就业服务机构工作人员下沉基层服务网点开展就业服务。四是服务模式适应基层，探索预约服务、上门服务、代理服务、远程服务等便民措施。五是服务供给支撑基层，形成服务主体多元化、服务方式多样化的基层就业服务供给模式，建立健全政府购买公共就业服务机制。这是夯实基层就业工作基础的重要手段。

为维护新就业形态劳动者的劳动保障权益，2024年1月，人力资

第五部分　政策综述

源社会保障部办公厅等6部门联合印发《**关于加强新就业形态劳动纠纷一站式调解工作的通知**》（人社厅发〔2024〕4号），提出五条具体措施：一是探索构建一站式调解工作新模式，二是规范有序开展一站式调解工作，三是优化完善一站式调解流程，四是促进调解协议履行和调解与仲裁、诉讼衔接，五是创新推进线上线下融合调解。

附表　　积极应对人口老龄化国家战略相关政策文件清单
（2023年9月至2024年8月）

序号	文件标题	发文字号	发文机关	成文日期
人口发展支持和服务政策					
1	关于促进卫生医疗机构支持托育服务发展的指导意见	国卫办人口发〔2023〕14号	国家卫生健康委办公厅　国家中医药局综合司　国家疾控局综合司	2023年9月27日
2	未成年人网络保护条例	国令第766号	国务院	2023年10月16日
3	关于印发《家庭托育点管理办法（试行）》的通知	国卫人口发〔2023〕28号	国家卫生健康委等5部门	2023年10月16日
4	国务院办公厅转发民政部等部门《关于加强低收入人口动态监测做好分层分类社会救助工作的意见》的通知	国办发〔2023〕39号	国务院办公厅	2023年10月19日
5	关于发布推荐性卫生行业标准《托育机构质量评估标准》的通告	国卫通〔2023〕13号	国家卫生健康委	2023年10月21日
6	关于加强困境儿童心理健康关爱服务工作的指导意见	民发〔2023〕61号	民政部等5部门	2023年10月26日
7	关于印发《农村留守儿童和困境儿童关爱服务质量提升三年行动方案》的通知	民发〔2023〕62号	民政部等17部门	2023年11月15日
8	国务院办公厅关于推动疾病预防控制事业高质量发展的指导意见	国办发〔2023〕46号	国务院办公厅	2023年12月25日
9	关于推进儿童医疗卫生服务高质量发展的意见	国卫医政发〔2024〕1号	国家卫生健康委等10部门	2024年1月2日

续表

序号	文件标题	发文字号	发文机关	成文日期
人口发展支持和服务政策					
10	关于修订印发《"十四五"积极应对人口老龄化工程和托育建设实施方案》的通知	发改社会〔2024〕260号	国家发展改革委 民政部 国家卫生健康委	2024年3月11日
11	关于加强助产服务管理的通知	国卫办妇幼发〔2024〕7号	国家卫生健康委办公厅	2024年3月16日
12	关于加强低收入人口认定和动态监测工作的通知	民办函〔2024〕31号	民政部办公厅	2024年4月26日
13	关于印发《加强流动儿童关爱保护行动方案》的通知	民发〔2024〕35号	民政部等21部门	2024年8月16日
养老服务体系建设政策					
14	居家养老上门服务基本规范（GB/T 43153-2023）	—	国家市场监督管理总局 国家标准化管理委员会	2023年9月7日
15	关于组织开展中央财政支持经济困难失能老年人集中照护服务工作的通知	民发〔2023〕53号	民政部 财政部	2023年10月10日
16	关于印发《积极发展老年助餐服务行动方案》的通知	民发〔2023〕58号	民政部等11部门	2023年10月20日
17	关于发布《地名标志耐候性能试验方法》等4项推荐性行业标准的公告	民政部公告第555号	民政部	2023年11月15日
18	国务院办公厅关于转发国家发展改革委《城市社区嵌入式服务设施建设工程实施方案》的通知	国办函〔2023〕121号	国务院办公厅	2023年11月19日
19	关于印发《养老机构重大事故隐患判定标准》的通知	民办发〔2023〕13号	民政部办公厅	2023年11月27日
20	关于支持和引导家政服务业员工制转型发展的指导意见	发改社会〔2023〕1642号	国家发展改革委等6部门	2023年12月1日

第五部分　政策综述

续表

序号	文件标题	发文字号	发文机关	成文日期
养老服务体系建设政策					
21	关于印发《服务健康事业和健康产业人才培养引导性专业指南》的通知	教高厅函〔2023〕26号	教育部办公厅	2023年12月14日
22	关于印发《促进数字技术适老化高质量发展工作方案》的通知	工信部信管〔2023〕251号	工业和信息化部	2023年12月19日
23	关于印发《基本公共服务标准体系建设工程工作方案》的通知	国标委联〔2023〕61号	国家标准化管理委员会等18部门	2023年12月26日
24	关于加强养老服务人才队伍建设的意见	—	民政部等12部门	2023年12月31日
25	关于学习运用"千村示范、万村整治"工程经验有力有效推进乡村全面振兴的意见	国务院公报（2024年第6号）	中共中央　国务院	2024年1月1日
26	关于进一步加强适老化无障碍出行服务工作的通知	交运函〔2024〕20号	交通运输部等6部门	2024年1月12日
27	关于组织开展基本养老服务综合平台试点的通知	民函〔2024〕5号	民政部　国家数据局	2024年1月23日
28	关于进一步优化支付服务提升支付便利性的意见	国办发〔2024〕10号	国务院办公厅	2024年3月1日
29	关于印发《贯彻实施〈国家标准化发展纲要〉行动计划（2024—2025年）》的通知	国市监标技发〔2024〕30号	市场监管总局等18部门	2024年3月18日
30	关于加强社区工作者队伍建设的意见	国务院公报（2024年第12号）	中共中央办公厅　国务院办公厅	2024年3月28日
31	关于加强养老机构预收费监管的指导意见	民发〔2024〕19号	民政部等7部门	2024年4月23日
32	关于加强家政服务职业化建设的意见	人社部发〔2024〕49号	人力资源社会保障部等7部门	2024年6月17日
33	关于推进健康乡村建设的指导意见	国卫财务发〔2024〕28号	国家卫生健康委等14部门	2024年8月1日

续表

序号	文件标题	发文字号	发文机关	成文日期
医养结合体系建设政策				
34	关于印发康复治疗专业人员培训大纲（2023年版）的通知	国卫办医政函〔2023〕386号	国家卫生健康委办公厅	2023年10月27日
35	关于印发居家和社区医养结合服务指南（试行）的通知	国卫办老龄发〔2023〕18号	国家卫生健康委办公厅 国家中医药局综合司 国家疾控局综合司	2023年11月1日
36	关于印发《长期护理保险失能等级评估管理办法（试行）》的通知	医保发〔2023〕29号	国家医保局 财政部	2023年12月1日
37	关于印发《长期护理保险失能等级评估机构定点管理办法（试行）》的通知	医保发〔2024〕13号	国家医疗保障局	2024年4月25日
38	关于印发《深化医药卫生体制改革2024年重点工作任务》的通知	国办发〔2024〕29号	国务院办公厅	2024年6月3日
39	关于开展老年听力健康促进行动（2024—2027年）的通知	国卫办老龄函〔2024〕233号	国家卫生健康委办公厅	2024年6月24日
40	关于发布《老年安宁疗护病区设置标准》等2项推荐性卫生行业标准的通告	—	国家卫生健康委	2024年7月24日
41	关于开展失能老年人健康服务行动的通知	国卫办老龄函〔2024〕285号	国家卫生健康委办公厅 国家中医药管理局综合司	2024年7月31日
社会保障政策				
42	关于开展儿童参加基本医疗保险专项行动的通知	医保办函〔2024〕14号	国家医疗保障局办公室等5部门	2024年2月8日
43	关于延续实施失业保险援企稳岗政策的通知	人社部发〔2024〕40号	人力资源社会保障部 财政部 国家税务总	2024年4月26日
44	关于银行业保险业做好金融"五篇大文章"的指导意见	金发〔2024〕11号	国家金融监督管理总局	2024年5月9日
45	关于2024年调整退休人员基本养老金的通知	人社部发〔2024〕48号	人力资源社会保障部 财政部	2024年6月13日
46	关于健全基本医疗保险参保长效机制的指导意见	国办发〔2024〕38号	国务院办公厅	2024年7月26日

第五部分 政策综述

续表

序号	文件标题	发文字号	发文机关	成文日期
经济转型和促进就业政策
47	关于开展防止返贫就业攻坚行动的通知	人社部发〔2023〕44号	人力资源社会保障部 国家发展改革委 农业农村部	2023年9月1日
48	关于做好2024届全国普通高校毕业生就业创业工作的通知	教就业〔2023〕4号	教育部	2023年12月1日
49	关于印发《"数据要素x"三年行动计划（2024—2026年）》的通知	国数政策〔2023〕11号	国家数据局等17部门	2023年12月31日
50	关于发展银发经济增进老年人福祉的意见	国办发〔2024〕1号	国务院办公厅	2024年1月11日
51	关于推动未来产业创新发展的实施意见	工信部联科〔2024〕12号	工业和信息化部等7部门	2024年1月18日
52	关于加强新就业形态劳动纠纷一站式调解工作的通知	人社厅发〔2024〕4号	人力资源社会保障部办公厅等6部门	2024年1月19日
53	关于做好银龄教师支持民办教育行动实施工作的通知	教师厅函〔2024〕4号	教育部办公厅	2024年1月25日
54	关于推动公共就业服务下沉基层的意见	—	人力资源社会保障部 财政部	2024年2月7日
55	关于联合开展2024年度高校毕业生等重点群体促就业"国聘行动"的通知	教就业厅函〔2024〕8号	教育部办公厅等7部门	2024年3月12日
56	关于做好高校毕业生等青年就业创业工作的通知	人社部发〔2024〕44号	人力资源社会保障部 教育部 财政部	2024年5月17日
57	关于强化支持举措助力银发经济发展壮大的通知	—	人力资源社会保障部	2024年5月30日
58	关于打造消费新场景培育消费新增长点的措施的通知	发改就业〔2024〕840号	国家发展改革委等5部门	2024年6月13日
59	关于开展2024年高校毕业生等青年就业服务攻坚行动的通知	人社厅函〔2024〕104号	人力资源社会保障部办公厅	2024年6月28日

续表

序号	文件标题	发文字号	发文机关	成文日期
经济转型和促进就业政策				
60	关于做好2024年银龄讲学计划有关实施工作的通知	教师厅函〔2024〕14号	教育部办公厅 财政部办公厅	2024年7月17日
61	关于促进服务消费高质量发展的意见	国发〔2024〕18号	国务院	2024年7月29日
62	关于完善市场准入制度的意见	国务院公报（2024年第25号）	中共中央办公厅 国务院办公厅	2024年8月1日